文化研究丛书（第二辑）

伯明翰学派与媒介文化研究

章 辉 著

河南大学出版社
中国·郑州

图书在版编目(CIP)数据

伯明翰学派与媒介文化研究/章辉著. —郑州:河南大学出版社,2016.1

ISBN 978-7-5649-2301-3

Ⅰ.①伯… Ⅱ.①章… Ⅲ.①文化研究—英国 Ⅳ.①G156.1

中国版本图书馆 CIP 数据核字(2015)第 314731 号

书　　　名	伯明翰学派与媒介文化研究
著作责任者	章　辉　著
责 任 编 辑	张　珊
责 任 校 对	高继海
封 面 设 计	郭　灿
出版发行	河南大学出版社
	地址 郑州市郑东新区商务外环中华大厦2401号　邮编:450046
	电话 0371-86059701(营销部)　网址 www.hupress.com
排　　版	郑州市今日文教印制有限公司
印　　刷	河南省瑞光印务股份有限公司
版　　次	2016年1月第1版　　印次 2016年1月第1次印刷
开　　本	787mm×1092mm 1/16　印张 22.25
字　　数	361千字　　定价 45.00元

未经许可,不得以任何方式复制或抄袭本书之部分或全部内容。

版权所有,侵权必究

(本书如有印装质量问题,请与河南大学出版社营销部联系调换)

目　录

丛书总序 …………………………………………………………（1）

导　论：文化研究、伯明翰学派与媒介文化 …………………（1）

第一章　雷蒙德·威廉斯与现代传播 …………………………（19）
　　第一节　传播与文化共同体的建构 ………………………（19）
　　第二节　现代媒介与媒介文化理论 ………………………（37）

第二章　斯图亚特·霍尔与媒介意识形态 ……………………（60）
　　第一节　电视话语与阶级斗争 ……………………………（60）
　　第二节　文化、表征与意识形态 …………………………（83）

第三章　戴维·莫利与电视受众 ………………………………（122）
　　第一节　电视受众与文化权力 ……………………………（122）
　　第二节　交互话语与主体构成 ……………………………（154）

第四章　约翰·菲斯克与在地抵抗 ……………………………（166）
　　第一节　大众文化与社会革命 ……………………………（166）
　　第二节　大众层理与在地权力 ……………………………（212）

第五章　比较视域中的文化研究 ………………………………（285）
　　第一节　文化研究与政治经济学 …………………………（285）

第二节　文化控制与文化抵抗……………………………（319）

结　语……………………………………………………………（333）

参考书目…………………………………………………………（338）

后　记……………………………………………………………（345）

丛书总序
—— 国外文化研究的理论路径和研究趋向值得关注

早在20世纪70年代,佩里·安德森在《西方马克思主义探讨》一书中就指出,西方马克思主义理论和经典马克思主义理论的不同就在于,它把研究的重心越来越转向了文化和意识形态问题,把理论批判的锋芒指向了第二国际的马克思主义理论。通过这种批判,他们建构了一种文化哲学形态的马克思主义哲学理论体系,并将哲学研究的主题转向了文化和意识形态问题研究。

"二战"后,由于科学技术的迅猛发展,极大地提高了生产力,社会物质财富迅速增加,工人阶级的工作条件和物质生活水平都有较大的改善和提高,西方社会结构出现了分化,出现了蓝领工人和白领工人之分。工人阶级和整个社会在资本主义的高生产、高工资和高消费的引导下,朝着消费主义的方向发展,产生了非政治化的倾向。对于这一现象,马尔库塞在《单向度的人》一书中指出,发达资本主义社会由于科学技术的进步呈现出了两种发展趋势,一方面由于技术的进步带来了物质财富的增加和人们物质生活水平的提高;另一方面则是社会对人的控制不断加强,人们丧失了内心的真实需求、批判和否定能力,成为只知道追求物质商品享受的"单向度的人",整个社会则成为无对立面的社会。可以说当代西方社会对人、人性的压抑在深度和广度上已经到了无以复加的程度,法兰克福学派在此基础上提出了他们的"支配理论"。法兰克福学派指出,在资产阶级意识形态和大众文化的双重作用下,当代西方人被以广告等大众媒体为主导的大众文化不断制造的"虚假需求"所控制和支配,进而把生存的全部希望和热情放在追求物质商品消费上,同时人们的这种对物质商品的追求并非是自愿的,而是为了满足资本追求利润的需要,由社会制造出来的"虚假需求"。更为可悲的是,当代西方人对这种异化的状态不仅不反抗,反而还沉溺于预期之中,这突出地表现在当代西方社会盛行的消费主义文化和消费主义生存方式中。对此,生态学马克思主义认为,这正是当代资本主义新型的统治方式。当代西方资产阶级统治的合法性就是通过向人们许诺提供越来越多、越来越新的商品实现的。但是,生态系统的有限性必然使这些许诺最终落空,生态学马克思主义称之为"期望破灭的辩证法",这一辩证法促使人们反思消费主义生存方式的危害,使人从被商品的牵引中摆脱出来。针对当代西方资本主义社会的上述变化,霍克海默、阿多诺在《启蒙的辩证法》一书中,集中批判了"启蒙理性"。他们认为,正是由于"启蒙理性"使得技术合理性思想盛行于西方,从而使得曾经使人们从神话的束缚中摆脱出来的"启蒙理性"变成了极权主义的神话,并造就了完全充当当代西方社会统治工具的"文化工业";生态学马克思主义理论家威廉·莱易斯在《自然的控制》一书中则考察了西方"控制自然"的哲学世界观的发展及其当代危害;此外,阿尔都塞、弗洛姆则详细研究了西方资产阶级是如何使资产阶级意识形态转变为大众的社会心理的。可以说,这些理论路径和研究趋向直接导致日后文化哲学和"文化热"的兴起。

西方马克思主义和"新马克思主义"者们朝文化哲学的转向具有深刻的社会及文化根源。首先,西方马克思主义文化哲学的转向和20世纪西方哲学运动之间存在着密切的联系。其次,西方马克思主义文化哲学的转向也和马克思主义哲学发展过程中内部的谱系密切相关。西方马克思主义文化哲学的转向实际在某种意义上就是突破知识论谱系的马克思主义解读模式,承接马克思主义文化哲学传统的必然结果。另外,西方马克思主义理论家所处的历史文化传统对西方马克思主义文化哲学转向起了很大的作用。早期西方马克思主义理论家则是把这种历史主义的文化哲学同马克思早期的思想学说结合起来,对当代资本主义社会进行文化和意识形态批判。而法兰克福学派则是在西方古典人道主义的理论趣旨的引导下,结合弗洛伊德的精神分析学、青年马克思和卢卡奇的批判理论,建构出他们的社会批判理论。

不过,从伯明翰学派诞生以降,这种转向又有了新的发展趋向,特别是活跃在欧美理论界的"新马克思主义"者们一直与20世纪整个社会历史进程同呼吸、共命运,关注着人类的精神状况和文化境遇,关注着发达社会条件下人的解放和自由。而这些正是20世纪人类社会演进的核心问题。如果说早期西方马克思主义者们更多的是关心"文化革命",那么"新马克思主义"者们更多的是关心"文化批判",包括意识形态批判、技术理性批判、大众文化批判、性格结构与心理机制批判、现代国家批判、现代性批判等等。由于他们的研究紧贴社会实际,因此新一代的学者们的研究领域已不仅仅局限在哲学、社会学、美学或文学艺术,电影、电视、新闻、广告、互联网、流行音乐乃至语言、时尚、习俗、信仰……文化生活的各个领域都留下了他们的声音。总之,从美学的革命、从审美乌托邦向更广阔的文化领域的转向,确实是20世纪后期西方马克思主义理论研究者们的一个共同点。20世纪90年代以来,这些"新马克思主义"者们更加潜心于研究现实生活问题。他们的研究动向值得我们密切关注。因为,他们抓住了当今人类精神生活的各个领域的核心范畴,他们的研究会为我们全面理解20世纪后期至当今全球性文化危机和文化批判理论提供一个有价值的范例。

如今,在全球范围内活跃的一些西方马克思主义理论家、欧美新左派中已经产生了一大批国际著名学者,他们的研究成果几乎涵盖了文化领域的各种问题,这些研究对我国知识界产生了广泛的影响。我们知道,文化研究在西方被作为一个准学科,有具体所指,包括文化诗学、文化批评,还有文化唯物主义等等。这种新理论的特点首先是对于文本中心主义的超越。在21世纪西方理论界,文本中心主义与形式研究盛行了相当长的时期,作为对此的一种反驳、改造和容纳,文化研究应运而生。但是,文化研究一方面是对20世纪文本中心的反驳,另一方面又是对20世纪60年代以来的理论成果进行保留、改造后的新理论。同时它也是对学术中心主义的改造与超越。西方长期以来学术化、专门化的发展方向在20世纪90年代走向文化研究时,实际上已从学术中心主义转向政治思想、政治文化。

近20多年来,我国学术界围绕文化研究的历史、特征,特别是西方马克思主义文化研究的理论路径展开了深入的探讨。通过研究、讨论,学术界的基本共识是:文化研究是探讨普遍社会问题的特殊途径,而不是属于少数人的或专门化的研究领域。文化是不同群体或民族乃至国家的象征行为的空间,文化研究必须考虑各个社会群体之间的关系。中国理论界也普遍接受哈贝马斯的观点,认为各群体之间总是存在着某种张力,既相互排斥又相互吸引,孤立的文化是不存在的。我们今天从事文化研究应强调当前所在的语境,要从世界格局和地缘政治及文化关系来考虑问题,必须关注社会文本与国际化的大背景。理论界已经意识到,在我们今天的理论视野中,文化研究已经不是对精英文化的研究,而是特指当今西方(主要是英语世界)的一种反精英意识的文化理论思潮和研究方法。文化研究有着鲜明的反建制和反理论倾向,并有着跨学科研究的特色。虽然文化研究至今仍是一门界定含糊的准学科批评话语,它却有着强烈的批判精神。尽管它的政治性并不能达到对文学艺术现象的美学批评和分析,但作为一门正在形成中的准学科,文化研究的这些局限已经得到一些著名学者和理论家的重视,他们中的一些有着良好文学修养和理论功力的人正试图把文学研究的范围扩大,使之置于一个广阔的文化语境下得到观照。

当然,20世纪90年代在我国理论界兴起的"文化热",说到底是当今中国本土社会文化语境的产物,它也应当在自己的语境中形成自己的问题意识、价值取向与研究方法。西方文化批评,特别是西方马克思主义文化批评,作为一种批判话语,产生于西方的语境中,它的主流具有强烈的反思与批判西方资本主义现代性倾向;而在中国,由于社会环境的不同,我们不能原样照搬。中西方文化背景既有相似也有错位,理论界普遍意识到了,要在这种复杂的环境下,建构我们自己的文化研究与文化批评,意义与难度同样巨大。同时,理论界还注意到了中国文学研究中的文化研究方法的适用性。有学者结合新文学的发展指出,新文学是在新文化运动中产生的,现在看来,新文化运动的中心就是文学革命。中国古代文学与艺术的特征是社会意识和个人意识分离,它受到传统的政治体制、意识形态的压制,停留在个体才能或私人情感单向交流的层面。这样的文学不具有整体的社会性,用现在的话说,不是国民文学,而是知识分子这个特殊阶层的文学。"五四"时期的新文化运动把个体人和整体社会结合在一起,感受的是整体的社会,形成了朦胧的、不自觉的公民意识。这样,他们的文学活动就和他们的公民意识紧紧结合起来,在独立知识分子中产生了个人与社会沟通的文学。但是这种文学受到两方面的压制:一是大众的功利主义的阅读态度;另一个是政治权力,现代文学就是夹在两者之间。文学界最近的研究吸收了文化研究的方法,解决了一些过去很难解决或不被重视的问题。这种研究在现当代文学研究中产生了有意义的影响,扩大了文学研究的空间。

同时我们也得承认,对"新马克思主义"者们的研究成果,有些我们已经了解,有些还比较陌生。我们知道,文化研究的重要奠基者、伯明翰学派的代表雷蒙德·威廉斯的《关键词》一书与词典的本质差别在于对词汇"内在关联性"的重视。为了呈现这种关联性,威廉斯精心编排词汇,在按照字母排序的同时,用"互相参照"的方式提醒读者注意词汇重要的关联,即在阐释词条时威廉斯有意识地将词语与其相关词语进行比照,并把该词放到不同观点中进行展示。与此同时,他在词条后列出"参照"词汇,这种回到词语使用的情境和与其他词语相互对应的特点,极大地影响了他那个时代之后的文化研究。很多学术后人继承了他的研究方法和理论路径。其中安德鲁·埃德加和彼得·赛奇维克著《文化理论:关键概念》正是威廉斯的研究方法和理论路径的延续,是一部不可多得的工具书。由于文化研究的综合性特点,也由于我们的知识储备的局限,在文化研究中,我们经常会面对诸多所谓核心话题感到茫然不知所措。西蒙·杜林著《文化研究:批评导论》正是由一系列关于这门学科核心话题的短文组成,从电视到多元文化主义,从文化遗产到酷儿政治,作者几乎都有所论述。我们当今生活中的手机、笔记本电脑、掌上电脑……这些快捷的信息和交流技术,领先其他所有相关技术,加速了21世纪的生活节奏,增加了人们的期望值,也使家庭和私人生活作为安全的避风港最终破灭。这些现代化工具抢占我们的时间,迫使我们无论什么时候、无论处于什么地点都要成为工作的奴隶,本·阿格与贝丝·安妮·谢尔顿在《快速家庭,虚拟孩子》中对这些所谓当代社会病给予了猛烈的批判。在西方,牛顿和笛卡尔出现后,21世纪的科学家们接踵而至,与"天"相关的真理被抛弃,只有相对知识被保留下来。许多关于物质世界的全新发现相继出现,思想家们在这些新发现面前成了怀疑论者和无神论者。宇宙成了无需造物主和精神观念的进化物。科学作为新的标志代替了东方"天"的地位,同时也取代了西方上帝的位置。这个知识系统在未来应该是怎样的呢?奥洛夫·李丁著《从道教到爱因斯坦》给了我们一个别样的哲学解读……这些也是本丛书奉献给读者们的"热点"和"看点"。

不难看出,与20乃至30多年前的文化研究迥然不同的是,当今欧美学者的文化研究已经超越了经院哲学式的研究方法。他们不再把文化研究仅仅看做是一种研究方法或研究形式,更脱离了无休止的概念界定的窠臼。正如本·阿格在《作为批评理论的文化研究》中所提出,文化研究的中心见解之一就是没有单一的文化研究形式。在某种意义上,没有程序化的文化研究,没有固定的方法论和明确的批评话题。高雅文化和流行文化的区别日渐削减的晚期资本主义社会里,文化无处不在。因此,文化研究拒绝对其关注的文化产品经典化,从科学到科幻,没有经典,只有异质文化形态。这股强大的力量能够帮助扭转把文化研究变成一门独立于其他学科的趋势。去经典、去学科、去单一的文化研究方法与模式,同时去挑战忽视其他文化形式存在的主流文化,恰恰是本·阿格等学者竭力倡导的研究路径,这个研究路径值得中国学术界关注。这种看似激进的研究路径并不是说文化研究只探询文化的差异,不再关心文化的共性,恰恰相反,他强调的只是文化研究"没有先决的方法论",他显然已经预料到会有人指责说文化研究只不过是一种没有严格理由的文化阐释混杂方式。但他更希望人们认识到,文化研究的学院化能使文化研究致命地偏离政治参与,这是他所不愿意看到的。本·阿格无意于讨论什么是文化这样一个亘古的、带有经院哲学意味的古老话题,而是通过梳理文化研究中应当关注的各种共性问题,全面论述了什么是文化研究这个核心问题。

呈现在读者面前的《文化研究丛书》(第二辑)中的著作,虽研究视阈有所不同,但大都体现出去经典、去学科、去单一的文化研究的理论路径和研究方法。愿这套丛书为国内学术界打开另一扇新的窗口。

丛书总编写在《文化研究丛书》(第二辑)付梓之际

导论：文化研究、伯明翰学派与媒介文化

文化研究的历史缘起

　　文化研究是当代英国知识分子介入社会变革的智识成果。文化研究的起源与新左派的政治运动，与英国马克思主义论争，与知识分子对工人阶级文化的表征，与成人教育协会的活动密切相关。文化研究绝不是学院性的研究，它深深地卷入到英国当代的政治社会运动之中，它是英国当代政治社会变革的产物。

　　在政治上，20世纪50年代的新左派运动是文化研究的重要催生者。作为社会主义政治的斗争，新左派运动不满于西方在1956年的苏伊士运河战争和匈牙利政治事件中的态度，反对帝国主义和种族主义，支持大企业的国有化和核裁军，主张废除经济和教育特权，丰富工人阶级的社会文化生活。新左派代表了批判资本主义的高潮，其核心刊物《新左派评论》主张传播系统要表达大众文化，要给予所有形式的表达以合法性。此外，文化研究的发生还与西方当代的社会变革相关，哈特利总结说，文化研究的起源是反文化的政治运动和波普文化：1968年的学生运动、巴黎的"五月事件"、伦敦的反越战运动、芝加哥召开的民主党代表大会、捷克斯洛伐克的布拉格之春等，以及嬉皮士、女权主义，献身于有色人种、性取向、环境保护甚至儿童解放等"新社会运动"都促成了文化研究的发生。[①] 美国大众文

[①] 约翰·哈特利：《文化研究简史》，金城出版社，2008年，前言第3~4页。

化的影响、战后福利国家的建立、大众媒介的发展、大众社会的形成、文化消费的风行等是文化研究兴起的社会机缘。文化研究是社会政治运动延伸到学院中去的结果,是为了应对晚期资本主义政治经济状况、新形式的殖民主义和帝国主义、权力关系中的文化与意识形态、消费主义对工人阶级的影响而旨在激发社会变革的知识分子的实践参与和思想反应。

佩里·安德森指出,两件事阻止了20世纪50年代的社会主义斗争:社会富裕和冷战。安德森认为,凯恩斯资本主义消灭了大众失业,工人阶级的物质生活稳步增长,这就消除了社会主义所推动的激进的经济变革的需要。威廉斯在《漫长的革命》中指出,工人贫困或多或少地被消除了,但社会贫困或文化贫困仍然存在。而且,冷战使得资本主义政权在各处构造了强烈的反对苏联秩序的认同感。按照威廉斯的说法,保守党在1951年、1955年、1959年的胜利解释了这一论断,即战后工人阶级的相对富裕导致了英国工党的衰落。雷蒙德·威廉斯和理查德·霍加特都出生于工人阶级家庭,都是在阶级区分明显的社会从属下阶级走向大学,后来又都在大学成人教育机构任教。英国文化研究起源于非传统的教学经验,卡林顿说:"正是创造一个真正社会主义的民主社会的期望,促使许多教师将工人教育和对于日常生活的分析当成了一种政治斗争。"① 威廉斯回顾,19世纪晚期,成人教育推动了英国文学的教学,当其最终进入大学时,奠定了当代英语文学教学的模式。但是,在这种文学教学被大学教育机构收编之后,最初提倡这种教学的人比如利维斯等人反而被边缘化了,他们对既定的占据了文学中上层的阶级不满,试图到大学之外去实现学术规划,出自理查兹、艾略特等人的文化研究就这样起源了,通俗文化、小说、广告、报纸等都成为研究的对象,可以说,文化研究最初起源于"工人教育协会里,在分校的校外班里"②。

在20世纪30年代的英国,欧洲政治危机引起了文化和文明问题的讨论。在威廉斯和霍加特进入大学时期,利维斯和艾略特开始产生影响,他们主张精英主义文化观,认为文化和民主是完全对立的。1948年,利维斯出版《伟大的传统》,认为现代英语文学经典对

---

① 本·卡林顿:《解构中心:英国文化研究及其遗产》,见陶东风主编《文化研究精粹读本》,中国人民大学出版社,2006年,第14页。

② 雷蒙德·威廉斯:《现代主义的政治——反对新国教派》,商务印书馆,2002年,第218页。

于现代工业社会的文化价值具有促进意义,但他限制了文学经典,现代文学家诸如伍尔夫等人被排除在外,而是推崇致力于提高道德感的文学作品诸如奥斯丁、艾略特和蒲伯等人的伟大传统。利维斯认为,文化并非休闲活动,而是以生命感塑造成熟的个体,威胁这种生命感的主要是大众文化。艾略特认同人类学家的文化定义:居住在某个地方的特定人群的生活方式。在他的《文化定义的笔记》(1948)中,艾略特认为,传统的文化观念不充分,因为个体依赖于某个群体或阶级,而某个阶级或群体的文化依赖于整个社会的文化。艾略特的社会构成是等级制的,但也是有机的,他认为,文化包括一个民族的所有的活动和兴趣,德比郡的赛马、亨里(Henley)的龙舟赛、赛狗会、飞镖盘、温斯勒德奶酪(Wensleydale Cheese)、19世纪的哥特式教堂、艾尔加(Elgar)的音乐等都是文化活动。利维斯和艾略特开创的"文化和文明传统"对文化研究的文化观和研究方法具有重要影响。此外,一系列马克思主义新发展对英国文化研究也产生了影响,诸如葛兰西的《狱中杂记》、阿尔都塞的《保卫马克思》及其意识形态国家机器理论等,威廉斯、霍尔、汤普森等对马克思主义的发展就是在这些思想资源的影响下形成的,他们把马克思主义概念应用到亚文化和撒切尔主义政治的分析中。

威廉斯发现,文化的观念主要为浪漫派诗人如济慈、布莱克(Blake)、华兹华斯、雪莱等人所提出,文化与其他词汇如工业、民主、阶级和艺术等一起在工业革命时期进入英语之中。在《文化与社会》中,威廉斯分析了这些文化理论家之于现代工业文明和文化的各种批评性立场。威廉斯指出,利维斯的精英主义思想在英国具有漫长的传统。柯勒律治认为需要一个有天赋的阶级,其任务是从事一般的教化;卡莱尔(Carlyle)主张由写作和教学英雄组成的有组织的文人阶级;阿诺德提出的精选来自各个不同阶级的人组成群体,重新组成真正文化的现代先知,这些观点构成了文明和文化传统的基本历史。在《漫长的革命》的"文化分析"部分,威廉斯分析了文化的三种定义:一是在理想状况下,文化是人类自我完善的一种状态或过程。这个定义来自阿诺德,为利维斯所继承。二是"文献记载":有记录的文化作品和活动。这种定义中,文化是智力和想象性作品的总称,用丰富多彩的方式记录了人类的思想和经历。三是威廉斯认肯的定义:文化是对一种特定生活方式的描述,文化分析就是把文化的复杂组织作为一种特定的生活方式去看待,其目的是理解文化表达,并重新建立"情感结构"①。"情感结构"指的是特定群体、阶级或社会所共享的价值,是集体文化无意识与一种意识形态之间相互联系的松散结构。斯道雷指出,威廉斯的分析很大程度上打破了利维斯的垄断局面,文化与生产、做生意、政治、养家糊口等都是一种活动,艺术也是人类活动的一种形式。威廉斯与利维斯不同的地方是,威廉斯需要大众文化,而利维斯需要的则是消灭分歧的顺从的掌权者的文化。② 基于个人经历,霍加特和威廉斯对于利维斯主义抱持矛盾态度,一方面他们接受了经典文本比当代的大众文化更能深化和拓展人的经验的观点,另一方面他们认为利维斯主义忽视了他们所生活其中的活生生的文化。

不同于传统的人类学,文化研究的文化概念指的是当代文化,它脱胎于对现代工业社会的分析。文化研究反对传统的人文学科,拒绝把文化等同于高雅文化,主张所有人平等地享有文化消费的权力,主张所有的文化产品都需联系其他的文化实践和社会历史结构得到研究。在文化研究的传统中,文化既指生活方式,包括了思想、态度、语言、机制和权力结构,也包括文化实践的整个系列,诸如艺术形式、文本、经典、建筑、大规模生产的商品等,文化研究志在研究某个社会中全部的艺术、信仰、制度和传播实践。默多克分析了文化研究的逻辑历程。文化研究解构既存的关于文化的定义,它从两个方面做到这一点。首先,威廉斯坚持,文化是普通的、广泛的,所有群体都在不断地创造和重构意义系统,并把这些意义表达在表现性的形式、社会实践和机制中。在宽泛的人类学的意义上,要说某个人是有文化的,另一个人是无教养的,这是不符合逻辑的。其次,主导性的文化定义,即大写的 C 的文化定义,是策略性选择的产物,它边缘化、不信任其他的文化形式,并把这种选择和判断呈现为自然的不可挑战的。这种模式中,文化话语意识形态地操作着,合法化某种特殊的方式和存在,否认其他方案的合法性。这两方面的解构产生了两个主要的工作,第一个展示了文化形成的复杂性和合理性,以反对主导话语的否定和驱逐。第二个关注意义是如何为传播机构的核心所宣传的,诸如学校、其他政府所资助的文化机构,以及主要的商业媒介系统,它们维持着宰制性的占优势的关系。后来,第三个趋势出现了,它研

---

① Raymond Williams. *The Long Revolution*. Chatto & Windus Ltd, London, 1961, p. 41.
② 约翰·斯道雷:《文化理论与通俗文化导论》,南京大学出版社,2001 年,第 79~80 页。

究特殊环境中的文化和意识形态形式之间的协商和斗争。① 这第三个趋势是由霍尔开创的。霍尔强调"意义"在给文化下定义时的重要性,他认为,文化与其说是一组事物,如小说与绘画,或电视节目与漫画,不如说是一个过程、一组实践。文化既涉及概念和观念,也涉及感情、归属感和情绪,它是一个社会或集团的成员间的意义生产和交换,即"意义的给予和获得"②。人们借助语言赋予事物以意义,而语言是不平等地分配的,各个阶级都以有利于自己的方式赋予事物以意义,意义这就参与了阶级斗争。菲斯克把文化指向日常生活的普通实践。在菲斯克看来,社会秩序限制和压迫了人们,但同时也给他们提供了对抗这些限制的资源。文化是权力控制和在地抵抗的据点,是社会多种权力斗争的场所。

伯明翰学派的学术历程

20世纪50年代末和60年代初期出版的霍加特和威廉斯的《识字的用途》和《文化与社会》,以及威廉斯随后出版的《漫长的革命》和汤谱逊的《英国工人阶级的形成》极大地影响了1964年伯明翰当代文化研究中心的成立,中心之所以是"当代",按照科林·麦克比(Colin Maccabe)的说法,是因为古典学者反对说,他们已经在致力于文化的研究。③ 中心首任主任为霍加特,1969年霍尔继任并干了10年,1979年,约翰逊接任。中心的经费主要来自企鹅出版公司,还有一些来自茶托(Chatto)公司和《观察家》(Observer)杂志。1988年,基于大学经费的缩减以及英语系教研人员的敌意,中心合并到社会科学系。

从1971年开始,当代文化研究中心出版《文化研究工作论文》,同时出版主题众多的油印不定期论文,其目的是"集中于当代文化的理论的具体分析","给予文化研究以知识图谱","让人们理解所发生

---

① Graham Murdock. "Cultural Studies: Missing Links". *Critical Studies in Media Communication*. 1989, 6: 4, pp. 436—440.
② 斯图亚特·霍尔编:《表征—文化表象与意指实践》,商务印书馆,2003年,第2页。
③ Richard E. Lee, *Life and Times of Cultural Studies*, Duke University Press, 2003, p. 75.

的,特别是提供思考的方法、生存的策略和抵抗的资源"①。中心的工作方法是以小群体展开集体研究。群体大概是6～10人,通常持续3～4年,期间它们就某个主题进行深度研究。哈奇逊公司1970年代和80年代早期从文化研究工作论文和未出版的油印论文中选取文章结集出版8本著作。此后,文化研究中心转向开放大学,霍尔主持编写了一系列大众文化和媒介研究的教材。今天,文化研究通过在伯明翰中心学习过的学生,传播到美国、法国、加拿大、南非、澳大利亚等国家及中国台湾等地。各种国际性的学术期刊如《媒介、文化和社会》《新形式》《社会文本》《银幕》《文化研究》《国际文化研究》等纷纷创立,对种族主义、性别主义、流散文化、文化工业的分析在美国和澳洲深具吸引力。史达姆认为,从更广阔的视野看,文化研究不能局限于伯明翰学派。在伯明翰当代文化研究中心之前,法国的罗兰·巴托、亨利·列斐伏尔、美国的莱斯利·菲德勒、北非的法浓、加勒比海的CLR·詹姆斯都在从事文化研究的工作。当詹姆斯·鲍德温研究对电影的不同接受,巴托谈论玩具的神话和清洁剂,列斐伏尔谈到都市空间和日常生活的政治,菲德勒剖析"正在消失的印度"的神话,詹姆斯分析板球和《白鲸》时,他们都是在文化研究这个学科产生之前就已经在做文化研究了。史达姆甚至认为,可以把文化研究的知识谱系追溯到20世纪20年代的巴赫金和德国的克劳斯,以及巴西现代主义运动的核心人物安德瑞德。②

　　文化研究的开创者大都出生于文学批评,这对其研究方法和研究主题产生了重要影响。在中心成立的10年前,霍加特就出版了研究诗人W.H.奥登的著作,他当初设想成立"文学和当代文化研究中心",它的目的是扩大大学英语研究的边界。霍尔本人也是英语系毕业,在牛津大学期间,他打算作关于亨利·詹姆斯的博士论文,后来因致力于编辑《新左派评论》而放弃。20世纪70年代后期加入中心的迈克尔·格林(Michael Green)曾经在剑桥研究文学。文化研究最初以文学性的自传方法呈现工人阶级文化和历史。在霍尔时期,中心引进了法国的结构主义和符号学。20世纪80年代在约翰逊的领导下致力于政治和体制的分析,强调历史意识。文化研究是

---

① Lawrence Grossberg. Cary Nelson,Paula A. Treichler. *Cultural Studies*. Routledge,1992,p. 2.
② 罗伯特·史达姆:《文化研究与种族》,见陶东风主编《文化研究精粹读本》,中国人民大学出版社,2006年,第316～317页。

跨学科甚至是反学科的,它吸收各种思想资料诸如女性主义、马克思主义、符号学、结构主义、解构主义、精神分析等研究日常文化实践,人类学、社会学、文学批评、政治经济学等方法应用其中。劳伦斯说:"文化研究无方法,或者说是拼凑之物,它的方法选择是实用主义的、策略性的或自我反思性的(self-reflective)。"①因为具体研究领域的选择依赖所提出的问题,而问题又依赖于具体语境。对于文化研究,既存学科方法和思想资源需要不断的反思,因为文化研究不能保证在既定的语境中,什么问题是重要的,或者如何回答它们,因而没有方法具有优先性。

虽然跨学科是文化研究的源始性特征,但伯明翰中心的研究主题非常鲜明。最初,大众文化是其关注的焦点。1964 年,伯明翰中心的第一份报告列出了需要着手研究的 7 个项目:奥维尔(Orville)和 30 年代的气候,地方报业的成长与变化,通俗音乐中的民歌和俚语,当代社会小说的层次及其变迁,国内艺术及肖像研究,流行音乐及青春文化,运动的意志及其表征。②《报纸发声》(1975)是中心出版的第一部著作,它以文学批评的方法研究大众传播,其目的是考察大众出版如何向其读者解释社会变迁。这本书覆盖了英国的大萧条、战争和战后繁荣的历史,包括对 1945 年、1955 年和 1964 年选举的深度研究,重点分析两份英国报纸的修辞。随后,中心致力于青年亚文化的研究。与把青年亚文化标签为非理性和野蛮相反,新一代的研究者如菲利普·科亨、保罗·威利斯、迪克·郝布迪格等人认为青年亚文化具有自己的逻辑,其内容根基于阶级经验。但是,他们所描述的青年的世界是男性的世界,表达的是男性的观点,女性被忽视、被边缘化,是男性谈论和追逐的对象,而非具有自身权利的主体,这样女性主义者的声音就出现了。1974 年中心成立妇女研究小组,考察所谓的妇女体裁如肥皂剧和流行杂志等,研究妇女如何阅读大众媒体,发掘被遗忘的妇女作家,提出家务劳动的价值,出版了两部女性主义视角的书。此时,不仅女性被边缘化,英国黑人经验也被忽视。保罗·吉尔罗伊本身就是英国黑人知识分子,他抱怨说,文化研究虽然具有良好的意图,但是病态地庆祝英国和英国性(Englishness),黑人被系统地排斥在外。于是,黑人的经验和生活

---

① Lawrence Grossberg. Cary Nelson,Paula A. Treichler,*Cultural Studies*. Routledge, 1992, p. 2.
② 吉姆·麦克盖根:《文化民粹主义》,南京大学出版社,2001 年,第 57~58 页。

研究开始出现了。

在亚文化研究方面,威利斯的《学习劳动》和霍尔主编的《通过仪式进行抵抗》最为著名。威利斯用参与性的人种志方法调查一群叛逆的工人阶级子弟,这群学生创造了一种反学校文化,拒绝官方合法化其教育的逻辑。威利斯发现,他们拒绝这种说教有几个方面的原因:好的工作可能意味着要离开他们的伙伴、酗酒和快乐,这些是他们生活传统中的重要东西;这些工作可能不必然是经济上更好的,也不需要学校传授的知识;他们强烈地意识到,经济体系需要剥削某些人的劳动力,因此他们从事的那些"低贱"工作实际上是必需的,而非无价值的。《通过仪式进行抵抗》是一部论文集,作者认为,工人阶级分化为一部分从事技术性的工作,过着中产阶级生活,另一部分是无技术的从事低地位的服务性工作,后一部分人既没有继承传统的身份认同,也没有继承家庭中的代代相传的价值观,而是发展了亚文化。他们借用流行时尚,借用剥夺他们的商品体系作为抵抗的形式,并构筑他们自己的身份认同。在种族主义研究方面,《监控危机》和《帝国反击》两本书考察英国媒体是如何把犯罪的观念以及其他的社会问题联系于种族少数派、英国民族的观念是如何种族化地构造的。中心的工作致力于考察种族和性别是如何文化性地定义的,中心在种族主义和性别主义方面的工作得出的结论是,性别和种族不平等是资本主义自身固有的,它有助于维持廉价的、后备的失业劳动力资源,特别是英国有大量的来自英联邦的移民。1978年,中心出版《论意识形态》,明确要借用意识形态理论到文化研究领域,但这本书没有具体分析种族主义、性别主义、民族主义等各种意识形态。对文化研究影响最大的意识形态理论来自马克思、葛兰西、阿尔都塞、拉康、巴托等人,重点关注主体是如何构成的。

大体说来,英国文化研究经历了文化主义、结构主义、葛兰西转向和后现代主义四个阶段。霍尔提出文化主义这一概念,用以概括威廉斯、霍加特和汤普逊的研究。他们三人都以不同的方法,与自己所继承的传统发生决裂。霍加特和威廉斯与利维斯主义分手,汤普逊与马克思主义机械论和经济论分道扬镳。总体说来,"文化主义强调'人的力量'对文化的主动生产,而不是被动消费"[①]。文化主义寻求亲身经历,注重个人体验,致力于发掘主流历史视野之外的不同声

---

① 约翰·斯道雷:《文化理论与通俗文化导论》,南京大学出版社,2001年,第64页。

音。而在各种结构主义看来,人类经验是人的心灵的无意识沉积和神话逻辑的、意识形态国家机器的、语言的、婴儿时期的结果,人作为主体只是历史和意识形态的载体,是被结构讲述出来的、被质询的。文化主义批评结构主义忽略了个人在媒体机构中的作用和权力,结构主义则认为,最重要的决定力量来自文化或意识形态。

在阿尔都塞看来,主导意识形态把实际上是政治性的、偏私的东西转变成为某种似乎是自然的普遍的东西。主导意识形态不限于政治的和经济的领域,它的主要角色是构造市民生活的想象性图景,其中,每一个个体似乎是独特的、自由的。阿尔都塞认为,个体之所以能够很容易地被吸纳入意识形态,是因为意识形态帮助他们理解世界,进入符号的秩序并把权力归于他们自己。在意识形态中,个体把自己看作独立的、强大的,就如青春期的少年看视自己那样。宰制性的社会价值就在这种认同中内在化了,结果是,真正的独立和独特的个体永远不可得。但是,杜伦指出,这种精神分析学的意识形态理论没有给个体或共同体足够的空间以自己的方式生活在其世界中,没有考察在地化的差异(local differences),没有注意个体结构其自身和其生活的策略和实践。① 在阿尔都塞的结构主义意识形态概念中,反抗和社会变革似乎无从发生,这样,转向葛兰西,强调文化领域的斗争性,强调文化是意义争夺的领地的观念就出现了。透纳指出,文化研究曾经抵抗政治经济学者主张的由上而下的意识形态概念,这种观点将文化边缘化为只是其他力量的效果。从结构层面来看,文化研究倾向于采取由下而上的意识形态说法,因为这样可以赋予主体和亚文化群体以力量,使他们可以介入表意实践和政治系统,从而改变社会。这样,葛兰西成为唯一的设计精密的理论,在文化研究对意识形态的概念化的过程中,霸权概念最终成为一种共识原则。②

葛兰西运用霸权概念解释为什么法西斯剥夺了大部分意大利人的自由,但还是受到欢迎这一事实。在他看来,霸权力量是临时性的和协商性的,随着社会和文化条件的改变,霸权力量不断地改变它们的内容,因此,反霸权策略也必须不断地修正。在葛兰西之后,文化不再被视为共同的社区生活(文化主义),而是被视为宰制体系中的一部分,文化研究应批判文化霸权。本内特指出葛兰西转向对文化

---

① Simon During. *The Cultural Studies Reader*. Routledge,1999. pp. 5—6.
② 格雷·透纳著:《英国文化研究导论》,台北:亚太图书出版社,1998年,第250页。

研究具有三个方面的影响：一是霸权理论促使我们抛弃阶层本质主义，不再将所有文化表达连接于阶层基础。二是霸权理论使我们在检视流行文化时，不必然采取某种固定的立场，不必成为批判性的精英主义，或者是不具批判性的民粹主义。三是霸权理论突出政治与意识形态对于文化实践的结合具有灵活性、可变性，也就是说，某个特定的文化实践并不必然永远载负着同一个意识形态意义。这样，流行文化场域就开启了无穷的政治可能性。① 阿尔都塞那里密不透风的意识形态控制，终于打开了协商和变革的裂隙。文本既然是意识形态斗争的场所，那么，主体在这里就获得了解放。透纳认为，回归葛兰西，必须肯定意识形态的重要性，但也要针对意识形态的运作，坚决扬弃某种单一的、机械的决定论解释。霸权概念描述那些生产统合、一致的企图，但是它也同时暗示，这些努力总是，必然，终将功亏一篑。因此，在进行文化形式和实践的分析时，应该寻找那些打破文化同质性幻影的"矛盾、禁忌与错置"。② 在葛兰西之后，大众文化被看作霸权生产和再生产的主要场所，是统治集团与被统治集团相互斗争与妥协的场所。通俗文化既不是"纯真"的工人阶级文化，也不是资本主义文化工业强加的文化，而是这两者的"折中平衡"，是来自上层和底层的种种力量的矛盾混合体，既有"商业"色彩又"纯真"，其标志是既"抵抗"又"妥协"，既是"结构"又是"动因"。③ 显然，葛兰西学派的文化研究是对此前两种大众文化观点和方法的扬弃：法兰克福学派、结构主义等把通俗文化看成是资本主义权力控制的领地，而文化主义则把通俗文化看成是工人阶级自己创造的为自己的文化。

　　葛兰西的霸权概念帮助中心从阿尔都塞的结构主义马克思主义脱离开，文化实践和文本被视为不同群体斗争的领地。因此，在英国文化研究看来，不同群体之间的权力斗争是流动的、不断进行的，从来不会停止，不可预期。这种斗争包括在社会生活的各个方面，乃至具体的种族词汇的运用，以及新右派和撒切尔主义的运作等。霸权理论不考虑文化生产的经济层面，这就导致了一种消费主义立场的出现。葛兰西的引入对文化研究转向消费研究影响重大，其原因，斯

---

① 格雷·透纳：《英国文化研究导论》，台北：亚太图书出版社，1998年，第247页。
② 同上，第249页。
③ 约翰·斯道雷：《文化理论与通俗文化导论》，南京大学出版社，2001年，序言第1～2页。

道雷认为,第一是理论方面的。要想了解文化商品如何被赋予意义,就必须考虑消费,就要关注文化商品可能包含的许多意义。第二是政治方面的。文化研究始终反对充斥于许多文化理论和文化分析著作中的"悲观的杰出人物统治论",即利维斯主义、法兰克福学派、经济学派的马克思主义,这些理论认为,结构作用绝对压倒能动作用;消费不过是生产的缩影;观众妥协是虚构的,只不过是经济力量游戏中的几个虚幻的步骤。虽然文化研究承认,资本主义文化工业是产生意识形态、认识世界的参照系,但葛兰西学派的文化研究并不认为消费这些产品的人是"错误意识"不可救药的受害者。消费包含着创造,并非被动地接受事先赋予的意义。"创造文化(在使用中创造)能增强从属认识,抵抗对世界的主流认识。但这并不是说,消费就一直在增强力量和鼓励对抗。否定消费的被动性不是为了否定消费有时是被动的事实;否定消费资本主义文化工业生产的文化商品的消费者是文化的上当受骗者,不等于否定资本主义文化工业谋求操纵的目的。恰恰相反要否定的是日常生活的文化充其量不过是商业和意识形态操纵的退化表现,这种文化是从上面加强的,旨在攫取利润和确保对社会的控制。"[①]"在使用中创造"这一概念要表明的是,应看到能动作用和结构作用之间、生产与消费之间的辩证关系。应用葛兰西的霸权和反霸权模式,英国文化研究寻求抵抗和斗争的反霸权力量,以便推动政治斗争的进程,帮助从属阶级从压迫和宰制中解脱出来。

在葛兰西之后,霍尔借助艾科、巴赫金和巴托发展文化的多义性概念,文化产品被视为混杂、再生产和协商的过程。比如万宝路男人这一形象可以制作为闪闪发亮的边缘粗糙的雕塑,在昂贵的曼哈顿公寓以取得后现代的效果,或者装饰拉各斯贫穷的住宅以表征西方的富裕和自由等等。意义的争夺基于物质利益和权力关系,烟草工业、医学行业和妇女团体对万宝路男人各有不同的解释,这种解释基于政治和商业原因:烟草工业是为了卖出更多的产品,医学行业是为了促进健康,妇女则是为了抵制男性霸权。[②] 从 20 世纪 80 年代中期到现在,英国和北美的文化研究从早先的社会主义的和革命的政治,转向了后现代的身份政治,其对于媒介和消费文化的研究视角也

[①] 约翰·斯道雷:《文化理论与通俗文化导论》,南京大学出版社,2001 年,序言第 4 页。
[②] Simon During. *The Cultural Studies Reader*. Routledge,1999. p.6.

更加缺少批判性。文化研究越来越强调观众、消费和接受,注意力偏离了文本的生产和分配,文化研究与政治经济学更为疏远,大众消费中的快感被视为抵抗意识形态宰制的力量,菲斯克发展了完整的文化抵抗理论,被学界批评为"文化民粹主义"或"新修正主义"。

伯明翰学派的学术主题

文化研究的历史难以叙述,它一直是多元化的充满争议的领域,包含着不同的立场,具有不同的轨迹,提出了许多问题,在不同的体制和地点构造自身,在许多领地生根开花。文化研究不断遭遇新的历史事件,走向新的学科和国家,这就改变了其意义和领地。霍尔说:"文化研究是福柯意义上的一个话语构成。文化研究具有多重的话语,许多不同的历史。它具有一整套的结构和不同的危机时刻(conjuncture)。它由许多不同的相互冲突的方法论和理论立场结构而成,当代文化研究中心的理论工作更适合称为理论噪音。它伴随着许多消极情感、争论、焦虑和愤怒的沉默。……文化研究拒绝主导话语或元话语,它向它所不知的,它还没有命名的东西开放。它不是陈旧的在某个特别的旗帜下行进的东西。"[1]本内特说,文化研究是"为表述极为分散的一系列理论的和政治的立场的方便性的术语,虽然在其他方面分歧很大,但它们共同致力于从其与权力的关系考察文化实践"[2]。文化研究关注亚文化与官方文化的裂隙;以后结构主义研究主体的构成;聚焦于语言,以文本分析方法分析大众文化的意识形态特征;以人种志学方法研究电视受众的接受;借助经济学,对媒介机构的组成及其对媒介产品的影响进行研究,表征、文本、主体、意识形态等是其核心概念。劳伦斯·格罗斯博格主编的《文化研究读本》所包括的文化研究的主题是:文化研究的历史、种族和族群、大众文化及其观众、科学和生态学、身份政治、教育学、美学的政治、文化体制、学科的政治、话语和文本、历史、后现代时期的全球文化等。

---

[1] Stuart Hall. *Cultural and Its Theoretical Legacies*, see Lawrence Grossberg, Cary Nelson, Paula A. Treichler. *Cultural Studies*. Routledge,1992,p. 278.

[2] Lawrence Grossberg. Cary Nelson,Paula A. Treichler. *Cultural Studies*. Routledge,1992,p. 3.

这本书的编辑在挑选文章的时候,对哪些是文化研究,哪些不是文化研究很有争论,有些被邀请撰写文章的作者,甚至不明白自己属于文化研究这一领域。从传统的学科分类来看,文化研究真是不伦不类,难以归类,但这就是文化研究,它是跨学科性的。既然文化是无所不在的,那么人的一切活动都是文化研究的主题和对象。

  文化研究拒绝方法,拒绝教条,是高度语境化的,它采取多元的、灵活的、批判的分析方法。文化研究的方法有人类学的田野调查、人物访谈、文本分析以及传统的历史学方法。在其兴起之初,文化研究以自传的方式呈现工人阶级文化和历史。在霍尔时期,来自法国的结构主义和符号学方法被借用。20世纪70年代,中心引进拉康、索绪尔、阿尔都塞、巴托、巴赫金、福柯等人的思想。文化研究试图理解西方二战后的社会和文化过程,即工业化、现代化、城市化、大众媒介的兴起、知识共同体的瓦解、文化生活的急剧商品化、西方殖民帝国的坍塌、新形式的帝国主义、大众文化的扩张、新形式的政治和经济的移民大潮、民族主义的重新兴起、种族和宗教的对抗等等。文化研究意图干预社会文化变迁的过程,在理论和现实生活之间构筑桥梁,其文本分析指向现实的政治斗争。文化研究自身并非同质性的实体,内部充满了差异、矛盾和争论,充满了理论取向和政治观点的冲突。英国文化研究没有单一的模式可言,也没有单一的模式能够概括之,"文化研究不断地侵蚀权威的历史,甚至为了自身的目的重新书写历史。不断地书写和重写它自身的历史以理解自身,构造和重构自身以回应新的挑战,在新的环境中重新接合自身,抛弃旧的假设,采取新的立场,文化研究一直是语境化的"①。在文化研究看来,文化是生成性的,其意义具有意识形态色彩,被用来维系社会结构中的不平等,因此,文化只有在社会实践中才能获得理解。文化研究既是智识性也是政治性的,在文化研究中,文化既是分析的对象、研究的客体,也是政治批判和干预的据点。在一篇《文化研究的必要性》的论文中,多位学者呼吁文化研究成为一种反学科的实践,主张文化研究的目标是培养抵制性的知识分子,他们的任务是生产一种对抗性公共领域的文化研究,只有一种反学科实践,才有可能生产解放性

---

① Lawrence Grossberg. Cary Nelson, Paula A. Treichler. *Cultural Studies*. Routledge, 1992, p. 10.

的社会实践。① 语言决定话语,话语组成实践,权力是话语性的。文化研究不是冥思性的学院行为,而是积极促进民主的实践,致力于普通人的解放和心智自由的实现。文化研究的政治,主要指的是权力的分配和运作。文化研究对日常生活的研究是批判性的:关键不在于理解世界,而在于改变世界,这是一种干预分析(intervention analysis)。哈特利说:"文化研究把自己的重负置于日常生活之上。它注视着权力的运作,好奇地把日常生活视为日常生活之外的某物的征兆,即斗争、意识形态、压迫、权力结构。"②文化研究把文化与权力控制、反抗,与政治斗争联合起来,发掘那些为传统人文主义文化观念所忽视的维度。"对于文化研究来说,这个世界是一个斗争的领域,是各种力量间的一种平衡;智力工作必须理解这种平衡,并找到挑战和改变它的方法。"③对权力的分析是文化研究的核心,权力既存在于所有权和控制权中,也存在于语言、意识形态和话语中。

  文化研究的跨学科性导致其矛盾混杂性。文学批评的文本分析方法受到历史学者的怀疑,而文学批评者也常质疑社会学的人种志方法轻易接受研究对象的陈述,缺乏批评性的分析。近年来,某些主张马克思主义的文化社会学者批评文化研究忽视政治经济维度。但不同学科的互渗促使我们了解一些既存学科领域无法触及的现象与关联。文化研究的历史是由政治投入和理论论争组成的,在这一过程中,文化研究的问题域被不断地重新塑造。本内特说,就其容易受到一切批判形式的影响而言,文化研究现在是而且始终都是多种多样的和多元的。它缺乏并且始终都缺乏一门成熟学科的那种统一性,或者说,它确实缺乏一场运动那样的统一性,那种统一性可以使它顺利地按任何一套基本概念的普遍效力而成功地进行下去。④ 文化研究的悖论是,它是一种反学科的学科,它是反学科的(anti)、跨学科的(inter)、综合性的(multi),它是包容的、多重的、创造性的。

---

  ① 约翰·斯道雷:《文化研究:一种学术实践的政治,一种作为政治的学术实践》,见陶东风主编:《文化研究精粹读本》,中国人民大学出版社,2006年,第93页。
  ② 约翰·哈特利:《文化研究简史》,金城出版社,2008年,第219页。
  ③ 劳伦斯·格罗斯博格:《文化研究之罪》,陶东风主编:《文化研究精粹读本》中国人民大学出版社,2006年,第129页。
  ④ 托尼·本内特:《走向文化研究的语用学》,陶东风主编:《文化研究精粹读本》,中国人民大学出版社,2006年,第223页。

文化研究已经发展到全球并为许多国家的大学所教授,大学要给学生授予学位,需要教师和科研人员从事这一研究,这就形成了一个具有统一性和延续性的知识和学科,形成了福柯所说的"真理的王权"(regime of truth),这就使得它与此前的知识领域和学科建制没有什么不同,反过来又颠覆了文化研究所声言的开放性和跨学科性。但是,这些矛盾复杂才正是文化研究的特征,也许文化研究没有了这些对立的方面,文化研究就不是文化研究,而是成为传统学科之一了。但问题是,文化研究处理这些问题的时候与传统的学科有何不同?如果一切都是文化研究的主题,那么文化研究是否无边界?是否在这些众多主题之中有一以贯之的主旨?文化研究作为制度性的学科,如何体现自己的不同的对于知识增长的贡献?这些都是一再争论的问题。

学术史的构造对作为学科的文化研究的型构极其重要。学术史的梳理和各种文化研究选本的出版推动了文化研究的学科化,在英语学界甚至出版了《美国文化研究》《法国文化研究》《俄罗斯文化研究》《德国文化研究》《亚洲文化研究》等书。学术杂志的创办、学术会议的举办传播了文化研究学术思潮。文化研究向教学领域的扩展普及了学术积累。文化研究教材的出版、欧美各大学学位的授予、文化研究独立系科的创立、各种网站的建立表明这种学术思潮已经积淀为知识传授。

伯明翰学派与媒介文化

当代大众媒介已经深入人们的日常生活之中,它表达着人们的欲望,结构着人们的认知,规范着人们的行为,构造了关于自我、他人和世界的图景。媒介文化已经成为人们生活的一部分,研究媒介文化就是研究人们的生活方式和社会变迁。媒介文化指的是存在于大众传播媒介中的文化,包括媒介对文化的影响和媒介中存在的文化。一方面,当代各种文化要借助传播媒介获得生存,另一方面,媒介本身又赋予传统文化以新质并创造了新的文化样式。麦奎尔以各种比喻解释媒介。向经验开启的窗户:拓展我们的视野,使我们能不受干扰、不带偏见地看待正在发生的事件;解说员:对看似零碎的、令人困惑的事件作出解释,使之易于理解;信息和意见的平台或载体;路标:一条相互作用之链,通过不同方式的反馈显示出传者与受者的关系,主动指明道路,提供指南或指示;过滤器:随意地或系统地筛选出一部分需要特别关注的经验,并排斥其他部分;镜子:将社会的图景折射出来——通常因偏重人们想看到的或想惩罚和遏制的而有所歪曲;屏障或障碍:因为宣传目的或逃避主义,它掩盖了事实真相。[1]

对于文化研究来说,媒介文化的研究主题包括媒介的生产、媒介文本和媒介文化的接受,以及媒介与政治经济和社会结构的关系。麦奎尔把当代西方媒介理论概括为七个主要的流派,分别是美国早期的大众社会理论、马克思主义、政治经济学、法兰克福学派、媒介霸权理论、社会文化理论、结构功能主义理论。其中,马克思主义对政治经济学、批判理论和媒介霸权理论产生了重要影响。事实上,媒介霸权理论与伯明翰学派的社会文化理论是重合的,因为葛兰西和阿尔都塞并没有独立的系统的媒介理论。伯明翰学派的批判研究不同于美国媒介理论的经验主义方法,它受到马克思主义和媒介霸权理论的影响,与传播政治经济学和法兰克福学派相互区别。霍尔曾经说,伯明翰当代文化研究中心在"当代文化批判研究的导向中,其观念在本质上已经成为一个电视、大众传媒和流行文化的研究中心"[2]。霍尔指出了文化研究中的传播研究与传统方法的四个决裂,首先,文化研究打破了此前的行为主义方法,这种方法把媒介影响视为直接的刺激—反应的机械模式,文化研究把媒介视为具有广泛影响的社会政治力量,其影响是非直接的、微妙的、难以觉察的。其次,文化研究挑战了媒介文本是意义的透明的承载者的观点,主张关注媒介所包含的结构性的潜力,把传统的内容研究转变成为媒体文本的语言学和意识形态分析,考察媒体在固化主流意识形态时所扮演的角色。再次,英国文化研究打破了观众是被动的无差别的观念,致力于研究具有不同社会和政治观点的观众以不同方式解码文本的具体情况,以主动的观众概念取代之。最后,伯明翰学派破除了大众文化是同质性的观点,认为大众文化是文化斗争的领域,抵抗和控制在此交

---

[1] 张国良主编:《20世纪传播学经典文本》,复旦大学出版社,2003年,第442页。
[2] Lawrence Grossberg. *Bringing it All Back Home*. Duke University Press ,1997,p. 281.

锋。①

　　文化研究反对英国的精英主义文化思想,即在高雅文化与真实生活、历史和当代、理论和实践之间的分离。英国文化研究,如霍加特说的,成长于阶级区分明确的社会,而大众媒体,有意或无意地,在构造着一个无阶级差别的社会的幻象。文化研究兴起之时,流行在英国的是美国社会学的结构-功能主义方法,具有强烈的经验主义倾向。这种实证主义的社会学方法和致力于伟大作品解读的传统的英语文学研究,都不符合文化研究的主张。文化研究的主旨,是在其历史语境中考察广义的文化,审视马克思·韦伯的研究方法,应用解释学方法探究意义的生成问题。在中心早期,大众媒体提供了威廉斯说的普通文化(common culture)的样本。20世纪70年代,在霍尔的领导下,媒介文本被视为意识形态控制的例证。此后,大众媒介、亚文化、语言等提供了葛兰西说的霸权协商的领地,成为关注焦点。在20世纪80年代,大众文化成为霸权控制和抵抗斗争的领地。

　　文化研究借用人类学方法呈现了文化形式的多元化,这是为官方的民族文化定义所掩盖的。文化研究强调无处不在的关于意义、解释、身份和控制的斗争,认为文化是相互矛盾的话语的斗争场地。詹姆斯·卡瑞说,英国文化研究可以描述为意识形态研究,因为英国文化研究以各种不同的复杂方式,将文化累积为意识形态问题。文化和意识形态这两个词汇的分野只是策略性的。② 道格拉斯·凯尔纳说,由于巨型传媒和娱乐集团制作的文化形式对当代生活具有直接的影响,由于传媒文化既由更大的社会和政治动力构成,进而又构成更大的社会和政治动力,因而传媒是说明当代社会、政治和日常生活性质的极佳透镜。③ 霸权必须不断地获得,需要在所有的社会层面构造权威,要调动其价值和知识类型运作在常识之中。媒介系统在此扮演着重要的角色,因为媒介包装和组织了话语给公众消费,这样,媒介文化研究就成为伯明翰学派的基本主题。霍尔所主导的媒介研究,是重新发现媒介的被压抑的层面,这一重新发现基于这种观点:传媒不是反映现实,而是建构现实。伯明翰学派质疑了媒介研究

---

① Stuart Hall. "Introduction to Media Studies at the Centre". In Stuart Hall, (Eds.), *Culture*, *Media*, *Language*. Hutchinson. 1984, p. 118.
② 格雷·透纳:《英国文化研究导论》,台北:亚太图书出版社,1998年,第230页。
③ 约翰·塔洛克:《电视受众研究——文化理论与方法》,商务印书馆,2004年,第31~32页。

中的实证主义传统,因为后者缺乏权力观念。通过吸收涂尔干、韦伯、洛克斯、巴托等人的理论,一种建立在激进的意识形态批判基础之上的马克思主义框架被引入媒介研究中。这一意识形态批判考察两个中心问题:意识形态进程是如何发生作用的,其作用机制是什么?意识形态如何与一个社会内的其他实践相关?文化研究就是要考察话语如何组织,如何结合在特殊的文化形式诸如报纸的头版、肥皂剧、惊悚片或调查报告中,看这些文本是否以宰制性话语所组织,是否给从属性的抵抗性的话语提供了空间。从霍尔到莫利,再到菲斯克的媒介文化研究,致力于揭示媒介文化中的意识形态蔽障,探索从属主体的解放之路。

第一章 雷蒙德·威廉斯与现代传播

第一节 传播与文化共同体的建构

在英国全国教师联盟(National Union Teachers)1960年召开的"流行文化与个人责任"学术会议的影响下,雷蒙德·威廉斯(Raymond Williams 1921~1988)于1962年出版了《传播》。该书出版后产生了很大影响,1966年威廉斯出版修订本,1975年添加了"回顾和展望"一节,1976年再次出版。《传播》建立在威廉斯的成人教育编外讲师的个人经验的基础上,最初这本书是作为企鹅"六十年代的英国"系列丛书之一出版的,其目的是通过描述和分析现有的文化机构,回应当下的社会和文化政策问题。《传播》一书涉及现代传播的意义、媒介文化与传统的关系、现代传播与文化共同体的建构等问题。

传播的意义、历史和内容

在《关键词》中,威廉斯对传播一词内含的历史演变进行了梳理。Communication这个词从15世纪以来,其现代的普遍意涵就已存在,它最接近的词是古法文词 communicacion,来自拉丁文 communicationem,是一个表示行动的名词,从拉丁文 communicare 的过去分词演变而来,可追溯到最早的拉丁文 communis,意指"普遍"。因此,communicate 意指"使普及于大众""传授"的动作。

Communication 最初指的就是这种动作。从 15 世纪末期起,它的意涵变成"普遍",但从 17 世纪起,出现了一个引申意涵,指的是"传播媒介、通讯工具"①。在《传播》的第一章,威廉斯追溯传播这一词汇在英语中的含义。在英语中,传播的古老意义,是观念、信息和态度从一个人到另一个人的传递,后来,传播也意味着从一个地方到另一个地方的线路或渠道。自工业革命以来,传播领域的这种进步极多,如运河、铁路、汽船、汽车、飞机等的发明创造,当我们说传播时,就是指这些旅行和运输的方式。然而,还有另外的一条主要的现代发展和发明创造,如蒸汽印刷、电报、摄像、无线电、电影、电视以及新的计算机的印刷方式。这些从一个人传递思想、信息和态度给另外一个人的新的方式,威廉斯称之为"传播"。因此,在普通用法中,这个词汇具有不同的含义,有时还会混淆。威廉斯认为,在描述物理的旅行和运输时,另一个词即交通(transport)比传播更好。在本书中,威廉斯的传播指的是观念、信息和态度在其中传送和接受的机构和形式。②

在威廉斯所处的时代,传播世界的利益博弈急剧发展。强有力的传播方式与民主的扩张和统治集团的控制并驾齐驱,一同发展。同时,传播的发展也与职业和教育的变化同步,这给许多人提供了社会性的机遇。威廉斯对传播的研究是对这一新形势的回应,他甚至认为:"社会本身就是传播的一种形式,通过它经验被描述、分享、修正和保存。"③这就赋予了传播一种新的意涵,因为传播的发展改变了人们看视社会的方式,人和社会不再限于权力、财产和产品等关系,他们的描述、学习、说服、交换经验等活动是更为基本的。威廉斯认为,传播处于现代社会的核心地位,不能视之为次等的东西。在许多人的观念里,第一位的是现实,第二位的才是关于现实的传播:艺术和学习是次要的,首先有生活,其次才有这些考虑。但威廉斯指出,许多人通过经验获知,人的生活、社会事物的目的不能限于这些,学习、描述、理解和教育是人类生活的关键的组成部分。这些活动并非在现实发生以后作为第二位的东西得以产生,它本身是一个主要的方式,其中现实被不断地形成和改变,"我们所称之的社会不仅是

---

① 雷蒙德·威廉斯:《关键词:文化与社会的词汇》,北京三联书店,2005 年,第 73~74 页。
② Raymond Williams. *Communications*. Chatto & Windus, London, 1969, p. 17.
③ 同上, p. 18.

政治和经济秩序的网络,而且也是一个学习和传播的过程"①。传播开始于学习和描述的活动。

　　传播是尝试把个人的独特的经验传递给公众,这一过程不仅是把私人的外在化为公共领域,也是把公共领域内在化为私人。通过这一过程,有意义的能够被分享的经验得以建构。在威廉斯看来,必须把创造和变革融入传播之中,因为世界是不断变化的,新的对于传播形式的解释就必须不断变化。当个体试图传播其个人经验,他就尝试通过作品和语言去构造一个新的现实,现实通过这种活动被不断地建构着。个体在社会内的操作不断地超越自身,变成了社会化的过程(the process of community):"既然我们看待事物的方式实际上是我们的生活方式,传播的过程实际上就是社会化的过程——分析共同的意义,也即共同的活动和目的。"②我们依赖一定的传播方式、特定的规则和惯例,传递生活经验给其他人,一种语言的历史就是这种活动的记录。传播也是一个民族改变政治和经济机制的历史的核心部分,而且,在这一过程中,许多传播模型变成了社会性的机制,我们对待其他人的一定的态度、一定的语调和风格、一定的发表演说的方式就体现在这种机制中,这些机制有效地运行于社会。联系威廉斯的"文化是普通的"和"文化是整个的生活方式"的观点,他的传播交织于社会生活的观点就不难理解。受法国结构主义和后结构主义影响的人可能会说,威廉斯是主观主义和经验主义的,但我们也看到,这是威廉斯区别于福柯的权力观和马克思主义强调生产模式的地方。

　　威廉斯说,他写作的这本书就是现代传播的一个伟大成就。书写使得传播的记录成为可能,印刷使得快速的散播得以实现。在重新阐释传播的意义之后,威廉斯追溯了英国现代传播的历史。借助现代科技和政府管理,印刷所、版权、报纸、执照、印刷商、出版社、杂志等在过去的 300 多年里发展迅猛。1814 年的蒸汽印刷决定性地提高了传播的效率并影响了随后至今的印刷的变迁。威廉斯以翔实的数据资料勾勒了英国传播的发展史,其中科技进步、政府管理、商业推动都对传播的发展具有重要影响,结果是,现代传播形式如报纸、书籍、图书馆、剧院、杂志、电视、广播等都得到了飞速的发展。总

---

① Raymond Williams. *Communications*. Chatto & Windus, London, 1969, p. 19.
② 同上, p. 55。

结现代传播的历程,威廉斯认为,现代传播史具有两个明显的事实,一是阅听人数量的飞速增长。报纸、杂志、书籍、广播、电视、音乐磁带等的巨大扩展意味着阅听人数量的扩展,这一过程具有文化革命的意味。与此同时,第二个事实即是,或旧或新的传播方式的所有权演变成为一种在早期无法获知的财政组织,类似于普通工业产品的所有权形式。资本主义以企业的方式趋近传播,依靠广告获得收入成为主要的经营模式,这就使得获取大量的阅听人以吸引广告投放者成为常规,传播的分享人类经验这一目的都从属于这一买卖的驱动,比如,报纸先前是为了传播所有人的思想,现在则变成获利。

威廉斯以经验方式说明一种现象:当我们熟悉了一定的报纸和节目,过了一段时间会认为其中的内容是理所当然的,但这潜藏着一种危险,即当我们熟悉了我们喜欢的报纸或节目所体现的看视世界的方式之后,我们会忘记,那毕竟是许多可能的方式之一。威廉斯说,如果我们真的想改变这种状况并获得独立性,如在民主的机制中那样,我们就应该批判地看视那些我们所熟悉的内容和方法,以及那些不属于我们的内容和方法。为此,威廉斯以英国主要的报纸和电视节目为例,做了三个方面的工作,一是对内容和种类的比较,二是对风格和表述的分析,三是对审查的对照。

威廉斯分别以 1961 年和 1965 年所调查的内容制作了两个表格,对多家报纸的栏目种类和篇幅进行了对比。他还选取了英国、法国、西德和意大利的报纸,比较了版面、价格和发行量的差异,以及报纸的内容如法律案例、警察调查、交通事故、国际国内新闻、体育新闻等占据各个报纸版面的比例。此外,威廉斯还分析了杂志的栏目如购物、服装、旅行、图片、艺术等的版面所占有的比例。总结英国当代传播领域,威廉斯指出,两个事实引人注目:"一是,广告和编辑材料(editorial material)的方法和内容之间的不断增长的紧密关联。二是,材料方面的显著的引入阶级的区分,这就使得各个阶级保持在自己的世界中。"①首先,在排版、布局和照片风格方面,报纸和广告在视觉性方面越来越类似。如果不注意看,要分清一则广告和新闻是非常困难的。其次,第二次世界大战后,英国的杂志和广播有一个明显的趋势,就是把一般的商品联系于独特的利益和兴趣,而不是在媒体中铺设一个具有大众性的领地。先前的满足大众兴趣的杂志大多

---

① Raymond Williams. *Communications*. Chatto & Windus, London, 1969, p. 92.

消失了,被满足特殊阶级的特殊兴趣的杂志所代替。结果是,一定的兴趣趋向于区分化以标示特殊社会阶级的身份,比如,最为显著的是,少数精英分子钟情于严肃的政治和传统艺术,这就使得社会分化更为明显。媒体在呈现社会区隔的同时也在支持着社会阶级的分化。

高雅文化与大众文化

在"争论"这一章,在回应两位媒介人士提到他们试图提高大众文化的标准并创造新的兴趣的时候,威廉斯提出,最重要的问题,是我们所有的大众传播的组织和主流思想对于这一工作的难度是否有充分的认识,威廉斯的回答是否定的,原因如下:第一,当我们谈论大众的时候,我们对人们既无尊敬也无责任性的发展意识。威廉斯批评说:"把一个民族的文化水平想象为某种单一的,某种固定的,这是非常容易的事情。这就是诸如大众(the masses)和大英公众(the great British public)这些术语的困境,它们把我们的理解不是导向实际地以不同方式生活和成长着的人们,而是某种大规模的具有固定习性的民众。"[①]第二,当我们以一种孤立主义的方式去思考阶级时,我们不断地被诱导着把我们的文化分化成不同的、其中并无衔接的领域。第三,当重点转向利润之时,就会有巨大的压力去集中于已知的和安全的事情,而对那些尝试新的事物、提供新的思想和经验的更长期更困难的工作就不会给予足够的支持。第四,当要用媒介作为广告和销售的渠道时,就会有持续的压力让人们进入"为购买而生的正确观念",使用现成的趣味的吸引力导向准备销售的商品,但不必联系于新生活本身的真正问题。也就是说,在讨论大众媒体和机构之于大众趣味的关系的时候,基于具体的资本主义市场和利益追求,大众媒体是否会引导大众走向新的生活,是值得怀疑并且困难重重的。

大众传播与大众文化紧密相连:存在于传播中的似乎都是大众文化。威廉斯对大众传播的研究必然会涉及对大众文化的看法。在此,威廉斯讨论了传播领域里的高级文化与大众文化的区别问题,为大众文化的合法性作辩护。

---

① Raymond Williams. *Communications*. Chatto & Windus, London, 1969, p. 99.

人们在能力上有差异,但民主制坚持认为,每个人具有相平等的行使判断的权力。20世纪初期的阿诺德和利维斯认为,伟大的高雅文化传统有被大众文化压倒的危险,捍卫少数人的体现了人性的最高成就的文化就是知识分子的第一要务。威廉斯指出,少数人文化(minority culture)这一概念有两种含义:一是指那些伟大的艺术家和思想家的作品,以及那些为数众多的较为次要的,但仍然很重要地支撑着伟大人物的作家的作品;二是指某一特定社会里的少数人所享有的作品,这些人会在这些作品中加入某些成分和自己的趣味。伟大传统在许多方面是共同遗产,现代教育的目标是使之尽可能广泛地传播。但威廉斯提醒:"我们必须小心,应把过去的伟大作品与在某一特定时间和地点把自己与之等同起来的社会少数人区别开来。"①威廉斯意识到高雅文化和大众文化的复杂关系,他指出,伟大传统常常以令人意想不到的方式延续自身。许多往日新出现的作品,按照当时的标准,被视为低级的,这种情况经常发生在伊丽莎白时代的戏剧和18世纪的小说中。在20世纪,电影、音乐剧、爵士乐等都被认为是低级的,是对"我们的标准"的威胁,但是,在电影被发明的时候,也有许多重要作品,为世界文化做出了重要贡献。小说这一形式也曾被贬低,其伟大时期也只是一个多世纪后才到来。威廉斯得出结论说,我们没有理由认为,科幻小说就不如历史小说严肃、音乐剧不如自然主义戏剧严肃。那些自以为只有他们才拥有伟大传统的遗产和监护权的少数人是非常错误的,"'低级'等于'不成熟'是永恒的文化陷阱之一,特别对于那些自认为在他们身上,在他们有学问的品位和习性中体现了高雅传统的人而言,这是最容易跌落的陷阱"②。

大众文化是大众自己的文化,而大众并非自古有之,它是现代性的产物。哈特利指出:"'大众'描述的是没有确定形态、没有内在差异的群体。它是要从外部看的,而非从内部看的。大众通常具有丰富的被压制或令人困惑的含义。当把'大众'运用人类时,指一群人,他们在精神上构成了一个集合体,在这个集合体中,他们的个性已经彻底丧失。这种大众与贵族(有头衔)、资本家(财大气粗)和读书人(能读会写)的阶级构成了阶级性的差异。普通人与对他们的恐惧

---

① Raymond Williams. *Communications*. Chatto & Windus, London, 1969, p. 103.
② 同上,p. 104。

(暴民、下流坯)密切相连。"①利维斯和阿诺德等人的"文化和文明传统"认为,大众是群众,是没有领导者的乌合之众,其特点是容易受骗,反复无常,群体偏见,兴趣和习性低级。根据这一见解,大众形成了对文化的永久威胁:大众思考、大众建议、大众偏见随时都可能淹没经过考虑的个人思想和感觉;民主一旦演变成大众民主,也会走味。威廉斯决然不同意这种观点,他说:"实际上没有群众,有的只是把人看成群众的那种看法。在一个城市性的工业社会中,有许多机会使人们有这种看法。……事实当然是,看待其他人的方式,已经成为我们这种社会的一个特征,是为了政治剥削或文化剥削的目的而受到重视的。折中地看,我们看到的是其他人,许许多多的其他人,是我们不了解的其他人。实际上,我们根据某种方便的公式把他们聚集成群并加以诠释。在它的条件之中,这公式是成立的。但是,我们真正应该检验的是这个公式,而不是群众。如果我们记住我们自己也一直都被其他人聚集成群,将会有助于我们进行这种检验。只要我们发觉这种公式不足以诠释我们自己,我们也可以承认它不足以诠释那些我们不了解的人。"②

大多数人对伟大传统不感兴趣,他们只对马戏、游行和运动之类有兴趣。为什么要把艺术强加给这些人呢?把注意力转移到真正重视艺术的人身上,去维护真正的艺术不是更好吗?但是,威廉斯认为,要区别艺术与娱乐,是非常困难的事情。伟大的艺术能够给予我们深刻的持续的经验,但我们从许多称为艺术的东西中得到的经验常常是轻松的、短暂的。我们从马戏、游行和杂耍中得到的兴奋很容易遗忘,但在当时是非常强烈的。在20世纪,体育变成了流行的景观,它的兴奋也是强烈而短暂的。这些可能与装饰艺术、轻喜剧、时尚艺术表演之间存在区别,但真的能够看作是高级和低级的区别吗?实际上,威廉斯指出,我们不是生活在相互区别的纯净世界中,我们中的很多人今天去看马戏,明天去剧院;今天去看足球,明天去听音乐会,这些经验非常不同,我们对其中之一的感受受到其他经验的影响。也就是说,大众文化经验与高雅文化经验难以区分,它们相互交织,相互影响,结论就是:"如果我们看看我们所说的大众文化和少数人文化,我无法确信,我们能够一成不变地在现实的一边找到一个,

---

① 约翰·哈特利:《文化研究简史》,金城出版社,2008年,第65页。
② 雷蒙德·威廉斯:《文化与社会》,北京大学出版社,1991年,第379页。

在现实的另一边找到另一个。当然了,伟大作品经常以其现实性挑战了我们,能够激发积极的注意力。但是,当这些作品被嵌入某个特定的少数人文化之后,后者对前者不仅添加了自己的地方习性,还添加了来自其少数人地位的事实和情感,结果就会不一样。好则少数人文化提供了最好的关于世界的所做所言,坏则它把好东西翻译为自己的口音,并以许多其他劣等的东西弄乱它。"①当局限于少数人时,伟大传统总是面临被庸俗化的危险。正因为伟大传统是混合的遗产,来自许多社会、许多时代和许多人群,它就不可能轻易地被容纳在某个特定的社会结构之中。进一步论,假如伟大传统不能被人们普遍获得,它就会面临来自社会少数人之外的不必要的敌意,然后经常发生伟大传统被外部穿透和利用的情况。威廉斯主张,伟大传统是活的、发展着的,不应该视为少数精英分子的独有物,而应该视之为共同的文化遗产,通过教育和媒介,应使之尽可能广泛地传播。威廉斯在去除高雅文化的崇高地位时,为通俗文化存在的合法性予以辩护,同时,把通俗文化和虚假文化(synthetic culture)区别开来。威廉斯指出,在我们时代的最坏的文化产品中,很少是真正地从实际的共同体中产生出来的通俗作品,相反,我们发现的是虚假文化或反文化(anti-culture),它疏离于几乎所有的人,对艺术和智识行为持续地怀有敌意。它花费大把的时间去错误地表征,把地盘留给冷漠、挫败和憎恨;它找到人类普通的兴趣,如性,并把它转化为粗俗的漫画和光滑的摹本;它不断地在憎恨和攻击中游戏。"但这不是普通人的文化,而是非文化(the culture of the disinherited)。"②这就是说,通俗文化的创造不能离开伟大传统,一旦孤立了伟大传统,通俗文化就会走向粗俗的反文化或非文化。威廉斯举例说,当时美国大众文化入侵英国,而英国的少数人自认为是伟大传统的监护者,他们反对美国文化的殖民化,但伟大传统没有得到普及,导致了英国当代文化的虚无感和绝望情绪。

在"暴力和价值"这一节中,威廉斯讨论了电视中的暴力问题。在流行周报、电视剧以及电影中,经常对暴力和性予以浓墨重彩。问题是,这种浓彩是什么样的?其实际的和可能的影响如何?关于暴力,三个问题最为重要:在产品整体中,涉暴情节占据多大比例?在

---

① Raymond Williams. *Communications*. Chatto & Windus, London, 1969, p. 107.
② 同上, p. 109。

这些节目中,显示了对暴力的何种态度?存在着明显的道德态度与实际上的表现相互冲突的情况吗?据英国儿童福利委员会取一周样本,对 BBC 和 ITV 的调查,与整个节目的时间段相比照,英国电视涉及暴力的数据如下:BBC1 11%,BBC2 13%, ITV 11%。人们经常认为,暴力的表现不重要,关键是作品的态度。还有观点认为,暴力应该得到表现,因为它本身就是生活的一部分。威廉斯认为,根本问题在于,暴力在生活中的比例与其在报纸、电视、电影中的比例是否对称。所有数据表明,英国传播媒介中的暴力的比例比现实生活中高很多。我们不仅要问,为什么会如此?而且要问,媒介中哪些主题被减少或排除了以成就了这种比例?

关于作品中的道德态度问题,威廉斯以西部片和犯罪小说为例予以说明。西部片的道德教训是,通过暴力这种男子气行为,以正义战胜邪恶。关于犯罪小说,存在着三种价值观,一是犯罪得不偿失,因为法网恢恢,疏而不漏;二是犯罪行为与法律实际上并无不同,如果需要,两者都利用恐吓和欺骗;三是外表具有欺骗性,一个人可能看上去无恶意但却是一个罪犯。西部片是程式化的、黑白分明的,而犯罪小说是复杂的、现实主义的,其差异是,在前者,暴力的影响是微弱的,因为影片对谋杀没有给予特写镜头,重点在对立的立场而非个人。在犯罪剧中,制作者没有消除暴力后果的意图,我们看到鲜血在罪犯的手上,汗水流在他的脸上,细节致力于表现肉体的痛苦。因此,威廉斯认为,相比而言,犯罪剧的道德影响是负面的。

电视暴力是否产生消极影响,学界众说纷纭。许多人认为,电视对人们的暴力和非道德的影响非常小,大众媒体不会导致孩子的直接的模仿行为。问题的另一方面是,威廉斯质问,到底是谁在乎电视暴力的消极影响?那些周报编辑、色情和暴力小说的出版商、电视节目的制作人、电影广告商和制作人,他们的工作不是建立在对其危险性的评估之上,而是,如果这类作品能够热销,推出就是正确的。对于电视的社会影响问题,存在着两种对立的立场,一是出版自由,二是保护未成年人。威廉斯说,我们不能绝对地区分好的和坏的作品,通常的情况是,作品常常是混合的、介于中间的。如果我们站在出版自由的立场,我们就不可能把这一原则仅仅限于有道德的杰作;如果我们站在保护未成年人的立场,那么所有作品都得依据这一原则予以检验。有人认为,媒介文化的效果应该以观众的接受为判断的依据:对成年人是有益的对孩子可能是有害的。这一看法可能是对的,但威廉斯分析了其操作的困难,因为在实际上,不可能把某些作品限于某一群体:不论出于何种意图,实际的读者在某种程度上是重叠的。而且,在每一读者群中,无论是成人,青春期的少年,或是孩子,其性格和心理的稳定性具有很大的个体差异,这就影响到实际的接受后果。一个心理病态的成年人可能比一个心理健康的小孩更容易受到负面的影响。这些问题都需要新的证据予以论证。在未解决这些问题之前,行动已经开始了,许多作品在传播,许多作品在修正或禁止之列。问题就变成了,谁来决定作品的传播和禁止?这些决定是在什么样的原则上做出的?在我们未弄清楚各种对立的争论并取得一些有效的原则和程序之前,混乱和可能的伤害将继续存在。

传播的四种体制

在讲到媒介文化的创造时,威廉斯谈到了传播与社会文化进步的关系。在任何文化中,最重要的是实际的文化贡献者。要获得良好的文化就需要优异的艺术家和表演家,但艺术家又是生活在社会之中的,因此,创造一个艺术家适宜于生活其中的社会极其重要。威廉斯列举了文化的四种贡献者:创造性的艺术家、表演者、记者、解说员或批评家,他们都关系到文化的传播。记者需要事实,解说员或批评家给出他的关于实际事件或作品的意见。表演者在媒介中表达他创造的或其他人创造的作品。创造性的艺术家试图在其作品中表现他自己的经验或观点。每一种人都竭力把他的作品置入一种可传播的形式,这四种人都需要一种有保障的自由去传播他们对其作品的理解。这不仅仅是对个体自由的保障,更重要的是,一个好的社会依赖于自由地获得事实和意见以及观点和意识的发展,即人们的所知所感能够得到清晰的表达。"任何对于个体贡献的自由的限制实际上是对社会资源的限制。"①在威廉斯看来,个体自由与文化创造是一体两面,"如果我们理解传播的真实过程,贡献者的自由和他的控制他自己的资源的需要,可被合理地视为整个社会中的获得自由的一种方式,一种贡献者奉献社会的最好的方式"②。

良好的文化有赖于文化的良好的贡献者,而良好的贡献者与良

---

① Raymond Williams. *Communications*. Chatto & Windus, London, 1969, p. 118.
② 同上, p. 123。

好的文化传播机制息息相关。那么,接下来的问题,就是考察传播的机制了。简单说来,传播的机制要么是控制,要么是民主。在民主社会,体制必须是自由的,但在民主机制中,创造出来的很多作品很可能被认为是有害的,这样,可替代的方案就是控制。因此,基本的选择就是在操纵和自由之间摇摆。但操纵和自由这个基本的词汇对于现实的传播机制来说太过简单,威廉斯把现有的传播机制分为四种,即独裁式的(authoritarian)、父权式的(paternal)、商业式的(commercial)和民主式的(democratic)。

独裁式体制:在这一体制中,传播被视为少数人统治社会的整个机器的一部分。传播的首要目的,是传播统治集团的指令、思想和态度,其他可供选择的指令、思想和态度都被排斥。传播方式的垄断是整个政治体制的必要的组成部分,只有某些画家、出版机构、报纸、戏院、广播站能够被允许存在。有时它们直接被权力集团控制,后者决定该传播哪些东西。另一些时候,非直接的控制被审查制度所行使,并由政治和行政体制反对那些不受权力集团欢迎的资源。这种体制可以采取不同的严厉程度予以操作,也可以根据两三个不同的社会团体的利益加以运作。"这一体制的明显的特征是,传播的目的是保护、维持或推动建基于少数权力者之上的社会秩序。"①

父权式体制:这是有良知的独裁体制,它具有超越维护其权力的价值和目的。在父权体制下,被声张的是保护和引导的责任。这也牵涉到操纵,但这是一种少数人认可的导向多数人发展的操纵。如果传播手段走向垄断,就会有辩护称,这是为了避免被具有破坏作用或邪恶的团体所滥用。在这种体制中,审查制度被直接或间接地广泛应用,但被辩称是为了某些团体和个人的需要,保护他们不受某些危险的艺术或观念的伤害。独裁体制传达命令、思想和态度,使之被接受,父权体制则传播价值、习性和品位,作为少数统治者的合法性存在的根据,并希望它扩展到全体民众。对这种价值、习性和品位的批评,好则被视为一种不成熟和无经验,坏则被视为一种对具有经验的和值得信任的生活方式的道德上的攻击。父权体制的操纵者把自己视为卫士,他们虽然很有耐心,但在维护他们的核心价值时毫不妥协。同时,正确地履行他们的职责需要高度的责任感和严肃性。在不同时代,服务于不同的秩序,父权式体制可以在控制程度上有所变

---

① Raymond Williams. *Communications*. Chatto & Windus, London, 1969, p. 125.

化,但该体制的总体目标和氛围不容更改。

商业式体制:对传播的商业式态度既与独裁式体制也与父权式体制强烈对立。与传播服务于政府或引导相反,商业式体制认为,人们有权出售任何作品,任何人都有权购买所出售的东西。通过这种方式,它认为,传播的自由得到了保障。在其早期和近期阶段,与前两者相比,这种体制确实是获得自由的手段。但这种自由依赖市场,它可能陷入困境。如果一部作品不能确定是否能售出,它还会推向市场吗?当产品价格低廉时,风险还值得去承担,当产品价格高昂时,风险就很大了。在现代传播体制中,许多产品是很昂贵的。这么一来,首先,销售情况不确定的作品,或与成本相比销售额很少的作品,可能不会推向市场。其次,销售速度变成一个重要因素,因要考虑到投资回报。再次,如果一部作品需要的资金数额巨大,个别艺术家没有庞大的资金,就得由集团去筹措资金,因此,昂贵的传播手段的控制权就会转移到某个资本家或集团手中。这些集团或个人,因为产品利润的关系,经常不能代表其所属的社会,往往只能代表其中的少数人。这样一来,"独裁者所声言的权力控制,父权式体制的原则,就在商业式体制的运作中成为一个实践了"[1]。

民主式体制:相比前三种,完全意义上的民主体制我们只能谈论和想象。它与早期的商业传播体制相同的地方是,所有人都有权提供他们所选择的东西,所有人都有权接受他们所选择的东西。它激烈反对什么能说的独裁控制,也反对什么应当说的父权式体制。它也反对商业式体制能够带来利润的言说,因为后者也可能是一种专制。

但对新体制的设想显得很抽象,有时令人无法信服。设计民主体制是漫长和艰难的过程,只有当我们之中有足够多的人同意这是一种我们需要的东西的时候,这种体制才有被建立起来的机会。威廉斯认为,从民主的原则定义文化体制,有两点需要考虑:传播信息的权利和接受信息的权利,这是任何民主文化的基础,"首先,这是基本权利。其次,它们永远不能被少数派所干预。再次,如果它们以某种方式,被社会中某一多数派的决定所制约,这种情况只能发生在公开和充分的讨论之后,所有人都可对此畅所欲言,它也保持对挑战和

---

[1] Raymond Williams. *Communications*. Chatto & Windus, London, 1969, p.127.

评论开放"①。既然所有人都是社会的成员,那么,所有人都有权言说他们所想或所发现的,这不仅是个体的权利,也是社会的需要,因为民主依赖所有成员的实际参与和自由贡献。接受信息的权力是对传播信息的权力的一个补充:它是参与和一般讨论的手段。威廉斯指出,保障这些自由的必要机构,必须是明确的公共服务性的,它必须与公共垄断(public monopoly)区别开。要获得它,唯一的办法是创建新型机构,其原则是,积极的创作者能够控制他们自己的表达方式。在创作者不直接依赖机构的时候,如果他们需要,应提供某些便利条件,以支持其谋生和工作。在作品只能通过机构完成的情况下,就要创造机会,让不同的创作者创建他们自己的公司,然后提供便利条件给这些公司,而且有必要创建中介机构,为整个社会和不同的团体保管和提供公共资源。

在民主体制中,政府不能直接干预创作者。中介机构的创立,保障个人和公司获得资源的契约体制的建立,都使得政府的操纵变得不可能。在任何体制中,只要普遍民主能通行,文化民主也就能通行。民主体制的核心,在威廉斯看来,是公开和自由。克服这种体制可能带来的消极影响,也是公开和自由,这就需要在任何情况下,抵制作品在自己的渠道流通的任何倾向。对于资源的分配和有可能的危害,公众的辩论、决议以及批评极为重要,而公众的责任,则是保障个人或群体获得公平的机会。在商业体制中,创作者既不自由,也不负责任,他们既没有做到本来应该做的事情,也对公众对其所完成的作品的批评毫不在意,而"民主制的固有的平衡需要创造两个新的条件:创作的自由和义务的自由(freedom to do and freedom to answer),这应是许多个体之间的积极的过程"②。威廉斯极为重视这一民主文化的建设,在《漫长的革命》中,他把它与工业革命和民主斗争并称为人类自由的三大部分。这三者结合在一起,其基本的价值目标,是"人们应该发展其能力和权利去指导其生活——通过创造民主的机构,通过把新的能源的能量带入人们的工作之中,通过扩展表达和理解建基其上的经验的交换"③。不同的社会将以不同的方式去达到这一目标。人们通常认为,满足这一目标需要重点培养个

---

① Raymond Williams. *Communications*. Chatto & Windus, London, 1969, p. 128.
② 同上, p. 132。
③ 同上, p. 134。

人的责任感。威廉斯认为,如果我们想最大限度地利用文化发展所提供的新的和真正的机会,如果我们想避免和纠正我们所犯的错误,个人责任必须变为公共责任(public responsibility),后者才是更为重要的。这种公共责任需要什么样的方式获得呢?威廉斯讲了三点,一是教育,通过教育我们可以以新的方式发展个人独立的反应和选择的能力;二是改革机构和立法,确保我们的文化组织真正地对社会负责;三是,为了新社会的建构,我们需在机构的激进变革方面达成共识,使之符合社会发展的需要。①

在对传播的民主模式的讨论中,威廉斯肯定了英国公共领域里的社会机构所具有的优良的自治性,他以科学和学术领域里的情形类比传播的民主体制的可能性。科学和学术不同于一般的传播,但对于民主共同体而言,其重要性不言而喻。为防止文化被少数不负责任的人所控制,建立公共体系是为必要。在公共体系中,常常会有冲突,但现代英国的大学是一个有效范例。大学没有公众资金就无法生存,但在接受公众资金的时候大学仍然保持着学术自由。理论上讲,政府能够以缩减资金控制大学,但在实践上,并没有这样的威胁,虽然其中存在着冲突和争论。学术自由与一般的文化创造都很脆弱,但它并没有被公共体系所扼杀或弱化。"在这里,一个重要的因素,毫无疑问的是,作为实体的大学,是组织起来的学者和教师,对于他们而言,自由是必需的,他们能够以集体的方式捍卫这一原则。"②

传播与文化共同体的建构

传播的飞速发展在20世纪漫长的社会危机中尤其重要,但许多人不是看到现代传播给人们带来的学习和思想经验扩展的效应,而是视之为一种新的统治或新的贸易的机会,在此,传播的所有方式都被滥用了,比如作为宣传的政治控制和作为广告的商业功利。但传播对现代民主和共同文化的发展的意义是双重的,威廉斯认为,第一,传播的发展是民主发展的一部分。在20世纪,伴随着公民权和大众的扩展,传播方式的所有权和控制变得狭窄了,"在现代,所有权

---

① Raymond Williams. *Communications*. Chatto & Windus, London, 1969, p. 135.
② 同上,pp. 166~167。

变得有限的趋势下，民主的文化条件实际上被否定了，有时具有讽刺性的是，以自由的名义"①。也就是说，在现代社会，伴随着传播媒体的多元化，阅听人的数量扩大了，信息共享推进了民主的进程，但是媒介机构的所有权被控制在少数资本家手中，这样一来民主化的条件又变得恶化了，有时甚至假自由之名在扼杀民主的文化条件。第二，发展是人类社会的一个过程。威廉斯指出，所有发展需要时间和耐心，可能会遇到很多混乱和不确定因素。如果试图保持现实的完整性，并指责新的事物，那么旧形式就与新问题变得不相干，这样对新形式的控制就被转移到那些对社会的发展或发展所趋向的人类目的不感兴趣的人手里。这样，不是一个新文化，而是一个虚假的文化就被构想出来。如果这些人控制了媒介，那就只有真正的扩张（expansion）但不会有真正的发展（growth）。但威廉斯并非悲观，他指出，我们被各种张力所束缚，但发展的动力不能被否定，我们必须认识其矛盾所在：在民主和有限的所有权之间，在真正的扩展和销售的驱动之间。经过许多困难，将会出现真正的有价值的发展。

在四种传播模式之中，民主式体制最难实现，最不具现实性，如彼得·希契科克（Peter Hitchcock）所言："对于威廉斯在其作品中的关注重点是经验主义指责，《传播》中的论点存在于一个缺席的中心之上，因为在当代日常生活中不存在民主式传播能够建基其上的结构性经验。"②即便如此，威廉斯对民主体制最为推崇。威廉斯终生致力于社会主义民主文化的建设，相信民主体制可以促进文化的民主建设，可以解决公共媒体的公共性问题。传统的公共服务，由上而下，为上级任命的权力单位所控制；新式公共服务，由各级地方社区以及广播机构的职工，经由民主方式行使控制权，这样就能打开社会创造力的新领域。日后的发展或许将会证明，只有公共服务机构本身发生变革，走向民主化与创新实验，它们才能免于被新的国际商业机构所击溃或吸收。威廉斯认为，争取传播自由势必是更大的社会抗争的一环。在民主原则下设立的机构，可以在促进跨国电视系统走向制度化的协商中，担当正面的角色。创建这样的机构和局面需要长时间的不懈努力，但这也是机遇所在：全民共享的全新远景。传

---

① Raymond Williams. *Communications*. Chatto & Windus, London, 1969, p. 34.

② Christopher Prendergast. *Cultural Materialism: On Raymond Williams*. University of Minnesota Press, 1995, p. 342.

播科技是深远的文化革命的现代工具,可以用来教育民众,启发参与式民主的价值;它们也是当前复杂的工业社会中有效沟通不可或缺的工具。然而,它们也可能在跨国企业集团的操纵下,以附庸的国家与机构为羽翼,沦落为短期内能够奏效的反动工具。① 威廉斯主张,应以全然不同的政治行动支持社会主义的出现。那些从资本主义社会中产生的各种意义与价值体系,必须凭借智识与教育工作,以最具有持续力的方式,经由长期抗争,将它们整片拔起,从根斩除,这就是"漫长的革命"(the long revolution)。

传播的基础是平等,是共同文化和经验的营造,这是威廉斯被人批评也是其传播理论的最重要的地方。他的看法是:"传送不是试图支配,而是试图传播,试图接受和反应。主动的接受与活生生的反应反过来则取决于一个有效的经验共同体,当然,接受与反应的质量要看是否承认实际的平等而定。至今依存的使我们的共同体分裂的许多种不平等,使我们很难或者不可能做到有效的传播。除了在很难遇到的危机时刻,我们缺少真正共同的经验。正是由于缺少这种经验,我们在各方面需付出各种各样的代价,这一点是显而易见的了。我们需要一个共同的文化,这不是为了一种抽象的东西,而是因为没有共同的文化,我们将不能生存下去。"② 这里谈到的平等,表现了威廉斯深沉的人文主义,即是生命的生而平等,这种平等正是民主社会传播的基础,也是共同文化存在的前提。"唯一重要的平等,或者确实唯一可以设想到的平等是生命的平等。人在各方面的不平等是不可避免的,甚至是值得欢迎的;这些不平等是任何丰富而复杂的生活的基础。邪恶的不平等是否定生命实质上平等的那种不平等。这种不平等无论以何种形式出现,实际上都是排斥其他人,将其他人非人格化,贬低其他人的人格。在这样的实践上,很容易建立一个残忍、剥削和残害人类精力的结构。""在任何层次上,共同的文化都不是平等的文化。但是,生命的平等总是共同的文化所必须具备的,否则共同的经验就不会有价值。任何人要加入共同文化的任何活动,共同文化都不能加以任何绝对的限制。……人们想要得到的那种在实践中否认生命本质上平等的不平等,不能与共同的文化相提并论。这

---

① 雷蒙德·威廉斯:《电视、科技与文化形式》,台北:远流出版事业股份有限公司,1994年,第189页。

② 雷蒙德·威廉斯:《文化与社会》,北京大学出版社,1991年,第395页。

样的不平等我们消受不起,必须继续把这样的不平等界定在共同经验之外。"①他还说:"为民主而奋斗就是要使人们承认生命的平等,否则民主就毫无价值。"②

  在共同体构造的过程中,共同文化的问题是语言和传播的问题。共同文化的营造内含阶级斗争,因为每一个阶级都坚守着不同的社会关系和权力,这就阻止了共同文化的建构。任何传播都是对特殊的情感结构的创造和表达,而情感结构又联系于社会关系的结构。这种结构常常关系到主导文化,它的霸权控制了传播的意义。威廉斯说,在我们的社会,讨论传播或文化的时候最终不可能不讨论权力。既存机制的权力和不断增长的金钱的权力,对于在社会整体中极具力量的传播而言,正强加着特定的模式。我们必须把传播视为一种实践,这样,传播就与反霸权文化、阶级斗争、共同文化的营造联系起来。威廉斯对电视科技的分析是解释其背后的推动大众传播发展的利益和权力机制。在复杂的历史性的各种力量的斗争中,每一群体都意图把自己的利益付诸实践,我们现在所看到的科技成果,是背后各种权力和利益不断斗争、选择和实践的结果。

  在威廉斯的理解中,传播具有两种含义,一是指经验意义上的传播媒介,如他说的电视、广播、出版、报纸等,二是教育、工作、家庭甚至社会本身。社会本身就是"学习和传播的过程",传播被视为经验和意图的分享,在这个意义上,任何关于传播的理论都是关于文化共同体的理论,而共同体,威廉斯在《电视:科技与文化形式》中说:"是一个真正的社会事实:不是一个理想化的概念,而是一个包含着根本性的利益不平等和冲突的社会系统。"③艺术,作为传播的一种形式,在威廉斯看来,能够在其中体现这一共同体。在《漫长的革命》中,他说,"艺术,拥有强有力的分享的手段……对一种传播方式的发现就是对一种共同意义的发现。经常是通过艺术,社会表达了其作为社会的意义……甚至在我们复杂的社会中,某些艺术家似乎接近了共同经验的中心"④。威廉斯的传播思想并非就传播论传播,也不只是

---

① 雷蒙德·威廉斯:《文化与社会》,北京大学出版社,1991 年,第 396 页。
② 同上,第 415 页。
③ 雷蒙德·威廉斯:《电视、科技与文化形式》,台北:远流出版事业股份有限公司,1994 年,第 149 页。
④ Raymond Williams. *The Long Revolution*. Chatto & Windus Ltd, London 1961, p. 40、p. 47。

论述传播这种文化形式与其他文化形式的关系,而是从现代人际关系、现代社会运作、社会主义民主文化的构造的角度审视传播在其中的地位。民主的传播体系是其传播的宗旨,他认为,在民主的传播体系之中,传播属于整个社会,如果它是健康的话,它依赖于社会中的个体的最大限度的参与。因为传播是人类成长的记录,它就必然是多元化的,它必须把自己分裂为许多不同的和独立的体系,所有这些都应确保自身的独立。

基于成人教育的经验,威廉斯指出,"文化教育,如工会和政治教育,在严格的意义上,是工人运动的重要目标,把文化研究限制在学术界是冒着去其激进性的威胁"①。在威廉斯看来,教育不等同于形式上的教学,而是宽泛的政治性活动。在《传播》一书中,威廉斯论及各种传播媒介,不仅有电视,还有电影、书籍、广告、剧院等。为此,威廉斯提出一个新的概念即终生教育(permanent education),这是宽泛意义上的教育,它关系到大众的民主文化的建设,威廉斯说,"这不仅关系到一个正式的或非正式的教育,而且关系到整个的环境,它的机构和关系。想想家庭的问题,或城镇规划,也是一个教育事业,这些场合,也是教育发生之地"②。谁能够怀疑,看电视,读报纸,浏览杂志,是从属于更大范围的教学活动呢?在威廉斯看来,教育活动就是宽泛的传播活动,就是分享社会经验和意义的活动,也是创造文化共同体的活动,而这一活动,基于文化研究的政治性,充满了差异和斗争。公共领域、市民社会是民主机制是否健康的晴雨表,公共传播是其中最重要的文化领域之一,但在当前情况下,这一威廉斯孜孜以求的共同的民主文化正在遭到现实的威胁。威胁来自两方面,即BBC的创建人瑞思爵士所忧虑的,政府干预和商业压力。但这种压力不能成为放弃威廉斯的社会主义民主文化的理由,如英国两位研究威廉斯的学者所言:"民主斗争并非为了达成某种我们所有人都能分享的想象中的意见一致,而是为了获得一个能够容纳多元主义视角和多样化创造的空间;一个能够吸纳有力的批评的空间;一个能够给予我们超越我们自己的民族,超越欧洲,到一个脆弱的、混乱的但充满了新的可能性的意识的空间;一个在神秘的宇宙中赞美人类的

---

① 雷蒙德·威廉斯:《文化与社会》,北京大学出版社,1991年,第326页。
② Raymond Williams. *Communications*. Chatto & Windus, London, 1969, p. 4.

伟大创新的空间。"①

第二节　现代媒介与媒介文化理论

在雷蒙德·威廉斯历史漫长、主题众多、内容宏富的著述中,媒介文化是其关注的问题之一。在威廉斯的著作中,现存论述广告的文章一篇,讨论电影的文章三篇,研究传播的专著一部,评论电视的著作两部。《论电视》是对电视内容的评论,《电视、科技与文化形式》是对作为文化形式的电视的研究,《论传播》则是概括性地论述传播理论。这些著作在对当代的媒介文化现象的评论中蕴含着丰富的理论创见,这些创见集中体现在威廉斯提出的一系列重要概念上,对后世的媒介文化研究产生了重要影响,从中可见威廉斯的文化政治理想。

电影与情感结构

文化是斗争的战场,通俗文化最初的兴起就体现了这一点。英国17世纪的一项国家法令把各种合法的戏剧活动限制在几个经过挑选的上流社会的剧院里,大众媒介被权势者看成是以民众的利益为依据的。1843年这项法令被废除。媒介就是文化革命的手段,为争取各种媒介表达的权力,各个历史时期都充满了斗争,这种斗争除了意识形态观念的新与旧,更多的是权力和利益的博弈。电影在技术的推动下,具有自身的优势,如威廉斯指出的,"能无限制地复制,可以用于各种新的方面;绕过各种读写的问题;在无声片时代,绕过民族语言的各种旧的局限;但首要的是保证把一种相对标准的产品迅速地分发到非常广泛的社会领域和地理上的区域"②。在威廉斯的社会主义计划中,电影承担的使命是复制和反映人民的生活。威

---

① John Eldridge and Lizzie Eldridge. *Raymond Williams: Making Connections*. Routledge,1994, p.110.

② 雷蒙德·威廉斯:《现代主义的政治——反对新国教派》,商务印书馆,2002年,第155~156页。

廉斯指出,在三个世纪的现实主义艺术之后,在四分之三个世纪的电影之后,仍然还存在着人民生活的大量领域,它们还没有被考察过,电影这种通俗文化形式是人民实现社会主义的斗争场所之一。

英语里 film 和 cinema 是两个不同的词语。Cinema 指的是电影的生产、传播和解释的机制,汉译为"电影业"比较好。而 Film 指的是作为艺术门类的文本性的电影。在《英国电影史:新视角》这篇文章中,威廉斯从四个方面考察了电影的历史:一是实用科技的发展及其应用,二是电影与通俗文化,三是电影和现存文化;四是电影和现代主义文化。

电影的出现涉及一系列科技发明,首先是照相术。早期的银版照相、硫化硫酸钠底片、湿版法、硝化纤维卷、胶卷相机等等,这些科技通过排斥、筛选和发展,变成了系统的照相术。此外,又有许多发明创造了移动形象,如暗箱技术精炼后发展成为幻灯,从静止的照相术发展到旋转底片;电影摄影机;活动电影放映机、明胶自动摄影机等。这些科技发展演变成了系统的电影科技,运作在相关的商业之中,科技因此就有了两条发展线索:一条是朝向记录和可复写的形象,一条是朝向运动的形象。在 1890 年代,这两条分散的科技线的联合就导致了电影的发明。电影(film)作为运动的图像,在其整个历史中,被用于科学记录或历史记录,这一直是其主要的功能。电影业(cinema)在早期和随后的发展则定位在大众文化。到 1914 年,电影成为历史上最广泛的文化形式,其规模到 1945 年急剧增加。

除了技术的突破,电影也是先前文化形式发展的结果。报纸、戏剧特别是哑剧(melodrama)的情节、主题和表演都应用到电影之中。剧院(theatre)里的服装和道具,如装修好了的住所、机械性的灯光效果、火山爆发、轮船失事、铁路毁坏等,电影发展了这些奇观性的现实主义(spectacular realism)。整体说来,在无声和有声时期,电影是戏剧、剧院和娱乐的发展的产物。威廉斯注意到,运动画面照相机和放映机产生的 1880～1890 年代,也是先锋派戏剧爆发的时期。在整个文化领域,从表现主义到立体派,从属于同样的文化转型。在现代主义电影中,地点以及叙述的观点和视角的变换、非线性时间流等都是现代小说和电影的发展技巧,这些新的散点叙事和剪接形象产生了现代主义电影。现代主义把对资产阶级剧院和具象性绘画的拒绝结合在一起,打破了常规的形式,深刻地影响了电影。威廉斯认为,对电影产生消极影响的是商业性的消费文化而非现代主义文化。

"本土大众文化一旦有机会就会展示其力量,但它们被技术上同质化的和虚假地统一性的电影业的压力和声望——大众影业(cinema)而非大众电影(films)——否定了任何成熟的表达和发展。"①威廉斯批评的是国际性的资本主义商业消费文化,忧虑这种商业文化对本土的大众文化的挤压,在他看来,本土的大众文化是真正大众自身的文化。

这篇文章写在电影艺术发生之初,威廉斯把电影纳入戏剧传统之中。电影艺术相对于传统的戏剧,是新颖的独特的,其独特性在于,其表演是能够被记录的、最终的(recorded and final),而非如舞台戏剧那样,表演是一次性的、时间性的。电影是一个完整的表演(a total performance),也就是说,其作品与表演不能分割开。当代的电影研究忽略了电影与戏剧传统的关联,威廉斯在这篇文章中就是寻找这个关联。

在戏剧创作中,戏剧家会运用舞台所需要的一切声音的视觉的技巧。表现(representation)、表演(impersonation)和模仿(imitation)都可能成为定义戏剧的词汇。威廉斯不赞同以冲突和行动定义戏剧,行动意味着连续性的复杂的事件,但这不是戏剧的必要条件。戏剧能够运用很少的几个非常简单的运动,在某些时候,能够集中于某些平静的事物。②但威廉斯在批评之后并没有重新定义戏剧。既然戏剧不能限于某种特殊的元素比如表演、模仿等,那么结论就是,电影就是一种戏剧。

有人反驳说,电影不是真正的戏剧,因为它是录制在胶片上的,传播给那些不能影响它的观众。观众是所有戏剧的重要因素,但在电影,只是在表演结束以后,观众才能呈现出来,这就否认了戏剧中的观众的富有成效的参与。威廉斯说,这个反驳微不足道,因为真正的问题在于看电影的环境。电影是强有力的媒介,在黑暗的观影院,巨大的屏幕和移动的形象同时诉诸眼睛和耳朵,创造出一种催眠的效果,导致幻象和情感沉迷。也就是说,电影观众的参与同样是强烈的,威廉斯认为,戏剧观众的情感反应被过度强调了。事实上,表演

---

① James Curran and Vincent Porter. *British Cinema History*. Weidenfeld and Nicolson, 1983, p. 23.

② Film and Dramatic Tradition, in Raymond Williams, Michael Orrom. *Preface to Film*. Film Drama Limited, London, 1954. p. 9.

者与观众的关系,在整个戏剧传统中差异是很大的。鉴于其表演和模仿等元素,电影就是戏剧性的,它能够生产诸如悲剧、喜剧和滑稽戏,或任何其他新的戏剧史上所产生的种类。相比戏剧,电影的历史很短暂,它从其他的既成的艺术形式借鉴了很多方法和意图。早期电影依赖仍在流行的浪漫戏剧和情节剧,后来,浪漫和情节剧电影开始为新自然主义、现实主义和表现主义观念所挑战,这些模式使得最重要的电影作品得以完成。威廉斯的结论是,电影是整体性的表演(total performance),电影来自戏剧。

在《电影和戏剧传统》这篇文章中,威廉斯在谈戏剧的惯例(convention)时提出了情感结构(structure of feeling)这一概念。要讲清楚情感结构,必须了解威廉斯的文化思想。威廉斯在《漫长的革命》中的"文化分析"部分,提出了文化的三种定义。最后一种定义开启了文化思考的新方向,日常生活的价值和意义成为文化研究的重点,文化分析就是把文化的复杂组织作为一种特定的生活方式予以看待,其目的是理解"一种文化赖以存在的实际经历"和文化中的"重要的共性因素",即是去重新建立"情感结构"。情感结构虽然是一个"结构",但在生活中是细微的实际存在的东西,"情感结构是一定时期的文化:它是一般组织中的所有元素所产生的独特生活"[①]。情感结构是不断变化发展着的,处于复杂的不断塑造的过程之中,它构成了普通人的生活经验,是日常生活之中的意义与价值,文化分析就是去分析其中的情感结构。

威廉斯认为,情感结构这一概念比思想观念(ideas)或一般生活(general life)更为准确。在对某个时期进行研究时,我们能够以或多或少的精确性重建物质生活和一般的社会组织状况,把生活的特殊方面分割开来,把它们看作好像是自我封闭的(self-contained)。显然,这只是研究中而非经验中的情形。在生活经验中,每个元素都是相互联系着的,都是复杂整体的不可分割的部分。情感结构这一概念描述的是文化的活的经验性。特定群体的文化是生活于其中的人们的行为、信仰、关系的表达方式,人们在此分享了一定的共同性和连贯性。通常,人们会把生活的某一方面联系于更为基本的层面,如把文学联系于政治或经济,但威廉斯认为,文化是所有行为相互联系的整体,对文化的研究引导我们去关注生活经验的方式,不是把生

---

① Raymond Williams. *The Long Revolution*. Chatto & Windus Ltd, London 1961, p.48.

活作为一系列孤立的领域和行为,而是视为一个整体性的经验,是所有元素相互作用的结果。文化是人的行为表达所构造的世界,所有特殊行为正是在这个世界中定位才能获得特殊的意义,文化作为整体就表现在每个行为之中。情感结构既是个人的内在的东西,也是深刻的社会结构,它把个人和社会联系起来,它不断地变化着,在个人对处境的反应之中表达出来。"它建立在最深刻的经常也是最不易觉察到的我们经验的元素之上。它是对一个特定世界的反应,这个世界在实际上不是被感觉为许多方式中的一个——一种意识到的方式——而是,在经验上,最有可能的方式"①。情感结构描述的是我们生活于其中的文化或世界,但不是有意识的或明确地看到,而是我们反应和行动的整个范围;它是一个意义化的共同体,一种看视世界、存在和行动于其中的方式。

艺术家从生活经验的整体中获取所需,也是在艺术中,主导性的情感结构被表达和体现出来。威廉斯指出,把某个艺术品联系到那个被观察到的整体的任何部分是有意义的,但是,当把艺术品对比于分离性的部分的时候,在这个艺术品中,仍然存在着一些元素,其外部没有对等物。这些元素,威廉斯认为,就是一个时期的情感结构。只有把艺术作品视为一个整体性的经验,才能认识其中的情感结构。② 威廉斯认为,艺术表达方式的变迁背后是人们的情感结构的变化,而情感结构的变化是生活方式的变革引起的。"情感结构,深深地根基于我们的生活之中。它不能仅仅被提取和概括化;它可能仅在艺术之中——这是艺术最重要的地方——才能作为一个整体性的经验被实现和传播"③。在威廉斯看来,惯例体现的是默认的表达方式,它是情感结构的重要部分。当结构改变的时候,新的艺术方式将会出现,老的方式就会显得贫乏和虚假。如中国古代的诗歌从四言到五言到绝句,再到自由诗歌,文学从诗歌占据主导到小说主导,艺术表达方式不断变化的背后是社会生活的变化,是人们情感结构的变化。威廉斯一再强调,惯例绝不能想象为某种偶然的、微末的、技术性的选择,艺术方式必须找到情感结构中的对应物,这样它才能

---

① Raymond Williams. *May Day Manifesto*, ed.. Harmondsworth, 1968, p. 14.
② Film and Dramatic Tradition, in Raymond Williams, Michael Orrom. *Preface to Film*. Film Drama Limited, London 1954. pp. 21—22.
③ 同上, p. 54.

不仅仅是策略(device),而是变成了惯例。一定时期的艺术惯例,对应于那个时期的情感结构,因此在任何时期,既存的惯例就被视为正确的。当新的艺术方式出现时,比如自然主义戏剧兴起了,许多人以既存的标准的名义予以抵制和攻击,这种情形的出现其实是情感结构发生了变化。意识到这种变化的首先只有那么几个人,他们也可能并没有明确地意识到,只是纯粹个人创造性的表达。在一段时间的抵制之后,新的形式才慢慢成为主导。

威廉斯认为,一个社会里的思想观念是相互冲突的,从来不是完整统一的,但思想观念总是无法与经验相比,总是被后者所超越。一个社会中的不同的意识形态和情感态度同时呈现,相互作用,而非处于一个主导的文化意识形态之下,但是威廉斯也承认,情感结构在整个社会中并非一致性的,它在主导性的集团中表现最为明显。威廉斯认为,活的经验主要是在艺术中得到表现,而艺术又在很大程度上表现着主导阶级的态度和意向,艺术的意识形态性由此而来。[1] 威廉斯的情感结构是其文化主义思想的核心概念,它构成了伯明翰学派在文化主义阶段的重要特征。

广告与资本主义体系

在《广告:神奇的体系》一文中,威廉斯对广告的历史和在现代资本主义社会中的文化症候进行了分析。首先,威廉斯以一贯做法,对广告的历史进行梳理。广告的定义是给某物一定的注意,其历史与人类本身的历史一样悠久,可追溯到石器时代。三千年前的古埃及底比斯用纸莎草做广告,奖励提供奴隶逃跑信息的人,雅典街头发布的公告,庞贝古城的角斗士的绘画配上提醒关注其决斗的文字,罗马公共场所的石柱上飘着的传单,都可视作广告的雏形。

借助或手写或印刷的大幅纸张传播信息的活动贯穿于英国历史中。伴随着新闻书籍和报纸的出现,标志性的传播媒介出现于17世纪。虽然某些固定的地点如伦敦的圣保罗大教堂是发布特别传单的枢纽,但新印刷品的大规模出版是一个自然的过程。这些广告的内容从提供个人的需求、书籍的出版、逃跑的佣人、学徒、马和狗的细节,一直到特定商店新商品的信息、医疗效果的宣传、引起公众注意

---

[1] Raymond Williams. *The Long Revolution*. Chatto & Windus Ltd, London 1961, p. 80.

的奇异怪物和天才的表演等等。17世纪的广告内容基本上很简单，自17世纪90年代以后，随着新闻书籍的发展，广告栏目显著增加。广告按照常规印刷，几乎没有文字说明。借助科技，香烟广告商运用各种说服方法，包括欺骗和撒谎。江湖骗子和小贩运用印刷，当主流广告在发展时，这些特殊群体也在给广告赋予更为特殊的意义。工业革命和相关的传播革命根本改变了广告的性质。到19世纪50年代，英国已经完成了工业化，《时代》或者《世界新闻》这样的报纸的广告页仍然与18世纪的杂志类似。普通的增长基于贸易的增长，但是更多地得益于长期存在的广告税的减少和废除。1853年广告税废除，1855年印花税废除，报纸发行量增加，广告量也增加了。

随后，威廉斯对广告这一现代资本主义市场的重要文化现象进行了分析。广告是整个传播业的不断增长的财源，到1960年，英国主要的电视服务，几乎所有的报纸和杂志，没有广告就无法生存。而且，广告已经越过了售卖商品和服务的界限，而是卷入社会和个人价值观的传授，卷入到政治世界之中。在某种意义上，广告变成了现代资本主义社会的官方艺术：它是我们张贴在街上的东西，是我们填满半个报纸和杂志的东西，它需要的是整个社会中最大的组织起来的作家和艺术家连同他们的经理和顾问所提供的服务。在过去的一百年，广告从店主的简单发布信息和少数商人的说服艺术发展成为资本主义商业组织的主要组成部分，但广告在社会中的位置远远超出了商业语境，要充分地理解它就必须涉及经济、社会和文化的分析。反之，以广告作为现代社会传播的主要形式，我们就能够以新的方式理解社会本身。

人们经常认为，我们的社会是太物质化了，广告就反映了这一事实。我们处于一个消费商品快速流通的阶段，广告以其"给生活带来好东西"显示其重要性。但威廉斯认为，从这个方面看，我们的社会并非过于物质化，广告的繁荣表征着社会意义、价值和观念的失败。威廉斯对此进行了分析。在考察现代广告时，不可能不意识到这一事实：广告并非仅是物品售卖的信息，大多数广告具有荒唐的不相干性。啤酒对于我们已足够，不需要附加的承诺诸如喝它我们显得具有男子气、年轻或友善；洗衣机对于洗衣服非常有用，不需要说购买这种品牌的洗衣机就显得我们具有远见，或者这种洗衣机对于邻居是一个艳羡的物品。但在卖啤酒和洗衣机的时候附带这些联系，很明显，我们就步入了一种文化模式，其中，物品并非足够，而是必须在幻想中通过联系于社会和个人的意义获得其合法性。威廉斯以神奇（magic）这一术语描述这一模式："一种神奇的诱惑物和满足的高度的组织化和专业化的体系，其功能非常类似于简单社会中的神奇体系，但很奇怪地与高度发展的科技并存。"[1]这一矛盾对于现代资本主义社会的分析具有重要意义。大规模工业产品的到来必定带来许多尖锐的社会组织问题。现代工厂不仅需要顺畅的流通渠道，而且需要定量的需求信息，否则，高昂的资本化过程和设备就是一个巨大的风险。工业生产的发展所提出的历史性选择存在于社会里的不同形式的组织和规划中。在这个时代，选择在于某些形式的社会主义和新形式的资本主义之间。英国自1890年代就步入了新资本主义的建立在一系列组织和保证市场的整套设施之上，现代广告是其中最重要的设施之一，可以说，现代资本主义没有它不可能正常运转。

但是，资本主义的本质是，基本的生产方式不是社会的，而是私人的，即马克思所说的，当代资本主义的矛盾是现代化的大生产与私人生产资料占有之间的矛盾。生产的决定权掌握在一小群人手中，他们占据了社会中的主要位置，而且对社会并不直接负责。威廉斯认为，现代工业生产提出的问题，是人作为消费者和人作为使用者之间的选择问题，现代广告的神奇之处是掩盖了这种选择。这就需要对消费进行分析。消费者（consumer）这一概念表述的是现代资本主义社会拥有经济能力的普通民众，这一隐喻来自"胃口"（stomach）或"火炉"（furnace），它只是部分地关系于我们对商品的使用。为什么我们说消费者而非使用者（user）呢？威廉斯解释说，在我们的社会中，绝大部分人都被视为消费者，"我们是工业生产的体系所组织的市场，我们是产品所流通和消失的渠道"[2]。在社会传播的每一方面，工业生产体系的压力都朝向这种非个人的形式。一旦这些形式进入社会，社会组织方面的结构和目的的一系列问题就不可避免地会产生。这些问题的解答关系到民主的发展，其中，社会中的所有人的需要都应被视为所有社会行为的核心目的，生产和传播根植于人的需要的满足和人的能力的发展。而在当代资本主义社会，经济体系的维持变成了所有社会行为的目的，其结果就是，"政治和文化深深地被这种主导的模式所影响，思考方式也从经济市场所导出——

---

[1] Raymond Williams. *Culture and Materialism*. Verso, 2005, p. 185.
[2] 同上, p. 187。

政党考虑如何把他们自己卖给选民,去创造一个可人的品牌形象;教育主要为了供给等级性的劳力而组织;文化是为了商业利益而组织和评价——变得急剧地明显了"①。消费是一个满足的行为,它让社会屈服于既存的经济体系的操作。消费者要求以可接受的价格获得个人消费品的充足供应,但使用者需要的更多,他们要求人的需要得到满足,这一点,消费从来没有真正提供,因为许多这种需要是社会性的,如公路、医院、学校、安静的环境,它们不仅没有被消费者的理想所覆盖,而且消费者甚至否定这些,因为消费常常倾向于个体行为的物质化,满足这些要求需要质疑现存的经济体系。

在某种意义上说,广告中的产品变得无关紧要,广告商直接以形象和梦想为其工作的要旨。广告致力于创造一种新的生活风格,把重心集中于幻想。如果物品的消费并未满足人类的需要,广告所做出的,就只能把消费联系于人的欲望了。我们从广告中所看到的是,你不仅买了一件物品,你买的是社会的尊敬、辨识力、健康、美丽、成功以及控制你的环境的权力。威廉斯认为,广告是社会文化病症的表征和解决,他说,当我们看到石油广告的那个握着的拳头,香烟广告那种逃避到荒芜的街道上的孤寂,人寿保险广告中的那个木偶面对死亡的画面,或者一个男人躺在一个看似摇篮的飞机里的广告,我们看到的是,这些画面表达的是人类的真实的紧张,它卷入了个人和社会性的深刻情感之中。② 在这个意义上,现代广告类似于现代艺术,致力于表达人的深刻的生存危机。广告和很多现代艺术的类似并非广告人的抄袭,它们是对当代人类境况的类似反应。威廉斯指出,"如果一个社会所运作的意义和价值无法解答诸如协商机制的缺失、死亡问题、孤独无助、挫败、认同和尊重的需要,那么神奇的体系势必会降临,它在早期以魅力和权宜之计弥合了现实,并把衰弱联合于制造它的情境。因此,广告不再仅仅是销售商品的一种方式,它是混乱社会中的文化的一个真实的部分"③。广告模糊了满足的真正源泉,它所揭示的东西将牵涉到整个生活方式的激进变革。

广告起源于 19 世纪晚期的大萧条和随后的市场重组之中,与资本主义公司直接相关。威廉斯的核心观点是,"广告是在一个范围广

---

① Raymond Williams. *Culture and Materialism*. Verso,2005,p. 188.
② 同上,p. 190。
③ 同上,pp. 190—191。

泛的日常经济生活中去寻找公共信息和决定的手段的社会性失败的结果"①。这一失败当然不是抽象的，它是允许生产和分配的手段控制在少数人手中的结果。按照马克思主义的观点，生产和分配的私人所有制与整个社会的需求的矛盾是资本主义的核心问题，而广告的产生就是为了解决这一矛盾，广告致力于把私人所有制生产的商品推销给大众，但这些商品又没有真正满足使用者（而非消费者）的需要，这就产生了那些不相干的附加意义，而在威廉斯的理想的民主社会主义，大众掌握了生产和分配权，其决定和需求能够得到完整的表达，广告的功能就不需要了，广告也就无需存在了。晚期资本主义的矛盾就是在这些行使控制权的少数人和广大的期待者之间的矛盾，广告通过一种组织起来的幻象填补了期待着的大多数和控制性的少数人之间的鸿沟，这就是它的"神奇"之处。

电视与社会

20世纪60年代末和70年代初，随着电视这一新媒介的普及，威廉斯对电视表示了持续的关注。威廉斯对电视的论述主题众多，包括电视这种科技与社会的关联、电视节目的系列评论、作为媒介的电视对文化的影响等等，而且，威廉斯的电视文化观与其构造民主的文化共同体的思想密切相关。

威廉斯对电视的关注始于其在东苏塞克斯从事成人教育工作之时，在《文化研究的未来》这一演讲中，威廉斯提到："1940年代后期，人们在视觉艺术、音乐、城镇规划和社区环境、住宅区环境、电影、新闻、广告和无线电方面修习各种课程。"②这里唯独没有提到电视，这就说明，在文化研究的兴起之初，人们还没有关注电视这一文化形式。事实上，在伯明翰学派，也是直到晚期才开始关注电视。在威廉斯本人的学术研究生涯中，也是在后期才开始关注电视。这一点不难理解，因为在威廉斯开始其成人教育工作的1946年，BBC在战时关闭之后还没有开始工作。在第二次世界大战结束的五年以后，英国才有一百万台电视，甚至在威廉斯从事成人教育工作的10年后，只有不到一半的英国人才拥有电视。在霍加特完成《识字的用途》的

---

① Raymond Williams. *Culture and Materialism*. Verso, 2005, p. 193.
② 雷蒙德·威廉斯：《现代主义的政治——反对新国教派》，商务印书馆，2002年，第218页。

1955年,电视转播服务才到达伦敦地区,到1958年苏塞克斯地区才有接收电视信号的服务。对于威廉斯和霍加特这样的研究通俗文化的先驱而言,电视这种新媒介应该得到关注。

作为科技场(technosphere)丛书之一,《电视、科技与文化形式》出版于1974年。这套书的意图,是科技对人类的影响的个案研究。威廉斯所著的这本书的主题,是把电视当作一种特殊的文化科技,考察电视的发展沿革以及不同社会制度下电视的不同形式及其文化效果。人们认为,电视是文化变异的原因,但威廉斯反问,把科技当作引发变化的原因是否恰当?即使承认科技是变化的原因,它是什么样的原因?它跟其他变因之间的关系何在?电视既是一种科技产物,也是一种文化形式,二者的关系是该书的主题。威廉斯论述了电视这种科技与文化的复杂关系,其中最值得关注的,是分析电视在社会中的发明,其中对科技决定论予以批评。

在该书的第一章,威廉斯考察了三个问题,一是关于科技与社会因果关系的各种看法,二是电视这种科技产生的社会历史,三是使用电视科技的社会历史。首先,威廉斯梳理了关于科技与社会效果的各种看法,总结这些看法,可以分为两类,第一种就是科技决定论(technological determinism),其含义是:"藉着其内部研究与发展的自发逻辑,新科技问世了,然后社会变迁与进步的条件也就此设定。"[①]科技决定论把科学研究看作自生自发的,新科技似乎由一个独立领域自行产生出来,然后造就了新社会和人类新环境。第二种意见的决定论色彩淡一些,它认为在社会变迁中,科技只是这个过程的一环,电视是其中之一。这个见解强调的是其他因素对社会变迁所起的决定性作用。但威廉斯认为,这两种观点都无效,因为它们把科技从社会中抽离出来了。威廉斯主张在科技与社会效果的因果链条中加入研究与发展过程的意向(intention),也就是说,人们在心底有了预期,才会去发展电视这种科技。考察电视的发明史,就能说明这一问题。

威廉斯认为,电视的发明并非单一或一系列不相干的活动,而是有赖于许多发明及其所构成的复杂网络如电力、电信、摄影、电影与收音机等一系列发展才得以完成。在电视产生的过程中,相关的发

[①] 雷蒙德·威廉斯:《电视、科技与文化形式》,台北:远流出版事业股份有限公司,1994年,第25页。

明原本都另有所图,只是在相互转换和激荡之后,电视才被发明出来。在这一系列科技发明中,威廉斯强调,有两点值得注意,"第一是电视系统不但为人所预见,人们并且积极地找寻实现想法的发明;第二,相校于发电、电报与电话,电视整合了各种科技成果,耗费的社会投资却不多"①。但要注意的是,威廉斯并非强调意图决定论,他认为,有了长期的资本积累,加上各种技术基础的改良,才有了工业生产的决定性转变与新社会形式的出现,由此才创造了新的需要,提供了新的发展的可能,而各种传播体系包括电视就是这一切条件完满之后所结出的果实。威廉斯强调文化的能动性,但在伊格尔顿的批评之后,他更为注意社会物质结构对于文化的影响,并非只是意图,而是各种科技发展的条件成熟了,人们预期了电视的发明,这才有了电视出现的可能。电视不是科技决定的结果,而是真实的人在真实的处境中做出的真实的选择的结果,其背后的动力是物质利益的获取。

在《文化与科技》这篇文章中,威廉斯再一次谈到了科技决定论。威廉斯指出,所有的科学研究和实验都是在既定的社会关系和文化形式中进行的,特别是为了预期的目的。但这样发明的科技往往只有很小的社会意义,只有当这种发明被选择来投资到生产领域,当它有意识地为特定的社会功用所发展,当它从科技发明发展为可得科技(an available technology)的时候,普遍的意义才产生。这一选择、投资和开发的过程显然是一个社会和经济的过程。随后,威廉斯举收音机和卫星广播为例,论证了科技决定论的虚无和社会与科技的关系。我们仅以收音机的发明为例。收音机产生于赫兹(Hertz,德国物理学家,1857~1894)对无线电波的发明,其本身建立在已知的有关电子的知识之上。当时许多人开始了电波播送的实验,有望在20年内实现长距离的传播。在人们的脑海里,这将是一个新的辅助品,或者是有线电报或电话的替代系统,它可以长距离地传递个人信息或者把信息传递到那些因物理原因线路无法到达的地方。当其可行性被证实时,电话和电波公司表示了浓厚的兴趣,军事部门也需要更好的信号形式,有意义的发展就此展开。在这一历史阶段,为了满足新闻和娱乐的要求,对新的家用电器产生了需求,这就催生了活跃

---

① 雷蒙德·威廉斯:《电视、科技与文化形式》,台北:远流出版事业股份有限公司,1994年,第30页。

的研究,去开发家用无线电接收器。但这种研究遭到了电报和电话公司的反对,因为电波信号可能被干扰。政府也反对这种研究,它不希望国内已有的频道被普通广播所挤压。但决定已由传播公司所做出,以满足接受者和公众的需要,这被证明是非常成功的。收音机的发明史说明,科技发明建立在社会中的相关的政治和经济的情势上,因为科技很明显是与其中所有的东西都相关联。威廉斯得出结论说:"真实的情况不是科技决定论,甚至以较为文雅的说法,作为必然发生的或不可阻止的一些新科技是公开的和隐蔽的相关利益博弈的产物。"①威廉斯指出,科技能够出现,能够满足社会需要,一方面是由于科技知识的发达,另一方面是这种需要在当时的社会构成中占据了一个重要的位置。社会决策者的需求会优先得到安排,军事与商业需求是最重要的推动力量。对于电视而言,传输与接受的技术条件先于内容而出现,内容中重要的部分迄今都只是科技进展下的副产品,而非凭空独立形成的。但相比电影,广播制度具有深刻的经济上的矛盾,即讯息是由核心向外发送(中央化的传播),但接受却是在家庭之中(个人化的接收)。收取执照费和商业赞助以及广告费是解决这一矛盾的方法,但这并没有根本性地解决问题,原因在于,在其建制之初,人们在心中出现了特定的社会模式与科技条件,据此才发展出广播制度,这样,生产控制与财政危机的矛盾就无法避免。

  政治和商业这两股势力即公共服务与商业利益既斗争又妥协,共同决定了广播发展的形式和速度。"科技决定论是个与事实不符的概念,因为它无视于实质的社会、政治与经济上的意向,反而去强调发明创造的自主性与抽象的人类本质。"②但威廉斯同样认为,以为科技完全被外在力量所决定,也是片面的,因为人类生活过程中的影响力不是单向的。对于决定的认识,不应该将它视为单一的力量或抽象的力量在运作,而应该把它看成一个过程。在这一个过程中,权力或资本的分配,不同群体之规模与大小的关系,都是设下限制与施加压力的因素。但它们从来不能控制全局,也不能全部预测这个复杂活动的结局;限制之下,总有空间可以转圜,压力之下,存有反抗余地。电视就是政治、军事和商业等多种力量合作的产物,是社会需

---

① Raymond Williams. *Towards 2000*. Chatto & Windus, The Hogarth Press, 1983, p. 133.
② 雷蒙德·威廉斯:《电视、科技与文化形式》,台北:远流出版事业股份有限公司,1994年,第162页。

要、利益博弈和科技发明的结果,不能把科技发展仅仅视为偶然事件的过程或科学自身独立发展的结果。威廉斯批评麦克卢汉的科技决定论忽视了政治文化对于科技的影响,主张在认识任何科技时,必须对之予以历史化,理解科技与特殊利益和一定社会秩序的复杂关联。

值得注意的是,威廉斯很重视科技与社会交互发展中人的意图的重要性,他根据当时的科技发展现状,天才地预测到1970年代末期会出现大屏幕电视、平面电视和视觉资讯复合体,也就是现在的多媒体的出现。其他诸如电子遥控安全系统、完整的闭路电视系统、录放影机的出现、反应式与互动式视听设备等,在本书出版的1974年,威廉斯就对这些现已成为现实的电子发明作了预测。

科技是特定时期物质和文化的结果,反过来,科技对文化又有何影响呢?在《文化与科技》这篇文章的开始,威廉斯说:"高科技能够传播低级文化,这一点毫无疑问,但高级文化能够在低水平的科技上持续存在:这是大多数高级文化生产的方式。"[①]也就是说,科技有利于文化的传播,但文化并不完全依赖于科技。

文化保守主义者和激进主义者都认为,新科技是一个重要的威胁。文化保守主义认为,有线电视是最后打开的潘多拉盒子,卫星广播将与巴别塔看齐。但同时,在不同的领域,新知识分子在占据新文化和信息科技的制高点,他们谈论其产品和市场,投身供应公司和大量的新的专业代理机构。他们在适应一个新的阶段,即后工业消费主义,其模式和言说的典范就是美国。有鉴如此,许多激进分子撤回到防御性立场:把新科技等同于控制它们的新公司,以新术语"超民族高级资本主义"(paranational hyper-capitalism)言说之。威廉斯批评了科技产生过程中的文化悲观主义。对于新出现的科技如照相机、收音机、卫星电视等,每一个都曾被声称是潜在的文化灾难。持文化悲观论的人大多数是坚持少数派文化的人,他们保守其文化特权。在英国,那些具有特权的机构如BBC、艺术委员会、英国理事会一直到主流大学,以其获得的社会条件维持着文化的特权标准,而每一次科技发明都推进了文化的民主化,科技发明实际上是大众在夺取文化精英的地盘。威廉斯对文化悲观论的批评,直指文化少数派的特权。他分析了精英文化存在的困境,这些困境导致了其必然的衰落。持文化保守主义的精英人士哀叹:"一切都是为了钱。"在过去

---

① Raymond Williams. *Towards 2000*. Chatto & Windus, The Hogarth Press, 1983, p. 128.

的特权文化存在时期,开明的赞助人、责任信用基金会、慈善遗赠以及其他的独立方式的捐赠支撑着精英文化。随着社会的发展,文化领域金钱需求的数量在不断增加,这就必须以税收开辟资金渠道。但是,如果有人去查看详情,如某些纳税人所做的,就在大众中产生了一个疑问:为什么税收要去支持少数机构和自治的文化目的?而且,对于传统精英文化而言,随着成本的增加,如果那些少数派文化机构接受了直接的资助,它们不就是接受了公开的商业文化吗?①

  科技对于民主文化的建设具有重要意义,威廉斯指出:"新科技的主要益处之一是,对于各种自愿联合体的运作是一个有意义的推动:市民社会的组织区别于市场和国家。"②在当代,虽然传播和组织的主体形式被权势和商业机构所资助和控制,但无数人在持续地组建他们自己的组织,或者为了被忽视的目的,或者为了被现实所否定的目的。他们的工作经常遇到资源和距离方面的困难,新的互动科技能够提供常规设施以供交流之用,这就极大地有助于民主性的交流和决议。新科技有助于加强各种自愿的和非正式的组织的建设,这些组织基于特殊的利益和慈善目的,服务于可选择的和反对派的政治和文化群体,这就在实践上推动了市民社会的文化权利的发展,是对于其被公司和国家边缘化的一个反拨。公民基于社会的健康运作,在国家和市场之外,发展有利于社会的利益诉求和文化组织,这是形成民主共同文化的重要环节,科技在此发挥了重要作用。在此,威廉斯对科技发展之于教育的民主化以及现存教育机制的改革和创新,比如对开放大学的建立的意义做了充分的肯定。威廉斯的科技乐观主义与科技悲观主义背后的文化精英主义相对立,而与其民主文化观和社会主义文化共同体的建设密切相关,他甚至认为这是超越现代主义漫长僵局的真正的现代化运动。

  在论述现代科技对于现代人的时空观的影响时,威廉斯提出了流动藏私(mobile privatisation)这一概念。流动藏私与情感结构相关,情感结构这一具有普遍性的概念对于现代媒介文化的影响,就产生了流动藏私这一特殊的现象。威廉斯最初在1964年出版的小说《第二代》里形成"流动藏私"的雏形,10年后,在《电视、科技与文化形式》这本书里提出了这一概念。流动藏私不仅对此后的文化研究

---

① Raymond Williams. *Towards 2000*. Chatto & Windus, The Hogarth Press, 1983, p. 136.
② 同上, p. 150。

和传播研究具有深刻影响,而且在政治经济研究领域,涉及对撒切尔主义的评论时,学界也频繁引用这一概念予以说明。威廉斯以驾驶汽车的经验引出这一概念。他说,人在车中,手握方向盘,无论是左右回还,东奔西驰,心中感到的是随心所欲,耳际环绕的是轻快的音乐和飘逸的轻风。在这流动的车身中,隐藏着暂时摆脱外在世界的个体。但是,只要稍作思考,开车的人就会发现,如果没有公共道路,他哪里也去不了;如果其他开车的人不遵守交通规则,他的前行就无法随心所欲。这就是说,"人一方面必须倚赖社会提供的财货与服务才能发展,他方面却又相互竞争并且各自为政;外在世界是人生活的依靠,他在闭锁的空间里,却短暂地以为他是独立自主的中心"①。这种既能够流动又能够隐藏私人财货和生活的现象,最显著地表现在家庭收看广播电视的行为之中,如中国俗话说的,秀才不出门,却知天下事,现代人身在家中,却能够掌握外界信息。

　　流动藏私这一概念的提出具有深刻的社会文化背景。到20世纪20年代,主要的工业国家如英国、法国、德国、美国,科技都迅猛发展,工业生产急剧扩张,新种类的机器不断推陈出新,其中收音机就是主要的工业产品之一,其他诸如摩托车、汽车、箱式相机,以及其他家用电器等都被次第发明出来。但是,在现代都市生活中,出现了两种显然矛盾而又深深相互关联的趋势:"人在工业都会,往往需要四处流动;但另一方面,生活中所需要的东西,愈来愈可以在家庭中得到满足。……对于这种可以同时满足流动,并且满足家庭作为生活中心的现象,我们无以名之,或可以'流动的藏私'相称。"②现代社会以家庭为生活的基本单元,家庭收藏了私人财货,营造了隐私性的空间,但在家庭之外的社会提供的一切物质条件和便利,却是家庭生活的基础。家庭也只有因应外在世界的变化,适时调整个体需要,保持弹性与灵活,才能处理好流动与藏私之间的矛盾,以获得家庭与社会的一致。

　　第二次工业革命带来了生活方式和态度的急剧变化,流动性不断增长,生活节奏加快,生活范围急剧扩大。人们对其生活世界的意识更为自觉,而对自己的命运的控制反而不再那么确定。随着传统

---

　　① 雷蒙德·威廉斯:《电视、科技与文化形式》,台北:远流出版事业股份有限公司,1994年,第13页。

　　② 同上,第39页。

社区的衰退,公共领域里的生活开始消退。科技使得每个家庭都成为自己的社区,满足了每个家庭成员的需要。这样,家庭这个私人领地和公共生活区域的分裂出现了。家庭只有在不断地提供外部世界的基础上才能是自我充足的,这就发展了一种新的关系,一种新的传播实践。广播媒介进入这一领地,呈现了独特的社会功能,集中化的传播和私人的接受产生了。如麦克盖根指出的,威廉斯提出的流动的藏私这一概念,其贡献是:"它着重强调发达工业社会的典型日常生活环境,因而在家庭这一私人空间范围内,也能以既新颖又广泛的方式了解公众世界。"①

在《电视、科技与文化形式》这本书中,威廉斯还提出了一个对此后的文化研究和电视研究具有重要影响的概念:电视的流程(flow)。

作为文化形式的电视一方面延续了传统的文化形式,它把传统的节目搬上荧屏,另一方面创造融合了新的形式。在讨论电视节目的编排时,威廉斯提出了流程这一概念。人们习惯以编排的概念看待节目的前后次序,"不同节目所形成的系列,只被当成是时间上先后出现的随机组合"②。但威廉斯认为,流程比编排更符合节目的运作实际,因为我们现在所看到的节目,并不是由分立的不相连属的影像所组成,实际上,我们看到的是整个的"计划性流程",而不只是预告刊行的各个节目单元。在威廉斯看来,打断对于电视叙事并非无关,毋宁说,它们建构了电视话语。流程分析涉及三个层面,一是看任一给定时间段之中的电视节目的次序,二是考察那些次序中的节目的连续性,三是分析这些节目之中的文字和影像的互动性。③

流程可以从客观和主观方面看。客观方面,是广告商联合电视制作,以广告片、预告片插入电视节目,节目之间、不同单元之间前后相续的关系把电视节目打造成为具有连续性的流程,目的是为了维持人们对于电视频道的品牌忠诚度(loyalty),让观众整晚不离开电视频道。从主观方面看,人们的经验是,打开电视就很难关掉,在节目中进入状态,往往是把事先要看的特定节目丢到一边,而是一个接一个地看下去,被节目抓住了注意力。节目制作者也对此了然于胸,

---

① 吉姆·麦克盖根:《文化民粹主义》,南京大学出版社,2001 年,第 141 页。
② 雷蒙德·威廉斯:《电视、科技与文化形式》,台北:远流出版事业股份有限公司,1994 年,第 113 页。
③ Christopher Prendergast. *Cultural Materialism: On Raymond Williams*. University of Minnesota Press, 1995, p. 343.

一再保证，只要看下去，刺激的精彩的会在后面。这样，电视呈现给我们的，不是点缀某些插播的不相干的节目单元，而是一个有计划的流程，其中，真正的系列不是播出的节目的次序，而是这种次序被另外一种次序所改变，这些次序共同构造了真正的流程和真正的广播。也就是说，观看电视的经验不是包含三个不相干的信息：节目、广告和预告，而是一个复杂的相互交织和相互作用的次序。流程概念的引入，呈现了媒介的独特功能。

　　流程这一概念负载着复杂的含义，在定义媒体的特征时承担着多方面的可能性。后来的许多论述电视的学者发现，这一概念既含混又具有精确的可伸缩性。对于洪宜安（Ien Ang）来说，流程指的是"来来去去的没有个性没有留下任何深刻印象的系列节目，因为节目的整体没有给观众留下充裕的时间"。阿瓦拉多（Alvarado）推测，流程的含义是，我们主要的教学任务是去打断这种流程，把其同质性的轨迹予以碎片化，还原其为不相关联的单元。约翰·菲斯克则认为，威廉斯的意思是，电视是一个形象的连续体，它没有逻辑规则，没有原因和结果。菲斯克把威廉斯描述流程的形容词"无分别的"（undiscriminating）、"不负责任的"（irresponsible）归结为威廉斯的文学批评家的背景和其对于电视文本缺乏同情性的理解。菲斯克指出，威廉斯不明白的是，正是由于这种缺乏联系的状况，电视文本才具有开放性。[1] 约翰·艾莉斯（John Ellis）则认为流程的意思是，"把事情变得雷同"[2]。

　　威廉斯对于电视具有丰富的个人经验。20世纪50年代末期，BBC用车接送威廉斯往返于剑桥和伦敦，邀请威廉斯定期上电视的杂志类节目《今晚》，参加社会问题的讨论。1968年，BBC杂志《阅听人》（Listener）的编辑卡尔·米勒邀请威廉斯写专栏文章，每月写一篇，就社会文化问题发表评论。威廉斯坚持了四年，直到1972年去斯坦福大学作政治科学的访问教授为止。这些电视评论构成了《论电视》一书的内容。在这些评论中，威廉斯可以自由决定写什么题目，他经常以综合论述的笔法，记录他对特定的电视节目或形式的观感与印象，诸如体育活动、旅行、警探连续剧、广告片、政治报道、评论

---

[1] 约翰·菲斯克：《电视文化》，商务印书馆，2005年，第144页。

[2] Sturt Laing. "Raymond Williams and the Cultural Analysis of Television". *Media, Culture & Society* 1991：13.

等皆入其笔下。在《论电视》一书中,威廉斯至少讨论了节目的四个不同方面:第一是单个节目中的蒙太奇,第二是节目的范围和种类,第三是那些看似偶然的但具有启发意义的无关联的节目之间的联系,第四是节目和商业之间的互动。这些构成了威廉斯所说的"普通的电视经验",即电视的"流程"。威廉斯对电视这种当时兴起的新的通俗文化形式非常了解,其文化理论就建立在个人的之于电视阅听的体验之上,这也是文化主义的典型方法。在该书中,除了对电视所反映的大量社会文化问题发表见解,威廉斯还谈到电视这种媒介之于文化的影响。

不像许多知识分子声称他们不看电视,威廉斯一再坚持电视这种媒体在当代生活中的重要性。在《一个戏剧化的社会中的戏剧》一文中,他说,欧洲严肃剧的发展需要某种类似电影或电视这样的形式使其形象的运动借助科技成为可能。斯特林堡在世纪之初呼唤的移动的雕塑或移动的装置,在他那个时期在科技上还未有可能。因此,电影的发展不能仅仅理解为科技的发展,而是直接推动了欧洲严肃剧的发展。借助电视,文学和文化传播得以延伸到越来越多的人,戏剧连接了观众,也把政治权力、商品广告以及政治性的表征卷入其中,戏剧借助电视这种科技形式转换了其文化政治。威廉斯指出,戏剧不再与剧院契合,大多数戏剧表演现在是在电影和电视之中。在我们的这个世纪,在电影院、广播和电视中,戏剧的观众数量发生了质的变化。这不仅意味着,奥尼尔的戏剧同时被数百万人在电视里观看,而是,第一次,人群的主体有了一个常规观看戏剧的渠道,不再受偶然性和季节的限制。奇妙的是,以新的不同方式,戏剧被嵌入日常生活的节律之中了,这就是威廉斯所说的一个戏剧化的社会。而在此前,戏剧只是在节日,在某一特定的季节被呈现,而现在我们拥有的是,戏剧变成了一个习惯,"以前,戏剧在某个节日、某个季节,或者是作为有意识地到剧院去的一次旅程才有意义;包括纪念狄奥尼索斯或基督去观看演出。现在我们将戏剧当做习惯性的经验:许多人在一周之内观看的(电视)戏剧比以前大多数人在一生之中观看的戏剧还要多"①。威廉斯认为,现在戏剧性最强的表演,就是电影摄影棚和电视演播室里的表演。戏剧以极其新颖的方式成为日常生活的一部分。分析戏剧"无论是作为审视社会某些方面的形式,还是作

---

① Alan O'Connor. *Raymond Williams On Television*. Routledge ,1989,p. 4.

为沟通某些原则性惯例的方式,都是极有成效的。正是通过那些原则性惯例,我们才能凝聚起来,构成社会"。这样,电视就表征着社会,对电视的分析就是对社会的分析。

电视并非消极的旁观者和透明的中介,而是参与塑造了现实中所发生的一切。在对马岛战争的电视转播的评论中,威廉斯重点分析了距离文化(the culture of distance)在电视表征中的作用。在《距离》一文中,距离有两种含义,一是电视所显现的事件发生的地理距离,二是从专业的层面理解,电视科技与其所实际存在的政治文化空间之间的距离。威廉斯认为,后者对前者产生了某种可怕的异化效果,在对马岛战争的报道中,电视有条理地建构了战争的不可避免性。电视沉迷于拟像,用长镜头和影像模型遮蔽血腥场面。为了观众的心理接受,这些场面不能被显示出来。距离在此充当了战争合法性的同谋者的角色,新闻分析需要"安全距离"以与国家意识形态保持同步,后者以各种方式寻求赞同。威廉斯认为,这是距离文化的结构性逻辑,它关系到潜在的文化异化,其中,人们被迫去接受那些模式、形象等。

电视(television)能够把远距离的事件呈现给我们,其相关的词汇是望远镜(telescope)、电报(telegraph)、电话(telephone)、感应(telepathy),tele是前缀,来自古希腊语afar(遥远的),关系到telos(目的地)。对于马岛战争,威廉斯认为最值得注意的是,电视科技与操作于其中的政治与文化空间之间的关系。在电视的表征中,发生在南太平洋的是一场科技距离之战:从远处被启动的按钮和着火的导弹经常超越于正常视觉之外,而且,许多情况下,导弹被编程以直接打击目标。这种毁灭迫使我们中的许多人去思考核交战,但具有两个有影响的差异:它发生在一个相当小的规模,而且,按照电视的慢节奏所显示的,发生在一个非常安全的距离之外。正是基于这种安全的距离,这场距离之战的精确形象深深地刻印在文化之中。每一次在按钮之后我们看到了毁灭性的闪电攻击目标。电视赋予这些导弹非常吸引人的名称如响尾蛇导弹、剑杆、海狼,呼啸着朝向打击目标,只见闪电瓦解,然后跌落。电视把这些操练穿插其中,配以断断续续的字幕,这些表征在许多人的心里,已经混淆了操练和实际行动之间的区别。观众沉迷于距离文化,对于他们而言,两者的效果是一样的,这正是距离文化的一种有害放纵。作为现代科技的一种形式,威廉斯指出,电视的普及导致我们把对许多其他事物的情感投射其中。但在社会性用途中,它明显地构成了问题的一部分而非解决问题的一部分。我们能够辨认现实以单向性的系统对世界的表征，我们依赖它作为熟悉社会的一种方式。但是电视使得每天的日常现实表面化（external），特别是，不及物（无所指）（intransitive）。"在其政治性和文献式的用途中，它仅仅参与了随处可见的问题。当它承认这一点时，它还显得特别真诚。"①

在《犯罪与罪犯》这篇文章中，威廉斯考察了侦探小说从纸质文本搬到电视银屏对小说的影响。侦探小说兴起于19世纪末期，这一时期被文学史家认为是现代主义的崛起时期，但文化史家认为是现代中产阶级的稳定时期。在20世纪20年代到50年代，侦探小说成为最具有影响的想象形式，成为具有实践性的在固化了的社会角色及其反应之间的操作伦理学。但是这种特别的形式搬到电视就造成了其衰落，为什么如此？威廉斯的回答是："电视把犯罪小说推回到自然主义形式。"②这就是说，文学和电视这种体裁的差异导致了侦探小说的衰落，犯罪现场适合于文字描述，诉诸想象而非自然主义式的视觉冲击，这导致了人们抱怨电视产生了暴力。

在评论《金色莲花》这一古典戏剧改编为电视节目时，威廉斯考察了古典书籍形式的戏剧改编为电视的问题。对于古典系列，我们已经有了书籍，但这对于电视改编本并无帮助。威廉斯说，其意并非我们已经阅读了书籍然后脑子里有了视觉表象：有些人直接从文本中得来，有些人则从自己的更为普通的阅读经验中获得。有些人认为，古典作品不能改变，电视是庸俗化了它们。威廉斯认为，这些改编把成千上万的读者趋向书籍，这些书籍他们可能并未听说过，并把另外一些读者推向这些戏剧。而且，在一个新的版本、一个新的媒介中看一部作品，常常是具有潜在的启发意义的。这在我们今天去看哈姆雷特的当代版本的时候经常可以看到。③

总结威廉斯的电视文化观，首先，威廉斯对电视的理论阐述都是在个体性的经验之上，这就使其理论具有相当的穿透力，避免了从一种理论视点看事物的偏执与褊狭。伊格尔顿说："对任何尚未被他亲身体验、逐渐吸收到自身生命中的东西，威廉斯似乎从不信赖。"④在

---

① Alan O'Connor. *Raymond Williams On Television*. Routledge, 1989, p.194.
② 同上, p.70。
③ 同上, p.179。
④ 特里·伊格尔顿：《纵论雷蒙德·威廉斯》，《马克思主义美学研究》1999年卷，第397页。

整个行文,特别是对流程、流动藏私等概念的论述中,威廉斯特别重视的是他的个人经验,是他在美国和英国看电视的经验成就了这些概念。如论者所说,"在威廉斯的很多作品中,经验是反对某些概念化的整体化的宏大理论的独特的社会历史据点"①。人类经验是有意义的,人们生活在一个有意义的世界里,他的经验必须在世界内获得意义。解释是所有经验的生动的方面,经验和传播建立了基本的关联。通过描述或传播经验,我们才能说,我们已经认识了经验。这样,社会里可获得的传播形式就决定了我们所生活其中的每日世界的有意义的结构。如果人们忽视了分享意义的需要,世界将变得无法理解,人们将处于巴别塔之中。

其次,文化唯物主义并非仅仅关注文化而弃物质于不顾,在《电视与教学》的访谈中,威廉斯谈到了政治经济与文化的关系。当被问到英国的社会主义策略中的文化斗争问题时,威廉斯说:"我认为,不考虑文化问题的政治策略是过时了。这并非意味着它们对于其他的斗争形式占据着优先的地位;问题精确地说是,它们应被视为不同的部分:经济方面、政治方面和文化方面。仅仅当它们不被视为个别的部分,有意义的文化论争的效果方能获得:这其中的每一部分不能不即刻牵涉其他部分;许多重要的经济和产业方面的问题都关系到文化机构;文化以新的方式卷入政治之中,特别是卷入到媒介之中;相反,所有有关文化的问题牵涉到硬性的经济和政治机构的问题。无论什么时候转向集中在其中的某一方面,对于特定时期的具体语境而言是可以理解的,但在理论上常常是错误的。"②其对电视研究中的科技决定论的批评以及流动藏私等概念的提出,都是联系社会政治经济审视电视的结果,这一点尤其体现了文化唯物主义的理论穿透力。

再次,威廉斯的媒介文化理论是其文化政治理想的一部分。在撰写《文化与社会》这本书时,威廉斯对马克思主义尚未有深入理解,之后逐渐接触到当代西方马克思主义者如卢卡奇、戈德曼、葛兰西、阿尔都塞等人的批判马克思主义,抛弃了机械的经济决定论,肯定文化的相对独立性和建构作用,这样,各种文化可以相互斗争,文化权

---

① Stuart Laing. "Raymond Williams and the Cultural Analysis of Television". *Media, Culture & Society* 1991;13.

② Alan O'Connor. *Raymond Williams On Television*. Routledge, 1989, p. 215.

力的争夺成为可能。阿尔都塞的意识形态理论的缺陷是无法解释反主流意识形态的斗争如何可能,威廉斯在葛兰西的霸权理论中得到了解释,因为霸权理论能够考虑个人在历史中的经验。威廉斯强调宰制是一个过程,而非一种永久性的状态,他提出三种文化力量即主导势力、残余势力和新兴势力,三者与现在、过去和未来的意识形态相对应,这样,在历史过程中,冲突、矛盾、差异、斗争得以可能,人们有能力改变其自身的生存处境。在20世纪60年代早期,威廉斯从社会主义视角看资本主义社会的阶级冲突,认为产生冲突的部分原因是基于价值和意义的分歧。因此,构建共同的文化价值以消除阶级冲突和文化冲突就是必然的逻辑。从共同文化营造的角度,威廉斯审视大众传播媒介如收音机、电视、出版、广告等。在他看来,文化研究不是一个学院性的专业,而是一种社会性的实践,实现民主化的社会主义是其目的。科内尔·韦斯特(Cornel West)在《纪念:雷蒙德·威廉斯的遗产》中说,"威廉斯的最显著的对马克思主义理论的贡献之一,是修正了对阶级冲突(class conflict)的理解——关系于但不等同于阶级斗争(class struggle)——在人类社会相当冷酷的时刻,通过强调阶级冲突如何借助社会、文化或教育变革得以调停,以便最终消除阶级斗争"[1]。也就是说,威廉斯放弃了传统马克思主义的阶级斗争思想,主张改良式的社会变革,而文化变革就是这种变革的重要环节之一,其对共同文化的理解以及文化与传播的关系的认识和界定,都是致力于减少阶级冲突,最终实现文化创造和社会民主。在意识形态上,威廉斯否定斯大林主义的共产主义异化,而是信奉民主社会主义,文化建设是其社会主义理想之一,"漫长的革命"即是说文化的变革是一个长期的过程。在威廉斯看来,文化是一个建构性的社会过程(constitutive social process),而不是决定论超级结构中的一个种类。威廉斯没有接受后结构主义和后马克思主义的话语理论,而是认肯人的主动性。这样,即使在后结构主义的巨大影响之后,英国文化研究继承威廉斯的观点,没有放弃马克思主义的终极解放目的。在威廉斯的民主社会主义的思想引领下,文化研究急剧发展,关注女性、亚文化、属下阶层等这些在阶级意识形态消退之后的文化政治领地。

---

[1] Christopher Prendergast. *Cultural Materialism:On Raymond Williams*. University of Minnesota Press,1995,see preface.

第二章 斯图亚特·霍尔与媒介意识形态

第一节 电视话语与阶级斗争

霍尔与文化马克思主义

从哲学思想方面看,斯图亚特·霍尔属于当代西方文化马克思主义的思想脉络。文化马克思主义是西方学界对 20 世纪西方马克思主义的称谓。① 当代西方马克思主义强调文化的独立性和社会结构的互动性,以区别于庸俗唯物主义的经济决定论。西方马克思主义者直面当代西方资本主义社会,重新发掘马克思的思想资源,对马克思主义做了新的解读和发展并提出社会主义策略。英国文化马克思主义指的是从 20 世纪 40 年代中期到 70 年代晚期的历史学和文化研究领域里的马克思主义思潮。英国文化马克思主义产生于第二次世界大战后新左派知识分子对社会主义的理解。战后的阶级变化挑战了传统马克思主义的解释,新左派从战后的英国状况,在资本主义民主和社会主义政治之间寻找契合点和新的斗争方式,对英国文化马克思主义的产生起到了重要作用。作为英国文化马克思主义及扩展到全球的文化研究学术思潮的创始者,霍尔的学术思想产生了

---

① 参见道格拉斯·凯尔纳、丹尼斯·德沃金、林达·金波尔(Linda Kimball)、保罗·魏瑞奇(Paul Weyrich)等人的相关论著。

越来越重要的影响,在进入霍尔的媒介文化理论之前,看其对马克思主义的继承和发展,有助于厘清其学术资源和理论意指。

在霍尔学术生涯的早期,他视马克思主义为过时的化约主义思想体系,不能解释战后英国变化了的社会文化关系。在他学术中期,霍尔吸取了阿尔都塞的理论,视主体为无意识的社会产物。但这不能保证文化斗争的理论空间,为了走出这种僵局,霍尔在20世纪70年代转向葛兰西,借用了拉克劳。拉克劳把意识形态视为由不确定元素构成的半自律性话语,这种观点打开了意识形态斗争和转换的空间,霍尔就此提出了"不做保证的马克思主义(marxism without guarantees)"。20世纪80年代以后,霍尔从马克思主义转向福柯,瞩目当代历史环境中的多种权力关系,在消费主义社会寻找抵抗的力量,可视为后现代主义或后马克思主义立场。

20世纪50年代末期和60年代早期,霍尔任《大学和新左派评论》杂志的编辑,随后任《新左派评论》的主编。这时期,霍尔持一种社会主义者的人文主义(socialist humanism)立场,这也是战后英国新左派的普遍追求,其思想基础是青年马克思的异化、人类动力等观点以及真实经验(authentic experience)等思想,致力于揭示当代生产领域里的劳动异化和消费领域里的文化异化。在文化领域,霍尔考察了精英文化和大众文化的异化主题,青年亚文化被视为工人阶级青少年对他们工作教育环境和主流政治的反叛。现代成人教育体制造成了他们的文化异化和被剥削状态,其臣属地位激励他们发展大众文化作为补偿,大众文化满足了他们的需要和兴趣以反叛成人社会。这种反叛并非基于代沟,而是对抗官僚和技术社会的非人道,是这种社会侵蚀了人与人之间的关系,导致了社会问题的发生。霍尔说:"我们在今天青少年态度中发现的细节性的东西是对官僚时代的扭曲的道德反应。"[①]对于精英文化,霍尔认为,在艺术和政治之间的转换并没有直接性,社会主义的文化政治应该恢复艺术的正当功能,通过把人的经验的整体转换为艺术形式以考察文化和当代经验之间的关联。艺术奉献给政治的渠道包括支持文化的特殊性、人类价值和创造性,这是为当代社会所抹杀的。

在《无阶级感》这篇早期的论文中,霍尔认为,基础和上层建筑的关系并非如传统马克思主义所认为的那样是单向的或固定的,而是

---

① Stuart Hall. "Absolute Beginnings", in *Universities and Left Review* 7, 1959, p. 21.

相互决定的。资本主义发展已经超越了对工业的控制,企业掌握在经理人手中,工人阶级也已经从无技术发展到拥有高技术,这些变化是马克思没有看到的。第二次世界大战以来工人阶级文化中不断增长的商业化趋势和消费主义并未导致阶级差异的消失,毋宁说,"无阶级感"是这种消费主义文化的意识形态效果,它通过广告把个体性的工人询唤为消费者而非工人阶级的成员,把工人阶级从贫困境地假象性地解脱出来,从而放弃政治抵抗。消费主义打破了旧的"阶级感",工人知道自己更多的是消费者,他们走出了威廉斯说的"整个的生活方式",进入一系列生活风格(lifestyles)之中。① 这样,在消费领域,人们重新沦为如生产领域那样的奴隶,是从物质形式的奴隶变为文化心理和道德意义上的奴隶。霍尔指出,工党借助所谓的"管理革命"(managerial revolution)和资本主义变革,把经济繁荣等同于"好的生活",这种解释把人的需要异化了,而社会主义者的方案应该建立在社区(community)和平等的观念之上,提供社会的完全的需要,包括目前还没有感受到没有表达出来的工人阶级的需要如教育、有意义的工作等,"社会主义的任务是去面对人民,他们在哪里,他们在哪里被触动、被伤害、被感动、被挫败、被恶心,即是具有某种不满。同时,给予社会主义运动某种时代性意义和我们可以生活其中的方式"②。霍尔说:"我们对马克思主义感兴趣,但并非教条的马克思主义。"③但这一阶段的马克思主义在霍尔后来的反思中存在问题,主要是社会构成的本质主义视角,即把社会阶级看成无差别的整体,把文化直接联系于阶级,把人的主体性看成文化的缘起,而非看成文化所影响的结果。

1968年后,霍尔主持伯明翰当代文化研究中心,开展了一系列当代文化的研究课题,编辑出版了《监控危机》《艰难复兴路》和《通过仪式进行抵抗》等重要著作。这一时期的工作奠定了霍尔作为马克思主义思想家和文化研究领导者的角色,其马克思主义建树主要表

---

① Stuart Hall. "A Sense of Classlessness", in *Universities and left Review*, 1(5)(Autumn), 1958, pp. 27—28.

② Stuart Hall, eds. "New Left Review", *Western Marxism — A Critical Reader*. Verso, 1978. p. 1.

③ David Morley and Kuan-Hsing Chen. *Stuart Hall: Critical Dialogues in Cultural Studies*. Routledge, 1996, pp. 492—493.

现在社会构成论、接合论、阶级论、意识形态论等几个方面。

霍尔在这一时期的代表性论文有《重新思考基础和上层建筑比喻》《马克思主义阶级理论中的政治和经济》《读马克思的1857年政治经济学批判导论》等。霍尔试图从马克思的文本中发掘思想资源以反驳经济化约论。此前威廉斯反对经济基础上层建筑模式,主张文化的物质性。在威廉斯看来,文化通过语言和社会关系嵌入生产过程,它就在整个的生产、分配和交换过程之中,因而不是对经济基础的反映。威廉斯的观点对霍尔有重要影响。在《读马克思的1857年政治经济学批判导论》这篇文章中,霍尔认为,庸俗马克思主义不是马克思的观点,马克思从来没有说生产是独立于文化的,相反,生产与文化关系密切,首先,文化产生价值,它就在人与自然的劳动过程中,就在与他人的社会关系之中。其次,生产并非终结于自身,人的生产是有目的性的,即便是在资本主义条件下,生产也是为了满足人的需要。这样,马克思所理解的资本主义是一个为文化所中介的生产和消费的循环。霍尔还接受了马克思的方法,即对抽象的普遍性的拒绝,注重部分与整体的关系,霍尔以此分析了当代媒介生产和消费的诸多环节,提出了编码和解码相互影响又各自独立的观点。霍尔指出:"在考察任何现象或关系之时,我们必须领会其内部的结构,即是其特殊性,以及与之连接的其他结构,和它一起构造更大的整体的其他结构。特殊性和连接,即结构的复杂单元,必须在具体关系的具体分析中得到说明。如果关系是相互接合着的,但保留着其特殊性,这种接合,以及它所建基其上的决定性的条件,必须加以说明。"①

霍尔思想的转变,更重要的是在20世纪70年代接受了阿尔都塞的社会结构的决定性以及文化领域相对自治的观点。霍尔认为阿尔都塞思想中有三点贡献,一是阿尔都塞批评了马克思主义中的历史主义、人道主义和经验主义,认为社会形式构成了一个"复杂的结构性的整体",这是对葛兰西的继承。这种观点反对化约论和来自黑格尔的历史是自我展开的过程的观点,引入历史的偶然性以代替历史必然性的法则。二是阿尔都塞扬弃了马克思主义的"一元论"概念,认为历史发展并非普遍性的,社会冲突是变化着的,不会产生同

---

① Stuart Hall. "Marx's Notes on Method: A Reading of the 1857 Introduction", in *Working Papers in Cultural Studies* 6, 1974. p. 147.

样的结果。马克思在《1857—1858年经济学手稿》中强调的多重决定(many determinations)的观点得到了回应。三是阿尔都塞把意识形态视为个人之于现实条件的想象性关系。① 阿尔都塞对马克思主义的解读是,上层建筑相对自治,在最后时刻被决定于经济。在这种模式中,社会复杂整体中的每一构成性部分,都具有自己的历史影响和决定性,每一部分的特殊性及其与其他部分的关联,只有在其历史特殊性中才能得以理解,这就祛除了庸俗马克思主义的经济和政治简单对应的观点,霍尔在此走向一种反本质主义立场,在他看来,社会过程是复杂的整体,由许多特殊的部分构成,它们相互关联成为一个有差异的联合体(unity-in-difference),复杂整体的构成性部分的关系是非本质性、非同一性的,并无必然的结构性的或历史性的保证,每一社会实践的形式(政治的、经济的和文化的)都有其自身的特殊性或相对自治(relative autonomy)性,都有特殊的影响领域,产生和体现出特殊的转换形式。但是,任何具体实践的影响,常常被其所置身的联系之网所多元决定。在霍尔看来,各种差异性的集团势力构造了新的社会结构,政治就是一个各种力量合纵连横即接合(articulation)的领地,并不存在泾渭分明的对立的社会集团去操作政治实践,各种政治力量的接合即是在利益分化的社会以政治干预获取霸权,老左派的组织政党以阶级斗争的方式获取政权的观点是不合时宜的。

　　这里涉及霍尔的接合理论。霍尔说,接合这一词汇在英语里具有微妙的双重含义,一是发声、说话、清晰地表达,但也说铰链式卡车,即车头和拖车可以连接,但这种连接并非必然,它也可连接其他。即是连接,但并非必然的、本质性的和确定性的。接合这一思想来自拉克劳的《马克思主义理论中的政治和意识形态》,在霍尔看来,拉克劳的要旨是,意识形态的组成部分的政治内含并无必然的归属,我们要思考不同的政治实践之间的偶然的连接。霍尔使用接合概念的目的是破除困扰经典马克思主义意识形态理论的必然性逻辑和还原论逻辑,"接合就是进行自我构造的社会力量与其意识形态或世界观(它使得这种构造过程变得可以理解)之间的非必然的联系,正是这种接合把新的社会位置和政治立场、新的社会与政治主体带入新的

---

① Chris Rojek. *Stuart Hall*. Blackwell, 2003, pp. 120—121.

历史舞台"①。

　　相比阿尔都塞,葛兰西关于意识形态转换的特殊性、市民社会与国家的关系、共识和压制在各种力量为获取霸权而斗争中的关系和模式,这些思想更为契合霍尔对马克思主义具体问题具体分析的解读。霍尔认为,资产阶级霸权依赖大众的赞同和对市民社会各种机制的统合,新的权力结构充满了冲突,经济的成功无法提供保证,历史结果取决于斗争着的力量所采取的策略去控制既存的情势和矛盾。霍尔说:"在这一方面,葛兰西极大地修正了结构主义理论非历史的、高度抽象的、形式化和理论性的层面。他的思想常常是历史特殊性的和情境性的(conjunctural)。"②传统马克思主义认为,阶级是同质性的整体,在经济层面形成利益格局,表达在政治和意识形态斗争中。霍尔不赞同这种观点,在他看来,阶级并非静态的,而是不断地构成的和再结构的,既在经济领域,也在政治和意识形态领域;阶级斗争的产生并非纯粹的劳资冲突,而是基于历史特殊性,关系到现存各种力量的复杂联盟,其目的是获取政权。

　　撒切尔主义的胜利破除了左派的信条即经济危机保证其历史性的胜利。没有什么历史条件是可以保证和预期的,社会和历史发展充满了偶然性,霍尔强调,在社会情境的客观条件和其政治结果之间常常存在鸿沟,竞争性的社会力量要把各种元素以特殊方式联合起来并提出策略以弥合这种鸿沟。历史领域是开放的,对于人类的能动性来说充满了可能性,政治因而是权力形式的积极的生产领地,左派要接合新的力量找到社会主义的解决方案。霍尔以人文主义的马克思主义反对阿尔都塞的结构决定论,强调人的动力,重申阶级斗争的社会功能。虽然认为阶级由多重因素决定,但霍尔并未分析阶级构成的经济层面,他强调的是意识形态和政治因素。霍尔以这种思路分析了工党政府如何以普遍利益为借口获取权力,而撒切尔夫人则是通过创造大众共识(popular consensus)获得领导权,以意识形态掩盖了对无产阶级的牺牲,维护了资产阶级的利益。

　　霍尔认为,资本主义生产过程的经济层面具有确实的限制性效

---

　　① David Morley and Kuan-Hsing Chen. *Stuart Hall:Critical Dialogues in Cultural Studies*. Routledge,1996,p.144.

　　② Stuart Hall. "Cultural Studies and the Centre:Some Problematics and Problems",in Stuart Hall eds,*Culture*,*Media*,*Language*. Hutchinson,1980,p.36.

果,但经济不能提供特定时期的特殊社会阶级的思想内容,不能保证某个时期哪种思想能够为哪个阶级所利用。经济之于意识形态的决定,是前者给操作领域设置界限(setting the limits),给思想提供原料(raw materials)。① 霍尔认为,特殊阶级和特殊思想之间并无一致性,因为,第一,意识形态范畴依据其自身的原则发展、产生和转换着,虽然它们产生于既定的物质条件。第二,历史发展必然走向实践(practice)和斗争的开放性。政治不具有决定性,但它凝聚着所有其他实践性的层面并且保证它们在一个特殊的权力体系中行使功能。任何具体实践的影响常常是被其置身其中的联系之网所多元决定,只是"在最初时刻(in the first instance)决定于经济"②。

　　霍尔把文化研究分为文化主义和结构主义两个阶段,文化主义把重点放置在文化之于物质条件、体制和传统的关系,分析特定社会结构中的"整个的生活方式",强调文化的普通和日常性。但霍尔批评文化主义的缺陷在于,它天真地强调人类动力和经验,而且文化主义也没有如其所愿的那样勾勒出构成了整个历史过程的文化总体的相互关系。在霍尔看来,结构主义把人类动力放置在权力结构之中,澄清了动力背后的语境关系,强调"复杂的统一体"和"统一体中的差异"。霍尔说:"在'文化主义'中,经验是基础——生活过的领域——意识和环境在此融汇,但结构主义坚持认为,'经验'不能是任何东西的基础,因为人们只能在文化的范畴、分类和框架中并借助这些去'生活'和经验其环境。这些范畴不是源于经验,相反,经验是这些范畴的'结果'。"③

　　从文化主义到结构主义,葛兰西的引进具有重要的推动力。转向葛兰西对霍尔的文化研究工作意义深远,葛兰西的如下观点影响了霍尔。一是结构和超结构是一个复杂的相互关联的多层次的整体,这就反对了庸俗唯物主义的经济主义。二是葛兰西重视文化分析,认为这是一个由表征、习俗、常识(common sense)、语言等组成的霸权争夺的领地。三是历史关键时刻充满了不稳定的平衡,即是

---

① Stuart Hall. "The Problem of Ideology: Marxism without Guarantees", in David Morley and Kuan-Hsing Chen. *Stuart Hall: Critical Dialogues in Cultural Studies*. Routledge, 1996. p. 43.

② 同上,p. 44。

③ Stuart Hall. "Cultural Studies: Two Paradigms" *in Media, Culture and Society*, 2(1)(January),1980,p. 66.

在意识形态、国家、政党、大众和市民社会之间的权力平衡的变化决定了历史走向,因而霸权是不稳定的,是一个获得和再获得的充满斗争的过程。在葛兰西的影响下,霍尔提出了文化是斗争的领地的观点,放弃了人文主义的文化是社会经验的真实表达的观点。也就是如透纳说的,葛兰西和阿尔都塞的最大不同是:葛兰西的社会模型中,协商和改变扮演着核心角色。[1] 文化研究学科的发展,在霍尔看来,是"理论与历史的接合"的过程。文化研究是历史流变性的、开放性的、问题性的、语境性的、跨学科性的,伯明翰当代文化研究中心致力于发展一种"非化约主义的文化和社会构成理论"[2]。霍尔说:"英国文化研究与马克思主义的相遇首先应被理解为投入问题之中,它是通过对特定的化约主义和经济主义的批评而得以展开和发展的,我想这不是外在于而是内在于马克思主义的。"[3]他还说,"我对理论不感兴趣,我感兴趣的是不断地走向理论化(going on theorising),这也就意味着文化研究要开放于外在的影响,比如要面对新的社会运动的兴起、精神分析、女性主义和文化差异,这些影响对于思想的内容和模式以及所采用的理论问题域必定具有强烈的冲击"[4]。

霍尔不是如文化主义阶段那样仅仅分析工人阶级文化,而是把意识形态理论应用到对青年亚文化、电视话语和大众媒体的研究之中。意识形态是一个充满活力和挑战的领域,而媒介文化正是抵抗霸权的重要场地,霍尔以此分析了当代资本主义国家媒介与意识形态霸权的关系。随后,菲斯克的快感理论把消费抵抗推向高峰,阿尔都塞意义上的意识形态的决定性就消散了。20世纪80年代,在拒绝结构主义的封闭化倾向之后,霍尔接受德里达、福柯、拉康等人的思想,走向后现代主义和后殖民主义,继续其反化约主义思路,关注文化表征和文化身份问题,其核心概念是差异、流散、混杂等。在这一阶段,霍尔关注微观世界中的权力和冲突,以及新的社会运动和抵抗,这就是存在于家庭、健康、食物、性别、身体中的权力和对抗。在

---

[1] 格雷·透纳:《英国文化研究导论》,台北:亚太图书出版社,1998年,第248页。

[2] Stuart Hall. "Cultural Studies: Two Paradigms", in *Media, Culture and Society*, 2, 1980, p. 57.

[3] David Morley and Kuan-Hsing Chen. *Stuart Hall: Critical Dialogues in Cultural Studies*. Routledge, 1996, p. 265.

[4] "On Postmodernism and Articulation — an interview with Stuart Hall", in David Morley and Kuan-Hsing Chen. *Stuart Hall: Critical Dialogues in Cultural Studies*. Routledge, 1996, p. 150.

对"新时代"的分析中,霍尔集中在非阶级关系和力量的格局,提出了统合性的概念:大众(the popular),指的是大众的传统、信念、社会运动、经验等,这些是任何政治都需要获得支持的社会基础。在这一阶段的学术中,霍尔更为重视自律性的文化和意识形态对社会生活的影响,继续边缘化经济在社会文化中的决定性作用。

马克思和恩格斯对文化问题极其重视,撰写过多篇美学和文学批评著作,其历史唯物主义为作为文化的文学研究提供了方法论和哲学基础,但马克思并没有专门的论述文化的著作,他的重点是分析资本主义生产方式、经济问题和无产阶级的政治斗争。20世纪的西方马克思主义反对苏联的教条化和简单化的"经济决定论",主张用文化活动来整合和解释社会历史的演进,由此将马克思主义从庸俗的"经济唯物主义"及机械还原论解救出来。他们强调文化的自主性和重要性,意图以"文化"将基础与上层建筑、自由与决定、主体与客体、创造与被创造等对立面统一起来,以马克思主义方法分析文化形式及其在大众和生活中的影响和作用。

文化马克思主义在人类学意义上看待文化,将其理解为日常生活和经验的表现,其发展对于文化研究的确立和自下而上的历史的构造具有重要作用,霍尔在《文化研究及其理论遗产》中说马克思主义与文化研究的复杂关系是:"在马克思主义周围进行研究,研究马克思主义,反对马克思主义,用马克思主义进行研究,试图发展马克思主义的研究。"[①]在霍尔复调性的学术活动中,马克思主义占据了一个重要的位置。与当代西方的其他马克思主义思想家一样,霍尔不满于苏联马克思主义的三大局限,一是经济化约论,即经济是社会生活中的唯一的决定性力量,政治和文化在其自身并无历史的发展和影响,只能反映生产领域的过程。在霍尔看来,这种单维度的方法使得马克思主义不能说明这些超结构的元素在社会和政治生活中的历史角色。二是历史决定论,认为经济过程的客观发展决定了阶级斗争的进程。霍尔认为,需要具体分析历史情景中的操作和决定因素,要还原马克思主义的历史性和相对性。三是普遍论,即是在马克思主义研究中存在着一种高度的抽象化倾向,把马克思对于资本主义生产模式的分析直接应用于当代的情景。霍尔主张与马克思主义

---

① Lawrence Grossberg, Cary Nelson, Paula A. Treichler. *Cultural Studies*. Routledge, 1992, p.279.

不断地对话，主张作为接合的理论（theory as articulation）其本质是开放的。马克思主义如其他理论传统，要回应变化了的需要，接受既定的历史时刻的现实挑战，通过接合新的元素而创新理论立场。霍尔说："人们认为，理论由一系列封闭的模式所构成。如果模式是封闭的，新的现象就很难获得解释，因为它们依赖于新的历史条件，结合了新的话语元素。但是，如果我们把理论理解为开放的视阈，移动在一些基本概念的有活力的领域之内，这些概念是不断地被应用于真正新颖的东西之上，那么你就不会有这样的挫败感。"①理论是流动的、变化着的，开放于新的历史视野，因而霍尔拒绝理论体系的构造，而是因应时代现实，具体分析问题。马克思主张理论要不断地与社会实践和其他理论话语对话，在霍尔看来是从意识形态向科学的转变。

总结霍尔的马克思主义思想要点，一是反对历史必然论和决定论，重视历史特殊性，主张历史的开放性和偶然性。二是重视文化的结构性力量。文化与阶级并无本质性的对应关系，并非永久地受制于宰制性阶级的意识形态，排除从属阶级的抵抗。三是推崇知识分子的参与性，其理论分析导向左派政治实践。霍尔创造了撒切尔主义这一概念，其对左派政治的影响，对青年亚文化的研究，对种族主义的批评，都干预了英国当代的政治和管理实践。

传播过程的循环

在梳理伯明翰当代文化研究中心乃至英国文化研究的思想历程时，斯图亚特·霍尔的《编码/解码》是一篇必须投以热切而审慎的目光的文献。② 它是霍尔流行最为广泛的也最具争议性的文章，被视

---

① "On Postmodernism and Articulation—an Interview with Stuart Hall", in David Morley and Kuan-Hsing Chen. *Stuart Hall：Critical Dialogues in Cultural Studies*. Routledge, 1996, p.138.

② 这篇广泛流传和争论颇多的论文最初于 1973 年以模板印刷流传在伯明翰当代文化研究中心，最初的版本没有提到马克思的《1857 年经济学手稿导言》，修订本 1980 年收集在中心出版的论文集《媒介、文化、语言》中。笔者在英国图书馆看到的文化研究和媒介文化研究的各种选本多次收录这一论文，如 David M. Barlow, *Reading Media Theory*, Pearson Longman 2009；Paul Marris and Sue Thornham, *Media Studies：A Reader*, Edinburgh University Press, 1996；Meenakshi Gigi Durham and Douglas M. Kellner, *Media and Cultural Studies：Keyworks*, Blackwell Publishers, 2001；Simon During, *The Cultural Studies Reader*, Routledge, 1993；Michael Ryan, *Cultural Studies*, Blackwell Publishing, 2008。

为霍尔本人和伯明翰中心转向葛兰西的标志,对传媒研究和当代文化研究具有深刻的影响。

20世纪30年代和40年代,随着现代电子媒介在美国的发展,在当代传播学界占据主导地位的美国传播学人对媒介之于权力和大众的关系产生了忧虑和悲观的看法。他们认为,媒介与受众的关系是一种机械的模式,媒介把思想、价值与信息直接注射(injecting)给每个被动的、原子式的受众个体,从而产生了一种直接的、没有中介环节的效果。美国传播学理论认为,媒介的信息是透明的,媒介与大众的关系是刺激与反应的关系,传播活动类似于注射,其效果类似于在膝盖骨上轻扣所产生的人的本能反应。这种模式被称为皮下注射模式(hypodermic needle model)。[①] 美国的传播学研究把传播过程视为一个线性模式,即传者—信息—受者,它没有把传播的不同环节视为复杂的关系结构的整体。霍尔对这种线性模式表示质疑,他认为,编码和解码之间缺乏对称性,受众是创造和改变而非接受和发现了意义,信息在传播之后必将被扭曲,接受就是消费,消费是"在使用中创造"。基于此,霍尔提出了另外的思路,他把传播过程视为一个圆形的圈(circuit)而非一条线,其中包含几个相互联系但各不相同的环节,传播活动是生产、流通、分配/消费和再生产之间的接合(articulation)。

霍尔认为,传播是意义生产和流传的过程,意义透过媒介产品的语言符号得以呈现,而语言的含义是约定俗成的、语境化的。同一种语言符码与不同的社会地位、不同的权力形势相接合会产生决然不同的意义。意义具有意识形态功能,这样,传播就是意识形态争夺的领地,社会的不同团体都试图在对自己有利的意义上解释语言符码。也就是说,当代的政治权表现为话语权,对事件的解释从属于自己的利益需要。事件的意义不会自动显现,而是需要人的阐释,因此,政治斗争表现为话语阐释,此乃霍尔说的意指实践(signifying practices)。

在传播过程的圆圈中,接合的各个环节都保持其独立性,它们具有自身的存在方式和存在条件,从生产到文本到消费再到再生产的环节中,不存在线性的流程,没有哪一个环节能够保证下一个环节:

[①] Tim O'Sullivan, John Hartley, Danny Saunders, Martin Montgomery and John Fiske. *Key Concepts in Communication and Cultural Studies*. Routledge, 1994, p.137.

生产者意图为严肃的重要的,接受者可能视为讽刺性的、可笑的。但这些环节又相互影响,如马克思所说,生产决定消费,消费也决定生产。把电视讯息的生产和接受纳入生产和消费的过程,这就抛弃了传统电视研究中的内容(content)这一陈旧的思维模式。在传统的大众传播研究中,电视内容到底是决定于生产还是消费,到底受到哪些方面的影响,这些问题是不明确的。此外,霍尔之所以用电视话语(discourse)而非传统的电视内容是借用了索绪尔直到后来的法国解构主义思想家如罗兰·巴托、德里达、福柯等人的思想。在话语理论看来,语言独立于现实,其能指和所指是分离的,语言符号是权力结构的表征。话语理论并非否定客观现实独立存在于语言之外,而是说,在话语之外事物没有任何意义,现实必须通过语言去表征,它必须借助符号系统呈现给我们,符号本身的特性导致表征并非对现实的透明性的传递。霍尔举例说,你踢的圆形的皮革制品是一个物质性的实体:一个球,但只有在社会所建构的游戏规则的语境中,它才能变成"一只足球"。① 电视话语并非仅仅是语言,其他符号如背景音乐、服装、播音员的语音语调、节目的编选及秩序安排等都是表意符码,它们构建着诸如客观、权威、正确、严肃等含义。现实生活中的具体事件比如灾难、冲突、谋杀、游行示威等都必须转换成为一个事件、一个故事(story)才能得以表征。电视话语的表征所取的表现事件的画面、报道的视角、播音员的用词立场、见证人的选取和描述等都参与了意义建构,在这一领域,各个阶级和利益集团都以符合自己利益的方式表征事件,因此,掌握媒体的势力会按照自己的利益需要把话语编码进媒体之中。

电视话语的生产环节,首先是具有社会事业性质的电视广播机构,包括这些机构的实践与生产网络,它的组织和技术设备等协同制作节目,在这里,生产就是构造信息,这是传播过程的起点。这一起点既然是构造信息,其产品也就具有话语的性质,意义和思想为其核心构架。历史所提供的技术技能,与广播机构相关的知识、信念、设想和关于受众的假设等,都通过生产过程制约了节目的构造。也就是说,即便是在生产的起点阶段,电视的叙述也不是封闭的系统,它从其他话语结构抽取节目的主题、处理方式、事件、人员、公众形象等,而这些话语结构则处于更为广阔的社会文化和政治结构之中。

---

① 斯图亚特·霍尔主编:《表征——文化表象与意指实践》,商务印书馆,2003年,第46页。

生产和接收是电视节目传播过程的不同环节,但是,电视讯息的接受和消费也是广义的生产过程的一部分,它通过一定数量的、非对称的反馈,被重新纳入生产过程。与生产受到其他相关社会因素的影响一样,在信息接收阶段,解码者的认知框架、社会和经济地位等都影响到接收的效果,并把被符号化了的意义转换为实践,从而实现意义接受的社会政治效果。霍尔坚持在生产环节和消费活动之间具有一种辩证关系,要求在人们的能动作用即意义创造和社会经济结构之间保持某种平衡。

电视话语的编码与解码

现实中发生的事件只能在电视语言的视听形式中被符号化即编码,因此,为了使其产品被理解被接受,能够产生或娱乐或说服或教育的社会效果,电视节目必须符合语言的话语规则,在这里,话语和语言的规则起着支配作用。因此,语言学理论对于电视话语的研究意义巨大。霍尔认为,由于编码和解码的非对称性,电视话语并不包含为生产者所嵌入的内在的固有的意义,而是常常遭到解码过程的变形、失真和扭曲。编码和解码环节之所以具有非对称性,一方面是因为编码者与解码者的位置不具有对称性,另一方面是代码之间即编码使用的代码和解码使用的代码是不对称的,这就导致了信息的或完整或歪曲的传达。另外,在信息转化成为话语形式,话语形式转化成其他形式时,信源和信宿的代码之间的不对称造成了信息传达的"失真"。这里的关键问题是电视信码的构造。电视是一种图像符号,由视觉语言和听觉语言所组成,用皮尔斯的话说,它具有它所描述的事物的某些特征,这一点造成了电视讯息的特殊性并导致了诸多混乱。电视话语把三维空间里的事物转换到二维平面之中予以表现,这种表现不同于它所指称的事物或概念,电视里的暴力行为并非暴力行为本身,而只是关于暴力的信息,电视里的狗会叫但不会咬。霍尔指出,解码过程长期被大众传播研究所忽视乃是因为电视话语是图像性、视觉性的,它与现实事物很类似,即所谓的"眼见为实",它造成了把图像符号等同于现实世界中的物的错觉。现实存在于语言符号之外,它持续地由语言并通过语言被表达,而话语并非是对真实事物的透明表现,那些所谓的忠实的如自然主义和现实主义的表达方式,只是语言对现实的特定表达的某种效果,它是话语实践的产物。

　　这里,霍尔谈到了代码的自然化问题。某些代码广泛存在于某一特定的语言和社会文化之中,人们对这些代码极为熟悉,以至于这些代码看上去似乎不是建构的,而是自然化的。但是,这只是代码被深层次地自然化了而产生的幻象。自然化的代码不显示出语言的透明度和自然度,而显示正在使用的代码的深度、其被人们习以为常的性质和程度、其所具有的自然化的普遍性,它导致了人们认知的自然化。这种代码极为隐蔽地掩盖了正在进行的编码实践的效果,但这只是一种表象,它产生于编码和解码在意义交换之时的接合关系,即双方具有一定的对等性,解码就变成了自然的知觉过程。比如,牛的视觉符号常常就变成了牛这种动物本身,而不是仅仅表征了牛。自然化的符号掩盖了意识形态的编码。在皮尔斯所说的三种符号中,图像符号特别容易被解读成为自然形象,这不仅是因为视觉符号的广泛分布,而且是因为视觉符号的任意性不像语言符号那样强。但是,"一个任意性的符号,无论视觉符号还是语言符号,与其所指对象的概念的接合,不是自然的产物,而是约定俗成的产物,而且话语的惯例要求代码的介入与支持"[1]。电视符号不是"眼见为实",并非就是对现实事物的客观映射。

　　社会生活的不同方面图绘为话语性领域(discursive domains),分层次地组织进主导或偏爱意义(preferred meaning)之中。电视大量采用"自然符号",产生的似乎是"常识"性的意义,但是,霍尔认为,电视信息自身产生的意义是多重的,而且是不平等的。多义性(polysemy)和多元性(pluralism)并不相同,其中牵涉到利益、权力、社会意义和实践的斗争,这就在符号的内含层面体现出文化的不平等和等级制度。社会权力集团倾向于把有利于自己的处于主导地位的意义阐释为常识。在葛兰西看来,常识指的是不同社会集团的"自发的观念和信仰",特别是指社会从属群体的之于主导秩序的赞同模式。葛兰西说:"常识创造了有关未来的民间传说,那是特定时空中的大众知识的相对僵化的方面。"[2]葛兰西指出,霸权思想常常把自己打扮成为常识,这样,被统治者把统治者的思想内在化,并把它们

---

[1] Stuart Hall, Dorothy Hobson, Andrew Lowe and Paul Willis. *Culture*, *Media*, *Language*. Routledge,1992, p. 132.

[2] Helen Davis. *Understanding Stuart Hall*. Sage Publications,2004, p. 82.

理解成为共同的关注,而非强加的观念。这样,统治和被统治就不是一种强制的关系,统治阶级的意图就能获得完全的不走样的解读。把某物视为常识就是祛除了对之的质疑,使之变得似乎是自然的、普遍的,而非人为的。霍尔认为,电视话语通过其述行性(performative)功能建构了常识,即电视节目通过重复性的演示和言说,利用视觉符号与真实物的类似性,把一个具有自身立场的解读建构为似乎是具有普遍意义的自然的常识,这种常识就是电视话语的偏爱意义,它反映的是主导阶级所倾向的文化秩序,它强加和合法化了社会、文化和政治世界的分类。这里,霍尔受到了语言人类学中的萨皮尔－沃尔夫(Sapir-Whorf)学说的影响,它认为,任何文化都有给社会分类的不同方法,这些方案在不同社会的语言和语义结构中反映出来。①

在信息生产的起点,视觉节目就被分配到一整套应当执行的规则里的确定位置之中,这些规则积极支持或偏爱某个语义学的含义甚于另一个,它要求在占主导地位的界限内实施关于某个事件的解码,在此界限内为这种解码赢得说服力即使之获得合法性,以期实现信息生产者的社会预期效果,这就是信息生产者所期望的"完全不失真的传播"。因此,电视信息并非宽泛到向一切解读开放,它们是以偏好一种解读限制潜在的其他解读的方式被编码的。受偏好的解读由社会中的主流意识形态话语所构建,其具体化则通过电视制作的专门规则被赋予限定的含义。新近发生的事件被归于社会现实的图表之中进行排序、归类和编码,与社会的被自然化了的,其实是被意识形态性地掩盖了的习以为常的知识相违背的事件都被赋予负面意义,而占据主导性的、受欢迎或偏爱的意义总是被组织化制度化,它获得了政治意识形态的支持,主导着整个的社会秩序,其中包括关于社会结构的常识、关于在这个文化中事物如何为实践的目的而运作的知识、权力和利益集团所需要的秩序以及合法性、界限的认可等。因此,视觉符号的内含层面参与建构了社会生活中的经济的、政治权利的和意识形态的秩序。

但是,霍尔指出,基于视觉符号的内含意义的绵延、延宕,信息被系统地扭曲是无法避免的。在《神话学》中,巴托提出了内含和外延

---

① Michael Gurevitch, Tony Bennett, James Curran and Janet Woollacott. *Culture, Society and The Media*. Methuen, 1982, p. 66.

两个概念。语言具有外延和内含两个层次,外延指的是符号的得到普遍承认的字面意义,特别是视觉语言,似乎是没有代码介入的自然符号,常常被混淆为对现实的复制;内含是较为不固定的、约定俗成的联想意义,它依靠代码的介入。符号正是在其内含的意义即联想的层面获得其意识形态价值。在这一层面,意义没有在自然的知觉过程中被固定下来,而是能够被更充分地利用和改变。现实环境的思想体系介入和干涉话语,改变了符号的意指作用。内含的意义从来不是固定的或者永恒的,如皮尔斯指出的:"每一符号都是一活物……符号慢慢地变化,它的意义不可避免地发展,镶嵌进新的元素,抛弃旧的东西。"①电视话语在内含层面的开放性产生于一词多义,因为语言是多声部的(multi-accentual),意义的流动性和关联性在此可以得到最大限度的开拓和转换。多声部这一概念来自巴赫金。在巴赫金看来,多声部指的是在特定社会语境中,语言被所使用的人生产出不同的甚至相反的意义。符号向多声部开放,这就进入了意义的斗争领地。也就是说,观众并非被动地吸收电视节目生产者植入的固定的意义,而是以相对自治(relative autonomy)的方式去创造意义。在这个意义上,霍尔认为,消费者也是生产者。霍尔借用了阿尔都塞的相对自治这一概念。阿尔都塞认为,经济基础对上层建筑具有决定性,但仅仅是在"最后的时刻",因此,在阿尔都塞看来,经济决定(determine)了上层建筑,但并非必然是统治性的(dominant),意识形态对于经济基础具有一定的自由度。

电视视觉符号的内含依据上下文语境的参照,在不同意义和联想的话语领域中具有不同的定位,在此,电视符号和其他文化语境中的语义代码相互交融、冲突,开拓出活跃的意识形态性。广告就是利用了语言内含的复杂关联予以操作的。在广告中,每一个视觉符号都含蓄地意味着一种特性、情形、价值或推理,它以一种言外之意或暗示意义的方式出现。比如,霍尔援引巴托所举的毛衣广告为例。毛衣在外延的意义上指的是温暖的外套,表示保暖活动或价值;在内含的意义上,毛衣可以表示冬天的来临,或者寒冷的一天。在某些时尚语言中,毛衣还可能意味着高档时装的时髦风格,或一种休闲的穿着,或者联系到在秋日树林中的漫步等等。而在另外一些时尚语境中,毛衣可能意味着陈旧的过时的衣着。"这些代码是特殊话语中权

---

① Umberto Eco. *The Role of The Reader*. Hutchinson,1981,p. 186.

力和意识形态用来意指的手段。它们把符号指向'意义的地图',任何文化就在这种地图中分类;那些'社会现实的地图'把所有的社会意义、实践和效用、权力和利益都'写入'其中。借用巴托的话说,能指的内含层面"与文化、知识和历史有着密切的交流,而且,正是通过这些层面,周围的世界渗透到语言和语义系统。如果你愿意,不妨把它们称为意识形态的片段"①。

　　基于编码和解码的不对称性和语言内含的流变性、开放性,传播活动中的完全不失真的传播是不可能的,观众并不根据占主导地位的或较受偏爱的代码解读意义。也就是说,消费在使用过程中生产了可能的意义,这些意义不能只从作品或者生产过程中分析出来。霍尔借用了弗兰克·巴金(Frank Parkin)的阶级价值体系的概念,祛除了巴金的经济决定论,假设了三种编码解码的接合方式,即三种解码方式:

　　一是主导性立场。受众完全直接地接受电视节目的内含意义,按照信息被编码时的参考代码对其进行解码。这是编码者理想的完全不失真的传播类型。借助职业代码和精英人士的运作,意识形态的再现在此是不经意的,它无意识地在人们背后产生作用。占统治地位的观点在自己的措辞范围内界定可能的意义,并使得这种解释带着合法性的烙印,使之看上去和社会秩序中的自然的、不可避免的和理所当然的事物具有共同的界限。

　　二是协商式立场。其中混合着对主导话语的适应性和对抗性因素,一方面它承认占统治地位的定义表述的合法性,另一方面,在具体的层面上,它制定自己的程序,在运作中会有不合规则的例外。协商式解读所遵循的逻辑是具体情势下的特定的逻辑,比如,面对一项限制工人罢工的法案,在有关国家利益的经济层面上,一个工人阶级的解码者可能会采用占统治地位的定义,但这几乎无法限制这位工人为更多的工资、更好的工作条件而继续罢工。正是编码和解码的脱节和矛盾,下定义的精英人士和职业人员发现"传播失败了"。

　　三是对抗式立场。某一观众完全明白话语中给出的字面意义和内含意义,但他偏要用一种与之完全相反的方式进行解读。他以自己喜爱的代码分解信息,将信息在另一种参照体系中重新组合。比

---

① Stuart Hall, Dorothy Hobson, Andrew Lowe and Paul Willis. *Culture*, *Media*, *Language*. Routledge,1992,p. 134.

如一个工人在接触关于有无必要限制工资的论辩信息,在每次提到国家利益时,他都将其解读为阶级利益。霍尔指出,政治上危机的时刻,就是对抗式解读盛行的时刻,它介入了表意的政治(politics of signification),即话语中的阶级斗争。话语中的阶级斗争是现实的政治斗争的一部分。

《编码/解码》出版后,在西方媒介研究和文化研究界产生了巨大的反响和争议。在一次访谈中,霍尔回顾了撰写这篇文章的初衷并澄清了一些问题。这篇文章产生的语境,一是学术上的,最初这篇文章是提交给莱切斯特大学大众传播研究中心的学术会议论文。莱切斯特学派是当时英国主流传播研究学派,这一学派遵循传统经验主义方法,以实证主义模式进行内容分析和观众效果调查,它假设传播过程是纯粹技术性的,在现代社会具有非政治性影响,而不是把传播看作资本主义权力的突出形式。但在霍尔看来,媒介信息镶嵌了关于各种信念的预设,塑造着日常对于现实的感知的实践,并且这些预设再生产了霸权。霍尔反对经验主义的线性的透明的传播模式,主张把文化和权力表征中的政治性切入媒介研究,这对莱切斯特大学的研究产生了巨大的冲击。二是在政治上,霍尔反对传播理论的过度决定论模式(overdeterminist model)。这一模式来自阿尔都塞学派,它强化了意识形态的控制,消弭了接受主体的创造性。霍尔认为,意义是多层面的、多指向的,没有完全的决定性的逻辑要求受众去译解意识形态的输入。霍尔的文章对当时英国马克思主义争论产生了重要影响。当时在英国马克思主义内部存在着关于基础和上层建筑模式的争论。传统的马克思主义认为,语言、意识形态和文化是第二位的,是被社会经济过程所建构决定的。但问题在于,意义是如何斗争和建立的?霍尔认为,意义的斗争不是被某些基础所决定的,而是具有一个相对的自治性过程。霍尔回忆说,他之所以回到马克思,是为了质疑阿尔都塞的过度结构主义(overstructuralization)的马克思主义。阿尔都塞引用了马克思的《1857年经济学手稿导言》,所以霍尔也去阅读这篇文章。阿尔都塞说,马克思是在走向结构主义模式,但霍尔认为,阿尔都塞只说对了一半,他没有看到,理论和实践能够脱离真实的结构和关联。霍尔发现的是一个新的马克思的模式,即生产的圆圈模式:生产、消费、实现(realization)和再生产构成了整个圆圈。马克思重点强调的是生产,但是,霍尔认为,阿尔都塞没有发现被偶像化了的马克思主义:生产决定了其他的一切,因为马克思在1857年说了,消费决定生产,正如生产决定了消费。① 比如,我在吃,我消费的是劳动力的产品,同时,我也把我自己生产为未来的劳动力。因此,生产和消费是同一行为的不同方面,只是在分析的时候,这两个环节才显示出来。马克思的思想启发了霍尔的接合模式,即把资本循环的圆圈理解成为生产、消费、实现和再生产的各个环节的接合。

在这个访谈中,霍尔提出了一个类似偏爱意义的概念:偏爱阅读(preferred reading)。偏爱阅读是信息的生产者在编码环节的意图,它试图对观众加以控制,使观众按照自己的方式解读文本,"它是一种权力之梦——屏幕上没有信号,有的只是完全被动的观众"②。但这从来不是完全有效的,因为,它不能含纳对于这个文本的每一种可能的阅读,读者常常能够以另外的一种方式去阅读。但霍尔提醒,他并不主张文本具有无限的开放性,比如今天有数百种对莎士比亚的李尔王的解读,但莎士比亚应该对这么多的阅读方式并不满意,他希望你以一种特别的方式看待李尔王,你应该把李尔王看作陷入困境中的父亲。如果你把他解读成为一个愚蠢的不能容忍他女儿带了一帮人到家里来的老头,这就是一种奇怪的解读,莎士比亚不希望你这样解读。因此,在编码的意指实践中,存在着权力意志,这就是我们能够看出的寄居在文本之中的那些元素。但霍尔指出,偏爱阅读又不完全等同于信息生产者的意图,比如BBC的信息生产者是受制于他的机构的。显然,一个阶级的政治意识形态、具体要求乃至无意识都对偏爱阅读的编码起作用。在这个意义上,霍尔指出,编码/解码模式不同于德里达的符号学理论:文本不仅仅是一套开放的、符号学的事物,而是在意指世界时,有人试图去控制其意义。霍尔没有强调文本的绝对开放性,而是强调权力的控制性和观众一定程度的被动性。因为,不管观众的反应如何不确定,文本总是镶嵌在结构之中。文本对于观众而言占据了一个优先的位置,在很大程度上它影响了其接受。一部肥皂剧和一则新闻占据了不同的空间,我们以不同的方式谈论肥皂剧和新闻,对之具有不同的期待。这样,许多缺乏其他渠道去了解世界的人只能依靠被意指的意义。在这个意义上,霍尔

---

① Jon Cruz and Justin Lewis (edited). *Viewing, Reading, listening: Audiences and Cultural Reception*. Westview Press, Inc. 1994, pp. 254−255.

② 同上,p. 262。

的偏爱解读类似德里达的"擦掉",差异在此运作,但擦掉是为了一个需要建构的中心,围绕着这个中心,文本得以构造。因此,霍尔说,他不是一个纯粹的解构主义者,不认为仅仅存在着解构的环节,他是一个葛兰西主义者:解构的每一个环节也是重构的环节。①

在英国文化研究思潮看来,文化和意识形态几乎是可以等同的概念,文化研究可以称为意识形态研究,其对文化的分析,是分析文化背后的霸权和获得意义的斗争,而意义是表达出来的,是在消费实践中创制的。传统被认为是自上而下的或者资本主义控制的通俗文化,在引入葛兰西之后,变成了文化领域里的阶段斗争的场所。霍尔的解码模式是对电视话语的意识形态分析,并在这种分析中注入文化斗争。这里我们也可以理解文化研究与政治经济学学派的分野,如透纳指出的:"在政治经济学看来,意识形态是对真实的错误表征,是掩盖了政治斗争,而在文化研究看来,意识形态恰恰是进行抗争的领域。"②因此,文化研究在某种程度上分离文化层面和经济层面是有意义的,在进行日常生活研究时,可以悬置对经济结构的分析,而专注于文化实践之中的政治斗争,这就突出了意识形态的重要性。葛兰西的霸权概念描述那些生产统合、一致的企图,但它同时表明,这些努力终将功亏一篑。因此,在进行文化形式和实践的分析时,应该寻找那些能够打破文化同质性幻影的"矛盾、禁忌与错置"③。霍尔的编码/解码理论就是以"矛盾、禁忌与错置"去打破文化同质性的幻象。在葛兰西的影响下,霍尔强调了解码环节中的政治斗争,而霸权和常识概念的提出则表明霍尔摆脱要么是文化主义要么是结构主义的二元束缚。电视话语是葛兰西所说的主导阶级依靠意识形态生产赞同、一致而非暴力强迫的典型领地,但是,霍尔发现,这一领地充满了斗争、冲突和变革,从而它也是现实的政治变革的前提,这也是此后霍尔亚文化研究和媒介研究的基本思路。

文化研究致力于寻找社会政治变革的可能性和动力。克里斯·诺吉克指出,霍尔不懈的对政治动力的信赖根植于其对大众民主的信念,其对积极观众的强调来自20世纪70年代知识分子的意向。

---

① Jon Cruz and Justin Lewis (edited). *Viewing, Reading, listening: Audiences and Cultural Reception*. Westview Press, Inc. 1994, p. 264.
② 格雷·特纳:《英国文化研究导论》,台北:亚太图书出版社,1998年,第230页。
③ 同上,第249页。

基于20世纪60年代的反文化运动,70年代的西方学术界构造了学术生活中的民主化运动,比如人种学通过强调不言而喻的知识和建构社会现实的方法挑战了实证哲学家的结构功能主义的假设;符号学展示了符号经济(sign economies)在文化和主体(agency)构造中的重要性,认为意义从属于无限的符指过程,超越了任何社会的控制;女性主义对学术界的男性霸权的攻击,产生了一系列关于身份政治的争论。① 所有这些在1968年5月的巴黎革命失败之后,促成了左派的复活。自20世纪70年代初期以来,文化研究过分集中于文本分析,忽略了文本意义生产的场域,忽视了人们日常生活中的文化实践,这原本是威廉斯定义文化开创文化研究的主旨,而且,许多文本分析隐含着某种精英主义态度。从霍尔发展而来的受众研究挑战了精英主义立场,把文化研究联系于日常生活实践。霍尔的这篇文章对20世纪70年代和80年代的文化研究产生的影响在于:一、引入了葛兰西的霸权理论,导致了文化研究的葛兰西转向,强调大众文化领域里的意识形态斗争,霍尔在此提出了接合理论。二、虽然霍尔采取了结构主义视角,摈弃了文化主义的非理论化倾向,但"他对解码环节的强调,对意义生产过程中的观众积极角色的推崇,表明他的文化主义的对人类能动性的信任"②。这种能动性表现在受众的解码中。文化研究从此走向受众研究,强调意义在使用中的创造,此后戴维·莫利、洪宜安(Ien Ang)、约翰·菲斯克等人的大众文化和媒介受众研究大行其道,文化研究从文本分析走向接受研究。三、颠覆了此前的美国经验主义的大众传播研究的线性模式,反转了法兰克福学派精英主义立场的大众文化的悲观论断,英国文化研究的独特的理论面貌呈现出来。

在前文所提及的访谈中,霍尔反思了这篇论文,指出编码/解码模式存在着四个缺陷。一是在社会、文化、政治层面的意义和媒介信息层面的解码两者之间的区别,没有被充分地揭示,霸权再生产和媒介从业人员的编码实践之间的对话没有被清晰地阐明。二是编码/解码模式认为,意义运作在真实的世界,分析的任务就是寻找偏爱的解读如何通过解码过程获得,偏爱的意义如何被观众所有。但是,意义和真实世界的区别颠倒了霍尔的意识形态观点,这种观点认为,意

---

① Chris Rojek. *Stuart Hall*. Polity Press, 2003, p. 93.
② 同上,p. 72。

识形态"事前设定"(pre-signifies)或者"过度决定"(overdetermines)了"自然"的世界,这样,真实的世界就变得可疑了。但霍尔的圆圈图示似乎告诉人们,存在着一个真实的世界,然后某个人言说之,解码之,但是,真实的世界并非外在于话语,外在于意指。三是偏爱意义和偏爱解读的动力源是模糊的。霍尔试图用这两个术语避免决定论模式,活跃的代理人(active agent)和活跃的观众与其意识形态作为具体情境中的具有某种立场的行动者的观点是一致的。莫利的研究表明,偏爱意义不可能事先安置,其效果产生于媒介信息的生产者和观众之间的具体交流。因此,霍尔的偏爱解读和意识形态意义的配接需要更为仔细的考察。四是论文把任何事物都归结为话语,回避了资本主义生产模式中的真实的与叙述性的元素之间的复杂关系。[1]

霍尔提出的三种解码模式只是假设,并非对电视观众的具体实证性研究得出的结论,这种模式需要经验性的检测和修正。如麦克盖根指出的,编码/解码模式的一个重大不足是对解码的背景关注太少,因而它不能解释家庭内的家长权力关系。[2] 对霍尔假说的具体实证性的检测是由莫利完成的。莫利认为代码的操作应该在交互话语(interdiscourse)层面来理解,这一概念是把社会主体的质询卷入话语的多重性之中。莫利对 BBC 电视节目《全国》的研究测试了霍尔的假说并对其某些观点提出了质疑。莫里的研究表明,文本外部因素决定着文本的意义,观众的解读具有高度的复杂性,并非与霍尔说的阶级立场对等。莫利发现,霍尔过多地强调了阶级在生产不同的解读时所起的作用,忽视了决定解读的因素的多样性。因为主体是社会性地构造的,而社会是由不同轴线如阶级、性别、民族、种族、职业、宗教等纵横交错而成,这些轴线都会影响到具体的解读,比如,莫利发现,银行经理和学徒尽管在阶级上有差别,但是做出了大体类似的解读。菲斯克认为,其原因是,作为资本主义意识形态的主体,这些学徒和银行经理都具有类似的构造,他们都根植于占主导地位的体制中,在生存与成功方面具有共同的利益。[3] 霍尔提出了偏爱解读这一概念,但偏爱解读到底存在于何处霍尔并无具体分析,莫

---

[1] Chris Rojek. *Stuart Hall*. Polity Press. 2003, pp. 100—101.
[2] 吉姆·麦克盖根:《文化民粹主义》,南京大学出版社,2001年,第153页。
[3] 约翰·菲斯克:《电视文化》,商务印书馆,2005年,第89页。

利提出疑问:"偏好解读是文本本身的一种特质吗?抑或它是通过一定的程序能够从文本中产生的某物?抑或偏好解读是分析者所预测的观众中的大多数成员将会从文本中产生的一种阅读?简而言之,偏好阅读是文本、分析者还是观众的特质?"①

丹尼斯在讨论英国文化马克思主义的发展历程时,也批评了霍尔的模式:"首先,虽然霍尔对发送者—接收者的传播模式进行了重要批判,但他从来没有摆脱这种模式的最初假设,即信息在它们被编码之前就已经存在。它区分了形式(代码)和内容(信息),实际上,是将语言看成中立性的媒介,看成信息在其中被发送的物质实体,编码并没有对惰性的物质产生影响。但是如《银幕》和其他理论已经非常有力地证明的,形式在内容和意义的创造中起着积极作用。其次,霍尔对于编码和解码过程的理解是有问题的。他认为,编码过程创造了偏爱意义,但是他并没有具体说明,这种创造是否是有意图的,是否内在于信息本身,或者只是符号学分析的结果。他对解码的分析取决于受众对偏爱意义的认同程度,同样重要的是,他们最初理解信息的程度。再次,霍尔的编码/解码模式建基于新闻节目的传送和接收。当运用到娱乐节目如戏剧、喜剧、恶作剧以及现场访谈节目中时,这种模式还起作用吗?"②

从思想资源方面看,借助马克思的生产/消费理论,霍尔把传播过程视为一个圆圈,提出了接合理论;在巴托和巴赫金的影响下,霍尔发现了电视话语的多义性以及由此而来的政治性;葛兰西的文化霸权思想提供的思路是,大众媒介文化是阶级斗争的领域;弗兰克·巴金的阶级价值理论则直接导致了三种解码模式的提出。霍尔认为,电视话语建构了世界,它系统性地扭曲了(systematically distort)现实,而非透明地反映了现实;电视话语的编码把宰制性意识形态自然化、合法化,但主导意义并非单一的,也非无挑战的,基于电视话语的语言学特性,解码必然"失真"和"扭曲";文化与意识形态并非从外部强加给从属阶级,它是一个不断斗争和协商的据点,电视话语就是这一斗争的领地之一;语言和符号化(symbolization)是生

---

① David Morley. *The Nationwide Audience:A Critical Postscript*. Screen Education,1981,no 39, volume 6.

② Dennis Dworkin. *Cultural Marxism in Postwar Britain*. Duke University Press,1997, pp.172—173.

产意义的工具；符号的意义取决于语境，是为接合；符号自身不能产生意义，必须依靠人的解释，不同的人以不同的最有利于自身利益的语言解释对象，是为语言中的阶级斗争。因此，必须把意识形态理论引入传播研究，把传播媒介看作是语言性的、符号性的、叙述性的话语，把传播过程看作意识形态斗争和意义争夺的领域，看作不同阶级、不同群体、不同利益集团斗争的领地。霍尔开创的这一研究范式是一场深刻的革命，虽然存在诸多理论疑点，但对媒介和文化研究产生了迄今犹在的巨大影响。

第二节　文化、表征与意识形态

文化是斗争的据点

从不同学科不同视点出发，可呈现文化的不同面相，因而文化的定义历来纷纭复杂，歧义丛生。一般说来，文化要么指的是经典的高雅文化，要么是通俗的大众文化，或者是一个民族、国家和地区的人们的生活方式、共享价值等等。霍尔强调"意义"在给文化下定义时的重要性，他认为，文化与其说是一组事物，如小说与绘画，或电视节目与漫画，不如说是一个过程、一组实践。文化既涉及概念和观念，也涉及感情、归属感和情绪，它是一个社会或集团的成员间的意义生产和交换，即"意义的给予和获得"[①]。文化是参与者用大致相似的方法对他们周围所发生的事做出富有意义的解释。

正是文化的参与者赋予了人、客观物及事件以意义。事物自身几乎从不会只有一个单一的、固定的、不可改变的意义。甚至像石头那样的事物，既可以是一块石头，又可以是一座界碑，或一尊雕塑，这取决于它所意味的东西，也就是说，取决于它所处的某个特定的使用背景，取决于哲学家称之为不同的"语言游戏"的东西。正是通过我们对事物的使用，把它们整合到我们的日常实践中去，通过我们就它们所说、所想和所感受的，即通过表征，我们才给予它们一个意义。

[①] 斯图亚特·霍尔编：《表征——文化表象与意指实践》，商务印书馆，2003年，第2页。

文化涉及实践活动的全部，它需要富有意义的解释，它要依赖意义才能有效地运作，在这个意义上，文化渗透到了整个社会。

意义持续不断地在我们所参与的个人及社会的相互作用中生产出来，并得以流通。借助现代大众传媒，意义能够以历史上从未有过的规模和速度在不同文化之间循环起来。意义产生于我们的认同实践，它规范和组织着我们的行为和实践，它建立了社会生活秩序化和得以控制的各种规则、标准和惯例。即是说，文化意义不只"在头脑中"，它们影响我们的行为，从而产生真实的、实际的后果。因此，意义也是那些想要控制和规范他人行为和观念的人试图建立和形成的东西。

文化是意义的创造，语言是文化借以表达思想、观念和情感的媒介。迄今，关于语言与意义共有三种理论，即反映论的：语言单纯反映已经存在于那里的关于物、人和事的某种意义；或者是意向性的：语言仅仅表达说者或作者想说的，表达他个人意向的意义；或者是构成主义的：意义是在语言中或通过语言而被建构的。对文化研究产生影响的是最后一种理论。构成主义认为，通过思想媒介、概念和符号，不同种类的社会知识的产品得以产生，这一过程通过语言得以运作。语言是社会性的，个体只能把自己定位于语言系统之内思考和言说。言说和其他话语，包括巴赫金说的内在的言说（inner speech），构成了符号系统，这套系统使得思想客观化和中介化：它们言说我们就如我们在其内言说，通过它们言说。要在这套系统内表达我们自身，我们必须习得统治言说和表达的规则和惯例以及不同的代码。也就是借助这套代码，我们的社会生活被分类。

语言是具有特权的媒介，我们通过语言理解事物，生产和交流意义。同一个文化中的成员必须共享各种系列的概念、形象和观念，后者使他们能以大致相似的方法去思考、感受世界，进而解释世界。从这个角度看，文化是"共享的意义"①。社会生活、社会实践的每一方面都被语言中介着，如巴赫金所说的，语言是历史唯物主义的前提。语言的使用反映了资本主义社会的阶级结构，它依赖它所镶嵌其中的社会关系，依赖它自己被使用的社会的和物质的环境，依赖它的使用者社会性地组织起来的方式。同时，这套符号有其自身的内在规则、代码和惯例。符号是意义的物质载体，符号传播意义基于它们内

---

① 斯图亚特·霍尔编：《表征——文化表象与意指实践》，商务印书馆，2003年，第2页。

在地组织起来的方式,在一套特殊的语言系统和代码系统中表达的那种方式,事物在客观化的世界中联系在一起的方式。霍尔说:"现实世界中的事件和联系并没有单一的自然的、必然的、没有疑问的意义,这种意义能够通过符号进入语言得以简单设计。同样的一套社会关系能够在不同的语言和文化系统中不同地组织起来以获得意义。"①

　　语言通过表征(representation)来运作,各种语言都是表征的系统。借助表征系统,语言给予事物以意义。《牛津英语简明词典》解释表征是:1. 表征某物即是描绘或摹状它,通过描绘或想象而在头脑中想起它;在我们的头脑和感官中将此物的一个相似物品摆在我们面前。例如,下述句子中的情形:此画表征了该隐对亚伯的谋害。2. 表征还意味着象征、代表、做(什么的)标本,或替代,如在下述句子中的情形:在基督教里,十字架表征了基督的受难和受刑。② 所谓表征,即我们所有的有关该事物的语词,所讲的有关这些事物的故事,所制造的有关它们的形象,所生产的与它们相关的情绪,对它们分类并使之概念化的方法,加于它们之上的各种价值等等。各种符号,如声响、词语、音符、姿势、表情、衣服等都是运载意义的工具或媒介,发挥着符号的功能。符号代表或表征我们的各种概念、观念和情感,以使别人用我们表现它们时以大致相同的路数来读出、译解或阐释其意义,语言因此就是一种意指实践。意义不是被简单地发现的,而是被生产构造出来的。因此,"意义并不是直接的和透明的,在经由表征化过程后仍丝毫未被触动。它是随语境、用法和历史境遇的变化而变化的油滑的家伙。因而它从不最终固定下来。它一直在推迟和延缓与绝对真理会面。它始终处在协商和改变状态,以对新的境遇做出反应。它常常被抵制,有时候被激烈地争夺"③。表征是一种实践,一种使用物质对象和效果的"运作",表征的实践"是指把各种概念、观念和情感在一个可被转达和阐释的符号形式中具体化。意义必须进入这些实践的领域,如果它想在某一文化中有效地循环"④。

---

① Stuart Hall. "Culture, the Media and the 'Ideological Effect'", in James Curran, Michael Gurevitch, Janet Woollacott. *Mass Communication and Society*. Sage Publications, 1977, pp. 328—329.
② 斯图亚特·霍尔编:《表征——文化表象与意指实践》,商务印书馆,2003年,第16页。
③ 同上,第9页。
④ 同上,第10页。

表征将意义和语言同文化相联系,即是用语言向他人就这个世界说出某种有意义的话来,或有意义地表述这个世界。表征是某一文化的众成员间意义生产和交换过程中的一个必要组成部分,它包括语言的、各种记号的及代表和表述事物的诸形象的使用。表征是诸概念与语言之间的联系,这种联系使我们既能指称"真实"的物、人、事的世界,又能想象虚构的物、人、事的世界。

意义不在客体或人或事物中,也不在词语中。我们把意义确定得如此牢靠,以至于过不了多久,它们看上去似乎是自然的和必然的了。但实际上,意义是被构造被生产的,它是意指实践,即一种生产意义、使事物具有意义的实践的产物。意义所依赖的不是记号的物质性,而是其符号功能。正因为一种特定的声响或词代表、象征或表征一个概念,它才能在语言中作为一个符号去起作用并传递意义。表征系统是由信码建构和确定的。信码确定了概念和符号间的关系,它们使意义在不同语言和文化内稳定下来,它们告诉我们哪种语言用于传达哪种概念,当我们听到或读到那些符号时,哪些概念被指及了。信码使我们说和听的具有可理解性,并且在我们的概念和语言间建立起可转换性,这一可转换性并不是自然赋予的或神确定的,它是一套社会惯例的产物,它把意义由说者传送到听者并使之得以在一种文化内有效地传播。

既然意义不是某个固定在那里的事物的本质性的构成,而是社会的文化的和语言惯例的结果,那么意义就永远不能最终固定下来。索绪尔告诉我们,由文化的信码所决定的能指和所指间的关系,并不是永远确定的。词变动着它们的意义,词所指称的各种概念也在历史地改变着,每一次变动都改变着文化的概念结构图,在不同的历史时刻,引导各种文化用不同的方式区别和思考世界。所有意义都是在历史和文化之中生产出来的,一个能指与其所指之间的关系在每一个社会和每一历史时期都是一种特殊的社会习俗系统的产物,它们永远不会最终确定,而是始终受制于变动,既在一个文化语境与另一个文化语境之间变动,也在一个时期与另一个时期之间变动,不存在单一的、不可变的、普遍的真实意义。表征通向了不间断的新意义和新解释的生产。既然意义是历史地变动着的,并永远不会最终确立,那么,意义的获得过程就必定包含着一个积极的解释过程。意义必须得到积极的阅读和解释,读者在生产意义这一点上与作者同样重要。

总之,语言并非世界的反应,而是构造着世界。文化既然是语言性的,那么,文化就不是反映性的从属性的东西,也不存在超越语言和意识形态的文化和意识。结构主义的表意(signification)问题,指的是现实世界中的一切事物都不包含或提出它们本身的、固有的、单一的和内在的意义,意义仅仅通过语言转换而产生。意义是一种社会生产、一种实践。由于意义不是被赋予而是生产出来的,因此这可能导致把多种意义归属于同一事件。霍尔引用巴赫金在《马克思主义与语言哲学》中的话:不同阶级的人使用同一种语言,其结果是,每个意识形态符号都交织着不同倾向的声音。也正是由于声音的交错,符号才保持了它的活力以及进一步发展的动力。符号如果脱离了社会斗争的压力,就会不可避免地失去力量,沦为寓言,不再是社会性地理解的生动具体的对象,而成为哲学思考的对象。罗兰·巴托在索绪尔之后,把符号学理论从语言延伸到文化层次。巴托把语言分为直接意指层和含蓄意指层,即内含与外延,后者包含了社会意识形态,此即是文化的世界。阐释总是导致更多的阐释,意义总是被推迟、延宕,这是一条无尽的链条。意义是语境化的,意义的阐释依赖于主体的活动。

统治阶级试图给意识形态符号披上一层超阶级的、永恒的色彩,试图消灭符号内部社会价值判断之间的斗争,或抹平符号之间的差异,使符号不再有轻重之分。但是,不同阶级不同立场的人都在通过解释获得意义,不同的人以不同的最有利于自身利益的语言解释对象,解释活动就变成了一个意义争夺的领域,这就是语言中的阶级斗争,符号成为阶级斗争的战场,"为了正当地生产某一意义,就必须使这个意义具有某种可信性、合法性或者使它看上去想当然就是那样,这样就要排斥、破坏不同的意义或使其不合法"[1]。霍尔指出,应以动态的眼光看待文化,视之为一个历史过程,文化斗争有很多形式:吸收、歪曲、抵抗、协商、复原。意义生产的背后是权力与控制,符号的意义取决于它所运用的具体语境,此为"接合"(articulation)。霍尔说:"在实际现实中,每个还在活跃的意识形态符号都像贾纳斯一样,有两幅面孔。任何通用的骂人话都能变成表扬,任何通行的真理对许多人来说都必然是最大的谎言。只有到社会危机或革命性变革

---

[1] 斯图亚特·霍尔:《"意识形态"的再发现》,见奥利弗·博伊德、克里斯·纽博尔德编:《媒介研究的进路》,新华出版社,2004年,第435页。

发生的时候,符号的这一内在辩证性才会充分展示出来。"①

建构这种而非那种解释要求具体选择特定的工具,并通过意义生产实践把各种要素结合在一起。但是,表意实践与其他现代劳动过程不同,其产品是一种不确实的物品。表意的特异之处在于,它把社会和符号要素结合在一起。"在意义的建构过程中,交换价值与使用价值依赖于信息所包含的符号价值。实践行为的符号特征虽然不是唯一的因素,但却是一种支配性因素"②。意义不再依赖于"事物如何成为"而是依赖于事物如何被表意,这样,同样的事物可以用不同的方式来表意。表意是一种实践,实践的含义,按照阿尔都塞的说法,是"一定的原材料转换为一定的产品的过程,这种转换受到一定的人类劳动、一定的(生产)工具的影响"③。表意就是意义的生产劳动,因此,"意义并不是由现实本身的结构所决定,而是以通过社会实践成功进行的表意劳动为条件"④。语言能够赋予真实世界以多种指称,其多义性具有极大的价值。这样,一旦有人对意义有了疑问,它就一定会成为社会斗争的结果:一种争夺话语控制权的斗争,即哪种社会重音占据优势并赢得可信性。巴赫金和葛兰西把意义斗争引入意识形态和语言领域的观点对霍尔影响很大,比如在黑人民权运动的话语中,"black"这一词汇从白人主流文化的贬义到"Black is beautiful"的褒义的争夺就是一例。语言中的单个词语的意义是意识形态侵入语言体系的最重要领域,它通过语言的联想的、可变的、内含的社会价值实现其目的。本国语言不可能不论阶级、社会经济地位、性别、教育和文化差异在所有说这种语言的人群中平等分配,语言的表现能力也不可能随意分配。语言中的社会斗争在相同的符号上展开,符号不可能以一定的方式永远地归属于斗争中的任何一方。

在《无阶级感》中,霍尔反对马克思主义的文化是被动的、第二位的、反映性的观点,强调文化是社会中的积极的、主动的、建构性的角

---

① 斯图亚特·霍尔:《解构"大众"笔记》,见陆扬、王毅选编:《大众文化研究》,上海三联书店,2001年,第52页。
② 斯图亚特·霍尔:《"意识形态"的再发现》,见奥利弗·博伊德、克里斯·纽博尔德编:《媒介研究的进路》,新华出版社,2004年,第437页。
③ 同上,第438页。
④ 同上。

色。在霍尔看来,文化不是某种可以欣赏或研究的东西,它是社会行动和干预的重要据点,在文化中,权力关系既被构造也受到潜在的搅扰。所谓大众文化,在霍尔看来就是"被压迫者的文化、被排除在外的阶级,这是'大众'这个概念把我们归入的领域"①。霍尔认为,大众文化既非自上而下的霸权的宰制,也非人民自发的文化创造,而是各种力量交汇争夺的基地,文化这一斗争过程从来无法保证支持一边或另一边。研究文化关系到某个时刻社会中的权力关系的揭露,其目的是去思考边缘或从属群体是如何从支配群体那里获得文化空间,即使这种获得是暂时的。

从经验学派到批判模式

伴随着现代大众媒介的兴起,传播学得以发展。相比哲学、文学、历史等其他人文学科,传播学的历史不算悠久。1941 年,传播学者拉扎斯菲尔德在美国《哲学社会科学研究》上发表文章《论传播学中的管理研究和批判研究》,把西方传播学分为以美国为中心的注重经验和实证的经验学派和以欧洲为中心的批判学派。1977 年,英国学者詹姆斯·凯瑞在其主编的《大众传播与社会》中把这两派相互对照。经验学派受到当代自然科学方法和实证主义研究的影响,主张运用可观察、可测量、可量化的经验材料对社会现象或行为进行实证考察,它既是一种方法论,也表现出特定的社会观、价值观和传播观,其重点是考察传播过程的结构和功能,传播对人的心理、态度和行为的影响,以及如何通过传播来达成个人或群体的目标,传播效果问题一直是经验学派的核心和焦点。批判的传播研究则与经验学派相对立,它以文本分析和哲学批判的方法对大众媒介予以思辨性的反思,关注的问题是资本主义垄断媒体如何剥夺人的自由和尊严。经验学派研究"如何"控制或在"多大程度上"控制,而批判学派则是研究"谁在控制""为什么存在支配与控制"以及"为了谁的利益进行控制"②。

经验学派和批判学派的根本对立不仅是方法论上的,更是社会观的对立,即对资本主义社会的认识的不同。前者认为资本主义社

---

① 斯图亚特·霍尔:《解构"大众"笔记》,见陆扬、王毅选编:《大众文化研究》,上海三联书店,2001年,第 56 页。
② 参见李永健:《传播研究方法》,浙江大学出版社,2009 年,第 9、12 页。

会是多元社会,只要实现多元利益的协调和平衡就能消除社会矛盾,因此传播就是控制人的行为和实现社会科学管理的重要手段;后者认为资本主义及其传播制度本身是不合理的,大众传播是少数垄断资本对大多数人实行统治的意识形态工具,媒介文化领域是社会斗争的重要环节。批判学派的代表是法兰克福学派,以英国的默多克、加拿大的席勒等人为代表的传播政治经济学派和以霍尔为代表的伯明翰学派,霍尔的最大贡献即是明确地从意识形态视角分析大众媒介。

在《意识形态与传播理论》这篇文章中,霍尔反思了传播理论中的主流范式即美国学派面临的困境。霍尔认为,美国学派把传播构造为一种自我封闭的、学科性的专业,这就助长了经验性的自治的某种错觉,忽视了这种范式中的知识与权力的关系,传播过程与更广泛的社会的、经济的、政治的和文化结构的等现代传播系统所卷入其中的因素隔离开来。在霍尔看来,传播不是一个自我封闭的学科,在现代社会,对传播的理论思考必须在社会整体语境之中进行,他指出,"现代传播不能外在于社会结构和实践的领域,因为它在不断地塑造着社会结构,它定义社会,构造政治,协调经济关系,主导着文化,在现代工业体系中变成了物质性力量"[①]。而主流的传播范式没有把自己视为社会结构的积极参与者,它缺乏权力和文化构型理论,对传播与美国资本主义的关联缺乏思考,不能理解文化斗争和转化,而这些缺陷是在科学性(scientificity)的面具下出现的。

当代美国传播理论的基础是自由多元主义(liberal pluralist theories),它的社会构型模式就是美国社会。自由多元主义认为,资本主义社会并不存在阶级支配现象,而是由相互竞争的各社会集团和利益派别所组成的复合体,这些集团和派别合纵连横的状况与时俱进。大众传播媒介是一种保持着自己独立性的组织体,它在国家、政党以及其他压力集团面前保持某种自治性。它还认为,控制大众传播媒介的并非传播企业的所有者,而是独立地享有相当的自由决断权的专职管理者和专业工作者。大众传播机构和受众之间基本上是一种均衡平等的关系,受众可以根据自己的需要自由地选择接触

[①] Stuart Hall. "Ideology and Communication Theory", in Brenda Dervin, Lawrence Grossberg, Barhara J. O'Keefe, and Ellen Wartella. *Rethinking Communication*. Sage Publications,1989,p. 43.

各种传播媒介，自主地表达或赞成、或反对、或顺应、或调整的态度。① 菲斯克在后文对这种自由多元主义理论作了仔细的分析和批评。

美国的传播研究采取的是纯粹技术性的分析方法，这种研究方法认为，媒介内容的生产诸如选择与排除、各种解释的编辑、把某种解释发展为一篇报道、采取一种特殊叙事类型以及将文字话语和视觉话语即电视话语结合起来制造某种意义，这些都是技术性的工作，都是为了把事件的本来意义或者广播公司的意图连贯地明白无误地传达给观众。但是，霍尔指出，从表意的观点看，这些都是社会实践的要素或基本形式，是建构特定解释的手段。对于大众传播来说，要思考的两个问题是，首先，统治性话语如何保证自己合理的解释，并维持对不同的或竞争性的解释的限制、禁止或排斥？其次，那些负责描述和解释各种事件的机构——在现代社会，最佳的机构就是大众媒介——如何在处于统治地位的传播体系中成功地维持一种占据优势地位的或界限明确的意义范围？这种赋予优先权的作用在现实中是如何实现的？②《意识形态的再发现》这篇文章的主题是批评当前处于主导地位的美国大众传播研究的局限并提出批判性的传播学理论。霍尔梳理了大众传播研究在20世纪的历程，指出从美国的行为科学的社会学方法到批判范式（Critical Paradigm）的出现是传播研究的最显著的变化，这两种方法看似方法论和步骤上的差异，其实是理论视角和政治观念上的巨大差异才把二者区分开来，这两者本质上是从行为视角向意识形态视角的转变。③ 理论的这种转向用一个术语概括，套用麦克卢汉的话，就是"媒介即意识形态"（the media are ideological）。霍尔认为，"如果不去理解社会的、科技的、经济的、政治的这些社会中的表征体系的话——它们是如何体制性地组织的，它们如何联系于特殊的权力结构和位置，它们如何被权力的操作所剪接，传播研究就无法进行"④。霍尔的核心观点是，必须把意

---

① 参见李永健：《传播研究方法》，浙江大学出版社，2009年，第10页。
② 斯图亚特·霍尔：《"意识形态"的再发现》，见奥利弗·博伊德、克里斯·纽博尔德编：《媒介研究的进路》，新华出版社，2004年，第436页。
③ 同上，第434页。
④ Stuart Hall. "Ideology and Communication Theory", in Brenda Dervin, Lawrence Grossberg, Barhara J. O'Keefe, and Ellen Wartella. *Rethinking Communication*. Sage Publications, 1989, p. 45.

识形态维度引入传播研究之中,把传播媒介看作是语言性的、符号性的、叙述性的话语,看作意识形态斗争和意义争夺的领域,看作不同阶级、不同群体、不同利益集团斗争的领地,因为,传播不是自治的场域,而是牵涉到社会的、文化的、经济的、科技的、政治的领地之中。霍尔断言,媒介研究的意识形态转向是"一场深刻的理论革命"。"这个范式转变的核心就是首次发现意识形态、语言的社会意义和政治意义、符号与话语的政治立场——再次发现意识形态,更恰当地说——回归被压抑的人"①。重新发现媒介的被压抑的状态,即开掘媒介的意识形态内含,这一重新发现是基于当代符号学的启示:媒介不是反映现实,而是构造了现实。

对于批判模式,霍尔特别指出了两个概念,即宰制(dominance)和霸权(hegemony)。霍尔声言,宰制并非意味着完全的收编,在一定程度上,它意味着对收编的翻转,宰制与从属的位置从来不是固定的。霸权这一概念来自葛兰西,葛兰西反对斗争存在于既定的集团之间的观点,问题不是一种位置抹去了另外一种,而是在危急关头各种力量的平衡关系。霍尔指出,把视点转换到话语领域就与传统的意识形态理论区别开来,这样,"我们就必须讨论从来不是封闭的文本,讨论不能统一而是接合的产品并常常是充满冲突的话语体系;关于转码(transcoding)的可能性和解码游戏着的主导规则"②。意义的游戏接合进入权力领地,批判模式试图应用葛兰西的意识形态领域是不稳定的平衡(unstable equilibria)的思想,"批判模式必须去批判性地审视'明显地'存在着什么,是什么构造了其视为理所当然的东西"③。霍尔说,批判模式不是已经完成的知识,而是一个行动,是对作为真正的有机知识分子、作为批判性的学者的召唤。

意识形态理论

表征实践(representational practices)即对世界的不同知识的投

---

① 斯图亚特·霍尔:《"意识形态"的再发现》,见奥利弗·博伊德、克里斯·纽博尔德编:《媒介研究的进路》,新华出版社,2004年,第445页。

② Stuart Hall. "Ideology and Communication Theory", in Brenda Dervin, Lawrence Grossberg, Barhara J. O'Keefe, and Ellen Wartella. *Rethinking Communication*. Sage Publications ,1989,p.51.

③ 同上,p.52。

射和转换构成了常识,人们关于他们日常活动的理解,并没有事先固着在社会结构或社会位置的某个地方:意义并没有镶嵌于它们的起源之处,如结构功能主义和唯物主义的还原论所说的那样;意义也没有如现象学和解释学的不同变体所认为的那样镶嵌在开放的理想的对话情境之中。霍尔指出,意义"通过文化和政治实践,社会性地运转和操作在其可能的范围之内,接合到不同的社会位置,并在可能的范围内构造和再造了社会主体"①。意义不可能外在于权力关系的游戏场,它们是话语结合到权力的方式,因此,传播就必须联系于社会、文化、经济和政治的复杂网络,它就在其中运作着。霍尔提出的意识形态研究范式,就是把符号学理论,把意识形态和文化斗争理论引入传播学研究,表征实践是这种范式的核心概念,信息的符号学或话语性特征(discursive character)被突出。这种观点认为,现实中只有"信息",意义是构造的并且是多义性的、语境化的,结构着的意义被卷入主导性的偏爱意义去控制其他意义的斗争中。主导意义不是镶嵌在结构和事件之中,而是通过不断的斗争,借助特殊的表征实践去获得。在这个意义上,意义运作不像镜子似的反映,它是一种实践(practice),而不是一个物(thing)。这样,我们就要去理解如何构造意义,符号如何以不同的方式表征世界;当它们接合到不同的社会群体的结构之中,其表征世界的效果是怎么样的。

在当代文化理论中,意识形态是一个核心概念。当代意识形态理论聚焦于政治策略中的重要问题和发达资本主义社会中的社会主义运动问题,其兴起的客观原因,首先是文化工业的大规模发展,导致大众意识被塑造和转变的方式发生变化。其次,工人阶级革命意识的消退和对欧洲发达资本主义体系的认同所导致的资本主义的相对稳定,这一现象引起了众多理论家的思考。

马克思的意识形态理论引起了诸多争议,意识形态是主观性的和观念性的(创造和存在于个体的头脑里?)还是客观和物质性的(存在于物质性组织和其实践之中)?意识形态是一个被决定的附属的超级结构,还是一个自治性的话语、具有其自身的效果并能够构造主体?意识形态是否定的和批判性的还是中立性的能够结合于不同的阶级?这些问题不断地被讨论,难以获得一致的答案。

---

① Stuart Hall. "Ideology and Communication Theory", in Brenda Dervin, Lawrence Grossberg, Barhara J. O'Keefe, and Ellen Wartella. *Rethinking Communication*. Sage Publications,1989,p. 45.

在马克思，意识形态指的是统治阶级的虚假思想，是一种否定的和扭曲的形态，马克思以之反对黑格尔的思辨体系，反对宗教，反对唯心主义哲学和庸俗的政治经济学。马克思主义的意识形态理论包括三层意涵，一是唯物主义前提：观念反映了它们产生于其中的物质性的条件和环境。二是决定论：观念最终决定于社会结构中的经济。三是社会经济领域的控制和意识形态的固定性的对应关系，即统治性的思想是统治阶级的思想。此后西方思想家对马克思的观点多有批评：说思想是反映性的，是否认了思想具有特殊的效果，否定它们是一个独立的领域；说思想最终决定于经济，这是经济化约论，反对这种观点的途径是在经济和思想观念之间寻找中介；把一个阶级的统治性等同于某种思想的控制性，这就否定了这种思想也可能为其他阶级所有。颠覆马克思思想最著者是阿尔都塞和葛兰西。在《保卫马克思》和论述意识形态国家机器的文章里，阿尔都塞祛除了意识形态是扭曲思想和虚假意识的观念，打开了意识形态的语言学和话语的维度，关注久为忽视的意识形态如何内在化(internalized)的问题，即我们如何在外在于我们的思想范畴的界限之内自发地言说。可以说，是这些思想范畴思想了我们，而非我们在思考它们，这就是主体的质询问题(interpellation)。质询概念来自弗洛伊德，拉康以质询解释个体如何经由语言进入意识形态。在拉康那里，意识形态的核心问题是借助精神分析过程，考察主体如何生成，主体的安置(positioning)是其核心概念。当代西方马克思主义修正了传统的意识形态理论，而在福柯那里，意识形态范畴被最终摒弃，所有的知识、观念和思想范型不过是权力生产的结果。

　　霍尔在一定程度上赞同这些批评，因为，马克思主义的意识形态理论不是把社会结构理解为由不同的实践所组成的复杂形式，而是视为一个单一的结构。① 但是，如果意识形态的功能是依据社会体系的需要，去再生产资本主义社会关系，如何解释颠覆性思想的生成和意识形态斗争呢？如果意识形态如阿尔都塞解释的那样，是如空气般无处不在地控制着个体，如何解释人类的反抗和自由意识的产生呢？霍尔认为，不能把扭曲定位为幻觉或不真实，而是，现实能够以不同的意识形态话语来表达。扭曲(distortions)概念引起了这一

---

① Stuart Hall. "The Problem of Ideology: Marxism without Guarantees", in David Morley and Kuan-Hsing Chen. *Stuart Hall: Critical Dialogues in Cultural Studies*. Routledge, 1996, p. 28.

问题,即为什么一些人——那些通过扭曲的意识形态范畴而生活着的人——不能认识它是扭曲的,而我们,具有更高的智慧,或者以概念武装着的人,能够认识到呢?扭曲仅仅是谎言吗?是故意的篡改吗?如果是,是谁在篡改?意识形态真的类似于有意识的阶级宣传吗?如果意识形态是结构的产物或功能,而非一群阴谋家所为,那么,某种经济结构是如何产生了一套意识形态效果的?传统的意识形态的扭曲概念显然难以回答这些问题,在这种观点看来,大众和资本家都是无判断力的傻瓜。①

面对当代英国新的资本主义状况即撒切尔主义,马克思的意识形态理论似乎难以解释。霍尔认为,马克思说的统治思想和统治阶级的对应忽视了统治阶级内部的意识形态差异以及这一事实,即一个阶级通过一定的意识形态形式自发地、真实地思考或生活在其与世界的关系之中。在霍尔看来,统治性的思想镶嵌于一个阶级在社会结构中的位置,但这并不意味着这些思想通过意识形态斗争必然获得统治权。其次,古典意识形态理论能够解释统治思想借助虚假意识穿透和控制工人阶级,工人阶级对抗着其物质利益,但是,当真实的物质因素重新邀约他们的时候,这个虚假观念立即就消散了。②

霍尔具体分析了资本主义意识形态的生成过程。在市场经济中,马克思说,资本家雇佣劳动谋取利益,地主出租地产获取租金,劳动者获得工资购买所需商品,市场经济坚持自利和公平原则,它是"人的天赋权力的乐园,它统治着自由、平等、所有权和边沁(个人主义)"③。自由是因为买卖的权力都是出于自由意志;平等是因为每个人都是以商品所有者的身份以等价交换的原则与他人发生关系;所有权(property)指的是每个人只处理他所有的东西;边沁(个人主义)是因为每个人只看到他自己,把他们联系在一起的唯一纽带就是自利(selfishness)。也就是说,自由、平等、所有权、个人主义这些撒切尔主义和新自由主义的意识形态,我们生活中的这些实践性的、常

---

① Stuart Hall. "The Problem of Ideology: Marxism without Guarantees", in David Morley and Kuan-Hsing Chen. *Stuart Hall: Critical Dialogues in Cultural Studies*. Routledge, 1996, p.31.

② Stuart Hall. "The Toad in the Garden: Thatcherism amongst the Theorists'", in C. Nelson and L. Grossberg(eds). *Marxism and the Interpretation of Culture*. Macmillan, 1988, p.43.

③ Stuart Hall. "The Problem of Ideology: Marxism without Guarantees", in David Morley and Kuan-Hsing Chen. *Stuart Hall: Critical Dialogues in Cultural Studies*. Routledge, 1996, p.33.

识性的思想来自市场经济。马克思的意识形态理论具有三大特点：首先，马克思给思想来源构造了独特的据点，即资本的经济循环；其次，他展示了从经济行为到意识形态是如何转换的；再次，他精确地定义了何为扭曲，即意识形态过程模糊、掩盖、隐藏了另一套位于生产之下的关系，劳动剥削发生其中。这样，马克思主义就被视为经济化约主义，即在经济和政治意识形态之间的简单对应：真的与假的、真实的与扭曲的、真正的意识与虚假的意识的对应，这就是马克思的意识形态理论引起争论的地方。

　　霍尔不赞同庸俗马克思主义的阴谋理论，后者把媒介描绘为资本主义的意识形态工具。霍尔也反对虚假意识这一术语，因为这一术语暗示了分析的任务是去解释引起意识形态扭曲的现实。霍尔认为，社会现实是话语性地建构的，而且，表征不可避免地受到阶级、性别、种族等因素的扭曲。基于此，霍尔反对这种观点，即主导意识形态控制了大众艺术，相反，霍尔认为，大众文化是斗争的领地，是产生抵抗和反对的文化空间。霍尔认为，被视为实践和仪式的意识形态构造了主体，社会整体应被视为一个统一体，它通过实践（practices）的差异所构造。霍尔接受了阿尔都塞的质询概念，认为意识形态不是真正地为个体意识所生产的，而是个体在意识形态所构造的位置之中构造他们的信念，好像他们是它们的真正生产者。但个体并非必然地作为主体被吸纳和构造着以顺从统治阶级，当个体被革命意识形态所吸纳的时候，质询的机制同样起作用。虽然不能把社会中的每个冲突都化约为阶级冲突，但是，如拉克劳说的，每个冲突最终决定于（overdetermined）阶级斗争。拉克劳认为，意识形态由一些元素和概念所构成，后者没有必然的阶级属性，这些构成性的意识形态单元能够结合于代表不同阶级的不同的意识形态话语。概念的阶级特征不是为其内容所给定，而是为其结合进一个阶级的意识形态话语所产生。这样，没有纯粹的必然地与一定的阶级利益相一致的意识形态，每一个意识形态话语结合着数个质询，不是所有的质询都是阶级质询。在生产模式层面，有阶级冲突和阶级质询；在社会结构层面，有大众民主方面的矛盾和质询。

　　霍尔拟一方面保留马克思思想中的洞见，一方面以新近的意识形态理论扩展马克思的观点。当代理论家借助语言和话语理论试图打破经济决定论。通过语言这一媒介，物被表征于思想，这样，在媒介中，意识形态得以产生和转变。但是在语言中，同样的关系能够被以不同的方式表征和解释,因为语言本质上与其所指对象不是一对一的关系,而是多重意指性的(multi-referential):它能够围绕同样的社会关系或现象构造不同的意义。因此,资本主义生产和交换过程能够以不同的意识形态框架予以表征,有市场话语、生产话语、循环话语(circuits)等,每一话语生产了不同的关于这一系统的解释,并把我们定位于不同的位置:个人、资本家、拿工资的人、工资奴隶、生产者、消费者等,我们就这样成为某一社会群体的一员,获得了特定的社会身份。意识形态把我们安置在相关话语所描述的那一过程之中,所有这些铭刻(inscriptions)具有不同的真实效果,因为我们在一定的条件下如何行动依赖于我们如何定义自身所处的环境。

　　拉克劳反对阶级决定论,反对统治阶级与统治思想的直接对应,也反对特殊的思想和概念从属于某个特殊的阶级的观点。语言和话语基于历史的原因联系于一定的意义,但是,这种意义的链条从来不是永远地保证的,既非固定于它们内在的意义系统,也非固定于它们所属的社会阶级和群体。否则,意识形态斗争和意识的转变就不可能了。巴赫金认为,语言作为思想和意识形态的媒介,具有多重音调。在一个社会中,不同的阶级使用同一种语言,结果是,不同方向的重音交叉在每一意识形态符号之中,意识形态场域常常就是相互交叉的重音(intersecting accents)的领地,是不同的社会利益的交叉之地。这样,符号就变成了阶级斗争的场所。霍尔认为,这种观点大大推进了意识形态理论,围绕意识形态概念自身,我们应该发展一种策略性的斗争。在分析了马克思和当代理论家之后,霍尔定义意识形态为"精神体系:语言、概念、范畴、思想图像、表征体系等,即是不同阶级和社会群体为了懂得、定义、理解和翻译社会运作的方式所调动的东西"[1]。霍尔指出,意识形态理论帮助我们分析一套特殊的思想是如何控制了一个历史集团的社会性思考的,如葛兰西说的常识(common sense),它有助于从内部构成这一集团的统一体,获得之于社会整体的控制性和领导权。意识形态特别关系到实践性思想(practical thought)的概念和语言,这些实践性思想稳固着权力和控制的特殊形式,或者使大众顺从于他们在社会结构中的从属地位,在此,意识形态变成了一种物质性的力量。此外,它也关系到新的意识

---

[1] Stuart Hall. "The Problem of Ideology: Marxism without Guarantees", in David Morley and Kuan-Hsing Chen. *Stuart Hall: Critical Dialogues in Cultural Studies*. Routledge, 1996, p. 26.

形式、新的概念兴起的过程,后者把大众推入历史性的行动以对抗宰制性的体系。总之,意识形态问题关系到社会斗争。

《白人的眼睛:种族主义意识形态与媒体》一文的主题是分析媒体对于种族主义的表征和构造,其中,霍尔提出了自己的意识形态理论。关于意识形态,他认为有三个问题需要澄清,"首先,意识形态不是由孤立的、分离的概念所组成,而是不同元素接合(articulation)成为一个特殊的意义之链"①。比如在自由主义意识形态中,"自由"接合着个人主义和自由市场;在社会主义意识形态中,"自由"则是社会性的条件(collective condition),它依赖于,而不对照于"条件的平等"(equality of condition),如在自由主义意识形态中那样。同一个概念在不同的意识形态话语中具有不同的位置,意识形态斗争和转换的方法之一,就是打破它们当前固定的链条,把元素予以不同的接合,从而产生新的意义,比如打破民主=自由的西方,建立一个新的接合:民主=深化政治生活中的民主内容。这一行为当然不限于头脑,它通过社会实践和政治斗争而发生。"其次,意识形态的声明通过个体完成,但意识形态不是个体的意识或意图的产物,毋宁是,我们是在意识形态之内结构我们的意图"②。意识形态先于个体,并构造了个体生活于其中的特定的社会形式和条件。我们必须通过活跃在社会中的意识形态去言说,这些意识形态也提供了我们理解社会关系的方法和置身其中的位置。这样,意识形态转化就是一个社会性的过程和实践,而非个体性的行为,在很大程度上,这一过程是无意识的。意识形态产生了社会意识的不同形式,当我们没有意识到我们是如何构造了关于世界的为意识形态前提所支撑的看法的时候,意识形态的运作最有成效。在我们的构成物似乎是简单的关于某事的描述,或这些看法被我们视为理所当然时,比如小男孩喜欢玩粗暴的游戏,小女孩全神贯注于糖和调味品,这些看法就建立在一套意识形态前提之上,它没有意识到男子气概和女性特征是历史地建构的,而非自然形成的。"意识形态倾向于消失在理所当然的'自然化'的常识世界之中。既然种族似乎是自然恩赐的,那么种族主义就

---

① Stuart Hall. "The Whites of Their Eyes: Racist Ideologies and the Media", in George Bridges and Rosalind Brunt. *Silver Linings: Some Strategies for the Eighties*. Lawrence and Wishart, 1981, p. 31.

② 同上, p. 31。

是既存意识形态中被'自然化'得最深远的一个"①。"第三,意识形态运作在为其主体(个体的或集体的)构造身份和知识的位置的过程中,这些身份和位置使得他们说出意识形态化的真理,好像他们就是真正的作者"②。意识形态不是来自我们最深处的、真正的和统一的经验,其操作源于我们被投射于话语中心,即是从话语中心,我们形成了"有意义"的看法。这样,同一个主体,比如经济上的阶级或种族群体,就能够在不同的意识形态中被不同地构造。比如,当撒切尔夫人说,"如果不提高生产力水平,就不能给我们支付更高的工资"。她试图在自己的话语中给工人构造一个身份,那些工人将不再把自己视为资本家利益的对立者。当然,这种操作不仅仅发生在头脑中,裁员是现实的影响身心的实践活动:意识形态就是一种实践活动。

《文化、媒介与意识形态效果》这篇文章从对马克思主义以及当代语言学的解读,阐释了意识形态、语言、意指实践等概念。霍尔认为,文化是活生生的,其中,阶级"经验"其实践活动,理解它,描述它,用思想给予它想象的一致性:这就是我们所说的意识形态自身(ideology proper)的层面,它主要通过语言这一媒介运作。语言给予意义,给予意义就是定位自己,即把自己的经验和环境定位在已经客体化的意识形态话语之中,这一意识和意识形态领域被称为"文化"。符号反映和折射着另一种现实,因此,它可能真实地反映现实,或者扭曲现实,或者从一个特别的视点感知它,如此等等。每一种符号从属于意识形态评价的标准,意识形态领域与符号的领域一致,符号出现的地方,意识形态就必然出现。艺术形象、宗教象征、科学公式、法律规则等,每一意识形态创造具有自己的意指现实的规则,每一领域都要求在社会统一体之中具有自己的特殊功能。但是,其符号特征把所有的意识形态现象置于同样的条件之下。

意识形态通过话语转换,即意识形态元素的解接合(disarticulation)、再接合(re-articulation)以及行动中的主体的断裂和再造运作着,其运作的关键,是我们如何看视我们自身和我们的社会关系,因为它们告知并进入了我们的行为和实践,意识形态因此就是一个社会斗争的据点,这一据点并非与其他关系相互隔绝,因为思

---

① Stuart Hall. "The Whites of Their Eyes: Racist Ideologies and the Media", in George Bridges and Rosalind Brunt. *Silver Linings: Some Strategies for the Eighties*. Lawrence and Wishart, 1981, p. 32.

② 同上。

想观念不是自由地漂浮在人们的头脑中。黑人被意识形态构造为有问题的人种与警察在黑人社区的控制相互加强、彼此支撑。意识形态在特殊的据点生产和再生产,借助意识形态生产机器被传播到整个社会。在现代社会,媒体就是这种机器。霍尔指出,意识形态实践"是一种特殊的斗争,不能简单地还原和合并到其他层次的斗争之中——比如经济的阶级斗争,后者有时控制或决定前者"①。它是列宁所说的"意识形态社会关系"的斗争,有其自身的节奏和特殊性,是对既存的实践和机制的干预。

　　意识形态的形成和传播具有一定的条件,有些条件还在意识形态自身之外。但是,意识形态并不固着于被经济所安排的某处,其元素如拉克劳说的,没有"必然的阶级属性",不存在固定的完全被阶级位置所规定的意识形态。霍尔举例说,从选举统计可以看出,三分之一的英国工人阶级经常把自己视为天生就是统治者的从属者,著名的工人阶级在选举中对保守党的赞同表明,他们并不像他们的阶级立场会引导我们设想的那样:最大的被剥削阶级应该取代统治阶级。② 在1979年的选举中,撒切尔夫人成功地规劝技术工人撤回了他们对于官方的收入政策、工资调控和"回到集体协商"的反对立场,而是认同她的"让市场决定工资水平"的观念。既然工人阶级能够受到保守的或社会民主思想观念的影响,它也决非不能受到种族主义思想观念的影响。整个工党的社会主义历史都是对一种根植于经济主义的理想主义的辩驳,这种理想主义认为,工人阶级的经济位置会不可避免地使他们采取进步的、反种族主义的或革命的思想。相反,英国当代劳工运动史表明,种族主义思想和实践不仅渗透到工人阶级的某些部分,也渗透到劳工运动自身的某些组织和机构之中。

　　虽然我们不能把观念固定于阶级位置,但思想确实是起源于并可能反映社会群体和阶级存在其中的物质条件。比如,民族的观念,可能具有进步的意义和内含,体现了一个民族的大众的集体意志,但是在像英国这样的社会,民族的观念常常结合于右倾,民族身份和民族伟大的思想最终结合于帝国至上和种族主义内涵,支撑着四个世纪的殖民历史,联系着世界市场至上、帝国扩张和在全球奴役本土居

---

① Stuart Hall. "The Whites of Their Eyes: Racist Ideologies and the Media", in George Bridges and Rosalind Brunt. *Silver Linings: Some Strategies for the Eighties*. Lawrence and Wishart, 1981, p. 33.

② 同上, p. 34。

民等。这种联系并非一直如此,但很难打破,因为它为以前的历史所结构。在这种历史性的连接中,特殊社会的意识形态领地被绘制出来了。久而久之,这种意识形态变成了葛兰西说的大众哲学,它并无具体的内容清单,但它构造和规定了意识形态斗争的领地。这一领地,就是葛兰西说的常识。

常识是历史性的、非自然的、非普遍的、碎片化的、杂乱的、偶发的。常识由冲突性的意识形态形式所组成:它包含了石器时代的元素和当代发达的科学原则、所有过去的历史偏见和未来哲学的直觉。常识元素构成了大众的实践性思考(practical thinking),葛兰西认为,就是在这个层面,意识形态斗争最有可能发生,因为常识和更高层面的哲学的中介就是政治。常识有助于我们以简单的有意义的方式把世界予以分类。常识不需要推理、争论和思想,它是可得的、完全可知的、广泛分享的。它好像一直就在那里,沉淀着,似乎是自然的智慧。但常识有一定内容,有其自身的历史。"常识的当代形式通过先前体系化的意识形态系统的碎片和轨迹来投射;其意指之点是作为特殊时代和社会里的智慧,在传统主义的光芒映照下,什么东西毫无例外地运作着"①。葛兰西指出,霸权思想把自己打扮成为常识,这样,被统治者把统治者的思想内在化,并把它们理解成为共同的关心,而非强加的观念,统治和被统治就不是一种强制的关系。常识的自发的品格,它的透明性,它的自然性,它的封闭性,它的拒绝去检验建基其上的前提,它的对变化和纠正的抵制,它对瞬间认知的影响,这些特征使得常识似乎是无意识的。你无须通过常识学习事情是怎么样的,你仅仅能够发现它们适合在何处切入事物。这样,常识的理所当然性使之成为一个媒介,其中,它的前提和预设被转换成为不可见的。霍尔认为,马克思就是在这种意义上谈论意识形态的形式的,其中,人们变得"具有意识",也是在这个意义上,阿尔都塞把意识形态说成是"特殊的无意识的新形式"。构造着的意识形态就这样被自然化、内化为人们的常识。

霍尔所理解的意识形态已经超出了经典马克思主义的轨道,他是在更为宽泛的、描述性的意义上使用这一概念,指的是所有组织性的社会思想的形式。这就打开了其形变(distortions)的可能性,社会

---

① Stuart Hall. "Culture, The Media and the 'Ideological Effect'", in James Curran, Michael Gurevitch, Janet Woollacott. *Mass Communication and Society*. Sage Publications,1977, p. 325.

思想的各个层面、各种维度都囊括进来,其中包括实践性的思想和推理。实践性指的是,人们能够借助它们的范畴和话语了解其社会,即我们活过(live out)和经验(experience)着我们在社会关系中的真实位置。①

意识形态概念只有接合(articulate)于政治和社会力量,以及不同力量的斗争,它才能发挥实际的效用。在这个意义上,意识形态斗争即获取霸权(hegemony)的社会斗争的一部分。霸权在葛兰西指的是一个过程,即社会力量中的某个历史性的集团生成着并获得领导权。统治思想并不因为其连接于统治阶级而保证其控制性,毋宁是,特定时期掌握霸权的集团去获得控制性思想的过程就是意识形态斗争的过程。这是一个不断操练的过程,从来不是一劳永逸的、一蹴而就的。霍尔说:"我们必须把社会或社会形式思考为曾经是,并一直是为一套复杂的实践所构造的;每一实践具有其自身的独特性,它自己的接合的模式;处在与其他相关的实践的不平衡的发展之中。这种结构复合体中的任何关系都会卷入总体性的所有其他层面,有其经济的、社会的、政治的、意识形态的效果,而且,没有一个能够化约到另一个之中。"②霍尔主张,不能以经济基础上层建筑来概念化社会构成环节的关系,而应用结构-超结构的复合体(structure-superstructure complex)来命名之,它们通过差异,通过它们之间的脱节(dislocation)而不是通过它们的类似、一致或认同来接合。对于唯物主义的决定原则,霍尔指出,不能是简单的一个层面比如经济决定其他所有因素,而要视之为不同决定因素的结构的总和。霍尔反对传统政治经济学把阶级与意识形态对应的做法,而主张不同情势下不同力量的接合。传统的政治经济学也缺乏意义斗争的观念,它没有意识形态如何构造社会主体的观念,它相信霸权是对大众意识形态的收编,反对意义的斗争,严责他们是被动的大众。霍尔不赞同这些观点。

霍尔认为,资本主义生产过程的经济层面具有确实的限制性效果,即对范畴(categories)具有决定性。借助这些范畴,生产的环形

---

① Stuart Hall. "The Problem of Ideology: Marxism without Guarantees", in David Morley and Kuan-Hsing Chen. *Stuart Hall: Critical Dialogues in Cultural Studies*. Routledge,1996, p. 26.

② Stuart Hall. "Culture, The Media and the 'Ideological Effect'", in James Curran, Michael Gurevitch, Janet Woollacott. *Mass Communication and Society*. Sage Publications,1977, p. 327.

(circuits)在意识形态层面得以思考。经济提供了思想中被使用的范畴的材料(repertoire)。经济不能做的是提供特定时期的特殊社会阶级的特殊思想内容,也不能保证某个时期哪个思想能够为哪个阶级所利用。经济之于意识形态的决定,是前者设置限定(setting the limits)给操作的领域,给思想提供原料(raw materials)。物质环境是限制之网,是实践性思想的存在条件。① 这里,霍尔吸收了威廉斯的观点。霍尔认为,不能保证特殊阶级和特殊思想之间的一致,因为,第一,意识形态范畴依据其自身的原则,发展、产生和转换着,虽然它们产生于既定的物质条件。第二,历史发展必然走向实践(practice)和斗争的开放性。政治不具有决定性,但它凝聚着所有其他实践性的层面并且保证它们在一个特殊的权力体系中行使功能。在霍尔看来,社会是一个复杂的联合体,常常是历史性地独特地具有多重的相互冲突的决定因素。每一社会实践的形式(政治的、经济的和文化的)都有其自身的特殊性或相对自治(relative autonomy)性;但是,任何具体实践的影响常常是被其所置身其中的联系之网所多元决定。从设置界限,从范围的建构,从操作空间的规定,从具体的存在条件,从社会实践的既定状况,而不是从特殊结果的可预见性来理解决定(determinancy),这是"无保证的马克思主义"的基础,它构造了马克思主义理论的开放视域:决定,但没有保证性的终结(determinancy without guaranteed closures)。圆满地封闭着的,完美地可预测的思想体系是宗教或占星学,而非科学。从这个视角看,既然马克思主义反对唯心主义,认为没有社会实践或社会关系能够自由超越于它们身处其中的具体关系,那么,以"在最初时刻(in the first instance)决定于经济"来思考马克思主义的唯物主义理论是合适的。②

现代媒体及其运作

现代形式的媒体出现于 18 世纪,虽然比起其当前的规模,是小得多。伴随着英国进入农业资本主义社会,艺术产品第一次变成了

---

① Stuart Hall. "The Problem of Ideology: Marxism without Guarantees", in David Morley and Kuan-Hsing Chen. *Stuart Hall: Critical Dialogues in Cultural Studies*. Routledge,1996,p. 43.

② 同上,p. 44。

商品,艺术和文学作品的交换价值在文学市场上获得了实现,根植于市场关系的文化机构开始出现,书籍、报纸和期刊、书商、循环图书馆、书评活动、杂志和雇佣文人等推动了媒介文化的发展。第一个新媒介形式即小说,伴随着中产阶级的出现而出现在这一时期。随着英国从农业资本主义转向工业资本主义,媒体中的文化生产和传播也在变化和扩展。随后是从资本主义第一阶段到第二阶段,即从自由资本主义到垄断资本主义阶段,这一漫长的不平衡的、在许多方面未完成的转变,从1880年持续到现在。现代大众媒体的形成以及大规模扩展和多元化,构成了文化生产和传播的主要方式和渠道。那么,媒体作为意识形态机器具有什么样的形态和功能呢?在20世纪的资本主义社会,媒体已经在文化领域建立了决定性的领导地位,逐渐殖民化了文化和意识形态领域。霍尔认为,"大众媒体负责于,(a)提供根基,在其上,一个群体和阶级相对于另外的群体和阶级,构造了他们生活的形象、意义、实践和价值;(b)提供形象、表征和观念,围绕着这些,由所有分裂的碎片化的部分组成的社会总体,就能够紧密地联合为一个整体"①。这是现代媒体的第一个伟大的文化功能,霍尔指出:"社会知识和社会图像的供给和有选择性的构造,通过它,我们感知世界和其他人的活的现实,以及想象性地构造他们和我们的生活,以便结构其为某种可理解的'作为一个整体的世界',某个'活的总体'。"②现代资本主义社会和生产都变得越来越复杂和多面向(multi-faceted),因此在形式上被经验为多元,在地区上,阶级和亚阶级(sub-classes)、文化和亚文化、邻居和社区、利益集团和少数族、不同的生活方式在复杂地不断地结构和重构着,"现代媒体的第二个功能就是去反射和反思(relfect on)这种多元性;提供词典、生活方式和意识形态的不断变化的清单"③。这样,社会知识被分类、分等级和秩序化,在问题丛生的社会现实的地图内,把事件安排到其意指性的语境之中。如哈洛兰(Halloran)所说的,媒体的功能就是提供以前没有存在过的社会现实,或提供当前存在着的新方向和趋势,通过这种方式,新的行为、态度或形式在社会中变得可接受,而行为改变

---

① Stuart Hall. "Culture, The Media and the 'Ideological Effect'", in James Curran, Michael Gurevitch, Janet Woollacott. *Mass Communication and Society*. Sage Publications, 1977, p. 340.
② 同上, pp. 340—341.
③ 同上, p. 341.

的失败就被表征为社会性的偏离。① 这样,媒体选择性地流通的社会知识就被分等级,并被安排在常规的和可评估的分类体系之中,受控于受偏爱的意义和解释。但霍尔指出,并没有单一的意识形态话语能够编排所有这些社会知识,既然有比单一的"统治阶级"多得多的"世界"必须在媒体之中以开放的和多样化的方式去予以表征和分类,那么,社会关系的分类方案及其语境,实际上就是巨大的意识形态运作(Ideological labour)的据点:在每一个领域建立规则,积极地纳入和剔除特定的现实,提供标明我们的领地、处理有问题的事件、解释性语境的地图和代码,帮助我们不是简单地了解世界,而是给世界赋予意义。霍尔指出,在所有这些冲突、斗争,在允许和偏离的行为之间,在有意义和无意义之间,在被吸收的实践、价值和对抗之间,就是无止境的吸纳和再吸纳、保卫和协商的过程,媒体就成为斗争的据点和赌注(site and stake of struggle)。阶级,如巴赫金说的,并不与符号共同体一致(sign community),也就是说,并不与一套用于意识形态交流的符号的使用者整体相一致。这就是说,不同的阶级都在使用着同一套意识形态符号,结果就是,不同的重音交互在每一个意识形态符号之中。也多亏重音(accent)的这种交互,符号获得了活力。这个意义上,霍尔说,媒体的第三个功能,是"组织、协调和集合那些已被选择性地得到表征和选择性地得到分类了的东西"②。这样,某种程度的整合和凝聚,某种想象性的统一就开始被构造了,葛兰西说的共识和赞同(consensus and consent)就出现了。

在社会中,我们分享一系列对于特殊符号、术语、形象和声音的理解,这种分享使得传播和交流成为可能,但是,它也强加了一种主导性的关于事物应如何存在的观点。社会生活的不同领域图绘为话语性领域(discursive domains),分层次地组织进主导或偏好的意义之中。霍尔指出,新的、有问题的或麻烦的破坏了我们的期待的、与我们的常识建构相反的、与我们视为理所当然的社会结构的知识相反的事件,在它们获得意义之前,必须被编排进话语性领域。霍尔分析了媒体话语如何被主导意识形态系统性地穿透和影响的。编码是给具体事件选择具有特定意义的符号,它把事件放置在一个意指性

---

① Stuart Hall. "Culture, The Media and the 'Ideological Effect'", in James Curran, Michael Gurevitch, Janet Woollacott. *Mass Communication and Society*. Sage Publications, 1977, p. 341.

② 同上,p. 342。

的语境之中,后者给予前者以意义。存在着不同的编码事件即给予意义的方式。那些有问题的或麻烦的事件破坏了我们的道德的常识的期待,或者与事物的既定的发展趋势相反,或者以某种方式威胁了现状,编码在此把事件嵌入意识形态所期待的解释之中。这里,霍尔谈了在《编码/解码》里没有细谈的编码如何切合主导意识形态的问题。霍尔指出,通过选择那些不同领域里的受偏爱的符码(preferred codes),那些似乎是体现了社会中的大多数成员能够接受的"自然的"解释,即在某个国度里的主导意识形态里轮番上演(repertorie)的剧目里投射这些有问题的事件。霍尔这里说的是资本主义现代民主社会,这里的意识形态不是单一的,而是多元的话语,其主导意识形态更为隐蔽。编码者在其可选择的范围内构造意义的场域,让它变成普遍的、自然化的,它们就显得是可理解的唯一的形式。通过意识形态面具和理所当然的设定,维持其合理性的前提就变得自然而然而不可见了。操弄编码的人以一种再生产既定意识形态结构的方式强调它们,其过程甚至变成无意识的。这一过程经常为专业的意识形态干预所掩饰:那些实用技术性的(practical-technical)常规化的实践,如新闻价值、新闻感觉、现场表现、令人兴奋的画面、好的故事、火爆的新闻等等,在现象的层次,结构了编码的日常实践,并把编码者送入专业的科技性(professional-technical)的中立之中,在这种情况下,他们远离了正在处理的材料的意识形态内容,以及他们正在运用的符码的意识形态腔调。这样,虽然事件不会被系统地编码入单一的方式,但它们将接近一种非常有限的意识形态的或解释性的文化语言,那种文化语言(repertoire)将以显著的倾向性在主导的意识形态领域之内给事物赋予意义。而且,既然编码者正在制造事件的意义的可信性和效果,他将会应用整个文化语码如视觉的、口头的、外观的、表演的去赢得观众的赞同;不是为了他自己的有倾向性的解释事件的方式,而是为了他的范围或限制(range or limits)的合法性,而他的编码正是操作于这些范围或限制之内。这些认同之点(points of indentification)使得对于事件的偏爱阅读变得可信和有力:它们通过意识形态领域的重音保持了其偏爱;它们致力于赢得观众的赞同,按照符号的接受者解码某个信息的方式去结构信息。虽然霍尔在其他地方指出了观众接受依赖于其物质和社会环境,不会按照编码的意图去接受信息的意义,但是,"有效果的传播"一定要赢得观众的赞同,要求观众在霸权框架之内解码,去接受偏爱的阅读。

在现代民主国家,媒介不是直接服务于阶级和政党的利益,因为媒介不是直接地由国家所拥有和组织,但阿尔都塞之所以把媒介称为意识形态国家机器,乃是因为媒介间接地与统治阶级的联盟相关。如阿尔都塞所言,媒介如其他的国家机器,只是在狭义上对于统治阶级的权力而言是相对自治的。概而言之,"媒介的趋势——是系统性的趋势,而非偶然的特征——以再生产一个社会的宰制性的结构的方式去再生产一个社会中的意识形态领地"①。

《报纸的声音:大众出版与社会变迁 1935～1965》是伯明翰当代文化研究中心的集体研究成果,霍尔撰写了导言。霍尔指出,与主流的社会学实践相反,该书作者把报纸视为文学和视觉性结构的文本(text),为意义的结构(a structure of meanings),而不仅是传播和接受新闻的渠道,它应用象征手法,为语言的规则、惯例和传统所塑造,为读者"以新闻意指事件和人物"。借助语言学和视觉的形式,每一份报纸都是一个意义的结构,它具有特殊的修辞,把各种元素组织为连贯整体。通过报纸,意义的模式被强加于事件,编排和表征的逻辑被给予原材料。甚至当事件具有其自身的意义,但当它们进入一个已然形成的话语或语言空间(space)的时候,这些意义也被修正甚至被转换。②

报纸具有人格(persona)或性格(personality)。报纸当然不是人,但是,无需很长时间,每一份报纸都将获得某种集体性的身份(collective identity)。如同我们个体的身份很大程度上依赖其外表,同样,报纸的集体身份也不仅仅依赖于它说了些什么,而是它所说的是如何在一套意指结构中被表征、编码和构造的。"报纸不是仅仅报告新闻:它们赋予新闻以意义。它们的语言的和视觉的风格,它们的表征和形式,它们的对接受者讲述的方式和主题,它们的修辞和外表给我们至关重要的它们集体身份的线索"③。

在《作为媒介的电视及其与文化的关系》这篇早期的论文中,在电视研究还未兴起之时,霍尔已经得出结论,"电视是为科技和社会

---

① Stuart Hall. "Culture, The Media and the 'Ideological Effect'", in James Curran, Michael Gurevitch, Janet Woollacott. *Mass Communication and Society*. Sage Publications, 1977, p. 346.

② A. C. H. Smith, Elizabeth Immirzi and Trevor Blackwell. *Paper Voices: The Popular Press and Social Change* 1935—1965. Chatto & Windus, 1975, pp. 17—18.

③ 同上,p. 21.

完全操控的媒介,电视直接传输的乌托邦,或自然主义式的谬误,不仅是一个幻觉,而且是一个危险的欺骗"①。霍尔认为,电视依赖现实自身作为其基本的代码,其能指和所指之间的关系不是任意的,而是相似或类似。从这一点看,图像性的符号不能等同于语言学的范式,电视符号或信息不是现实世界的直接表征,而是服从于视觉性话语的一套机制。电视形象,甚至其最自然主义的或记录式的极端形式,都是一个代码性的符号,为社会象征实践所转换(socio-symbolic practice),不是无中介的对于自然世界的表征。②

在《广播的局限》这篇文章中,霍尔指出,在高度分化的复杂的现代社会,媒体掌握着公共事件和受众之间的通行证,这就需要关注广播的塑造次级环境(secondary environment)的力量,它的解释现实冲突的能力以及影响意见形成的思想观念。既然广播的对象即受众也是全体选民,政治家、政府工作人员以及机构的发言人都有兴趣使用媒体去控制传播市场,媒体很明显地受控于当权者、专家、精英分子,而非院外集团(out-groups),如被社会所剥夺者、越轨者、种族少数派、工人阶级等等。虽然具有相当大的自律性,但广播必须操作在现实之中,它必须在社会阶级和权力结构的博弈中调整自己。如BBC主席说的,在英国军队和持枪者之间,BBC没有也不可能保持中立,这就依赖于谁有权力去定义"民族危机",或者诸如"对法律和秩序构成威胁""不顾民族的利益"等等。如安南议员提供的经典案例,"乌尔斯特(北爱尔兰)是一个危机。内政大臣必须常常把法律和秩序的恢复放置在首位"③。这样,虽然BBC竭力保持其独立性,但它同时必须响应政府。对于广播之于权力关系的现实考量不能忽视这些复杂结构。

霍尔不相信广播的主导意识形态根基于其专业人员的政治倾向性,不相信所有专业人员都是民族阵线(National Front)的秘密成员,不相信广播为毛主义(Maoism)的小集团所控制。广播之于权力和意识形态的关系是结构性的,而非偶然的无章可循的。它在平时和民族危机时刻的操作如出一辙,它通过一系列镶嵌于广播的日常

---

① Stuart Hall. "Television as a Medium and Its Relation to Culture", *Stencilled Occasional Paper*. Birmingham:CCCS,1975,p. 97.

② 同上,p. 99。

③ Stuart Hall. "The Limitations of Broadcasting", *The Listener*,1972,16,March.

实践之中的概念来运作。《媒介权力：双重盲点》这篇文章分析了广播机构在貌似中立的操作中如何适应了霸权意识形态的需要，揭穿了媒介客观中立的神话。在现代民主国家，媒介相对独立于权力和意识形态，其相对自治的特性是由政治制度保证的。广播机构具有形式上的独立于国家和政府的自治性，但即使在英国，广播的权威来自国家(state)，从根本上说，国家也是其负责的对象。如威廉斯说的，英国媒介的管理模式是家长式的。

广播借助许多重要的干预性概念去适应权力意识形态，这些概念调节了广播与权力的关系，它们提供了合法机制使得广播在没有违反整个霸权的情况下操练大规模的编辑尺度和日常的控制。同时，也要认识到，广播对霸权意识形态的适应不是完全地合并到一个单维度的系统中去。霍尔总结，协调广播与权力意识形态复合体的关系的核心概念是平衡、公平、客观、专业化(professionalism)和共识(consensus)，他以英国广播的运作为例分析了这几个概念。

广播机构被要求在冲突的利益和观点之间保持平衡。霍尔分析，在议会体系中，在合法性的群众政党(mass parties)之间操作，政治平衡是必需的。但是，当事件中的群体外在于共识性的参与者时，平衡就变得棘手了，因为冲突威胁到政治合法性自身的领地，这个时候，工党和保守党的发言人将站在一起，共同反对其他的群体。此时，电视不再倾向于某一方的观点，但它确实偏向并再生产了某个政治性定义，并排除、压制或中和了其他定义。通过在既定的结构内操弄平衡，电视心照不宣地维持了政治秩序的主导性规则。

公正(impartiality)指的是广播从内部协调冲突情势的方式。但所谓的公正会带来几个不可避免的后果，它把广播导向错误的对称的僵局中。所有有争议的问题必定有两派，在媒介中，两派通常在权重上被给予了大体平等。但是，"这种对立方的对称是形式上的平衡：它没有或者很少关系到真实世界之中事件双方的事实上的巨大不平等"[①]。霍尔举例说，如果某个工人声称，他正在遭受有毒工厂的伤害，主席必定要说，所有可能的预防措施都在进行之中。双方观点的对称排列可能保证了广播的公正，但它无助于揭示真相。

广播在各种冲突中扮演中间人和协调者的角色，它超越于各种冲突之上，似乎是站在它所报道和评论的真实的利益博弈之外，但霍

[①] Stuart Hall. "Media Power: The Double Bind", *Journal of Communication*, 24, no. 4, 1974.

尔指出:"广播站在冲突之上的趋向尤其毒害了电视观众,他们被鼓励去认同主持人,这样他们把自己视为相对于派性和激烈的斗争而言是中立的心平气和的一派:在冲突的壮观面前作一个无关的观察者。"① 这样,观众变成了无是非、无价值偏爱、无伦理评价的冷漠的旁观者。电视的"公正"毒害了观众的政治伦理观。

广播(英语里的 broadcaster 包括广播电台和电视)被要求在目击者之间保持公正,它也被要求在事实面前保持客观。客观性(objectivity)要求电视影像是纯粹的对现实的模仿,在现实面前维持一个摄像机式的中立,但这是一个幻觉、一个乌托邦,因为电视不可能抓住某个事件的整体,记录现实的影像都是有所选择的,所有的编辑过的处理了的符号性现实都充满了价值取向、观点和某种常识性的假设。选择以影像表达事件的这一方面而不是那一方面,是因为这一方面显示了某种特别的、超出常规的预期之外的品格,这种选择不是基于现实材料本身中的某种东西,而是从属于某种标准。这种标准来自日常生活中的现存知识储备,人们心照不宣地应用其于社会场景的认知和解码以获得意义。这一知识储备并非中立的结构,它依赖于先前积淀的社会意义。"现实"的幻象的构造依赖于意义的这种语境,这种认知和解释的背景。这里,参考霍尔对常识的理解,可有更深入的体会。

所有专业人员产生他们自己的意识形态和常规。广播中的专业化似乎提供了防护性的屏障,使广播隔绝于相互斗争的势力,但这经常是一种专业性的逃避。通过把问题转换为技术性的术语,使自己主要对节目制作中的技术性方面负责,节目的生产者使得自己超脱于他所表现的问题之上。他关心的是辨识"好电视"中的元素:以专业的精加工剪辑和编辑,在摄影棚里或节目元素之间的通畅的转换,充满了偶然性和戏剧性的画面。对于专业人员来说,新闻价值最为重要,媒体记者"只要一嗅,就知道它是好新闻",但是很少人能够解释在这种观点之中融入了什么样的标准。新闻价值是人造的,它偏向于赞同特定的价值体系。这一体系具有很高的适用性,它使得编辑在工作日程紧迫的重压之下,不顾基本原则去完成其工作。"这种积淀性的社会知识是中立的——只是一套技术性的规章——这一观

---

① Stuart Hall. "Media Power: The Double Bind", *Journal of Communication*, 24, no, 4, 1974.

念是一个幻象"①。

霍尔还对媒介从业人员的编码之于霸权意识形态的关系进行了分析。专业代码(professional code)这一概念指的是媒体从业人员建构和传达信息的符号方式。对于媒介人员来说,无偏私和中立的形象具有巨大的意义,但霍尔认为,无偏私和中立的观念本身已经预设了"自然"的秩序,其中,正义、差异、包容等概念本身就反映了主流价值。霍尔说,媒介人员通过媒介作为意识形态国家机器的结构性立场,被组织进与主导性的精英人物的联系之中,这样精英和媒介达成了共谋。这可能不是有意识的共谋,毋宁说,它是通过对引起争论的前提的心照不宣的分享式理解,这样,"意识形态再生产就在这里无意识地、非故意地发生了"②。这样,专业代码就与主导代码在霸权层面构成了共谋,进而把这种意识形态化了的文本传递给消费者。

共识(consensus)即是一个社会中广泛流行的价值观和信仰的"最低公分母",它提供了共同生活中的基本的持久的赞同的基础。在形式民主中,把社会秩序聚合在一起的东西由那些关于基本问题的心照不宣的共识所组成,它们嵌入常识意识形态的层面,而不是正式地书写在规章制度和文献之中。在现代复杂的官僚等级社会,共识扮演了理想的民主理论中的"公众意见"(public opinion)的角色。在实践中,因为大多数人很少有真正的、常规的通达决议和信息的渠道,常识意识形态通常成为主导意识形态的反射,它弥散性地运行在社会层面,保证了广播人员的日常工作。常识意识形态给广播人员提供了"普通人关于某件事情会如何思考如何感受"的参考,广播人员对公众意见的"进展状况"(the state of play)的感觉给他提供了工作的基础。

共识是一个流动的含混结构。在实践中,政府和控制性机构在形式上对人民、选举、公众意见和观众负责,因此,他们被迫把共识视为赢得赞同其行为和政策、他们的原则和观点的领地。精英阶层具有强大的优势去赢得赞同,"首先是因为他们在具体事务中扮演着一个主导性的角色。其次,因为他们提供了支持他们偏爱的解释的材料和信息。再次,他们能够依靠公众知识和情感的无序状态,借助惰

---

① Stuart Hall. "Media Power: The Double Bind", *Journal of Communication*, 24, no, 4, 1974.
② Chris Rojek. *Stuart Hall*. Polity Press, 2003, p. 112.

性,去获得一种心照不宣的赞同以便让事情的存在状况继续下去"①。这样,意见形成和态度具体化的过程,就是"我们可以接受主导性结构"的过程。

在《意识形态的再发现》里,霍尔还分析了现代媒介在生产统治阶级的"共识"的过程中的作用。资本主义社会的统治阶级的领导权和权威的合法性来自他们对普通大众的意见即人民的最高意志负责。在选举中,他们被要求使自己定期地服从大多数人的意志或共识。因此,权力集团被允许合法地继续统治的手段之一就是他们的利益能够与大多数人的共同利益结盟或等价。一旦这种等价系统得以建立,少数人的利益和大多数人的意志就可以调和,他们在意见上就取得了一致。共识是调解者,权力与认可通过它实现了结盟。认可即葛兰西说的赞同,即对被统治者进行规训、教育和辅导,媒介在这一过程中发挥了重要作用。在现代民主国家,为了在日常运作中表现得公正与独立,媒介不能被发现受到权力集团的指使或有意歪曲现实以便与统治集团的要求相一致,但是,"媒介必须保持对所有人同意——意见一致的边界或框架的敏感,因为它只有在这个边界或框架内运作才能合法地生存下去。但是媒介在使自己适应'意见一致'的同时,还努力发展意见一致,并以一种生成方式对它加以改造。媒介成为'生产认可'的辩证过程的最基本部分,它们在反映意见一致的同时还塑造它——把它们定位在国家中的居统治地位的社会利益集团的势力范围内"②。霍尔指出,媒介的"公正"需要国家的调节,如果以一套方法把特殊利益变成普遍利益,并且获得"全国人"的认可,打上合法性的印记,特殊利益就以这种方式成为"共同利益",而共同利益则占据了支配地位。在这个意义上,媒介被视为"意识形态国家机器"。这样,广播公司在不知不觉中支持着居统治地位的意识形态话语的再生产。

广播在现代社会占据着重要位置,因为媒介机构是公众意见得以具体化的知识来源,是主导阶级和观众之间的主要中介。同时,随着社会道德政治共识(moral-politics consensus)中裂缝的扩大,共识不再给广播提供内置的意识形态方向盘。统治精英为维护其偏爱的

---

① Stuart Hall. "Media Power: The Double Bind", *Journal of Communication*, 24, no, 4, 1974.
② 斯图亚特·霍尔:《"意识形态"的再发现》,见奥利弗·博伊德、克里斯·纽博尔德编:《媒介研究的进路》,新华出版社,2004年,第443~444页。

解释,可能直接垄断共识形成的渠道,迫使媒介再生产有利于其霸权的赞同结构。这时,媒介自身变成了社会和阶级在意识形态层面发生冲突的据点。

如果不给予存在于共识以外的见证和解释以一定的空间的话,媒介不可能长久地保持其在公众中的可信度。但是,它在这么做的时候,就把自己置于危险之地,批评者攻击广播无意间打破了对抗政治秩序的大众情感的平衡。即是说,威权与越轨政治、院外集团等是对立的,而广播却要给斗争着的双方以空间,这就是广播的两难处境(double bind)。

媒介表征的意识形态分析

霍尔关于媒体的著作主题众多,但都关系到一些基本的理论问题,如资本主义社会中媒体的角色是什么？媒体与国家和权力的关系如何？媒体的意识形态表达是如何影响到受众接受的？除了对资本主义社会中的媒体的表征予以理论分析外,霍尔还以具体事件为例分析了媒体中的意识形态操作。《越轨、政治和媒体》这篇文章是对意识形态运作的案例分析,即对媒体表征越轨政治的分析。一般来说,所有那些不能通过选举程序得到表达,那些不能有利于维持政党组织的不被程序规则所控制的政治行为,都被定义为越轨政治(deviant politics)。霍尔指出,社会的和政治的越轨行为的区别越来越难以界定,越轨群体和政治少数派的区别也越来越不明显。越轨政治之所以产生,霍尔认为,是基于传统的民主政党政治的缺陷。选举程序、国会代表、组织性的代表大多数人的政治活动,这一民主政治的多数人模式(majoritarian model)无法协调于现代工业国家的形象,志愿组织、私人社团的复杂网络、压力和利益集团等系统地改变了政治过程的大多数人模式。越轨社群与少数派合流,改变了传统政治局面,成为现代民主政治的重要环节。

霍尔关心的问题是,这些新近出现的政治对抗运动是如何定义和标签的？建立有关社会和政治生活中的麻烦事件的知识,必须通过语言这一中介去完成。社会的关于有问题领域的新的定义既需要解释也产生合法化(justifications),如伯格和卢克曼(Berger and Luckmann)说的:"通过把认知的有效性归因于其客观化的意义,合法化(legitimation)'解释'了体制性的秩序;通过把其实际的要求装扮上常规的仪式,合法化正当化了体制性的秩序。重要的是要理解,合法化具有认知的和常规性的元素。……合法化不仅告诉个体为什么他要采取某个行动而非另外一个,它也告诉他事物为什么是它们所是的样子。"①大众媒体不可能把意义和信息刻印给我们,好像我们的心灵是一块白板,但是它们确实具有阐释性的合法化力量去塑造和定义社会现实,特别是面对那些不熟悉的、有问题的和具有威胁性的事件的时候。如哈洛兰举例说明的,电视暗示,如果某个个体要成为某个群体中的一员的话,一定的行为模式、态度和所有物是必需的。那些没有或拒绝去获得这些的人可能被呈现为越轨的或非常态的,采取这种行为或态度就被呈现为有利于那个群体的福祉的。②

在越轨政治领域,早期的提供常识性定义的主要是三种人:职业政治家(或工会领导人),他们是政治领域合法性的守门人;面对面实施控制的代理人(防暴警察);大众媒体。霍尔指出,"每一类代理人在定义政治现实的时候对于政治性越轨现象具有不同的观点,但是,如同宰制性社会结构中的所有其他元素,这些观点在面对公开的挑战的时候,具有强烈的走向联合的意向"③。霍尔通过对当代英国两个学生暴动案例的分析,发现媒体运用得最多的是少数人/多数人模式,即是把暴动的学生定位为少数人,把这些少数人与多数学生区别开。这一模式是"强有力的标签策略,它具有认知的力量,有效地把学生分成两群;它具有价值评判的力量,因为它把赢得好感的群体标示为'大多数',把这一类别以神圣的象征手法转换到议会民主中的大多数;它具有水晶般的透明的价值,把学生中的激进主义的复杂群体和最初的构成分割为简单的类型化单元,一举解决了其含混性"④。这样,少数人变成了极端分子,在时间之流中增加了其他的定性:他们是歹徒、小集团、破坏者、鼓动性的青少年、政治阴谋集团、青少年流氓、神经错乱者、暴徒等。在这种描述中,学生被两级化为少数派极端分子和大多数判断失误的受骗者,后者的合法的改革愿望和学习的意图被少数别有用心的人所破坏和剥夺。而且,它还暗

---

① Stuart Hall. "Deviance, Politics, and the Media", in Paul Rock and Mary Mcintosh, *Deviance and Social Control*. Tavistock Publications Limited, 1974, p. 276.
② 同上,p. 277。
③ 同上,p. 278。
④ 同上,p. 283。

示,如果那一小撮鼓动者能够被隔离,程序将会恢复,现状将得以确保。少数人/多数人模式试图在温和派和秩序的代理人之间建立联盟,试图推动"大多数受骗者"与权威的积极合作。霍尔指出,一方面,这一模式类型化少数人为激进的极端分子,大多数人则是理性的,其良好愿望被利用被剥夺。另一方面,这种模式也类型化了大众,后者成为冷漠的、混杂的没有卷入其中的群体,是一个危险的但具有娱乐性的没有实质意义的闹剧的旁观者。"这一分化、孤立的过程和设计是大众社会中的精英权力的精确的修辞形式,它是古代的'分而治之'(divide and rule)原则的新的符号性版本"①。

媒体对越轨政治的表征其实就是意识形态获得认同的过程,霍尔指出,"意识形态只有在这种情况下才能生存:它们能够改变、转换和增强其自身,以便在既存的心理环境中,考虑和合并新的事件和社会冲突的发展"②。如吉尔兹(Geertz)说的,意识形态图绘了有问题的社会现实。虽然为了它们所代表的阶级利益和其中的结构性元素的合法性,意识形态在一个层面上是稳定的和一致的,在另外一个层面,它们需要不断地再生产、加强和详细规划以便覆盖那些未曾得到解释的东西。③ 霍尔指出,意识形态话语具有这样的特征,在深层,其结构是坚固的,而在表层,则是相对开放的,其形式具有灵活性和易变性。罗兰·巴托把我们的注意力引到这一事实:既然个别词语在符号系统中是任意的,那么关键的是元素结合在一起的关系性系统,即某个结构性的符号领域中的元素的关系,如列维·施特劳斯说的,意义系统中的差异关系具体说明和提出了意义。霍尔说:"社会关系的结构建立、维持和保护存在着的一定的意义系统,产生了围绕它们的稳定的、被视为理所当然的世界。社会关系的结构允许一定的意识形态集合保持其权力用旧的和合法化的术语具体说明新的和有问题的事件,并排除其他的可选择的意义。以这种方式,通过它们在一特定的社会形式中的不断的生产或客观化,一定的意义就能够表征伯格和卢克曼说的手头知识的社会性存储,这些知识提供给我们日常社会生活的类型格局(typificatory schemes),不仅是其他人

---

① Stuart Hall. "Deviance, Politics, and the Media", in Paul Rock and Mary Mcintosh, *Deviance and Social Control*. London: Tavistock Publications Limited, 1974, p. 285.
② 同上,p. 291。
③ 同上。

的类型,而且是社会的和自然的各种种类的事件和经验。"①

阿尔都塞和波兰扎斯(Poulantzas)都主张,社会主导阶级不仅通过国家的压制性机构,也通过整个阶级权力的上层建筑如政党、工会、报纸、学校、教堂、家庭等维持其统治和合法性,他们都认为,上层建筑的不同层次维持相对自治直到"最后的时刻"(last instance),即经济基础是在最终的意义上决定上层建筑。虽然国家权力对意识形态机构强加限制,但在民主国家中,意识形态机器的权力并不直接依靠国家权力的阶级本质,也并不完全地决定于它。这样,在民主社会中,存在着两三个相互冲突的和对抗的意识形态,即弗兰克·巴金提出的三种意识形态形式:主导价值体系、臣属(subordinate)价值体系和激进(radical)价值体系。阿尔都塞的理论能够具体说明意识形态的运作,即借助意识形态国家机器的设置,意识形态实现自身并变成统治性的,它就实现于各种机构及其仪式和实践中。但是,阿尔都塞指出,意识形态霸权的获得是一个痛苦的持续的阶级之间的博弈:首先,反对此前的统治阶级和他们在旧的和新的意识形态国家机器之中的立场,然后反对被剥削阶级。因此,意识形态国家机器中的斗争是阶级斗争的一个方面,而且是一个重要的和症候性的方面。这样,"在任何特殊的历史性的关键时刻,我们需要考察这些意指机构(agencies of signification)所担当的特殊的角色和工作;承认它们在其势力范围内为了霸权在相互冲突的定义中去争夺,同时意识到,它们的形式、内容和方向不能从某种抽象的'主导意识形态'之中推导出来,这种主导意识形态以一个无冲突的实现过程,以一种无疑问的方式从一端到另一端渗透在社会形式的所有复杂层面"②。应该澄清主导性的意识形态模式是如何起源的,媒体、政治机器、司法和其他实施面对面控制的机关在制定那些定义时扮演了什么样的角色,在"有问题的社会现实的地图"的绘制中,市民和国家结构的不同层面是如何分离的。

激进的政治运动是现代社会新出现的政治冲突。事件本身是真实的,但只有被文化性地意指和定义的时候,它们才呈现在社会意识层面。我们的分析就是要去发现提供这些定义的思想、价值观和态

---

① Stuart Hall. "Deviance, Politics, and the Media", in Paul Rock and Mary Mcintosh, *Deviance and Social Control*. Tavistock Publications Limited, 1974, pp. 292—293.

② 同上,p. 296。

度,要去揭露在意识和无意识层面,事件被分组,被分类,被分等级和秩序化以便使它们获得意义的方式,这些价值和意义的框架就是社会生活的"推理性的常规化的结构"(inferential normative structure),它们被广泛地分享,虽然具有不同生活地位的人不会以同一种方式去理解。对于这些解释,这些人可能是客体而不是主体或作者。这些意义地图通过把具体事件放置在普通的意义世界,从而把缘由、秩序和一致给予这些事件。这些结构试图定义和限制可能的意义范围,这些新的意义被构造着去解释新出现的和不熟悉的事件。常规结构是历史性地构造的,作为社会知识已经被客观化为"每个人都知道"的东西。它们历经世代,已被日常化、程序化地积淀下来,可能以简短的形式去构造新的定义和标签,它们是移动的结构,必须不断地修正以"吸纳"新的事件。它们从来不是稳定的,而是包含某种使用逻辑(logic-in-use),这一逻辑产生解释方式的规则。这种常规的定义包含强烈的预设去以特定的方式"看"事件:它们倾向于吸纳或剔除一定种类的附加的推断(additional inferences)。常规结构被权力和宰制所构造,主导群体的常规的特定解释倾向于行使更多的权力,去覆盖更大的论题,去提供更多的涵盖范围广泛的规则,社会群体的冲突常常有赖于常规性定义的斡旋。在日常的理解层面,常识世界以老套的把复杂的社会过程简单化和透明化的方式对世界予以分类。在这一层次,它们以非常规的模式、特定的解释、谚语、格言、秘诀、简短的社会神话、形象和戏剧性情节等方式浮现出来。"在作为整体的社会生活的这一层次,它们作为充分发展的意识形态、象征性的世界、神圣华盖的世俗版本的形式浮现出来"①。

媒体中的隐蔽的意识形态在其对政治越轨者和院外集团的反对中体现出来。霍尔发现,非正式的罢工者常常面临"危害民族利益"的指控,爱尔兰的民权激进分子需要新教徒和天主教徒"联合起来"去对付。霍尔指出,在处理冲突的时候,媒体的预设与官方关于现状的意识形态相一致。媒体角色的问题,不是"媒体导致了暴力吗?"也不是"政治该交给广播来处理吗?"而是,媒介能够帮助我们理解这些真实世界中的真实事件吗? 媒介是澄清了它们还是迷惑了我们?②

---

① Stuart Hall. "Deviance, Politics, and the Media", in Paul Rock and Mary Mcintosh, *Deviance and Social Control*. Tavistock Publications Limited, 1974, p. 300.

② Stuart Hall. "A World at One With Itself", *New Society*, 18 June 1970.

在《白人的眼睛：种族主义与媒体》这篇文章中，霍尔试图解决两个相关的问题：一是，媒体定义和构造种族问题以再生产种族主义意识形态的方式；二是，当左派试图干预媒体对种族的构造以便破坏、解构和质疑那些媒体实践建基其上的未经质疑的种族主义假设时所面临的极其困难的策略问题。

在英国文化中，种族主义具有漫长的历史，它根植于欧洲白种人和殖民地土著以及被剥削的周边国家的殖民征服和经济剥削的历史过程。种族主义常识弥漫在英国社会，媒体运作于这种常识之中，把它们视为基准而不加以质疑。媒体构造了种族的定义以及种族形象负载着的意义，它是种族主义思想讲述、操作、改变和制造的场所，并以种族主义框架去分类世界。霍尔把种族主义分为公开的种族主义(overt Racism)和推论性的种族主义(inferential Racism)。前者指的是公开的种族主义观点或拥护种族主义政策或观点的行为；推论性的种族主义则是，作为一套未经质疑的预设，表征在中立性立场中的种族主义前提和假设。经过媒体的传播，种族主义变得"可以接受"，这样用不了多久，它就变成"真实的"，如同常识，可以公开谈论。推论性的种族主义传播得更加广泛，其存在也更为隐蔽。

霍尔分析了媒体中的许多案例，揭露了媒体与种族主义的共谋。比如在警察骚扰和挑衅黑人的案例中，媒体倾向于假定正确的一方是法律，并运用"骚乱"和"种族战争"这样的语言，这就简单地重复了既存的类型化和偏见。媒体以系统的种族主义方式操作着，这不是因为它们为活跃的种族主义者所经营。如果是那样的话，通过置换人员就可以改变资本主义政府的本质。在资本主义社会，媒体和政府从属于同一套结构和实践，这种实践是不能化约为经营它们的单个人的。规定媒体如何运作的是一套复杂的、经常是冲突性的社会关系，而不是其成员的个人倾向。"最重要的，不是从某种单一的头脑和关于世界的统一的概念中生产了种族主义意识形态，而是它们被强有力地限制于一套特别的意识形态话语。这种话语有能力去约束具有差异性的个体：种族主义者、反种族主义者、自由主义者、激进主义者、保守主义者、无政府主义者、无知者和沉默的大多数"①。但是，改变种族主义术语，质疑其假设和出发点，打破其逻辑，是一个非

---

① Stuart Hall. "The Whites of Their Eyes: Racist Ideologies and the Media", in George Bridges and Rosalind Brunt. *Silver Linings: Some Strategies for the Eighties*. Lawrence and Wishart, 1981, p. 46.

常漫长的过程。霍尔想出的策略之一，是制作一个关于媒体和种族主义的节目，在媒体上反对媒体。霍尔提出，电视节目的目标观众不应该是种族主义者，而应该是自由主义共识（liberal consensus），后者才是"推论性种族主义"的关键，就是它给予活跃的种族主义以存在的空间。霍尔应邀在BBC做了多期节目分析和反对种族主义。

《现实的建构》这篇访谈的主题是英国媒体对福克兰群岛战争的表征问题。霍尔认为，这次英国媒体的报道对于研究广播机构、媒体实践、政府和观众之间的关系提供了最好的案例。霍尔指出，叙述不可能来自虚无，它依靠历时久远的话语储存，在这个意义上，我们对真实叙述和虚构叙述的区分是简单和错误的。话语存储无处不在，它们具有特别的历史，对于记者来说，它唾手可得，它就驻扎在记者所服务的机构之中，当记者走入这种社会化的机构之时，他就卷入这种讲述这些故事的方式之中。虽然个别记者可能超越它，但他们在既定的语言和框架中工作，不可能打破这一套符码。实际上，如果他们不断地打破符码，人们就根本不能理解他们。记者自然地习得这套符码，他们没有意识到，用以建构故事的符码塑造了故事本身的意义。这整个过程关系到意识形态问题。"在任何社会，我们经常是以一种实际上是无意识的方式不断地利用整个解释和理解的框架，以便明白发生在我们周围的事情，我们的立场是什么，我们可能是什么"[1]。意识形态发生在日常的实践性的理解之中，当人们说，"当然了，就是这样的，不是吗？"那个"当然"就是最具有意识形态性的时刻，因为那是你最少意识到你是在使用一种独特框架的时刻。如果你用另外一种框架，你就会获得一种不同的意义。符号学认为传播是意义的生产与交换，它关注的是文本的文化角色，文本和接受是产生意义的环节。在霍尔看来，电视"不是镜子式的反射，它是对意义的建构：它通过意义化和表征的过程以意味着什么"[2]。

霍尔反对媒介仅仅是对现实的反映的观点，而是认为媒介是信息的生产者，是符号工具的发送者，媒介给社会现实投射着特殊的光彩。霍尔认为，意义是多元的，但意识形态要否定意义的多元性。葛兰西的关于霸权是各种关系的结构的场地，其中各种力量关系构造

---

[1] Stuart Hall. "The Narrative Construction of Reality", An Interview, *Southern Review*, Volume 17 Number 1 March, 1984, p. 7.

[2] 同上, p. 10。

了"不稳定的平衡"的观点对霍尔影响极大。霸权因此从来不是不可逆转的,不是意义明确的,它常常卷入日常的反对、抗议、校正之中。霍尔吸收了马克思·韦伯、巴赫金、巴托、涂尔干等人的理论,重新阐释马克思主义,以新的意识形态概念切入媒介研究。他要考察意识形态是如何发生作用的,是如何与其他的社会实践相关的。借助语言和权力斗争理论,媒介中的意识形态争夺和阶级斗争被揭示出来。这样,"文化研究从早期的文化主义的文化和社会传统转移到文化与意识形态传统,一种传播文化研究被缝合到一种意识形态文化研究之中"①。

在民主国家,基于法制和政治结构,媒介是相对独立的,表面上遵循民主规则,其意识形态操控是相对隐蔽的,这就使得对媒介中的意识形态分析更为困难。霍尔通过一系列概念,揭示了当代民主资本主义国家中媒介与权力的隐秘关系,并具体分析了媒介对社会事件的表征政治,认为在具体操作中,媒介借助一系列技术、话语、概念和程序,达成了与权力的共谋。相对来说,霍尔的分析是概括性的,他没有仔细地分析权力意识形态在这些层面的操作。值得注意和深思的是,霍尔考察的是民主国家中的媒介与宰制性意识形态的关联。在非民主国家中,媒介本身为国家和权力集团所控制,意识形态表现为赤裸裸的,其欺骗性的控制性的本质昭然若揭,似乎"无需"霍尔这样的慎思明辨式的分析。但即便在中国这样的处于后现代语境中的前结构主义国家,权力的分布也是多重的,意识形态斗争也是沿着多重轴线展开。比如在中国,除了主导性的阶级意识形态外,媒体中的性别的、宗教的、年龄的、代际的、市场的意识形态纵横交错,这些意识形态是如何依赖于显性的或惯性的权力、话语、概念、日常意识运作的,这需要具体地做案例性的分析。

既然意识形态如空气般深入日常实践和意识,作为一个文化研究者,一个媒介批评家,如何祛除自身的意识形态立场去切近媒介呢?如何在这种切近之中获得批判性的意识从而趋近真理呢?霍尔认为,存在着两种方法,首先,是借助某种理论视点。霍尔并不认为理论能够完全外在于意识形态,完全是科学性的,但很明显,理论提供了更为一致的立场,它更为自觉地构造其概念和范畴,它对建立在其分析之中的预设更为明确。因此,在面对故事和图像的冲击时,理

---

① 托比·米勒编:《文化研究指南》,南京大学出版社,2009年,第158页。

论试图采取更为严密的，更具有自我反思性的立场。其次，是大多数批评家采用的，即从另一个意识形态视角观看某个事件或某个观点。意识形态视角经常互相重叠，但另外的意识形态立场使得你可以看出一种叙述的独特结构及其局限，这一过程开始于意识到独特的叙述形式之中的沉默（silences），它不是一种意识形态所言说的，而是其视为理所当然的，是被意识形态系统地删除的东西。① 对于文化研究的反身性和自明性，霍尔的这番话具有意义。我们只能在不断的理论自觉中获得自我意识，以祛除意识形态蔽障，或采取另外一种意识形态立场即他者视角审视当前意识形态的结构和局限。比如，从自由主义立场看新左派，或从解构主义立场看马克思主义等。每一种理论都有自己的解释视域，都有自己的洞见和盲视，理论的互看可厘定彼此的限度。

---

① Stuart Hall. "The Narrative Construction of Reality, An Interview", *Southern Review*, Volume 17 Number 1 March, 1984, p.11.

第三章 戴维·莫利与电视受众

第一节 电视受众与文化权力

在当代文化研究学术思潮中,戴维·莫利对电视文本和接受的研究开辟了受众研究的新领地,对当代媒介研究、受众研究具有重要的影响和意义。莫利的研究是一个连贯的整体,前后长达十多年:先是分析《全国》这一电视节目的意识形态和其观看(1978,1980),然后考察家庭环境之于电视收看(1988),分析家庭观看中的性别权力,此后,在家庭领域内,看多种资讯和传播科技的多重使用状况(1989),近期,则延伸研究范围,考察后现代地理空间中,在构建民族国家与文化认同之时,媒介所具有的功能(2000,2007)。这一系列研究以家庭为中心,以家庭科技为焦点,致力于观看的社会学维度的解释,宣布了旧式的受众调查以及此前主宰西方媒介研究的使用与满足理论、银幕理论的终结,把受众研究的观念和方法推向了新的视域。

《全国》的文本分析

《每天电视:全国》是1975~1976年伯明翰当代文化研究中心媒介小组的研究成果,两位作者莫利和布里斯顿是研究小组的主要成员。"全国"是BBC1966年开播的一档新闻杂志类节目,其特色是关注英国的地域性,主题是地方风俗和生活方式,节目的风格轻松,语言简洁,篇幅短小,每一主题很少超过10分钟。"全国"在BBC整体节目编排中位居重要,BBC是想要在华灯初上之时,通过流行杂志节目的形式,吸引大批受众。它无意于执守严肃的节目制作,认定这不是受众的需求。莫利的意图是分析这一节目所扮演的意识形态角色,因为这个节目包含了非常重要的、整套预设的信息,传递了基本的态度与社会观。这些价值观与态度,建构了人们的思考线索,人们由此对于当代英国生活,可能会是些什么,对于应有些什么"合情合理"的态度,才能面对种种的社会问题,都有一整套假设。这套假设打造了地基,其他更为严肃的节目,如"全景"的新闻报道,就是在这个基础上受到受众评价的。莫利说:"没有什么'纯洁无知的文本'这回事——没有任何节目不值得我们详加严正注意,没有任何节目能够声称自己只是提供娱乐而无愧,因为任何节目都透露了关于社会的诸种讯息。即便节目的外显内容似乎再零碎细索不过了——但情况仍然很可能是这个节目的文本结构,已经含纳了许多关于社会态度与价值的重要讯息。"①这样,要了解潜在的传播内容,我们必须穿越常识层面,借助一套分析方法,去追问深层次的东西。

"全国"的新闻是地方性的,面对的言说对象是家庭和个人;其现代色彩表现为关注科技进步、异化(alienating)和迅速迁移(fast-moving);关注的问题则是官僚主义、物价、工会、收支平衡等。节目对于各种主题的处理模式是:休闲针对个人;消费问题是建议性和家庭取向的;人民的问题是始终关心;英格兰形象依据传统价值;对于民族政治以及运动,则是直接报道。"全国"视角的合法化首先是借助特定的话语形式。"全国"从大众语言中截取术语、短语和陈词滥调,其风格常常是具体的、直白的、有力的,它指向预先存在的知识库存。这套平民主义口技(ventriloquism)映射和再生产了受众,获得了受众的认同,让受众觉得是他们自己的表达,是为了他们的言说。但是实际上,这种认同被节目本身所否定:主持人显得就像我们,像普通人,但,是他在电视里言说,而我们在倾听。"全国"致力于把电视主持人、电视工作人员与受众构造成为一个整体性的"全国人"(nationwideness)。但实际上,作者指出,受众并没有把自己等同于电视团队,是电视工作人员控制和定义了话语,是主持人解释了我们在屏幕所看到的形象的意义。主持人常常运用受众的常规解码,这就使得受众在理性上是无能的,因为受众不可能知道形象意味着什么,结果就是受众依赖主持人的解释,而主持人的解释构造了节目和

---

① 戴维·莫利:《电视、受众与文化研究》,台北:远流出版事业股份有限公司,1995年,第129页。

事件的偏爱阅读。

"全国"主持人以街头凡人的姿态,自认为代表了平常人的观点,其前提是说,所有这些政治议题,都可以常识的角度来谈,而且这样的角度最为有效,也最能解决问题。"全国"提供了在现场的证据,以视觉话语构造了对于世界的直接感知,节目自身的生产性工作则不可见,它意指的是常识性的知识储存。莫利等人认为,尽管这个节目把什么都弄成自然而然,把多种现象的关系也说得是自然而然,但它们其实是以某种特定的方式,界定了什么才是常识,而它们又认为这样的常识,似乎无关于政治,唯有通过这些无关于政治的东西才能理解日常议题。但,就是这种常识负载着宰制性意识形态,如霍尔说的,意识形态在这里被理解为不是某种被隐蔽的或被掩盖的东西,而是最为公开的、表面的、明显的,存在于所有人的观点之中的东西,即操作在我们日常经验和普通语言中的东西。霍尔说,常识好像就在那里,是积淀着的基础性的智慧,一种"自然而然"的智慧形式,其内容在时间之流中几乎没有变化,"你不能通过常识学习事情是怎么样的,你仅仅能够发现它们适合在何处能够切入事物的存在着的规划。这样,它的理所当然性就是把它构造成为一个媒介的东西,其中,它的前提和预设通过其显明的透明性被弄成不可见的"①。罗威·史密斯(Nowell Smith)认为常识概念包含两种含义:(1)建立在对于世界的直接感知基础上的一种实际的推理形式,它与所有的与经验缺乏直接联系的思想相对立。(2)人们对世界的所有的共同看法。最重要的是,"常识既不简单的是资产阶级的意识形态,也不是大众的自发的思维。它是从属阶级在阶级社会之中从属性地生活的方式。它是从属性的阶级对阶级社会的现实的接受,就如从底下往上看"②。镶嵌在语言和常识结构中的给定的意义之网,就是"全国"在其上操作的话语领地,宰制性的或偏爱的意义的地形图与这些话语互相构造。如菲斯克说的,"常识是围绕支配阶级的利益进行的一种共谋的组织化,支配阶级抹去了其生产模式的所有痕迹。它赢得了从属群体对服务于他人利益并因而有助于否定社会差异尤其是权力

---

① Stuart Hall. "Culture, The Media and the 'Ideological Effect'", in James Curran, Michael Gurevitch, Janet Woollacott. *Mass Communication and Society*. Sage Publications, 1977, pp. 325—326.

② Charlotte Brunsdon & David Morley. *Everyday Television: Nationwide*. British Film Institute, 1978, p. 89.

差异的整套意义或多或少出于自愿的赞同"①。

"全国"把公共性的、体制性的世界置入家庭这一传统上被视为休闲、自由、表达个性的领地。"全国"通过"个人"来处理"问题",即把问题呈现为个人性的,集中在个体的经验感受层面。节目的这种常识性风格具有特别的力量,它根基于个人的在场的(local)经验,它是实践性的,对立于抽象和理论化。如果说"全景"(Panorama)或"本周"(This Week)这样的节目把个人询唤为公共机构(public-institutional)的社会角色,那么"全国"则把个人视为家庭成员。在"全国"的话语里,个人和家庭是相互连贯的。但莫利指出,"全国"的这种平民主义建立在一种意识形态的基础之上,这种意识形态具有悠久的历史,其主题是家庭和外部世界以及男性和女性的关系。

在常识性意识形态中,社会生活理所当然地分裂为外部世界和家庭生活两个对立的领域。这一观念具有漫长的历史,在这一历史过程中,家庭从生产和交换关系中分割开来,变成私人领域,变成维持和再生产劳动力的场所。家庭是人们生产自我的地方,它不仅让我们变成个人,也是我们能够充分地表达个性的地方,它创造了个人生活的自由领地。作者指出,"由于家庭和经济政治领域的被视为理所当然的分离,'全国'这就能够把它自己的独特的家庭视角呈现为非政治的和自然的:'它仅仅是常识。'"②但是,作者指出,这只是一个幻象,它掩盖了家庭内部的复杂权力关系。工人阶级的再生产和维持,按照马克思的说法,是资本主义再生产的前提条件,它发生在家庭内部,主要是妇女的任务,不断增长的国家干预把妇女圈定在这一工作之中。家庭维持依靠的是妇女的没有工资的工作和她们的持续的附属性,没有她们实际的支持,家庭就不存在了。就是在家庭这个私人领域,通过劳动的性别分工,个体被询唤为性别化的主体。家庭作为劳动力的维持和再生产的据点,也是作为资本主义体制的起源的个人主义意识形态最精巧地接合的据点。"这样,急剧增长着的家庭和工作之间的区分(这归于家庭里妇女所做的看不见的工作),

---

① 约翰·菲斯克:《解读大众文化》,南京大学出版社,2001年,第181页。
② Charlotte Brunsdon & David Morley. *Everyday Television*: *Nationwide*. British Film Institute, 1978, p.92.

需要在理论的层面联系于资本的再生产和妇女的从属地位来理解"①。在家庭的和平之地,在这一免除伤害的庇护所的背后,是妇女在社会经济中的不平等地位和依附性,就如同她们的心理-性别(psycho-sexual)的从属地位。这种意识形态在家里家外合法化了对妇女的压迫,"全国"就建立在这一意识形态的基础之上。常识是一套意义和价值,它指导社会实践,使得社会现实变得可以理解可以接受。"全国"的家庭形象建构在男性霸权之上,在此妇女作为妻子和母亲的角色是自然的永恒的,她们的形象建立在她们与政治生活的理所当然的分离之上。

"全国"覆盖日常生活,把我们拉进普通人的起居室,展示人们的休闲时光,关注日常生活中的话题,节目把外部的政治经济链接到家庭日常生活之中,通过删除问题的社会维度,把社会问题表现为个体的问题,产生问题的社会语境和社会阶级结构就被遮蔽了。比如残疾人的问题,节目诉诸慈善工作、个体志愿者或新科技,这就把社会结构所造成的问题最后归结为实用性的操作,结构性地产生的问题就缺乏社会性和结构性的解决。在"全国"的个体性话语模式中,我们所看到的是个体性格的投射,通过这些个体的行为,"全国"构造了英国人民的画像,受众作为地域性的共同体的成员被连接在一起,这些共同体组成了民族,但阶级、性别和种族的结构缺席了。"全国"表征问题的具体形式排除了对于更大范围内的结构性因素的意识,这就不可能抓住社会结构中的问题。比如,"全国"把政府表征为似乎是不受欢迎的公务员和官僚的入侵,侵犯了私人的自由。主持人建议我们如何对付官僚机构的要求,如何对付低效率的煤气供应机构和本地的官员,这就排除了阶级、种族、性别关系中的宰制和从属意识,政治被表征为官僚作风、无效率和对个人权力的干涉,而不是权力和控制。概而言之,"全国"呈现的是国家当前的图像,它的话语常常在马克思所描述的"日常生活的宗教"之内移动,停留于表面,忽视了决定性的深层的社会关系。但实际上,即刻性的表面包含了深层的内容,它以扭曲的形式呈现这些内容。"全国"的话语不仅把注意力从真实的社会关系上移开,它也不解释它们,甚至不直接地否认它们,而是在思想中系统地排除它们,把历史地决定的、主导性政治所

---

① Charlotte Brunsdon & David Morley. *Everyday Television*:*Nationwide*. British Film Institute,1978,pp. 77-78.

需要的立场表征为自然的无可争辩的事实,"全国"就这样再生产了宰制性的意识形态。

《全国》的受众研究

在"全国"的文本分析之后,莫利对"全国"的受众进行了研究。这一项目即是通过人种志的经验性方法,分析不同受众实际上是如何解码"全国"的,以便证实和发展霍尔的编码/解码理论。

在莫利的研究之前,西方学界对受众的研究和认知经历了诸多的模式和繁复的演变。莫利批评了法兰克福学派的消极受众论,他认为,媒体确实产生社会影响,但媒体的影响既非简单的直接的,也非不可抗拒的,媒体影响的复杂性必须研究和证明。基于对法兰克福学派的定性研究和哲学分析方法的反驳,美国研究者发展了经验性的定量和实证主义方法研究无线电听众,这即是"大众说服的社会学"(Sociology of Mass Persuasion)。第二次世界大战后美国大众传播研究在三个方面反驳了法兰克福学派的悲观论,一是拒绝了信息传播在现代社会仅扮演了镜子的角色的观点,二是否认受众是社会性的原子个体的简单聚合的观点,三是抛弃了媒介内容和实际效果可以直接等同的观点。在美国传播学派看来,媒介并非拥有负面的说服和其他的反社会的权力,而是扮演着更为有限的、更为良性的社会角色:不是改变,而是加强先前的倾向;不是培植逃避主义或消极被动,而是能够满足多样化的需求;不是使文化走向平面化,而是促进了民主的发展。在法兰克福学派,大众与媒体的关系被视为刺激—反应模式(stimulus-response),但如米克·考林汉(Mick Counihan)指出的,效果必须考虑到媒介和受众之间的基群(primary groups)、意见领袖和其他因素的干预。[①] 学界逐渐意识到,受众是选择性地参与和感知媒介信息,以他们独特的视角解释那些信息,这就过渡到解释的模式(interpretative paradigm),这种模式认为,某个独特行为的意义不能被视为理所当然,而必须被视为对于卷入其中的行为者是有问题的(problematic),解释的过程是相互作用的,这种模式的重点是考察语言和象征的功能、日常传播中的行为

[①] Charlotte Brunsdon & David Morley. *Everyday Television: Nationwide*. British Film Institute, 1978, p. 6.

的解释和相互作用中的意义生产等。但这种模式的弊端是,虽然人种志方法能够阐释人际传播的微观过程,但它的解释脱离了体制性的权力和政治的结构性关系。

　　解释模式为莱切斯特大学大众传播研究中心所继承,这个中心发生的重要转向是从行为分析(behavioural analysis)模式转向认知分析(cognitive analysis)模式。1970年出版的《证明和传播》(*Demonstrations and Communications*)试图把传播过程视为一个整体,传播学要研究生产、呈现(presentation)和媒介内容,也研究受众的反应,这就推进了效果研究,比如诺登斯特伦(Nordenstreng)1972年对芬兰电视受众的研究发现,观看电视仅仅是个仪式,对受众没有影响。这一研究表明,80%的芬兰人每天至少看一条新闻,但第二天被访问的时候,他们几乎不记得任何新闻的特别信息,主要的印象是"没有发生什么特别的事情"。他得出结论说,新闻的内容对于他们无关紧要,他们的态度或意见,根本不因此受到影响。但哈特曼和哈兹本(Hartmann、Husband)反驳说,受众不记得特殊内容,不能就认为新闻对受众没有影响。受众不记得具体信息,但他们可能保持着一般的"事物的秩序的定义",意识形态就镶嵌在特殊内容的结构之中,"尤其重要的是,媒介似乎在非常重要的程度内,为人们决定了哪些才是重要的问题,而讨论这些问题时,又应该使用哪些语汇与框架"①。也就是说,媒介的影响力,是在建构诠释框架时发生作用的,亦即媒介影响了人们透过哪些概念、语汇与重点来衡量所关涉的事务,而非直接对态度产生影响。他们对种族和媒体的研究集中在媒介对规定性框架(definitional frameworks)的影响,而非在具体态度或信息层面。但是,即使有这么些重要工作的推进,莱切斯特中心的工作仍然面临困难。在1976年的《理解电视》这一项目中,核心问题是检测有意图的信息是否到达了受众,受众是否理解了预设于节目之中的意义,而不关心受众是否从节目中生产了多元的理解,传播仍被视为只有一种意义。

　　接下来就是伯明翰学派的研究。在斯图亚特·霍尔看来,传播过程是一个流程(flow),一个圆圈,打断和对抗(breaks and oppositions)被切入其中。传播中的元素和环节不是等同的,它们在传播的等级制中具有不同的位置,具有自己的内在结构;因为是不同

---

① 戴维·莫利:《电视、受众与文化研究》,台北:远流出版事业股份有限公司,1995年,第125页。

而且是相互连接的环节,就需要某种机制或形式去把它们结合为一个整体。这个整体是复杂的,虽然流程可能趋向一定的方向,或者展示一定的逻辑,但它既不是封闭的也非决定性的。霍尔不同意阿尔都塞的媒介为国家机器所控制的观点,也反对默多克和戈尔丁的媒介体制的经济结构与意识形态层面上的效果具有直接对应性的观点。霍尔指出,权力和意识形态就在文化产品的生产之中,它们合法化了共识,而默多克没有关注符号自身。在霍尔著名的编码/解码模式中,信息既不能被视为单一的符号,也不能如使用与满足模式说的,能够依据解码者的需要被任意阅读。信息具有结构性的多义性,但所有意义并非相等地存在于信息之中,在语言和传播的结构中可以辨认出偏爱意义或主导意义。受众如信息的生产者,为了有意义的阅读必须承担解码工作。编码和解码环节并非透明的契合的,应该探究生产、文本与回应的动态关系,但却无须在任何特殊意义下,赋予以上任何一个环节以决定性的地位。

在莫利做这个项目之前,流行在英国的媒介理论是"使用与满足"(Uses and Gratifications theory)模式,莫利对这种模式也有批评。使用与满足理论是由伊利胡·凯茨(Elihu Katz)、杰·布拉姆勒(Jay Blumler)、米歇尔·古雷维奇(Mickael Gurevitch)等学者在1974年出版的《大众传播的用途》(*The Uses of Mass Communication*)一书中所提出。这种理论反对媒体内容直接侵入被动的心灵的说法,认为这种观点没有触及媒介效果之于受众的复杂性,人们实际上是吸收、选择或拒绝媒介中的内容。哈洛兰说:"我们必须从媒介对人们做了什么这种习惯性的思维离开,转换到人们用媒介做了什么这种观念上来。"[1]帕尔格林(Palmgreen)、温纳(Wenner)等学者总结使用与满足理论模式的基本假设为:受众是积极主动的;媒介的使用具有目标导向性;媒介与其他满足需求的来源处于相互竞争的关系之中;受众会主动地把需求与媒介选择结合起来;受众使用媒介是为了获得广泛的满足;单就媒介内容,无法准确预测受众的满足形态;媒介特质相当程度影响到满足需求;媒介内容和社会环境都包含受众获得满足的信息之源。总体来说,使用与满足模式强调受众在构造意义之中的角色,但莫利认为,它存在着两个

---

[1] David Morley. *The Nationwide Audience*:*Structure and Decoding*. British Film Institute,1980,p. 12.

方面的问题。

　　首先,使用与满足理论把信息看作一个刺激物,一个空盒子,解码者可以按照他的喜好任意地使用,这就忽略了传播人员的意志,如霍尔指出的:专业代码力求有效地传播信息,它会遵循某些规律和符码原则,在信息之内结构优势解读,封闭意义的多元性。使用与满足模式过高估计了信息的开放性,文本背后存在着信息编码者的意志,这个意志不仅指的是专业人员的意志,而且代表了其背后的权力者的意识形态,这就要看信息的传播形式与结构中,通过哪些机制,产生了力足以压倒其他解读方式的优势解读。解释并非向无限开放,文本的结构限制了解释的限度,这是为当代哲学解释学所言说的真理,具体到霍尔的观点,就是编码者的主体意志镶嵌在文本之中,对解读产生影响。埃利特(Elliott)也批评这种模式没有考虑电视消费的事实:消费更多的是可得性(availability)而非可选择的。可得性依靠的是熟悉,受众更容易接近熟悉的风格,部分是因为他们较为理解那种语言和体例。① 也就是说,电视消费更多的是无可奈何的有啥看啥,而非精挑细选。受众没有多少选择,只能去趋近熟悉的语言和电视编码。

　　使用与满足理论的第二个不足之处,在于它欠缺社会学认知。使用与满足理论对此前的被动受众论是一个重大的进步,但忽视了历史文化和社会结构对个体收视和解读的影响。使用与满足模式强调个体心理结构,试图从中找出需要与满足的根本原因。莫利指出,当然存在着个体性的阅读,但我们需要调查的是,这些个人的阅读在何种程度上模仿、复制了文化结构,因为个人的语言承载着意识形态,应该从个人的语言分析社会的文化内容,这是使用与满足理论没有做到的。因为,受众是亚文化的成员,他们的解读具有团体中文化共享的特质,个人不同的使用方式,并非个人化的心理问题,它是不同亚文化所涉及之个人的差异问题,这些人各有不同的社会经济和文化背景,这些背景提供了不同种类的文化工具和概念框架,我们是依赖它们才能阐释媒介的内容的,如默多克说的:"我们必须以结构性矛盾这个概念,取代个人需求这个想法;其次,我们必须引入亚文

---

① David Morley. *The Nationwide Audience*:*Structure and Decoding*. British Film Institute, 1980, p. 13.

化的概念。"①莫利指出:"受众必然是由基于社会因素而区隔的个别读者组成,他们个别的解读方式,势必受到某些共有的文化形构所框架,也势必受到先个人而存在的现有秩序之影响;其次,这些背景近似的人,是具有共同的定向,但这些定向却是由个别读者在阶级结构的客观位置所决定。虽然不能说是以机械方式决定了受众的意识,但这些客观存在的因素却必然设定个人经验的范围——透过亚文化层次与意义体系,人们才得以了解他们的处境并作因应。"②需要做的工作是,找到一种能够连接不同解释与社会经济结构的方法,显示不同群体不同阶级的成员如何分享不同的文化符码,他们将差异性地解释某个既定的信息,这种差异不仅基于个人的特质,而且关系到他们的社会经济位置。按照巴赫金的看法,即使是个人的意识也是社会性的。巴赫金认为,符号仅仅出现在某个个体的意识与另一个个体的意识的相互影响的过程之中,个体意识自身充满了符号即意识形态内容。也就是说,仅仅在社会性的相互影响的过程中才产生了意识。莫利认为,巴赫金对受众研究的影响是,不能把受众看作原子化的大众,而应视为亚文化层理或群体的一员,作为这些群体的一员,他们共享了某种文化的方向,将以某种特殊方式解码信息。人们通过亚文化和意义系统理解他们的处境,对环境做出反应,他们的个体性的阅读被共同的文化结构和先于个体的实践所构造,反过来,个体性的读者在阶级结构之中的位置构造了共同的文化结构。共同的文化方向等客观事实对于个体的经验应被视为设置性的参数,虽然不是以机械的方式起决定作用的。这样,当前的受众研究必须明了,"1. 受众之不同的亚文化结构与形构,以及 2. 不同团体与阶级所各自共享的不同文化符码,究竟如何决定不同类型的受众以哪些方式解码"③。

莫利致力于探究解码在何种程度上契合于信息始源之初的偏爱的或主导的编码,解码是否为受众所栖居其中的符码和话语所改变,这种改变达到何种程度。此外,还要研究的问题是,解码是如何决定于受众的被社会性地操控分配的文化符码的,即受众的不同的解码策略和能力范围与其文化符码的关系。这就是说,文本和主体相遇

---

① 戴维·莫利:《电视、受众与文化研究》,台北:远流出版事业股份有限公司,1995年,第127页。
② 同上,第90页。
③ 同上,第89页。

所产生的意义不能从文本特征直接阅读出来，文本不能孤立于生产和消费的历史条件。一方面，文本镶嵌于环境之中，它要接触其他话语，这个接触会重新结构该文本的意义；另一方面，受众具有哪些话语能力，如知识、偏见、抵抗等，他如何运用这些能力理解文本，决定了文本意义的建构方式。不同的人与这些话语具有不同的关系，因为他们在社会结构中的位置，他们的现实处境，将会决定特定个人可能接触哪些话语，又是以哪些方式接触的。主体总是被特定社会的话语形构召唤的，而且，话语召唤"并非既定而绝对的，而是随情境转移，并且是暂时性的，因为发生在意识形态领域的抗争，就是经由召唤的接合/剥萄（articulation disarticulation）过程而进行的；另一方面，这也就是认为，每一个解读方式，均相当特殊，主体位置的原初结构并不能先行决定之"①。这就要考察，在多大程度内，个人对于这些节目的诠释，将因为个人不同的社会文化背景而产生系统性变异，社会文化背景究竟提供了不同团体之个人哪些文化库存资源。此外，莫利也关注传统的社会学的结构变项如年龄、性别、种族与阶级对于意义的决定性作用究竟有多大，因为在社会形构过程中，一个人在这些结构所占据的位置，可以说决定了他近用哪些话语。概而言之，这一项目需要解决的问题，一是经济是否决定意指实践和意识形态，二是社会学轴线如阶级、性别和种族等作为决定因素是如何接合到解码的。莫利说："分析的目标，就是传播和意指实践的具体性，不是作为一个完全自治的领地，而是与阶级、意识形态和权力问题的复杂接合，其中，社会结构被视为语言、意识和意义的社会基础（social foundations）。"②即是说，契合（fit）问题，即阶级、社会经济或教育水平和文化的、解释的符码之间的关联度问题最为重要，这也是近年来马克思主义和文化研究领域颇多争议的一个重要问题，即阶级与意识形态是否对应的问题。英国学界的观点是要么完全自治，要么完全决定。莫利指出，在具体研究中可以发现，要么完全决定要么完全自治的极端状况是不存在的。

巴金的理论在莫利看来只是逻辑性的推导而非社会学的实证，其局限在三个方面，一是简化了意义系统的数目，他只提供了三种即

---

① 戴维·莫利：《电视、受众与文化研究》，台北：远流出版事业股份有限公司，1995年，第99页。
② David Morley. *The Nationwide Audience: Structure and Decoding*. British Film Institute, 1980, p. 20.

主导的、协商的和对抗的模式。二是每一意义系统只定位了一种起源。三是这些起源来自社会构成的不同层面。应该修正的是，第一，在社会结构层面展示运作着的话语的多重性，至少在巴金提供的种类之中，要提供系统的差异，厘定每一主要话语的不同变体。第二，应该承认，在这些话语之中有着不同的起源，其相互之间存在着冲突。第三，必须质疑巴金所暗示的意义系统和其起源之点的关系的必然性。这样，主导意识形态并非仅仅起源于媒介，媒介也不绝对地产生这样的意识形态；协商性的或从属性的意义系统能够产生于工会，也产生于本地的工人阶级社区；工人阶级社区不必然地仅仅产生从属性的意识形态，也会自发地产生激进的意识形态；对抗性的意识形态不仅仅产生于建立在工人阶级基础之上的大众政党，也产生在社会结构的其他层面。应延伸到巴金之外，考察市民社会中的政党和组织所产生的意识形态的多重性，这就需要精确地聚焦于社会的经济结构与意识形态的关系，这些复杂的关系影响到文本的不同解释或解码。实际的阅读与不同类型的阶级意识和社会位置的关系是一个需要具体调查的问题，比如，在具体细部上，如米尔斯（Mills）说的，某个思想家的社会和政治观就在他对词汇的选择和使用中流露出来。词汇联系着思想，因此，问题就是，当谈到某个话题时，受众与主持人是否以同样的方式使用同样的词汇？受访者是否与广播员以同样的秩序安排这些问题？话题的哪些方面广播员没有讨论，但被受访者特别地提到？而且，超越词汇的层面，应该看到，语言对于个体的思想和行为具有决定性的影响，思考就是可得的符号性原料的选择和操作，而从社会层面来看，对于某个群体来说什么是可得的，这是一个文化选择和文化能力的社会性分配的问题。导致解码产生差异的可能性因素是：(1)基本的社会—人口统计学因素：年龄、性别、种族和阶级结构中的位置。(2)文化体系和认同的不同形式：要考察社会结构和体制的层面诸如工会、政党，或教育体制的不同部分，或不同的亚文化诸如青年或学生文化、激进的和文化少数派等与解码的关系。(3)话题（topic）：需要知道的是，当解码者对于电视所描绘的事件具有或直接或间接的经验时，信息的解码产生了何种差异。(4)内容：教育性或工作环境中的解码，相比较同样的受众在家庭（family）或家户（home）中的解码，其差异何在。但基于时间和资源的有限，莫利在研究中没有实现第四项预设，后来在《家庭电视》的研究中弥补了这一缺憾。具体说来，莫利的研究目标是，(1)建构解码范围之类型学;(2)分析这些解码方式为什么产生变异,有些什么变异;(3)追溯不同诠释方式是怎么产生的;(4)将这些变异情况与其他文化因素的关联性找出来:阶级、社会经济或教育地位,以及文化或诠释素养/话语/符码之间,其吻合的本质为何?① 这就要分析访谈对象的说话形式、使用的语汇、隐设其中的概念架构、形构问题的策略及其逻辑基础,即致力于发现诸种文化素养的表现机制。

鉴于人们并不是在同等的程度上使用语言,同样的词汇并非指示同样的意义,莫利录制了受访者的谈话,意图处理受访者的词汇、言说的方式和媒介的词汇表达方式之间的"契合"度问题。基于同样的原因,莫利采取的是开放的讨论,而非预先设计好的访谈程序,试图最低程度地干预访谈,因为受访者对问题次序的安排和对问题的言说本身就是值得研究的问题。访谈采取的是群体形式。之所以没有利用群体和个体访谈的双重形式,是基于资源的有限。但群体采访的依据是,个体不是分离于其社会语境的原子式的个体。研究证实了普皮(Piepe)等人的发现,即人们使用报纸、无线电广播和电视是有个体差异性的,但在其亚群体(Subgroups)中则是相当一致的;虽然在解码同一个话题时,在不同的群体内部存在着一些争议,但不同类型的群体之间的解码的差异远大于群体内部成员之间的差异。为了追寻构造解码的因素,在第一个层面,莫利试图见出不同群体所使用的词汇整体的独特性。独特的术语和短语模式标示了不同群体的话语差异,同样的术语在不同群体中以不同的方式行使着功能。第二个层面,莫利要辨识出不同群体争论的模式和运用证据、构造观点的方式,看节目中的核心观念(如常识、个性、家庭、民族等)是如何为不同群体所再生产的。第三个层面,审视结构论点及其逻辑的潜在的认知前提。

莫利提供给受访者两个节目:"全国"节目 A,节目播放于 1976 年 5 月 19 日,这个节目是典型的奇闻怪谈:妇女重访攻击她的狮子,特异现象:学生计划从垃圾堆中做出有用的东西,化腐朽为神奇,有益社会的事务:能够让盲人绘制立体三维度图画的一项发明,"全国"节目 B,播放于 1977 年 3 月 29 日,这个节目讨论预算,处理政府财政预算公布后引发的经济与政治议题。对于受众来说,这个节目不很寻常。

---

① 戴维·莫利:《电视、受众与文化研究》,台北:远流出版事业股份有限公司,1995 年,第 146 页。

第一个节目播放给 18 个团体，这些团体具有不同的教育水平和社会文化背景，他们都是全职或半工半读（part-time）学生，处于继续教育和高度教育的不同层次。第二个节目呈现给 11 个群体，这些群体中的一些人是不同层次的学生，其他人则是工会官员和银行系统的经理。每组在 5～10 人之间。看了录像之后，莫利录制了随后的讨论，一般是 30 分钟，这就是提交给最后分析的基本材料。

整体看来，学徒群体、男学生和经理人群体最接近节目的主导性符码；教师培训学院的学生占据着协商性的阅读；摄影学生和大学生主要接近对抗性的光谱；黑人学生几乎与"全国"话语无任何关联，这个世界他们根本不关心。再看各个群体的具体特征。首先是学徒群体。这些工人阶级群体占据的话语一方面为保守主义主导，一方面为平民主义主导，后者拒绝政党政治的整个体系。他们在某种程度上认同民族阵线（National Front），对节目的反应是嘲讽的和疏离的。虽然如此，这些群体解读的主体部分采取的是节目中的主导性框架和偏爱阅读，这刚好与巴金的看法相反。巴金认为，工人阶级群体在一般的抽象的层面接受的是主导性的意识形态，但在具体情境中采取的是拒绝或者协商性态度。相反，我们看到的是，工人阶级在一般层面对于节目是疏离性的嘲讽，但在具体问题上接受和再生产了节目的意识形态。莫利从两个方面解释这种现象。第一，嘲讽性反应是一种防护性立场，它是一种世俗圆滑（worldly-wise）的姿态，试图不被电视所欺骗。第二，在一般的层面，节目符码的表达太过正式，是中产阶级的，BBC 传统的，这导致了他们的敌意，但这些学徒群体仍然认可了节目中的平民主义意识形态框架，在特殊问题上的解码与文本中的偏爱解读一致。其次是工会群体。他们有着同样的工人阶级的社会经济和教育背景，但在非工会会员和那些积极参与工团主义者之间，差异很大，后者更多的是协商或抵抗性阅读。因此，解码的结构不仅仅是阶级立场的结果，而是不同的参与和话语构成（discourse formations）中的位置的结果。第三是教师培训学院的学生，他们与学徒一样分享的是对保守党的政治参与，是协商性解读。第四是黑人学生。在他们看来，节目过于琐碎，令人厌烦，缺乏娱乐性。而对于教师培训学院的学生来说，节目不好是因为它没有足够的细节或信息，不够严肃。不同群体都对细节有所看法，如巴赫金所说的，同一符号具有不同的音调，其中暗含着斗争。第五是高等教育学生：基于特殊的教育背景，他们不断地生产解构性的阅读，他们对"全国"话语所构造的方法非常明了。第六是银行经理群体,他们的解码对立于工团主义者。有趣的是,经理几乎不评论镶嵌于节目中的意识形态问题,他们的注意力集中在节目的表达模式,他们说它是茶歇时间的娱乐节目,哗众取宠,他们喜欢的是严肃的实事节目,提到了"每日电讯""全景"等。相反,商店店员在某种程度上接受节目的模式:轻松的娱乐,不太沉重,好看,他们拒绝"全国"所讲述的问题中的意识形态构架。这样,对于预算节目,主导性的阅读(银行经理)把评论(批评的、挑剔的)集中在节目的不可接受的风格或表达模式,但对于他们,意识形态问题(ideological problematic)无疑问。但对立解读(商店店员)集中在意识形态的不可接受性,表述方式则被视为不太重要,甚至被欣赏。最后是黑人继续教育学生,他们疏离"全国",反应最初是"沉默性的批评"(a critique of silence),而非对抗性的解读。原因是,基于皮肤的颜色和特殊的文化形式,他们被其他人所排斥,导致他们不可能或不愿意对节目有所表现,或者认同节目的立场。

可见,社会位置与解码并无直接关联,学徒、工会群体、商店店员和黑人学生都处于同一个阶级位置,但他们的解码方向不同,分别受到他们身处的话语和机构即传统的工人阶级平民主义(populism)、工会和工党的政治以及黑人青年文化的影响。分析节目 A 的解码可见,教育程度越高,通常具有中产阶级背景的群体更接近对立的视角。节目 B 更多地关系到阶级和政治问题,其中,学徒群体是一个例外,中产阶级位置多为主导性的或协商性的视角,工人阶级位置更多的是对抗性的阅读。当然,同一种类的不同群体也有一些差异,但莫利认为这是次要的差异,就像一个群体内部的不同个体的差异。莫利指出,不能从社会阶级位置直接推导出解码,而是社会位置加上特殊的话语立场如何产生了特殊的阅读,阅读的差异产生于近用为社会位置所决定的不同话语。如果我们把解码联系于政治态度,很明显,为保守主义所主宰的群体,如学徒、学生和银行经理产生的是主导性的阅读,而那些接近工党和社会主义话语的群体更可能产生协商性或对抗性的阅读。符码的概念在某种程度上是模糊的,比如宰制性符码存在三种不同的版本:对于经理,是传统的和激进的保守形式;对于一些学生,是利维斯式的形式(Leavisite);对于一些学徒则是平民主义的形式(populist)。在这三者之中,学徒最契合节目的符码,另外两组则认为,全国的主导性符码和意识形态问题与他们不契合。但学徒群体也有差异，有些人认同 ATV 的"今天"而非"全国"，认为前者的话语更人性化、更具有娱乐性而非 BBC 的严肃的中产阶级倾向。另外，应该区分不同形式的协商性的、对抗性的阅读、黑人群体的"沉默的批评"和一些高等教育群体的批评性阅读，以及工会群体的不同形式的协商的和对抗性的阅读。这就提出了一般的原则，即未明言的（被视为明显的、自然的、常识性的）先于和主导了已经明言的（被视为理所当然的框架中的独特的意识形态立场）。只要未明言的框架（frame）为编码者和解码者共同分享，镶嵌于框架中的问题（problematic）就是不可见的。这样莫利就得出了四种解码立场：

1. 问题未明言，话语中的意识形态前提为解码者分享。

2. 问题中的独特立场被提出和接受。这里编码的立场为解码者接受，而且它是有意识地表明了这种立场，并反对其他的立场。

3. 问题中的独特立场被提出，被拒绝，但问题自身并没有被质疑。比如政客的导致了失业的原因的说明被拒绝了，但是这个说明中的种族主义问题没有被质疑。

4. 潜在的问题被有意识地声明和拒绝。①

媒介似乎从属于摇摆的两极。一段时间里，这一领域为某种理论如使用与满足理论所主宰，认为媒介对于受众几乎没有或没有直接的效果，下一阶段，钟摆走向了控制性理论，如近年的银幕（screen）理论认为，文本对于主体的立场具有完全的效果。为了避免这两极，需要发展一种理论，给予文本和受众同等的分量。特定文本可能为读者以不同的方式解读，文本的特征无法保证意义的生产，如斯蒂芬·尼尔（Steve Neale）说的，文本缺乏宣教性的符码在一定的环境中可能产生宣传效果，相反，文本所具有的宣传模式可能被它所运作的语境所拒绝。② 但是，解释并非任意的，而是从属于文本自身所包含的限制。文本特征确实具有效果，但其效果不是绝对的。

莫利不赞同银幕理论，主张解读意义的建构性和再生产性。莫利指出，主导意识形态的再生产必须接合它的言说对象的常识和文化的既存形式，即是说，从属群体并非在不受限制的空间中，不受拘

---

① David Morley. *The Nationwide Audience: Structure and Decoding.* British Film Institute, 1980, pp. 146—147.

② 同上，p. 148。

束地生产他们自己的文化生活和形式,如巴金说的:价值不是以机械的方式强加于人,人们在复杂的社会所产生的价值范围内通过选择活动行使其意志。同时,个体并非完全通过个人的视角构造他们的社会世界,他们并非完全不依赖于公共意义系统中的组织化的概念。① 也就是说,个体并非被动地构造意义,但也不是完全自由的,这一过程充满矛盾,受制于作为资源的可得的文化形式。亨利(Henry)区分了社会构成中的位置(locus)和话语中的立场(position),指出了位置对于立场的决定性。他说,经济的、体制的和意识形态的因素决定了社会结构中的个体所占据的位置。这些元素构成了个体话语生产的条件,也构成了他能够接受的解释的条件。通过这些条件,一个既定个体能够采纳的立场的范围和类型就被决定了。②

文化研究引入葛兰西的霸权这一概念也是意图避免让人以为文本是完全开放而任由读者诠释的。受众制造意义,远非随心所欲,而是对生产者已经以特定方式组织的材料做出的回应。因此,文本的意义究竟何为,必须考量它是在什么样的环境里,接触了哪些话语,也要考量,这个接触将会如何重新结构文本的意义,以及文本所触及的话语。受众是个体性地存在着的,但个体又存在于亚文化群体中,分化的社会集团的生存方式和意识形态定位了个体的解读。莫利指出,我们应该视受众为一个复杂的类型,包括了许多重叠的亚文化和亚群体,个别人物侧身其中。我们不能采取命定论者的立场,不能认为个人的社会位置,会自动地决定其概念和文化架构,但我们也应了解社会脉络提供资源并设定限制范围的方式,毕竟,个人凭借这些资源并在此范围内活动。特定亚文化的成员共享相同的文化资源,因此也就容易以特定方式解码讯息。这样,重要的问题是,竞争性的试图去质询主体的话语的力量关系:没有一种话语或意识形态能够假定具有最终的或完全的之于个体或社会群体的控制性,电视节目中的主导性的意识形态意义对于受众并非具有即刻的和必然的影响。对于某些受众,节目的符码和意义或多或少地对应于他们已经栖居其中的体制的、政治的、文化的和教育的状况,节目中的主导性阅读

---

① David Morley. *The Nationwide Audience: Structure and Decoding*. British Film Institute, 1980, p. 151.

② 同上,p. 158。

可能很契合,能够被接受;对于另外一些受众,"全国"中的意义和规定(definitions)会在某种程度上冲突于他们身处其中的体制和话语所产生的意义和规定——比如工会会员或者越轨(deviant)亚文化——结果就是,主导性的意义会被协商或抵制。莫利得出结论是,个体总是处于交互话语之中,这就是源始性(original)的质询,它构造了一个空间,其中,不断被质询的主体的集合体相互关联,每一个主体都是话语过程的构造物,或者说是话语实践穿越主体的整个历史的产物。①

任何个体都是众多话语(宰制性的和从属性的)的承担者和相互作用之点,就如在意识形态层面存在着阶级斗争那样,在个体的质询中也存在某种形式的斗争。在相对稳定的时候,个体能够把对立性的话语变成差异,但在危机时刻,就变成两三个冲突性的话语的博弈,其中之一将占据主导。这样,莫利指出,主体(subject)就仅仅是为个体(individual)(作为法律的主体、家庭的主体等等)所产生的特殊的主体性(subjectivities)的复合性的接合(articulation)之产物,这就是为不同的文本阅读提供理论基础的意识形态话语场域中的差异性和冲突性的根本。

银幕理论借助拉康的精神分析方法,试图研究文本和阅读过程的关系,关注看电影或电视节目的意识形态的组织过程。但是,不是对特殊的观看过程的研究,精神分析倾向于从视觉文本的结构分析中,推断受众的反应。它关注受众立场被文本形式所组织的方式,而很少关注实际的受众与镶嵌于文本中的受众的关系。实际的受众可能被邀约去采取文本中的立场,但这些受众从来不是单一文本的主体,他们也是其他社会历史过程的主体,这些社会历史过程会影响到他们之于文本立场的关系。在莫利看来,精神分析的问题,是它关注的是主体(subject)自身,而非特殊形式的主体性(subjectivity)。霍尔批评说,这种主体是被概念化为超历史的和普遍的:它说的是一般的主体,而非被历史因素决定的社会性的主体,或者社会性地决定的特殊的语言。银幕理论的模式,尼尔(Neale)概括为"抽象的文本—主体关系"(abstract text-subject relationship),其中,主体仅仅联系于单个文本,其关系是镜子式的。巴金从社会学批评了这种抽象关

---

① David Morley. *The Nationwide Audience:Structure and Decoding*. British Film Institute,1980,p. 160.

系,但在他那里,人口统计学的、社会学的因素如年龄、性别、种族、阶级立场等,被视为对于主体的差异性解码具有直接的决定性,他没有具体考察它们如何干预了交流的过程。需要思考的问题是,结构在文化环境的层面上,对于行为是如何变成意义之源和决定性因素的。宏观因素要通过文化环境(milieu)再生产自身,这就需要构造一个模型,其中,社会主体被许多话语所质询,这些话语中的一些是平行的并相互加强,一些则是冲突性的,或者阻止或者扭曲了主体为其他话语的质询。我们不能设想单一的、实体化的隔绝于其他话语的文本主体(text-subject)关系,我们也不能把社会学、人口统计学的因素直接地嵌入传播过程:这些因素仅能够通过它们接合着的话语的作用产生影响。主体构造的交互话语的观点,多重和矛盾地质询的观点,打开了文本和主体之间的空间,主体不再局限于任何特殊的质询,这样就为主体的走向意指链条的其他关系而非"规定性过程"(regulated process)提供了理论空间。因此,莫利指出,文本和主体的关系是经验性的需要调查的问题,而非从铭刻于文本中的理想的受众推演出来的先验问题。如麦克科比(Maccabe)强调的,在某个既定的社会语境中分析一部电影与受众的关系,与数人头毫不相干,它是一个方法论问题,而非理论原则。挑战在于,开拓适当的经验性地调查那种关系的方法。①

在当代传播学中,受众这一概念区别于读者或旁观者(readership or spectators),它联系于剧院和现场音乐会,也指电影和电视观看者。受众问题争论的焦点在其社会构成和传播的效果问题。20世纪70年代的媒介研究,偏重文本及经济结构的分析,预设了文本及经济结构强加本身之效力于受众。过分集中于文本分析,其消极后果是忽略了文本意义生产的场域,忽视了人们的日常生活,另外一个消极面是,在许多学术性的文本中,都隐含着某种精英主义态度。20世纪80年代以来,从文化研究内部发展而来的受众研究,挑战了这种精英主义立场,关注受众的日常文化实践。在《受众研究的五种传统》中,两位作者把这一领域分为五种主要的研究取向:效果研究、使用与满足研究、文学批评、文化研究、接受分析。作者指出,这五种研究取向越来越倾向于认为受众在使用和解释大众媒介

---

① David Morley. *The Nationwide Audience:Structure and Decoding*. British Film Institute,1980,p. 162.

的讯息时具有能动性和选择性。换言之,受众不是从媒介得到讯息,而是将各种不同的意义赋予媒介文本。在受众的活动中,"释入义"(eisegesis)也许是比"释出义"(exegesis)更为重要的方面。同时,社会语境也被当作一个重要的方面加以研究,如同型塑了媒介和接受者之间的互动一样,它也型塑了受众、大众媒介的风格和体制。① 泊迪(Pertti)把文化研究中的受众研究分为三个阶段,一是接受研究,代表人物是霍尔。二是受众人种志,代表者为莫利及受到其影响的霍布森(Hobson)、洪宜安、凯茨(Katz)和雷宾斯(Leibes)等人,是经验性的受众分析。第三阶段是建构主义方法。1980 年代受众研究开始质疑人种志的前提预设,认为并没有某种被称之为受众的东西存在于那里,应该认识到,受众是某种特殊的分析性视角的话语构造之物。②

莫里的《全国受众》的重要意义,在于证实电视文本具有复杂的多义性,在文本意义决定的层面上,文本外部元素的重要性。莫利反对古典马克思主义的传统分析模式,认为它倾向于独尊生产领域的研究,其弱点是对消费的众多问题视若无睹,因为,唯有放在流通与交换领域,关于生产的研究才能落实,他极力主张,关于消费的研究,是完整了解生产所必不可少的。莫利在实证性的研究中反驳了银幕理论,修正了巴金的理论假设,他的结论是,人实际上是积极而活跃地实践文化的,不能从他人的阶级、种族、性别与性向等等,直接推论他或她会如何解读某个特定文本,虽然这些因素可以告诉我们,他可以近用哪些文化符码。莫利的研究表明,为了理解受众对信息的解释,我们必须考察媒介内容和受众的社会背景和经验。他的研究也质疑了霍尔的模式,发现社会背景和经验不必然地决定人们对媒介内容的理解,社会阶级单独不能充分地解释不同的受众反应,相似阶级背景的人有时产生不同的反应。在研究中,莫利放弃了简单化的阶级位置和意义解释之间的对应,引入其他的社会轴线如年龄、性别、种族等,并把人们理解媒介的能力也纳入其中。莫利的研究经常被比拟拉德威(Radway)的著名的对妇女阅读浪漫主义小说的研究,事实上,莫利也受到拉德威的启发。拉德威发现,妇女阅读浪漫小说

---

① Klaus Bruhn Jensen and Karl Erik Rosengren. "Five Traditions in Search of the Audience", *European Journal of Communication*. 1990,5:207.

② Pertti Alasuutari. *Rethinking the Media Audience*. Sage Publications,1999. pp. 2—6.

是为了反对特殊社会中强加给她们身上的各种要求。她们的阅读是为了伸张一种独立,不再响应她们的丈夫和孩子的要求。阅读行为的意义,在某种条件下,冲突于、削弱或适合于生产某种特别类型的社会。① 莫利的研究激发了一系列类似的考察某个节目与特定人群接受的关系的研究,如霍布森、洪宜安对女性电视受众和阅读的研究,马瑞(Marie)基于人种和代际对十多岁少年的研究。随着经验性研究的急剧增多,在整个接受研究范式中,一种新的受众人类学范式出现了。泊迪总结这一研究领域的特点,首先,兴趣从常规的政治走向了身份政治,特别是性别问题。其次,对节目内容的兴趣减退之后,更多的重点是放在媒介的功能上,这可视为使用与满足模式的复活。但不同的是,新的受众人类学研究重点在于电视作为交谈的社会性资源或者家庭生活中的电视使用作为性别权力关系的再生产。第三,研究者开始从受众的角度看接受,把节目和媒介的使用联系于生活,研究日常生活中的媒介的角色。② 菲斯克评价莫利的研究时说:"莫利这部著作有助于把人种学确立为研究电视及其受众的有效方法。人种学研究的是人们如何对待自己的文化。对我们来说,其价值在于:它的研究重点从文本和意识形态结构的主体转向了社会和历史环境中的人。它提醒我们,实际观看和欣赏电视节目的,是真实环境中的真实的人。它承认无论人们的社会构成如何,他们之间是有差异的。"③

莫利的研究产生了很大的影响,但也招致了很多批评。特纳(Turner)批评莫利说,全国受众欠缺团体之内的个别访谈,我们对于那些受访者的回答,也就应表示怀疑,因为团体访谈本身,就可能引发每个团体成员之意见趋向一致,并且莫利的访谈实况,可能也强化了这种趋向一致的倾向。但莫利主张亚文化对于个体的限制性意义,他反驳说:"我们切莫认为每一个人有若游牧民族一般,他们的意见是在隔绝孤立的环境中结晶呈现,更不能以为这些意见是在社会真空状态下产生的。"④

人种志的经验性研究的可贵之处,是可以让我们的诠释保持对

---

① See Martin Barker and Anne Beezer. *Reading into Cultural Studies*. Routledge,1992,p. 137.
② Pertti Alasuutari. *Rethinking the Media Audience*. Sage Publications,1999,p. 5.
③ 约翰·菲斯克:《电视文化》,商务印书馆,2005年,第89页。
④ 戴维·莫利:《电视、受众与文化研究》,台北:远流出版事业股份有限公司,1995年,第32页。

于具体事情的敏感度,经验的具体性,正是生发新的知识和典范之所。但拉德威批评说,民族志学研究陷入极度的"窄化环境之中",研究者专注于某个媒体或类型,没有介入另外一种文化,而只是身陷一个人为、断裂的片段环境之中,这是一个致命的研究缺陷。观看电视的实践活动与所有其他活动分割开来,而这些活动才是促使观看电视成为有意义的活动的。① 倪婷格尔(Virginia Nightingale)则反对把民族志学应用于媒体研究之中,因为民族志学仅仅只是描述对象,而不具有批判性,因此完全不适合文化研究的政治目的。而且,文化研究者在面对他们所研究的对象时,时间非常短暂,甚至只有一个或半个小时的家庭访问。这么短的时间几乎不可能了解研究对象的日常生活的结构,正是在这一结构中,其观看电视的行为发生着。而且在这种研究中,将研究员的解读当作真实的解读,并不确切。实际上,受访者对文本经验的描述,是与研究者共同合作的结果。②

哈特利认为,受众的分类范畴,只是一种虚构,出自那些为受众说话、研究受众、尝试吸引受众以及试图规范与保护受众的动机,这种研究来自评论者、学者、电视工业和广电管理机构。"全国"受众主要由三种机构发明出来,即以话语方式建构电视的机构即学术界,新闻界和压力团体;电视工业即广播电视网,电视台及制作人员;政府法律系统的关联机构。这些机构以他们的需求为依据,生产出非常不同的受众观点。比如,效果研究是企图建立一个电视受众的"共识观点":电视受众孤独无助,完全受到电视破坏力量的操纵。这种观点的目的,是为了使电视媒体的精英主义式学术批评取得一定的合法性。而电视工业则大肆批评这种观点,因为他们的利益受到了这种观点的威胁。莫利的受众是从其研究计划中生产出来的隐形虚构,其本身只是学术研究的话语产物。③ 约翰·塔洛克也说:"实际上不存在受众这样的东西;人们必须记住,受众首先是由具体分析考察所形成的一种话语建构。"④也就是说,受众是在特定的环境,基于特定的研究意向所选定的特定的群体,这本身就导致了其结论的有

---

① Janice Radway. "Reception Study: Ethnography and the Problems of Dispersed Audiences and Nomadic Subjects", *Cultural Studies*. 1988,2:3,pp. 359—376.
② 格雷·透纳:《英国文化研究导论》,台北:亚太图书出版社,1998年,第185页。
③ 同上,第189~191页。
④ 约翰·塔洛克:《电视受众研究:文化理论与方法》,商务印书馆,2004年,第47页。

限性,局限了其普遍意义,如有学者指出的,"接受分析当前面临着一个方法论上的困境:当它试图对传播过程进行富于理论意义的研究时,其结果难以重复。事实上,它很难在超越小群体研究的层次上实现概括化"①。但客观地说,莫利对于这一点是有自我意识的,他在书中一再说,他的研究对于其他的族群和阶级是否有效,是存在疑问的。

对于在传播过程中意义是如何产生的这一问题存在两种分析模式,即符号学和社会学的,前者分析文本、信息和节目的内在结构与机制,认为是这些机制引来了某些解读方式并阻碍了其他方式的解读。后者认为,是读者的文化背景决定了解读的意义。莫利所做的关于"全国"的两个项目的研究,就是分别在这两个方面展开的,一是从节目本身的形式分析其意识形态,二是分析受众的社会背景与其解读的关系。但我们看到,莫利并未有效结合这两种分析模式。

20世纪50年代和60年代的美国行为主义研究方法认为,媒介信息的刺激会引起相对等的反应。20世纪70年代出现的使用与满足理论则认为,受众是以积极的方式使用媒介。英国文化研究打破了这种研究传统,研究的注意力从效果转向意识形态,借助结构主义和霸权概念,提出受众对于意识形态化信息的反应的可能方式。此后,托尼·本内特(Tony Bennett)质疑了文化研究早期对阶级和霸权概念的强调,菲斯克则借用福柯的权力概念和布尔迪的趣味概念,认为受众操作在一个相对自律的文化场域,对抗着媒介产品中的意识形态意义和效果,媒介因此成为制造抵抗性文化身份的场所。麦克盖根批评菲斯克的乐观主义忽视了媒介所有权和生产问题,文化民粹主义忽视了政治经济学。到鲍德里亚,媒介的形象世界和真实世界没有差别,媒介内爆入真实之中,在这样的世界,讨论原因和结果、积极和消极的受众就没有意义了,媒介受众研究似乎应走向终结。

电视观看与文化权力

在前一项目的研究中,莫利把电视观看抽离其产生的"自然"环

---

① Klaus Bruhn Jensen and Karl Erik Rosengren. "Five Traditions in Search of the Audience", *European Journal of Communication*,1990,5:207.

境,把节目呈现给选定的受众,以分析其解读。后来莫利发现,这种设计有悖于电视观看的实际,于是他把电视观看放置在现实环境中,这就是《家庭电视:文化权力与家庭休闲》这一项目的研究目的。在这里,电视观看不再被视为孤立的个体的行为,而是被视为社会性的集体性行为。在家庭语境中,人们并非被动地看电视,而是使用电视。莫利认为,电视观看结构了家庭关系,观看电视常常伴随着争论、评价、讨论等活动,它被一系列其他的行为和交谈包围着。围绕看电视,习惯上的程序和仪式、规则和原则的复杂网络形成了。选择看什么、何时看、开关的控制等问题,都是沿着横切了所有家庭权力关系的轴线而得以解决,性别是型塑这一领域的最主要原则。从另外的角度看,我们不是单一身份的观看者,不是只看一个频道、接受一种影响,我们是不同的受众,能够为不同的节目所结构。我们有能力调动关注的不同层次和符号,发动我们观看中的不同能力。在一天的不同时间里,对于家庭的不同成员,不同的观看模式具有不同的意义。莫利研究观看的社会语境中,这些不同因素之间的不同图谱(mappings)。图谱展示的,是意义、愉悦、使用和选择之间的相互关系。

莫利反思了以前工作的三个方面的局限:一是,"全国"的受众研究是访谈外在于家庭的人群,也就是说,不是在他们的"自然的"观看环境中;二是,"全国"项目没有注意到,同一个人在看不同类型的电视节目的时候所做出的矛盾的解码的本质;三是,应该再精炼这种理论,考察特别节目的风格类型和特殊的受众亚种类之间的关系。①

这里第二个问题即是引起诸多争论的主体位置和主体立场的关系问题,这就要看一个人从他的文化位置所允许的有限的文化资源中是如何产生意义的;深层结构,比如阶级立场,对于文化实践是否产生了直接影响,即既定的深层结构是如何运作在具体的语境中的。我们不能从一个人的阶级、种族、性别、性向等,推论出他该如何阅读某个文本,虽然这些因素确实表明了他能够近用的文化符码。第三个问题说的是,电视的形式需要受众具有一定的知识能力,要弄清楚特定的观点之所以做出的背后的框架及其特定的规则。这些文化能力是不平等地在社会中分布的,是通过家庭的社会化和教育而达成

---

① David Moreley. *Family Television:Cultural Power and Domestic Leisure*. Routledge,1988, p. 40.

的。本项目的研究就是要找到这样的证据,即特殊类型的节目能够特别强烈地吸引着特定受众中的亚群体。因为脱离了电视观看的实际环境,莫利反思,在"全国"项目的最后,他们得到的一系列对于材料的反应对于调查对象并非是主要的,因为这些材料是人为地呈现给他们的,更重要的问题应该是,什么类型的节目他们喜欢看,什么类型的节目他们不会看。

这本书是1985年春天在独立广播机构(Independent Broadcasting Authority)的资助下的一个试点研究项目,调查来自不同背景的家庭电视观看行为。对象是传统的核心家庭,父母与未成年的孩子一同生活,所有家庭都是白人,都生活在伦敦内城(inner London),都是工人阶级和较低等的中产阶级家庭。这一项目考察两个核心问题:在不同的家庭里电视是如何使用的,电视节目是如何为其受众所解释的。这两个问题在此前的研究中是分开的,一个关系到语言符号学,另一个关系社会学的休闲研究。以前的工作偏重于两个问题的某一方面,实际上,这两个问题相互关联,受众如何理解他们所看到的,相关于观看活动发生其中的社会语境。莫利试图把这两者结合起来,因为电视观看行为只能在整体的家庭休闲活动的语境中得以理解,忽略了这个语境的受众研究,自然也就不能了解哪些重要因素,决定了收看的选择及反应,以及白天与晚上的家庭之内,权力、责任与控制分化的问题。看电视绝非个人自由意志的行为,而是关系到客厅的政治学,这就关系到权力问题。家庭关系一如所有的社会关系,必然都包含了权力关系。另外,要了解电视的使用,则必须将看电视的行为,放在其他竞争而又互补的休闲活动中,一起观察与研究,因为人们看电视之际,同样也从事这些活动。

莫利的理论预设是,电视观看是发生在家庭语境之内的社会性的而非个体性的行为。电视是用来使用的,不是用来观看的。也就是说,电视的观看行为卷入家庭活动之中,其中包含着权力、表达、沟通、规则、聚合等关系。比如,成人总是用看电视作为惩罚或者奖励孩子的工具;丈夫对妻子生气,他以观看体育节目表示报复,因为他知道老是看体育节目会激怒她。人们还可以用电视来对付来自外部世界的压力和限制。与另一个家庭成员一起观看自己并不喜欢的节目,仅仅可能是试图与其交流。观看节目或者是为了第二天工作时的谈资,为了使自己不被同事排挤。电视还可能用于构造一天的时间,调节家庭行为,诸如吃饭时间、睡觉时间、家庭作业的时间等等。

电视节目可以服务于家庭成员以解释问题、作为例子和立场以阐明观点。电视节目还可以作为主人和客人沟通的背景。通过共同观看节目,家庭成员一起大笑、悲伤、愤怒或激发智力,家庭的团结就构成了。有些时候,电视节目能够凝聚家庭成员的关系;有些时候,观看某些节目则会疏远家庭关系。家庭角色、家庭关系与电视处于相互构造的关系之中,在父亲、母亲和孩子的各种活动和关系中,电视扮演着重要的功能。

  此前大多数电视研究只是定量地研究什么类型的人、多少人在观看特殊的节目,以及有何种程度的注意度。这种研究方法忽视了电视使用的语境,没有关注个体选择节目的原因,而且,不同的受众使用电视机的差异从未提出。莫利认为,看电视不能被假定为单维度的、在所有时候对于所有看电视的人是具有同等意义的行为,看电视必须联系于更大的环境诸如生活风格、工作职位以及广播电视的日常安排等因素,要分析的是,电视观看中的家庭内部成员之间的差异,以及不同社会和文化环境中的家庭的差异。只有在实践行为的语境中,个体的选择和反应才能得以理解。理论上,这一项目要关注的问题,(1)更完全更灵活地理解受众与电视节目的关联。联系不同种类的观看者的生活方式和文化背景,构造差异性的欣赏指数(appreciation-indexes)。(2)理解个体选择和反应的特殊的社会和文化语境,致力于特殊的社会群体的比较研究,看其频道选择和节目类型的忠诚(commitment)。在具体实践中,这个项目要调查的是,不同社会处境中的家庭之间的差异,以及有不同年龄孩子的家庭之间的差异:(1)在家庭电视机的使用中,变异情况日见增加,不单是用来接收电视讯息,而且是用来玩电动玩具、无线电玩等。(2)对于不同类型的节目,不同的反应及支持类型。(3)家庭内的电视使用之动态关系;家庭成员如何表达与协商看电视的选择过程;在一天的不同时段,特定家庭成员各有不等权力选择收看的节目。① 研究的目标是:(1)补充既存的测量数据;(2)深化理解何种类型的社会群体具有何种类型的观看;(3)结合节目类型,理论化欣赏的概念。② 概而言之,考察节目类型、家庭环境和文化背景等因素如何与家庭观看行为

---

 ① David Moreley. *Family Television: Cultural Power and Domestic Leisure*. Routledge, 1988, p.50.

 ② 同上,pp.16—17。

和反应的动力机制的相互影响,目的是构造在家庭休闲语境中的更为理论化的观看的行为模式,为更大范围的样本研究提供基础。

1985年春天莫利访谈了18个家庭,开始是访谈父母,然后他们的孩子参与进来。访谈持续1到2个小时,录音然后全部抄录以用于分析。访谈的材料显示,性别在家庭里很重要。性别差异影响了如下几个方面:节目选择的权力和开关控制;观看风格;计划和未计划的观看;观看数量;与电视相关的谈话;录像机的使用;单独的观看和负罪的愉悦;节目类型偏爱;频道偏爱;全国的与本地的新闻节目;喜剧偏爱等。经过材料分析,莫利得出结论,在英国社会中,"性别关系的主导模式是,家庭对于男性来说主要是休息的据点,它区别于他们在家庭之外的工作时间,但家庭对于妇女来说是工作的领地(不论她们是否在外面有工作)"①。这就意味着,男性能够全身心地看电视,而妇女基于她们的家庭责任感,只能三心二意地带着负罪感看电视,而且,随着公共娱乐的衰退,家庭急剧演变为休闲领地,这种差异具有更大的意义。

具体看性别差异在电视观看中的影响:

节目选择的权力和开关控制:在观看选择发生矛盾时,男性在许多家庭里具有绝对的决定权,在有自动遥控器的家庭更是如此。在这些家庭里,没有一个妇女会常态性地使用自动遥控器。许多妇女抱怨,当她们想要看别的节目的时候,丈夫着迷地使用着自动遥控器,不断地转换频道。莫利因此猜测,自动遥控器是父亲的象征性占有物(父亲不在的时候,则是儿子拥有),它凝缩着权力关系,似乎是中世纪权杖的遗留物。

例外的情况是,丈夫失业而妻子在工作,男人会让其他家庭成员去看他们想看的,录下他自己想看的以便更晚的时候或第二天再看,这是因为他的时间比其他有工作的家庭成员更为灵活。因此,男性权力并非基于生物特性,而是基于男性气质的社会性规定,这种意识形态认为,工作是必需的,男人是养家糊口者。

另一个需要注意的问题是,这个研究建基于人们对自己行为的陈述,而非对他们行为的直接观察。许多男人在表明他们是一家之主时显出某种焦虑,这种焦虑或许说明,他们的家庭权力是脆弱的、

---

① David Moreley. *Family Television: Cultural Power and Domestic Leisure*. Routledge, 1988, p. 147.

不保险的,不是固定的永久的占有物,这可能是遥控器对于他们的占有权具有象征的重要性的原因吧。

观看的风格:男性和女性的观看行为具有很明显的差别。男性一般是没有中断地看电视,为的是不放过任何细节,他们对妻子和女儿看电视的方式表示不解。妇女把看电视视为互动的社会行为之一,包含连续的谈话,常常同时伴随着至少一种家务活动如熨衣服等。许多妇女觉得,仅仅看电视而不做其他的事情是不可原谅的浪费时间。只是偶尔,单独或者与其他妇女朋友在一起的时候,她们竭力寻找这样的机会去看她们喜欢的节目。妇女说,她们的丈夫常常要她们闭嘴。男人难以理解的是,他们的妻子为何同时做着其他的事情还能够跟上节目。布里斯顿认为,妇女并非不想投入地看电视,而是她们的家庭位置使得她们不可能做到这一点,除非其他的成员都"被解决好了"①。

计划和未计划的观看:整体上,常常是男人查看报纸计划他们的晚间观看,很少有妇女去做这件事,许多妇女抱着可看可不看的态度,如果错过了某个节目也并不关心。

观看的数量:在许多家庭,配偶双方都承认,丈夫看电视的时间远多于妻子。莫利的调查结果可能与某些调查相冲突,人们一般会认为,妇女看电视的时间比男人多,而莫利认为,这是因为在大多数家庭里,妇女待在家里的时间比较多,因此作为观看者的时间就比男人多。但是妇女的观看活动是非常琐碎的,不像男人那么投入,这部分是因为,除了肥皂剧,很少有节目是她们真正喜欢的,部分是因为她们看电视的负罪感,为家务所包围,使得她们难以投入地看电视。这样,如果仅仅考虑数量,许多妇女可能有更多的时间看电视,如果考虑的是观看的注意力程度,她们报告的观看时间要比男人的少很多。

与电视相关的谈话:妇女很少会不情愿地承认她们与朋友或同事会谈论电视,但很少有男人承认这一点,可能是,他们感到承认看太多电视会质疑他们的男性气质,唯一的例外是他们愿意承认他们谈论了电视里的运动节目。这里关系到节目选择的性别问题。这个问题也与这一事实相关,即女性比男性更善于表达。这样,即使妇女

---

① David Moreley. *Family Television:Cultural Power and Domestic Leisure*. Routledge,1988, p.152.

观看的更少，她们倾向于比男人更多地谈论电视。

科技即录像机的使用：没有一个妇女自己会操作录像机，她们都依赖丈夫或孩子。流传已久的观点认为，这是她们的文化形式影响的结果，即对于机器一般是"无知的"或"不关心的"，录像机如自动遥控器，是父亲和儿子的私有物，主妇无能力使用录像机，阴柔的女性有赖阳刚男性的帮助。但考虑到妇女能够熟练地操作复杂的家用电器这一情况，如格雷（Gray）说的，一些妇女可能发展出一种算计的无知（calculated ignorance），免得操作录像机变成另一个期待她们去做的家务活。① 莫利的研究与拉德威的研究契合，即家庭对于妇女来说，缺乏休闲的时间和空间，而妇女阅读罗曼史小说则是一个宣言，表明这是自己的休闲时间，不应受到打扰。

独自观看和负罪的愉悦：许多妇女说，当其他家庭成员不在的时候，她们最大的愉悦就是能够看一场飙泪剧，或者她们喜欢的连续剧。只有在这个时候，她们才能够从家庭责任中解脱出来，像她们的丈夫那样投入地看电视。

整天在家里的妇女实际上有机会独自看电视，但对于她们中的很多人，白天看电视被视为一种毒品，她们有负罪感，因为妇女把家视为工作而非休闲场所，看电视受限于罪恶感和责任感。但是，大多数妇女在看电视中感受到了愉悦。很多妇女承认，戏剧和肥皂剧是糟糕的表演，或是不重要的，这就是说，她们接受了男性霸权定义她们的偏爱为低俗品味。既已接受这种说法，在节目选择发生冲突时，她们发现很难为其偏爱争论。对付这种状况的办法，是只要有可能，就独自或与其他妇女一起看她们喜欢的节目。

节目类型偏爱：调查发现，男性主要偏爱事实类（factual）节目如新闻、实事、纪录片等，妇女喜欢虚构类（fictional）节目。在这个问题上，男性和女性的回答很一致。

频道偏爱：大体倾向是，男性偏爱 BBC，而非 ITV，妇女则相反。这与 BBC 的形象是教育性的，ITV 是娱乐性的有关。

全国和本地新闻节目：上面提到，男人而非妇女喜欢新闻节目，但这个模式在涉及本地新闻的时候发生了变化，许多妇女声明喜欢本地新闻。她们给出了合理的解释：她们不理解英镑的上涨和下降

---

① David Moreley. *Family Television: Cultural Power and Domestic Leisure*. Routledge, 1988, p. 159.

是什么意思,对其生活也没有具体影响。但是,如果在本地有犯罪行为发生,她们感到为了她们自己也为了孩子,需要去了解。本地新闻节目对于她们的家庭责任具有实际的价值,这是她们愿意观看的原因。

喜剧偏爱:很多妇女非常反感古怪的喜剧风格,相反,丈夫、儿子和十几岁的女儿都喜欢这类喜剧。原因是对于妇女,维持家庭秩序是她们的主要责任,这种喜剧风格被视为某种侮辱,它的前提是,家庭失序是富有喜剧性的。

男女在电视观看行为中有诸多差异,莫利指出:"我们不能只是将男女看电视的差异,当作既成的经验性事实看待,我们其实应该探究,家庭内的权力关系之结构,究竟如何建构了这些差异。"[1]性别差异并非基于男女天生具有的生物性特质,而是基于男女在家庭中的社会角色并不相同。

莫利发现,电视节目的选择很少基于个人,而是基于家庭氛围中的一系列其他的因素。结果是,电视观看并非直接地关系于节目的意识形态立场的接受,甚至不关系于对特殊电视节目的喜爱。文本的特征可能是电视观看行为中最不重要的。家庭成员并非以同样的方式观看电视,对于不同形式的节目,也并非投以同样的关注度,比如母亲就是以管理者或监督者的身份看电视,而父亲则是以游戏伙伴的身份(playmate)与孩子一起看电视。

家庭折射的是社会的结构,唯有透过微观的过程,方始有可能复制、再生产宏观的架构,这就是莫利研究家庭的原因,他援引吉登斯的话说:"结构并不是外在于行动之外的东西,而是说,结构乃是透过日常生活的各种具体活动,再生且复制的,我们如果想要分析结构,则必须将它当作是历史过程所形成的动态东西,是可以修正的——结构经由行动而建构,一如行动受制于结构。"[2]这个项目主要调查的是工人阶级和低等中产阶级白人家庭,莫利对自己的调查对象和调查结论的局限性是非常明白的,因为没有其他种族、其他阶级的家庭作为对照,所以无法发现家庭内部看电视的种族差异和阶级差异,而只有性别差异显示其中,即男性的霸权和女性的从属地位。可以看出,事先设想的问题在调查后并没有完全得到答案。出现这种结

---

[1] 戴维·莫利:《电视、受众与文化研究》,台北:远流出版事业股份有限公司,1995年,第228页。
[2] 同上,第35~36页。

果,其原因是可以理解的:理论预设建立在此前研究的基础上,但具体的调查数据限制了理论演绎的方向。但这也不能完全成为辩解的理由,因为莫利在研究中并没有按照事先的设想去获取数据和信息,导致理论预设无法证实或证伪。

　　莫利的研究表明,看电视这一活动并无统一的、单维度的对所有看电视的人是同等的意义。约翰·朗格说,在莫利的研究之后,"作为具有连贯的身份、不可改变的偏好、单一的观看习性、以一致性呈现给电视文本的受众概念不再存在了。"如果有什么问题的话,朗格说,莫利没有把电视的家庭使用联系于更大的历史性的、体制性的或文化性的语境。家庭电视观看再生产了性别权力关系固然重要,但同样重要的问题是,电视在组织这些关系以及其他的诸如同龄、友谊、代际关系中是如何变得重要的。① 魏乐门也批评莫利,说莫利建构的抵抗空间、交互话语场域,只是内在于家庭之内,忽略了此前资本主义文化生产的强大动力早就发挥了结构性力量,设定了所有重要疆界,限定了人们在这些结构之内的所作所为。② 马克·赞克维奇(Mark Jancovich)则批评"莫利忽视了各种行为之间的关系,没有看到电视建立社会的、文化的和政治的议程的文本化过程"③。赞克维奇指出,莫利在做"全国受众"这个项目的时候,他的局限是,他不能在家庭之内做访谈,以便看家庭环境可能影响解码的过程,而"家庭电视"这个项目的局限就是,他并没有集中分析受众之于特殊文本或某类文本的解码,以便考察这些受众之于媒介文本的不同意识形态立场。"家庭电视"忽视了媒介结构和文本对于家庭的影响,这样,这一研究冲突于莫利自己的理论和政治立场,太过集中于受众的行为和消费过程,而没有把这些行为和过程放置在更大的生产和消费的传播过程中。④ 赞克维奇指出,莫利反对生产优先于消费的观点是正确的,但是在"家庭电视"这个项目中,他冒着把消费置于生产之先的危险。只有把消费联系于生产的时候莫利的工作对于文化研究才是重要的,但这个工作在近来被他自己和其他人忽视了。"家庭电

---

　　① John Langer. "Book Reviews: Family Television: Cultural Power and Domestic Leisure", *Journal of Sociology*, 1989:25:128.
　　② M. Alvarado and J. O. Thompson. *The Media Reader*. British Film Institute, 1990, p. 109.
　　③ Martin Barker and Anne Beezer. *Reading into Cultural Studies*. Routledge, 1992, p. 136.
　　④ 同上,p. 139。

视"这个项目的问题,他指出,是忽视了媒介的宰制和控制的形式,过多地强调了受众行为的重要性;对马克思的机智阅读支持了莫利,但是,在"家庭电视"这个项目里,对这些不同层面的关系的分析是不明确的、模糊的,需要进一步说明。文化的政治经济学分析和受众研究之间没有必然的冲突,实际上,任何充分的文化政治经济学分析必须考虑到市场被结构和分割的方式,以及不同的文化产品生产给不同受众的方式。①

对于这些批评,莫利在与斯维尔斯通(Silverstone)和赫希(Hirsch)合作的项目"资讯与传播科技之家庭使用"中有所回应,他们不再仅仅分析消费者的创造性使用的能力问题,而是分析这些能力的运作环境:(1)消费这些文化产品形式所需的形象及物资资源,其本身的分布并不均衡,以及(2)诸如此类的消费实况,并非在真空中运转,强有力的设计、行销、广告及教育等已然设下了它们的运转环境。② 也就是说,莫利认识到,电视研究应该结合宏观分析和微观分析,把更大的问题如意识形态、权力与政治并联,与日常生活中的电视消费、使用与功能合并分析,其目的,"一方面了解看电视是一种仪式功能,足以赋予家庭内部生活某种结构,足以提供某种参与全国社群的形象模式;另一方面,我们可以将看电视当做是一种消费与生产的积极主动之模式,并将看电视的过程,当做是运转于意识形态的阵脚中"③。

莫利"家庭电视"项目研究的意义在于,文化文本的效果分析需要联系于它们的消费语境,文化分析家不能简单地从文本结构的分析推论这些文本之于受众的意义。这不是要否定文本的结构分析,而是这个分析只能被视为文化分析的一个方面。在高度肯定了莫利的研究之后,赞克维奇指出,遗憾的是莫利和其他的受众研究对于电视研究之外的影响很小。大多数电影和文学研究,抱持的是抽象的受众和读者概念,甚至读者反应批评都是这样,其原因很多是体制性的,但这些体制性的原因也关系到知识分子文化。最明显的是,这种研究缺乏资金支持,莫利的研究就经常缺乏资金,这种情况还因为人

---

① Martin Barker and Anne Beezer. *Reading into Cultural Studies*. Routledge,1992,p. 143.
② David Morley and Roger Silverstone. "Domestic Communication—Technologies and Meanings", *Media Culture & Society*,1990,12,31.
③ 戴维·莫利:《电视、受众与文化研究》,台北:远流出版事业股份有限公司,1995 年,第 426 页。

文科学和社会科学的区隔而更趋严重,历史地看,电影和文学研究被视为人文学科,但电视研究在社会科学中基础牢固。另一个问题是人文和社会科学的分析技巧的区别。人文学科的研究,特别是电影和文学研究,很少需要研究技巧,实际上,人文学科倾向于反对社会科学的经验主义方法。文学研究(电影研究模仿它)作为一个专业,把其研究客体定位于文本的语言过程,而非文本生产和消费的社会的、政治的和经济的条件,盛行多年的后结构主义批评仍然没有改变这种状况。[1] 应该说,这方面的问题不仅存在于西方,在中国当代的文学、电影和电视研究中,研究方法的相互隔绝也是相当明显的。

第二节　交互话语与主体构成

话语、主体与文本

1980年,莫利发表《文本·读者·主体》一文,这篇文章在此前受众研究的基础上,继续讨论主体构成与话语问题。莫利反对银幕理论所持的抽象的文本—主体关系。围绕期刊《银幕》形成的银幕理论引进拉康的理论看主体的构成。银幕理论认为,先前的其他话语与社会关系,对于主体的建构并无关联,主体在任何时刻只与一个文本发生关系。银幕理论把文本和读者的相遇孤立于所有的社会历史结构和其他的文本,它借助普遍性的心理分析过程,详细分析文本的运作,再根据拉康对弗洛伊德的解读,主体就被建构出来了。在这里,文本只是复制、再生或重生了与生俱来的主体位置。

银幕理论的关键是主体的构成与话语的关系问题,当代法国后结构主义的询唤概念是这一问题的核心。阿尔都塞从拉康那里借用了询唤概念,但有所改变。在拉康,询唤指的是婴儿变成主体的最初的心理过程,而阿尔都塞强调,意识形态常常通过主体的分类行使其功能,主体是话语性的种类,意识形态把具体的个体构造为主体。而且,他进一步推进拉康的观点,认为意识形态话语所询唤的个体常常

---

[1] Martin Barker and Anne Beezer. *Reading into Cultural Studies*. Routledge,1992,pp. 143—144.

已经在意识形态之中：个体常常已经是主体，未出世的小孩已经具有意识形态性的命运。也就是说，阿尔都塞把主体视为命定的，意识形态先在地结构了主体。拉克劳在借用询唤这一概念时比阿尔都塞走得更远，他把询唤定位在话语的游戏和斗争层面，把意识形态斗争放置在主体和话语的相互作用的关系之中，他的观点是，询唤不是给定的，而是条件性的和临时性的。意识形态是如何转变的？答案是：通过阶级斗争，而这又通过主体的生产和话语的接合和解接合（disarticulation）。拉克劳认为，话语能够把对抗和冲突转变为仅仅是差异，这就中立化了潜在的对抗。也就是说，询唤这个概念从拉康到阿尔都塞再到拉克劳，从心理层面的命定论，到意识形态层面的决定论，再到话语层面的条件论，主体在决定性上一步步地松绑。

拉克劳和墨菲批评了一种本质主义的观点，即个体和阶级是相互连贯的，其行为和意识反映了他们潜在的本质。他们认为，主体性远非人的行为和社会关系的本源，相反，它是后者的效果（effect），只有在社会关系中，我们才能够设想主体立场（subject positions），而且我们的主体身份是多面向的（multifaceted）。也就是说，主体建构于许多不同的关系，后者可能相互重叠。比如，同一个人可能同时是一个生产工人、一个工会成员、一个社会民主党的支持者、一个消费者、一个种族主义者、一家之主、一个家暴者、一个基督徒，其中的主体位置之一不能逻辑地从其他的位置推演而来。既然主体是多重决定的、流变性的、非本质主义的，那么，主体对电视的解码就没有一致性可言，而是多重的、视情景而定的。但莫利认为他们的说法太过，以至于否定了主体的一致性的可能性。没有一个主体位置能够从其他的主体位置推导而来这一事实并非意味着没有一个主体位置比其他的位置能够在事实上更强有力或者更具有生产性（generative），不能否认这些位置在经验上的不相等。比如一个工人阶级的店员，在和其他店员一起看节目时，他的立场是对抗性的，但如果在自己家里看电视，没有先前的支持性的语境，没有更多的人在一起，他的对抗性阅读就可能消失。当讨论内城的住房问题时，他的工人阶级立场可能导向种族主义，因为他目睹了第二次世界大战以来亚洲移民以及民族阵线的影响，当他看到黑人青年街头犯罪的新闻时，他可能倾向主导性的阅读。但基于在内城生活的经验，他知道警察并非天使，当一条新闻谈到布莱辛顿（Brixton）暴乱的时候，他产生的是协商性的阅读，对黑人青年和警察都不信任。这样，同一个人在不同的语境中，面对同一个材料，可能做出不同的阅读，他确实是"被许多话语所穿越的主体"。但是，是他，这一特别的人做出了这些阅读，而不是那些对他言说的话语在简单的意义上做出的。毋宁是，那些话语提供给他得以操作的文化资源。

米歇尔·佩肖（Michel Pecheux）推进了拉克劳的观点。佩肖在语言主体（subjects-for-language）的形成和通过询唤过程所获得的话语形式的独特主体位置的形成之间打开了一个空间，构造了某种差异。虽然银幕理论在主体层面提出了意指政治（politics of the signifier）即语言中的意识形态斗争问题，但佩肖把这一问题定位在已构造的主体和特殊的话语立场之间的相互关系上，即在询唤的据点上。最重要的是，佩肖引入了交互话语（interdiscourse）这一概念，各种矛盾对立的话语交互影响着主体，而非一种话语、一个文本影响主体。在银幕理论，主体和文本（话语）相互作用的界面上没有矛盾，因为一致性的立场已经在心理层面被预定了。以阿尔都塞的话说，银幕理论认为，每一个特别的阅读已经为主体位置的最初的结构所决定了，而佩肖把阅读的结果视为多元决定的，卷入其中的两个结构（主体的结构，询唤着的话语立场）被接合着，但它们不是等同的，不是相互的复制品，这就把先在的主体置入各种话语的斗争领域。

莫利指出，在询唤概念之后，我们应消除这种观念，即存在着既定的、统一的、同质性的阶级意识，这就使得我们能够对于某个工人（矛盾的主体，被不同的话语实践所横切），具体化其具有差异性的、矛盾性的主体立场，比如他能够被主导型新闻媒体中的电视话语询唤为民族性主体，但又能够为他的工会组织的话语询唤为阶级性主体。这些冲突性的询唤随着主体被询唤的不同接合所改变。聚焦于冲突性的询唤强调的是主体立场的动态的、临时的、有活力的特性，而非落入巴金那样的静止的社会学。莫利高度评价佩肖的交互话语概念，认为这一概念呈现了主体立场在社会话语构成中的复杂性，它把一个文本一个主体的关系改变为多重的文本/主体的关系。也就是说，话语是多重的，主体的立场也是多重的，其相遇就是极其多元复杂的，而非如银幕理论说的，是单一的主体在面对单一的文本。

银幕理论没有意识到的另一个问题是，主体有其历史，其过去的询唤影响到现在的立场。葛兰西谈到了传统因素的重要，拉克劳说的大众传统的"相对的连续性"（relative continuity），都是指主体构造中的历史的影响，而受众在银幕理论就仅仅是其无意识立场的承载者,这有悖于结构主义语言学的符号和话语具有多义性,所有阅读都是带着疑问的、协商性的(interrogative expansive)观点。

早期英国文化研究受到阿尔都塞的被动主体的影响,把解码者化约成为特定结构的人格化产物,各种话语贯穿主体而向他发言。银幕理论的被动主体观念,就是这种影响的结果。但莫利认为,尽管由于他的结构位置的影响,致使其文化资源非常有限,但个体还是积极而活跃地生产着意义。在莫利看来,银幕理论排除了社会历史结构在文本与读者的接触中的意义,并且无视这些文本与其他文本的接触在不断地介入电视收看过程的事实。就文本的接触来看,尽管引起注意的是特定的文本,但与此同时,其他话语总是游戏在侧:话语总是取决于其他的话语,它总是透过主体在其他文化的、教育的与制度的等层面的位置,产生其意义。主体是交互话语的产物,是主体本身的生活历史上的所有话语运作的综合产物。

主体的构造极其复杂,在特定的读者/文本接触时,不能说,读者的社会经济位置决定了其援引的话语构架。只能说,社会结构的特定位置,具有结构化(structuring)和限制性(limiting)的效应,制约了不同部门的阅听大众可以获得哪些库存的话语或解码策略。而且,特定受众素养的高低,是受到了社会结构力量的局限,但不能说,这些力量的根源来自于经济意义的阶级位置,分配话语语汇与素养的主要场域很有可能是家庭和学校。造成结构化效应的其他因素,还有性别和当下社会的文化环境,它们都会影响到特定的文本/读者的接触,对于读者操用哪些库存符码,都会具有影响力。那么,如何分析具体读者在接触文本时的话语经验呢?莫利的答案是:"我们应该从社会关系与结构下手,研究它们对于论述空间(即交互话语)的结构化,有些什么效果。这些结构化的关系,并不能制造出非此即彼的特定解读方式;但它们确实力足以限制论述空间的形构,承此而来,这又在特定的文本/读者接触之际,对于读者的解读方式,产生了决定性的效应。这个取向昭示我们,任何'主体的表现,决定于文本'的说法,殊不可信,说是二者之间自动或毫无问题的对应,实在不能取信于人。"①

我们不能假定某个文本刻写了某个有所需求的主体,而是说,特殊的文本/主体关系依赖于文本的多重性所产生的主体的多重立场,

---

① 戴维·莫利:《电视、受众与文化研究》,台北:远流出版事业股份有限公司,1995年,第115页。

这些立场在主体的空间中相互矛盾和冲突着。莫利指出:"我们必须区别:文本偏爱和镶嵌在其话语操作中的立场和具体的个体(已经为话语的多重性所构造为主体)或成功地或不充分地为任何一个单独的文本所询唤的过程。个体不仅仅是为单个文本所许可的主体。某个成功的一致(correspondence)应被理解为获取(accomplishment)而非既定。它是接合的结果,否则它不可能解接合。"①莫利主张主体的多重性和文本意义的多重性,即使是偏爱阅读也不能限制主体的解读,文本和主体的契合、一致只是历史的具体情形,必须被不断地解构。

莫利这里讨论关于主体的各种观点,最终是要解释其调查的结果,就是为什么"全国受众"的解释超越了巴金的模式,为什么突破了传统的阶级与意识形态的对应。莫利认为主体不是一种语言或符号秩序的效果,任何特殊的主体都是位置于某种文化,这种文化基于符号的多声部,是由冲突性的话语所组成。结果是,莫利寻找到的是主体位置的不稳定的、临时性的、充满活力的特性,主体就是位于这些过程和冲突之中。莫利并非要以交互话语对抗意识形态,他这里还没有权力斗争的概念,而只是试图解释受众的复杂接受。他的核心观点是:"文本和主体两者都是在交互话语的空间之中被结构的,两者都被冲突性的话语所横切和贯穿:冲突不仅来自这些不同的话语所催生的主体位置,而且来自它们被接合和转变所处的紧要的(the conjuncture)和体制性的据点。"②当代哲学解释学的视域融合概念也是致力于解决这个问题,但解释学没有如莫利那样提供主体和文本的复杂构成,没有辨识出社会轴线对主体构成的意义,这也是社会学的具体性与哲学的普遍性的差异。

文本的意义被不同地构造着,这依赖于读者所带给文本的话语,如知识、偏见、抵抗等。个体与话语具有不同的关系,他们在社会结构中的位置、在现实中的立场,将会决定哪套话语可能会和自己遭遇、以什么方式遭遇。巴金把受众的解码解释为三种立场,并把这些立场以社会学的方式联系于阶级位置。拉克劳认为,甚至意识形态性的因素,孤立地看,也没有必然的阶级含义,含义是那些元素在具

---

① Stuart Hall, Dorothy Hobson, Andrew Lowe and Paul Wills. *Culture, Media, Language*. Routledge,1996,pp. 168—169.

② 同上,p.171。

体的意识形态话语中接合的结果。莫利认为,阶级并非仅在经济层面具有影响,不存在简单的意义系统,是多重话语在社会结构中游戏着,这些话语具有不同的缘起,就其本身而论,它们不能被归于阶级。不同的话语立场需要依据它们的话语的特征和效果来分析。莫利总结说,考虑到话语层面的影响,阶级/意义体系之间的关系必须重新书写。话语结构干预了阶级和语言之间的关系,不能把语言的操作简单回溯到经济层面的阶级。我们不能推断,哪一个话语性的框架能够被调动在特别的读者/文本的遭遇中,但是,对于不同的受众来说,其在社会结构中的位置对于其可得的话语的或解码的策略具有结构性和限制性的影响。莫利的这种思路消解了任何自动的或者银幕理论的"文本之于主体的无疑问的操演"的观点,后者仅仅以文本代替了社会学的决定论。它提供了一个理论性的空间,其中,主体能够被安置在意指链条(signifying chain)而非"规定性的过程"(regulated process)之中。

　　媒介机构的信息不会对受众自动产生效果。我们观看电视的过程和经验,我们解读电视信息的经验,来自我们在生活中其他地方获得的信息和经验。这些经验构成我们的前见,它们与电视里获得的信息或冲突或契合,彼此相互交错,我们总是在无意识中,选择并比较各种信息。我们回应媒介信息的方式,取决于我们先前在其他生活领域所得到的其他信息和观点,在多大程度内,与这些信息相互契合或矛盾,这就是交互话语这一概念的含义,即是,我们生活于不同话语不同信息体系的领域,生活空间为许多不同的话语穿梭而过,其中,相互支持呼应者固有很多,彼此矛盾、相互排斥的也很多。在解码与诠释媒介信息时,无论我们是否意识到,其他信息与其他话语总会加入这个解码过程。因此,现在回头看,前此研究中的许多问题值得反思。莫利说,在《全国受众》的调查之前,应该先弄清楚,接受调查的人,如果没有那次安排,有多少人根本就不会看这个节目?其次,即便他们在家中的那个时刻收看了这个节目,但如果没有接受访问,他们是不是会收看特定的那个单元?明显的是,这些人到底是以主流、协商或对立方式解读某种类型的节目,重要性远不如他们自愿之下,到底会愿意收看哪个类型的节目。①

　　莫利试图追寻媒介在给文化成员设置日程,提供文化框架中扮

---

① 戴维·莫利:《电视、受众与文化研究》,台北:远流出版事业股份有限公司,1995年,第213页。

演的角色,这就要考察文化差异生产的过程,以及牵涉其中的控制的形式。使用与满足理论反对法兰克福学派的被动受众论,但它又忽视了意识形态的控制问题。莫利也反对文本对于受众是完全开放的后现代主义观点,如罗兰·巴托等认为,文本对于读者没有影响,文本无限开放于读者,甚至读者改写了文本。为此,莫利提出了偏爱阅读模式(preferred reading model),认为受众阅读是在有所限制和压力的条件下进行的。莫利认为,所有文本都试图诱导出读者的特定的阅读,但实际的读者的解释不是基于对这种偏爱阅读的简单的接受或反对,而是基于特殊的文化能力和立场,以及限制性的条件如文本、生产机构和受众的社会历史的具体接合。因此,菲斯克主张,分析家不要过多地关注文本方法,应较多地关注使电视朝着文本结构所不希望的意义方面发展时出现的鸿沟或空间,而这样的鸿沟或空间产生于读者的社会体验。因为主体的构造是复杂的,历经各种性别、宗教、年龄、阶级的轴线,正是这些复杂的社会结构因素构造着观看电视这一文本的主体。主体性来自真实的社会体验以及想象的或文本的体验,但实际的电视受众是社会主体,这种社会主体性在意义构造方面的影响要大于文本产生的主体性,因为后者只有在阅读文本时才存在。[①]

阿尔都塞认为,话语构造了我们的主体性,而这些话语来自我们对构成我们社会经验的社会领域的理解。由于社会体验的差异性,我们的主体性就可能由许多不同的、很可能是相互矛盾的,具有不同意识形态特点的话语组成。霍尔也认为,构成我们的主体性的特定意识形态和话语之间是有矛盾的,这就要求我们把主体性看成不是统一的,不是意识形态相互妥协的统一的场地,而是看成一块斗争的领地。由此,菲斯克得出结论说:"文本和主体性都是话语结构,都具有类似的相互冲突或者相互矛盾的话语。正是由于这些矛盾,才产生了文本的多义性以及解读的多种可能性。"[②]菲斯克高度评价莫利的研究,因为莫利所揭示的解读的多义性暗含着革命意识的形成。读者的解读都是朝向有利于自己的利益的方向发展的,菲斯克说:"解读电视文本是对现存位置与文本提出的位置之间进行协调的过程,而在这种协调中,力量的均衡取决于读者。主要不是读者的主体

[①] 约翰·菲斯克:《电视文化》,商务印书馆,2005年,第86页。

[②] 同上,第95页。

性服从于文本的意识形态力量,而是文本中发现的意义朝着读者的主体位置偏移。"[1]如艾科说的,文本的意义取决于解码者的社会环境。拉克劳的大众层理概念说明了大众存在的多轴线,哈特利的多种主体理论也表明了大众的多元性,巴托认为,一个文本的有限的多样性是在以作品建构文本的过程中,读者的作用与作者的作用发生碰撞的结果。根据霍布森、莫利、洪宜安等人的研究,受众对人物的选择性的认同也是受众积极性的表现,通过认同而创造了他们自己的意义。这个过程需要高度发展的文化能力,它控制了读者与文本的关系,并获得了多重快乐。解释学、读者反应批评、认知诗学等都揭示了与法兰克福学派相反的研究结论,即受众的阅读是创造性的多义性的情景化的,而非被动地接受。

在西方工业社会中,资源和社会权力的分配是不平等的,在文化和语言领域也是如此。话语把对现实的认识变为常识,具有这种力量的群体就是那些掌握经济权力的群体。经济权力是公开的明显的,但话语力量是隐蔽的,正是这种隐蔽性,这种对其自身运作的压抑,才使得它表现为常识,表现为对现实的客观的反映。主体是社会关系的产物,社会关系通过语言或话语,通过心理过程产生主体。因为各种社会力量之间存在矛盾,所以主体也是矛盾的复合体。电视力图建立一个理想的主体地位,并让我们去占领,如果我们这样做了,就能够感受到意识形态上的快乐,这种认知性的快乐驱使我们再次体验到主流意识形态的操作实践。当然,这些意义和电视所希望的意义之间相适应的程度,还取决于我们日常生活中的意识形态实践与主流意识形态之间相适应的程度。如果我们的主体性与主流意识形态一致,我们发现采取电视为我们构建的主体地位就不会有困难,但是,如果我们的主体地位与电视的主流意识形态所试图构建的主体性相矛盾,我们就觉得电视不可看。意识形态极力通过社会的与文本的力量产生相容的主体,可是决不能取得完全的成功,因为如莫利所揭示的,主体总是处于交互话语的质询之中。

家庭科技与身份的流动

莫利的研究以电视为起点,从微观到宏观,从对"全国"的电视文

---

[1] 约翰·菲斯克:《电视文化》,商务印书馆,2005年,第92页。

本的分析到"全国"受众的研究,到家庭电视观看中的性别权力的考察,到近期研究家庭中的媒介科技的使用与构造文化身份和民族共同体的关系。莫利的研究以家庭这一最小社会单元为中心,以家庭中的媒介为焦点,论题却是从微观层面的文本分析走向宏观层面的全球化时代的民族身份,层层推演,既具有连贯性,又在不断地深化主题。

家庭是全球和地方的交汇之地。近年来,随着地理变化和移民模式以及穿越了家庭私人和民族国家的象征性边界的新传播科技的出现,传统的家庭观念、家园和民族形态不再稳固,人们为从这种不稳定的变迁中升起的文化焦虑所萦绕。莫利试图分析祖籍、流散、放逐、移位(displacement)、连接以及流动等社会处境中的群体成员的经验变化,通过聚焦于媒介和传播科技的角色,去理解家庭接合于民族或更大的"象征性家庭"的过程。现代科技超越了家户边界,把公共世界带入私人领地。通过分享广播时间和仪式,产生了更广阔的社会经验的连贯性。家是私人拥有物,从更广阔的视野看,家本质上是公共性的、集体性的,它不属于我们个体,这两个空间的接合就是全球化时代的家园共同体(home community)的观念。莫利认为:"混杂应该被理解为所有人类文化的必要条件,这是一个持续的跨文化过程,不是混杂对抗纯粹,而是整个就是一个混杂的过程。"①在家庭和全球文化的混杂过程中,现代科技扮演了重要角色。现代家庭是一个变化的场所,不同种类的电子媒介使得遥远事件入侵到家户空间中,为此马歇尔·伯曼(Marshall Bermann)提出了"日常生活的国际化(internationalisation of daily life)"的概念。威廉斯的流动藏私概念,说的是广播使得消费者能够通过声音和形象参与遥远的地方而无需离开他们家庭的舒适和安全。现代交通、资讯、全球迁徙、跨国公司等造成了全球的地球村和一体化,全球体现和深入地方之中。全球化的表现不是在旅游中,而是表现在家里,表现为消费来自遥远地方的形象。对于大多数人来说,全球现代性的典型经验是,待在一个地方,但体验到现代性带给他们的移置(dis-placement)。

《牛津英语词典》对家(home)的解释是:个人情感倾注其上的某个人所属的场所、地区或国家,或是某个人寻求庇护、休息或满足的所在。家的意义勾连的基本术语是:私人的、安全的、熟悉的、亲密

---

① David Morley. *Home Territories:Media,Mobility and Identity*. Routledge,2000,p. 6.

的、舒服的和可控的。当家的围墙被撤除的时候,家的亲密感就遭遇了陌生和扰乱,家的私密空间就被抛入公共可见性之中,无家可归者把私密敞开在街上。私密性对于家最为重要,它排除异己,只提供给有限的几个人,亲戚、朋友或政府的代理人只能接近房屋的不同区域。民族是家庭的放大,它要防护它的边界,排除异己,如安德森说的,它的领地是我们的家,它的人民具有共同的特征,类似我们的家庭成员,它的过去是我们的先祖继承下来的遗产。

传播媒介使得民族的想象性共同体的构造成为可能,实际的传播和运送纽带诸如铁路和高速公路改变了福柯说的三大变量即领土、传播和速度的功能,比如高速公路不仅是一个运输系统,而且是一个象征性的机制,它培育了公民的属于某个民族国家的经验,开汽车的人借助汽车的挡风玻璃对某个民族国家的风景的审美化体验是构造其民族身份感的重要途径。

在流行的关于家的概念中,很少关注家庭里的冲突。关注家庭里的权力、压迫、暴力、剥削等则是从女性主义研究者开始的。本地与全球相对应。本地被理解为自然的、可靠的和源始性的(original),全球则被理解为外在的王国,是人为地强加的、非可靠的,它们都是性别化的。本地联系于女性化,被视为家庭和社区的基础,男性化的全球领地入侵其中。妇女代表家庭,本身就是家庭,家里的妇女是变化世界的静止之点,是社区的保护者,是男性劳力或者旅游者回归之地,家庭和妇女相互支撑。家庭也是文化传统的延续之地,文化传统是妇女的事业。与此对立,男性则在公共领域生活,如政治和城市等领域。尽管性别意识形态在改变,但似乎仍然是,妇女主要负责家庭秩序的再生产,这就意味着,家庭领地仍然是严重的性别化的,它是妇女的工作场所。家庭不断的义务和责任意味着,腾出时间休闲对于妇女是非常困难的。在《家庭领地:媒介、流动性和认同》中,莫利延续的是《家庭电视》中的观点,即在全球化时代的家庭里,妇女仍然是从属性的。

在莫利和另外两位研究者合作的名为"资讯与传播科技之家庭使用"的项目中,他们把家庭文化及其物质局限和设施看作独立的变量,这有助于理解特殊科技对于不同的家庭具有不同的影响,而且特殊家庭的特殊成员对于科技具有不同的态度。传播科技把分开的结合在一起,把外在的世界置入家庭。电视代替了壁炉成为家庭的新的中心,许多家庭把电视看作神圣之物,在电视机上放着家人的照片。莫里斯(Moores)调查,一群大学生联合出资购买卫星电视服务,他们只有一部分住在一起。他们的安排是,甚至没有住在一起的人也可以在一天的任何时间收看卫星电视,他们看电视意味着日常生活的仪式,电视形使的功能是,这些学生是同一个家庭的成员。戴维·高特里特(David Gauntlet)和安妮特·希尔(Annette Hill)的研究表明,电视是时空组织的催化剂,在家庭成员如何组织他们的内部空间和日常时间表上,常常是决定性的因素。电话并非只是用于远距离人员的联系,克莱西(Claisse)的研究发现,三分之二的电话内容代替或组织了使用者的日常活动,电话加强了情感的、社会学的、人口统计学的、经济的亲密关系。电话是用来构造共同生活方式的工具,不断地协调了群体的行动日程。

但新的个人科技也导致了家庭生活的碎片化。在家庭内部,父母和孩子占据了被个人化的立体声系统所分割开的家庭时间和空间。家庭成员因为个体的兴趣、工作程序和工作性质的不同,对待电器具有不同的要求和态度而容易发生冲突,因为传播媒介把外在的世界融入家庭里,打乱了先前家庭的生活秩序。比如丈夫和妻子对电话具有不同的要求,对于他们电话发挥着不同的功能,妻子关闭电话是为了家庭生活的安宁,丈夫24小时开电话则是为了不错过工作机会。但有时候,基于性别角色的差异,新科技诸如移动电话也会置入既存的性别差异模式之中,比如拉考(Rakow)和纳瓦诺(Navarro)发现,男性倾向于在休闲时间使用电话以便更好地与工作场所取得联系,女性则在工作时间使用电话通过远程控制以完成其家务活儿。

距离并非只是一个简单的地理问题,也是一个社会和文化问题。科技的发明推动了新的文化共同体的形成,改变了人们的时空观。科技把外部世界与家庭联系起来,为了抵挡外部世界对家庭的干扰和入侵,许多社会表现出对待新科技的不同态度。比如在中国许多父母禁止中学生用网络,因为网络可能接触到色情等不健康的信息。比如宾夕法尼亚州的安米斯(Amish)社区控制电话的使用,只有在紧急情况下方可打出电话,电话管理在宗教领导手里,为的是不让外部侵入家庭的神圣空间。① 许多政府抵制卫星电视,是因为它是西方文化殖民的一部分。有些专制政府抵制互联网,则是害怕外部世界的真相暴露后揭穿了其意识形态的虚假宣传。

---

① David Morley. *Home Territories:Media,Mobility and Identity*. Routledge,2000,pp. 89—102.

对于一个民族来说,媒介构造了共同的身份认同,想象的共同体通过媒介得以形成。1932年当英国国王乔治五世通过媒介首次发表圣诞问候的时候,广播把分散的听众和民族生活的象征性核心联系起来,在听众中提升了共同的身份感。媒介提供了文化记忆的碎片,它组成了无形的信息结构,后者构成了个人的家园感。民族的象征和叙事如果要产生共鸣,必须为家庭内部所接纳,无线电就具有这种功能,莫利说:"国家广播创造了一体感,与民族的边界一致;它联系外围和中心;把以前被排斥的社会事件纳入大众经验;最重要的是,它穿越家庭领地,通过创造民族神圣的和平凡的时刻的共享,把国家公共体连接到其公民的私人生活。"①这一过程就是家庭的民族化和民族的家庭化,它常常充满了紧张和抵制,并非一帆风顺。收音机把客厅转换成为公共居室,把我们与首脑联系起来,也把全国其他的听众联系在一起。在语源学上,民族(nation)这一术语来自natio:出生。我们把民族称为母亲(motherlands)或父亲(fatherlands)。我们视"祖国"为"民族家庭"(national family)和家乡(native lands)。在英国,移民事务由内务部(The Home Office)处理;在美国,总统和他的妻子被称为第一家庭(The First Family)。

广播和电视把一种共同的文化带入整个人群中,他们分享一种新的生活方式。广播把社会私人化,把私人领域社会化。广播不仅仅卷入普通生活,而且构造着普通人的身份。在这个意义上,那些不能看或不愿意看电视的人比如监狱犯、某些怪人,就不能成为一个文化的完全意义上的成员。安德森分析,民族作为一个社会性的组织,它的日常运作须借助一种同质化的时间,它并非单纯的历史时间,而是媒介时间。社会共同体的形成是借助于现实的分享感的生产而获得的,后者镶嵌于报纸的或广播的日常性(dailiness)之中。② 电视和其他媒介把敌意和威胁性的形象和信息从外部世界带入私人领域,同时它们让我们接近更广阔的想象的共同体,由此我们获得了安全感。而且,在全球化的流动时代,卫星电视扰乱了民族边界,有助于构造新的、跨民族的经验空间。总体上看,在全球化时代的家庭、民族和文化共同体的构造中,莫利重点分析的是媒介科技的统合功能,全球和地方、家庭和个人之间为科技所分裂的矛盾的一面的分析则欠缺。

---

① David Morley. *Home Territories:Media,Mobility and Identity*. Routledge,2000,p.107.
② 同上,p.109。

第四章 约翰·菲斯克与在地抵抗

第一节 大众文化与社会革命

因为大众文化主要表现为媒介中的文化,所以文化研究主要研究的就是媒介文化,其媒介文化研究的主题:一是主流意识形态对文本的编码和控制;二是媒介文化机构即专业人员如何编码、如何契合意识形态的需要,其专业代码与偏爱意义的关系;三是大众文化文本的特点,与精英文化文本的差异;四是受众接受的政治意义,这种接受与传统的精英文化文本接受的差异。文化研究的核心,是把政治性切入大众文化,致力于揭露霸权意识形态的控制和虚假,寻找和发掘大众文化的政治意义。在伯明翰学派的学术传统中,约翰·菲斯克提出了一系列概念,发展出完整的大众文化理论。

大众文化

大众文化这一概念关系到大众。在中世纪,大众(mass)仅仅与宗教上的信徒相关。14世纪,大众有了军事和经济学上的意义,是个体的群集。到17世纪,大众指的是人类的一般状况,其主体是种族或民族。18世纪则指的是狭小空间中大量聚集的人群,其中个性丧失了,这就离19世纪的大众概念不远了。《牛津英语大辞典》中的"平民(populace)"来自拉丁语,中经意大利语进入英语。平民是"粗俗、低级、恶劣、庸俗之人",是"生活在某个共同体的一群人,与有头衔、有财富、受过教育的阶级有天壤之别；普通人；有欠公允地说，暴民、下流坯。"这里的平民类似汉语中的群众，指的是缺乏首领的乌合之众。哈特利说："大众是用来描述巨大的数目，而非全部人口，因为它与'阶级'完全不同。'生活在某个共同体的一群人'这个短语或许是中性化、超历史的描述，似乎适用于任何时间、任何地点的人口。但是，即使在词典中，也没有什么中立性可言。'大众'描述的是没有确定形态，没有内在差异的群体。它是要从外部看的，而非从内部看的。大众'通常具有丰富的被压制或令人困惑的含义。当把'大众'运用于人类时，指一群人，他们在精神上构成了一个集合体，在这个集合体中，他们的个性已经彻底丧失。这种大众与贵族(有头衔)，资本家(财大气粗)和读书人(能读会写)的阶级构成了阶级性的差异。普通人与对他们的恐惧(暴民、下流坯)密切相连'。"[1]大众很难是中性的描述性术语，因此，大众社会(mass society)、大众文化(mass culture)也都具有负面含义。这种观点具有深刻的历史根源。到19世纪30年代，随着文明的进步，一种焦虑在蔓延，权力从个体被转移到大众，个体就迷失在群体之中了。成为大众社会和大众文化的一员意味着被大众媒体和传播系统所掌控，问题是，在这种环境下，人们如何操练其理性能力。在这种社会，人们被认为是被大众文化或其非理性所控制，这在精英批评家看来是摧毁了启蒙运动的批判性思维传统。在20世纪初期的英国，精英文化为商业化所带来的工业化和标准化的文化所挤压，从阿诺德开始，就存在精英文化对大众文化的定位和争论。

  英国流行艺术工作者理查德·汉米尔顿(Richard Hamilton)在1957年提出的大众文化的定义是，具有"流行(为大量受众而存在)、瞬间即逝、唾手可得、成本低廉、大量生产、主要以年轻人为诉求对象、诙谐而带点诘慧、撩拨性欲、玩弄花招而显得俏皮、浮夸、足以带来大笔生意等十一项特质"[2]。大众文化通过分工及机械方式，致力于文化客体的再生产，本质上是一种商品生产的模式。美国评论家麦唐纳(D. MacDonald)认为，大众文化就是文化由"商人雇佣的技术人员所编造；其收受者是被动的消费者，他们的选择只有买与不买两种"。他说，大众文化"单凭它那无所不在的影迹，它那让人难以言尽

---

[1] 约翰·哈特利：《文化研究简史》，金城出版社，2008年，第65页。
[2] 阿兰·斯威伍德：《大众文化的神话》，三联书店，2003年，译者导论注释1。

的数量,就已经足够威胁高雅文化的生机"。麦唐纳追随利维斯和霍克海默,在大众传播的兴起与文化的式微之间画等号:"往最坏的结果来说,大众文化所威胁的,又岂只是把我们的品位弄得有如白痴?它简直就是把我们的感官弄得更为粗暴了,它铺设并让我们走上极权主义的道路。所有的媒体都纠结在一起,沆瀣一气,把人引向那个目标。"大众文化"强化了现代社会之所以存在的缘由,以及那些被动与烦闷无趣的情绪。"①

洛文塔尔与阿多诺和霍克海默一样,认为大众文化的特征是:标准化、刻板形象、造假不实、玩弄世人;大众文化对立于艺术的"纯粹的经验",它只提供"虚幻的满足感"。它的社会功能是疏解普遍存在的烦闷之情,调节都市人的"不知何所事事,不健康的心理"。另外一些评论家则乐观很多,他们将大众文化等同于民主与多元现象,而这些都是拜教育普及、个人自主性及人道原则增进之赐;这一线的思维,抱持的是进步演化观。但斯威伍德并不认为大众文化等于民主文化,原因很简单:前者所赖以运作的各种机构与制度,事实上背离了民主参与的原则,大众无法由此而参与政治、经济与文化等层次的活动。他指出,大众文化这样的概念,似乎是把人群生硬地分作二类,认为凡夫俗子合当听命,不必也无能参与,而精英或精英集团则提出主张,替大众遂行决策,作其军师。②

大众文化与高雅文化的斗争始终存在,但斗争只限于某些人,即那些精英文化代表者,他们觉得他们自己有必要代表高级或少数人文化,与通俗文化一决高下。阿诺德认为工人阶级要求民主所造成的无政府状态,只有高级文化可以解决。但知识精英不是去创造更多的高级文化,而是培训领袖和大众,使其对现有的经典文化作品产生反应。在他看来,伟大的经典是大众社会的解毒剂。但是,在当代多元化的社会,由于教育的普及和社会的发展,在人类史上,首次有最大数量的人得有参与大众文化的机会,愈来愈多的人已经能够"很有技巧地"参与"高雅文化"的消费活动,对于个中三味深有心得,我们可以从古典著作之平装本与古典唱片之销售量,略见一斑。以消费为尚的资本主义,从未塑造出单一而硕大、同质而文化上极为低下的大众,正好相反,消费资本主义开创了层次不同的品味,亦即不同

---

① 阿兰·斯威伍德:《大众文化的神话》,三联书店,2003年,第133页。
② 同上,引论第8页。

类型的受众与消费者。① 斯威伍德批评说,把大众文化与高雅文化对立的理论,都在高雅和低俗文化之间,画出了截然的界限。它们通常厚古薄今,未将过去放入整个历史洪流观察,也就把过去浪漫化了:以前没有多少识字人口的社会,竟然被说成是高雅文化的代表,而既然"高雅文学与艺术的赏析标准,过去一向充分而紧密地与……社会精英的标准相应合",神话就这样构造了。② 大众威胁了高雅文化的存在,原因是资本主义社会的民主趋势,侵略了具有创造能力之精英的文化空间。

刘易斯认为,学术界对于流行文化的责难,其问题在于三个层面:第一,它假定如果某事是流行的,那么它就不可能富有内含,也即是浅薄的;第二,它完全忽略了流行文化在塑造或界定人类发展中的重要性;第三,它倾向于假定流行文化是大众趣味的表达(因此几乎不需要什么阐释),而不是一组结构性条件的产物。③ 之所以要分析流行文化,其原因不在于估定它的价值,在一种更为人类学的意义上讲,是要估定它的重要性。换言之,一个文化对象值得研究并不考虑它被认定是好的还是坏的。……流行文化研究一旦以美学标准为依据,那么它只能陷入关于那些标准的性质的争论当中,而这种争论是毫无意义的。流行文化之所以重要,首要的就是由于它的流行。④ 我们对于世界的了解,包括在我们头脑中积累起来的人、图像、故事和社会团体,其中大量都来自于流行文化。即使这一知识很少对人们的思想观念产生影响,但它的大量存在是用以界定当代生活的一部分,而这绝不是微不足道的事情。"既然社会和意识形态斗争在流行文化这一领域里展开,那么了解流行文化又是理解当代社会的根本"⑤。现代性的特征之一就是文化生产和消费的规模化,标准化是其主宰形式。这根本上是由福特主义的生产模式所决定的。随着后福特主义的到来,消费突出,大众化走向分众化,广播走向窄播(narrowcasting),大众化似乎走向反面,但是,阿多诺可能仍然会说,这种契合消费的倾向可能只是一种更为复杂的伪个性化(pseudo-

---

① 阿兰·斯威伍德:《大众文化的神话》,三联书店,2003年,第27页。
② 同上,第136页。
③ 陶东风主编:《文化研究精粹读本》,中国人民大学出版社,2006年,第262页。
④ 同上,第263页。
⑤ 同上,第265页。

individualization)，大众文化掩盖了其虚假性。①

因为社会主义政治取向，威廉斯不喜欢"mass"这个带有轻蔑含义的英语词汇，他更愿意以"popular"代替"mass"，以"流行文化"（popular culture）替换"大众文化"（mass culture），因为 popular 的词义有"受喜爱的""受欢迎的"之意，popular culture 指的是普通百姓自己创造的文化。② 文化研究反对使用大众文化而主张使用流行文化这一概念，因为大众文化这一概念建立在体制化的阶级等级制的文化趣味上。实际上，关于审美性质的判断总是充满争论，普遍性的审美标准是不存在的。美、和谐、品质、形式等美学概念既可以应用于小说、绘画也可以应用于机器。③

文化研究关注意义、快感和身份认同。菲斯克举牛仔裤这一大众文化符号为例，讲述文化研究的"文化"意义。牛仔裤为什么流行？显然不是因为其功能，舒适、耐用、低度保养、便宜等只是其流行的条件，不能解释为什么流行。菲斯克调查，牛仔裤流行的原因，是其被视为非正式的、无阶级的、不分男女的，且对城市和乡村都适用的。牛仔裤标示着某种自由，即从社会范畴所强加的行为限制与身份认同的约束中解放出来，在祛除社会差别的情况下，使人自由地成为自己。但是，悖论的是，渴望成为自己，反而致使某人穿戴着与他人相同的服装。菲斯克指出，这是美国以及西方意识形态深层结构的悖论的一个具体例证，这一意识形态就是：最广为接受的共同的价值观，是个人主义的价值观。牛仔裤所负载的另一组意义是体力劳动，即强健耐劳、活力与发达的身体特征，这些意义同样否认阶级差异。牛仔裤所暗示的身体强健，使得这些中产阶级学生将自身与从体力劳动中精选出来的一组意义联系在一起，当然是体力劳动的尊严与生产能力，而不是它的从属地位与被剥削性，牛仔裤承担的是美国工作伦理的特定内含。与这一意义相关，牛仔裤还承载着自然的本性（naturalness）与性征（sexuality）的含义。自然意味着自由，牛仔裤的非正式性是这一意义的载体。此外，青少年的躯体活力也由牛仔裤对身体特征的凸现中得以彰显。这些天然的、人为的以及身体的非身体的意义与其他意义一道，构造着与美国西部相关的一组意义

---

① Tony Bennett, Lawrence Grossberg, Meaghan Morris. *New Keywords*. Blackwell, 2005, p.209.
② 参见雷蒙德·威廉斯《关键词》中的 mass 和 popular 词条，北京三联书店，2005 年。
③ Chris Barker. *The Sage Dictionary of Cultural Studies*. Sage, 2004, p.115.

群。牛仔裤与牛仔以及西部神话之间的关联是牢不可破的,这些意义即是"自由、自然、粗犷和勤劳(以及休闲),还有进步与发展的观念,以及最为重要的意义——美国精神"①。

　　菲斯克指出,在社会内部,权力是沿着阶级、性别、种族的轴线以及我们用来理解社会差异的其他范畴的轴线不平等地进行分配的,而大众文化在这样的社会中处于深刻的矛盾状态,它是不平等的权力斗争的场所。与其他学派的理论家不同,菲斯克定义的大众文化是大众的文化,是大众创作的、为大众自己的、大众自己享受的进行抵抗斗争的文化。大众文化是属于被支配者与弱势者的文化,因而始终带有权力关系的印痕,而这些力量对我们的社会体验和社会体制是举足轻重的。同样,它也显露了对这些力量进行抵抗或逃避的踪迹:大众文化是自相矛盾的。② 也就是说,大众文化关系到权力的控制和反抗,关系到主宰阶级和从属阶级的相互关系,比如穿破牛仔裤所指涉的,既是一组宰制性的美国价值观,也是对这些价值观的某种抵抗。牛仔裤是美国大众文化的典型,它的含义是矛盾的多义的,它关系到共同的社区,也关系到个人主义,既关系到单一的性征,也关系到男性或女性气质。在菲斯克看来,破牛仔裤不仅仅是使用者消费商品的例子,也是再利用该商品的实例,即使用者并未将牛仔裤视为只能是被动接收的一件完成了的客体,而是看作可以利用的文化资源。购买者并非商品消费者,而是文化资源的使用者,他们在使用中创造属于自己的意义。所有商品都能为消费者所使用,以构造有关自我、社会身份认同以及社会关系的意义。在当今消费世界,可以采用各种视角研究商品,菲斯克重视的是商品消费过程中的意义流通和创造。

　　从生产者方面来说,商品生产不仅剥削着无产阶级,而且每件商品都承载着资本主义意识形态,这是因为,决定着大量生产及大量消费的经济体制所生产的每一件商品都对该体制的意识形态进行再生产:商品就是意识形态的物质形式。这一意识形态的运作,使被剥削者对其社会地位产生一种虚假意识。之所以是虚假的,原因有二:首先是因为意识形态使他们视而不见资产阶级与无产阶级之间的利益冲突;其次,意识形态使他们视而不见他们与工人阶级群体的共同的

---

① 约翰·菲斯克:《理解大众文化》,中央编译出版社,2001年,第8页。
② 同上,第9页。

利益,它有碍于工人阶级团结意识的发展或阶级意识的形成。意识形态在文化领域里运作,以便将资本主义体制自然化,仿佛资本主义体制是唯一可能的。但在具体研究中,整体看来,菲斯克很少论述欺骗性的意识形态本身,很少去揭露这种意识形态的虚假性,而是把着眼点放在反抗性的文化消费活动。在菲斯克看来,破牛仔裤的意义是抵抗性的,"它主要的力量在于否定,是对 1960 年代牛仔裤抵抗能力的复兴,因为昔日的牛仔裤是替代性的、有时是对抗性的社会价值观的标志"①。破旧性是使用者自己的生产与选择,它把商品置入被支配者的亚文化当中,转变了商品化过程所包含的若干权力。它是对商品化的拒绝,是对个人权力的首肯,即每个人都可以在商品系统所提供的资源之外,创造自己的文化。菲斯克提出了外置(excorporation)这一概念。外置指的是,被支配者可以从宰制性的体制所提供的资源和商品中,创造出自己的文化,而这正是大众文化的关键处,因为不存在什么本真的民间文化可为被支配者所利用,大众文化是利用现成可用之物的一种艺术,大众文化的研究者应该研究人们使用这些商品的方式。

一个文本要成为大众文化,必须同时包含宰制性的力量以及反抗那些宰制性力量的机会。大众文化是大众在文化工业的产品与日常生活的交界面上创造出来的。大众文化是大众创造的,而不是加在大众身上的,它产生于内部或底层,而不是来自上方。大众文化乃是一门艺术,它权且应付着体制所提供的东西。体制只是提供了物质意义上的商品,但这并不意味着消费过程是听任文化工业的摆布和意识形态的输灌,大众并非同质化的一体化的单面性的群集,而是具有意义创造能力的层理。

生产者对付抵抗的方式之一是收编(incorporation)或遏制(containment)。比如厂家迅速利用破牛仔裤的流行性,在销售之前,先在工厂里对牛仔裤进行洗磨或者褪色加工。这种收编有意剥夺了任何一种对抗的含义,剥夺了被支配者表达对抗的工具,并最终剥夺了被支配群体的对抗本身。收编也是一种遏制,一种维护霸权的方式,它担当的是安全阀的作用,因而强化了宰制性,其策略是,它容许持异议者与抗议者有一定的自由,这种自由使反对者相对而言感到满意,却又不足以威胁到他们所抗议的体制本身的稳定性,所以

---

① 约翰·菲斯克:《理解大众文化》,中央编译出版社,2001 年,第 22 页。

它有能力对付那些对抗性的力量。这样,时髦的破旧时装变成另一种商品,对抗性的行为悖论地变成了消费主义的共谋,对抗式的符号竟然转变成为它们所抗争之对象能够谋得好处的东西。对生产和收编的解读是大众文化研究的一方面,它只关注宰制集团的权力,这种研究假定了而不是质疑了收编策略的成功性,它没有能够认识到那些真正穿破旧牛仔裤的人与穿生产厂家生产的破旧牛仔裤的人之间的社会差异,忽视了收编过程中可能存在的抵抗因素,这些抵抗说明宰制者的胜利从来都只是局部性的。结果是,这些解释悖论式地与宰制性力量结成了同盟,因为宰制者通过忽视被支配者在其日常生活中对付商品体制及其意识形态时所表现出来的复杂性与创造性,从而低估并贬损了在资本主义社会内部构建大众文化时所引发的冲突与斗争。这一研究取向是菲斯克所不赞同的,他研究的是大众文化中的抵抗性因素,从而为推动社会的变革寻找力量。

菲斯克借用了德塞都、巴赫金、艾科等人的理论。德塞都把游击战、闪电战等军事概念应用到商品消费中,指的是被支配阶级如游击队员那样不断地侵蚀强大的宰制性力量。游击战是弱者的艺术,他们从不在公开场合挑战强者,而是在强者所主宰的社会秩序的内部,持续他们的对抗行为。在菲斯克看来,社会异质性是创造性的,有助于保持社会差异感,它是差异中必不可少的利益冲突的场所。这种思路是理解社会斗争和进步的关键之处,因为权势者要维护现状,社会变革的动力只能来自弱势者的基于利益冲突的社会差异感。菲斯克反对当代西方的自由多元主义这一看似进步的意识形态,因为这种观念认为差异最终服从一种共识,而这种共识的功能,便是使这些差异保持原状。大众文化是支配与反抗、宰制与规避、军事战与游击战之间持续斗争的场所。只有当体制已经遭遇到日常生活战术的侵蚀与弱化之际,体制本身的结构性转型才有可能发生,这一过程发生在大众文化和社会其他各个领域之中。菲斯克强调的不是历史的革命性质变,而是存在于日常生活之中的宰制与反抗之间的持续不断的斗争,正是这种斗争,这种被支配者的反抗意识最终推动了社会变革。

菲斯克把大众文化的研究置于权力斗争模式之中,他反对法兰克福学派的研究取向,原因是,这种研究强调宰制性力量,其实是否定了真正的大众文化的存在。法兰克福学派所说的群众文化(mass culture)或者文化工业是生产者强加给无权者身上的,文化工业的利益对立于群众的利益。在他们看来,大众文化的消费者是消极的、静态的原子式的个人的聚集,这些个人从其社会结构中分离出来,脱离于而且觉察不到自身的阶级性,不知其社会文化效忠从属关系,是无力无助的。文化工业生产出一种统一的文化,强行施加到大众身上,菲斯克认为,这样的文化实际上并不存在,因为它是反文化、反大众的,"并没有所谓的群众文化,而只存在着杞人忧天、悲观主义的有关群众文化的理论,这些理论充其量阐明了权力集团的工业需要或意识形态需要,却全然未能昭显这样一些文化过程,凭借这些过程,大众对付着这些需要,或将其转变为大众文化"①。与法兰克福学派相反,菲斯克关注的是霸权遭遇败绩,社会控制遭遇无法无天的时刻。这样的时刻所产生的快感与政治,言传的是大众的利益。菲斯克致力于发掘大众的活力与创造力,企图了解大众日常的抵抗与规避如何使得主流意识形态的运作如此费力,而不得不一而再再而三地获得霸权。他把大众文化视为潜在的进步的,虽然不是激进的力量。这种研究是乐观的,它在大众中发现了催生社会变革的力量和可能性。

　　大众文化是大众自己创造的文化,是大众自己生产的文化,而不是文化商品的生产者给予的,因为为其他人创造一种文化的努力不可能彻底成功,文化只能从内部不能从外部来生产。这个意义上,法兰克福学派的眼里并没有大众文化,他们没有看到,大众能够生产自己的文化,他们没有实证性地研究大众解读和创造文化的活动,而耽于精英分子的遐想,故而对大众文化持悲观主义立场。但是,法兰克福学派确实指出了大众文化的宰制性的一面(菲斯克也是承认这一点的),以及大众消费中的消极方面,正是基于此,在资本主义以及极权主义国家,大众文化是被容忍甚至是被鼓励的。在我看来,大众文化在不同国度的不同时期具有不同的意义,革命性和消极性是矛盾地并存着的。比如在20世纪80年代,中国的大众文化就是革命的,而在当今的消费主义盛行的时候,大众文化的革命性正在消弭,但仍然存在反抗因素,因此权力机关极力控制大众文化,湖南卫视的超女节目被一再限制最终停办就是一例,比如,观众为歌手投票的活动第一次在中国大众中激发了民主投票的热情,只是大众很快意识到,这种参与娱乐节目的投票并非真正意义上的政治民主,但这一活动显

---

① 约翰·菲斯克:《理解大众文化》,中央编译出版社,2001年,第208页。

然激发了大众的民主热情,而这正是大众文化的进步之处。

人们在日常生活和文化工业产品消费的交接地带创造了大众文化。在所有物品都是商品的社会,大众只能利用资本主义提供的商品进行自己的文化创造。大众文化是在权力集团和大众之间的对立状态中建构的。权力集团的控制实施在社会生活的各个方面,如经济的、政治的、道德的、审美的,大众的斗争和反抗也展开在各个领域,这种斗争表现为统一、同质与创意、异质的斗争。权力集团试图对社会异质加以控制、建构并使其最小化,以为其利益服务,而大众则不断组成差异性的社会忠诚以维护自己的利益。白种人的父权制资本主义一直试图控制社会,但大众的文化创造力却使得当代的美国社会变得多元化,女权主义、黑人种族平权运动就是大众文化创造性的结果。文化商品服务于资本的增值,而商品要成为大众文化的一部分,就必须包含大众的利益。菲斯克强调,大众文化不是消费,而是文化,是在社会体制内部创造并流通意义与快感的积极活动:大众文化只能从内部发展出来,而不能无中生有,或者从上面强加而成。

传统评论家认为,大众文化不是表现世界,而是在逃避世界,他们用一句"逃离现实"就把大众文化从批评的主题中剔除了。这种看法的基础是,表现有其社会维度,而逃避现实只是个人纯粹的幻想。但这样的简单的排除忽视了一个根本的事实,即逃避现实或幻想必须有一个逃离或回避的对象,逃离是为了一种更好的选择。这种否定的做法回避了逃离什么、为什么逃离以及逃离到哪里等重要问题。逃离和幻想与表现一样,具有深刻的社会政治意义。贬低大众文化的幻想,就是否定被支配者的快乐,这种做法是为支配者的利益服务的。幻想常常被视为女性化的,视为女性的弱点,是因为无法适应男性的社会现实而产生的,它是一种白日梦,是女性无法在现实中实现的欲望的补偿,是无权状态的掩饰。而表现、表征则被视为一种行使权力的方式,一种面对现实而不是逃避现实的方式。表现是以符合自己利益的方式理解世界意义的手段,它把意识形态具体化,这一过程具有很强的政治性,被视为支配性的或者男性的,是争夺权力的场所,而幻想并非如此。但是,菲斯克指出,大众文化的幻想就是创造在地(locals)的过程,它是内在的、政治性的,是一种私人的亲密的体验,是一个无法被完全殖民的领域,这种幻想具有积极的社会政治意义。有人批评它是一种虚幻的权力,它驱散了获取真正的政治或社会权力的动力,这种观点认为,抵制仅仅发生在社会层面。但是,抵制来自受支配者的社会体验,社会现实的抵制不可能脱离它,社会体验虽然可能不会对社会层面的抵制产生直接的影响,但幻想至少是在维持一种亚文化差异感,它是符号权力的一部分。

传统观点认为,大众文化就是娱乐,就是休闲,是放松的、无功利的,是远离社会现实的斗争和控制的领域,但文化研究相反,认为大众文化是权力支配的领地,因此也是文化抵抗的场所。历史事实也表明,实证研究也支持了这一点,即主导阶级总是借助道德的、法律的、审美的标准控制大众文化。"支配社会关系的阶级也试图支配支撑社会关系的意义的生产;社会权力和符号权力是同一枚硬币的两面。对意义和拥有创造意义权力的社会群体发起挑战,是确立亚文化身份以及这些身份所维系的社会差异的重要部分。娱乐领域是快乐、意义和社会身份的领域;如果这个领域不能维持并推动受支配者想表现有所不同的权力,那么在政治领域寻求变革的动力也会严重削弱"[1]。大众文化的娱乐不会有直接的政治后果,但没有直接的政治后果并不意味着没有广义的政治功效,抵制性解读行为确定了受支配者在表现过程中的权力以及其后的快乐,对资本主义在意识形态上的控制人们的权力提出了直接挑战。如霍尔说的,对抗性解码是政治变革的前提。没有大众的抵抗意识,没有大众对自己与权力者的生活差异的意识,社会变革无法实现。

两种经济

菲斯克提出了电视的两种经济的概念即金融经济和文化经济意指商品和意义的流通过程,前者指的是财富的流通,后者则是意义和快感的流通。显然,法兰克福学派仅仅着眼于前者,忽视了后者,而文化经济的快感和意义创造则是菲斯克最为关注的。演播室生产商品,卖给经销商谋求利润,这是一个简单的金融交换过程,但文化商品的独特性在于,它在被消费的时候,又转变成为一个生产者,生产着文化意义。在消费社会,所有的商品既有实用价值,也有文化价值。在文化经济中,流通过程并非货币的周转,而是意义和快感的生产和传播。今天,并没有本真的民间文化存在的空间,大众只能拥有

---

[1] 约翰·菲斯克:《电视文化》,商务印书馆,2005年,第470页。

文化工业提供的商品,只能利用这些现成的商品创造自己的意义,大众的创造力就存在于对工业商品的生产性使用之中。大众的艺术是权且利用(making do)的艺术,它利用资本主义提供的资源,创造日常生活中属于自己的意义和快感。

因此,文化商品想要流行,就必须包含相互抵牾的需要,一方面是金融经济的中心化、同质化的需要。任何一种商品,它赢得的消费者越多,它在文化工厂现有的流程中被再生产的可能性就越大,而它得到的经济回馈就越高,因此它必须诉诸大众的共同之处,并否定社会差异。在资本主义社会,大众共同拥有的是宰制性的意识形态,是服从或被剥夺权力的体验。文化工业的经济需要,符合现成社会秩序之规训的意识形态要求,所有的文化商品,都具有某种中心化的、规训性的、霸权式的、一体化的商品化力量。这可以看作商品流通的第一阶段的金融经济及其霸权意识形态部分,但商品一旦被大众购买,大众的文化需要就开始了。大众规避和抵抗着文化商品的规训努力,分裂文化商品的同质性和一致性,袭击或偷猎文化商品的地盘。经济权力和宰制性意识形态的控制以及大众的抵抗、规避都存在于文化的流通过程之中。大众撕破牛仔裤是策略性的抵抗行为,资本主义的工业收编则是遏制策略。广告业总是试图遏制商品的文化意义,它总是让商品的文化意义尽可能地紧密配合金融经济的运转,它总是使社会的差异符合文化的差异与产品的差异。大众的抵抗性以商业广告的无所不在得以说明。广告的无所不在正表明其收编控制商品的文化意义的失败,正是大众对商品和广告的抵制,广告才无所不用其极地宣传,但是,经常的情况是,电影大张旗鼓地宣传,票房收入却入不敷出。个体每天接触大量的广告,但记住的却寥寥可数,这一情况足以说明文化工业的控制力是值得怀疑的。

商品售出之际,它在金融经济中的作用已经完成,但它在文化经济中的作用却刚刚开始。当商品为老板效力完毕之后,它从资本主义的战略中撤身出来,开始成为日常生活文化的资源。大众在日常消费行为中,创造权且利用的艺术,凭借他们的场所,建构我们的空间,用他们的语言,言传我们的意义。菲斯克坚信,宰制性体制终究会在大众文化的不断的侵蚀性的抵制中坍塌。这种乐观的看法是深刻的,传统社会的民间文化,现代社会则是大众文化和各种亚文化,这就是规避、抵制性的文化空间,是真正的人民的文化,这些文化创造维系着社会的差异性,抵制着权威意识形态的宰制,社会发生质变的时刻就是这些文化不断抵抗的结果。积极的观众理论见出了个体的创造性和主体性，这一点是忽视或藐视大众的精英分子不愿意看到或者没有看到的。

　　文化商品没有明确的使用价值，没有具体的功利性。文化商品的交换价值比较容易确定，但复制技术对这种价值构成了威胁，因此制作者和发行商要求完善版权法，以控制交换价值及其物以稀为贵的数量基础，但效果往往很差。另外，文化商品相比其他商品，它最初的生产成本比较高，而复制成本比较低，因此要确保收回投资，靠的是文化商品的发行而不是它的生产。因此，商业资本和计算开发集中在卫星、有线和微波传输系统上，或者电视机、音响系统这些硬件上。金融经济为文化商品提供了两个流通阶段。在第一阶段，节目制作者把节目卖给发行者，节目是直接的物质商品。在第二个阶段，作为商品的节目改变了身份，成为生产者。它所生产的新商品是观众，观众然后再卖给广告商或赞助商。就在观众的接受中，产生了文化经济。在文化经济中，流通的不是财富，而是意义、快乐和身份。在这一过程中，节目制作者对观众产生一定的影响，但观众很大程度上是自治的。观众是复数的，因此意义和快乐也是复数的。研究表明，不同的阶层不同的种族对《达拉斯》的解读是不一样的，其阐释的意义和快乐是不同的。菲斯克认为，在文化经济中，作为生产者的观众拥有相当大的权力，原因是，他们在金融经济中的受支配地位不复存在，而是变成主动的文化生产者。在文化经济的消费中，没有货币的交换，付出的价格与消费的数量之间没有直接的关系，消费的种类和数量不受购买力的限制。更重要的是，意义在文化经济中的流通方式与财富在金融经济中的流通方式不同。意义更难以控制和占有，它是私有物，是自我生产性的，是个体创造的无法剥夺的东西。在文化经济中，文本不是意义的传输者和承载者，而是意义的激励者，产生意义的最终依据是消费者的阅读，消费者为了自身的利益去创造意义。这并不是说，文本之中没有生产者和发行者的意义承载，并非没有偏爱意义和偏爱阅读，而是这种努力常常失败。发行13张唱片，有12张不赚钱。大多数唱片和影视剧作从制作完成就束之高阁。文化产业无法预知市场的哪一部分会选择它们的哪些商品来激发符合它们自己的以及生产者利益的意义与快乐，偏爱意义的控制能力极为有限。

　　金融经济与文化经济的不同在于，前者的流通是线性的、技术性的,是物质之间的交换,是物到物的过程,而文化经济则是从物到诠释的过程,而诠释是语言性的、个体化的,个体的能动性创造性运作其中,而在金融经济中,个体的能动性最多体现在买与不买的选择上。在文化经济中,协商性对抗性的解读才是可能的。意义与快乐本身就是一种权力,如福柯说的,权力是对抗性的、双向的、相互作用的。有自上而下的权力,也有自下而上的权力。帝国权力的行使和在地权力的对抗都产生了快乐,控制是快乐的,抵制和回避也是快乐的。对权力的嘲讽、揭露、丑化产生了巨大的快乐。虽然大众都在消费同一个文化产品,但不同的阶层,不同的种族消费的意义和获得的快乐是不同的,因为个体切入不同的社会层里之中。由于社会权力的控制是多种形式的,对社会权力的抵制也是多样化的。这些抵制不仅反对权力,本身也是权力的来源,它们是受支配者的权力得以表现的一些社会据点,其中行使的权力是符号权力。在符号控制中,支配者总是致力于把意义单一化、中心化,但这常常事与愿违,因为符号具有多重意义,语言是多声部的,这就使得阶级斗争参与到语言之中。

在金融经济中,《达拉斯》是一个利润丰厚的商品,但在文化经济中,它却是一个巨大的商品库,它为观众提供了可供选择的菜单。文化商品是生产者式的文本,这种文本必须具有开放性。文化商品既不能控制也不能预知它可能引发的多种意义和快乐。制造并决定文化产业的社会主流意识形态的利益,可能会被文本的常规和话语所覆盖。文本要想受到观众的欢迎(观众的社会地位造成了与意识形态的差异感),必须包含矛盾、差异以及相反的意识形态。文本的叙事结构和话语的等级化可能力图符合支配者的利益,但不同时刻的解读表明,这种意图极其脆弱。受多层次观众欢迎的文本必须在主流意识形态和意识形态的众多对立面之间保持平衡,而其平衡点是极不稳定的。

支配阶级一方面发展金融经济,一方面又要控制意义,发展金融经济就必须把文本作成开放的,成为各个社会阶层都喜欢解读的,越是大众的就越是流行的,就越是能够赚钱的,但吊诡的是,这就使得文本具有生产者式的性质,为大众的差异性解读提供了基础,各个社会层里的解读抵抗了单一意义。权力无处不在,抵抗也无处不在,电视和媒介文化是斗争的领地,绝不是阿尔都塞说的意识形态的控制机构。

大众文本

在菲斯克看来,大众文本是生产者式(producerly)的文本,这一概念受到巴托的启发。巴托把文本分为读者式(readerly)的和作者式(writerly)的,前者易懂易流行,读者倾向于接受既存的意义,后者更难懂更具有先锋性,它邀请读者参与式地创造新的意义。但菲斯克与巴托不同,生产者式的文本类似巴托的作者式的文本,但是,对这样的文本进行解读,并不一定困难,它也不以它和其他文本或日常生活的惊人差异来困扰读者。但它也不将文本本身的建构法则强加于读者身上,以至于读者只能依据该文本进行解读,而不能有自己的选择。生产者式的文本如读者式的文本一样容易理解,但是生产者式的文本也具有作者式文本的开放性,区别在于,生产者式文本并不要求作者式文本的主动行为,也不设定规则来控制它。生产者式文本为大众生产提供了可能,而且暴露了它原本偏向的意义所具有的种种脆弱性、限制性和弱点。这种文本自身就已经包含了与它的偏好相悖的声音,尽管它试图压抑它们,但它具有松散的、自身无法控制的结局,它包含的意义超出了它的规训力量,它内部创造的一些裂隙大到足以从中创造出新的文本。也就是说,菲斯克的生产者式的文本不同于巴托的读者式和作者式文本,但结合了两者,既有读者式文本的易懂易读的特点,也具有作者式文本的创造性。它不像作者式文本那样具有陌生化的效果,它脱离控制无法规训,这就是权力结构的等级社会中的大众文本的特点。

传统的精英批评对大众文本不屑一顾,认为大众文本没有审美素质,缺乏文化含量而不是批评研究的对象。菲斯克分析了大众文本的各个层面。首先是语言。人们经常批评大众文化误用了语言。那么,大众媒体和大众文本究竟是贬低了还是激活了我们的语言呢?菲斯克以1988年2月5号的《纽约邮报》刊登的一则故事为例,分析大众文本对双关语的使用所带来的生产者式的意义快感。大众文本使用双关语带来了双重的快感,第一重快感在于,玩弄不同的语言用法就像玩弄阶级与社会差异的一个缩影。双关语的使用,使鄙俗用语比官方用语更真实、更有力。双关语的乐趣不仅在于以语言关系作为社会关系的缩影,更在于它反转了正常的强弱关系。第二重快感是生产者式的快感,双关语召唤生产者式的阅读,人们在寻找并解决双关语的语义的过程中获得快感,而且当人们从相互撞击的话语中取得适合于自己的语义时,将获得更大的快感。双关语是俚俗的,它是口语文化的一部分,它依靠的是联想式的关联,比书面语言的逻辑性的关联自由得多。先锋精英文本也使用双关语,但它的功能在于使社会体验陌生化。大众文本的双关语本身与先锋文本的并无不同,关键的是阅读实践的差异,它需要的是平行的而非线性的逻辑思维能力,菲斯克说:"双关语将多重意义带进一个小空间,这些意义充盈泛滥并挣脱控制。它们要求生产性阅读,而从来不是以现成的、无需咀嚼的面目出现。"①双关语是语言的游戏,而游戏总是蕴含着不受规训的、无视礼俗的与冒犯性的潜能。

大众文本趋向于过度,人们常常批评它鄙俗、通俗、浅白、浅薄、煽情。这是传统精英主义批评对大众文化的俯视姿态,但它所作出的评价往往是错误的。大众文本确实是过度与浅白的,但其效果并非是负面的。过度表现为语义的泛滥,过度的符号所表演的是主流意识形态,然后超出并且摆脱它,留下过度的意义逃避意识形态的操控。菲斯克举例说,言情小说里的女主角的过度的牺牲,她因男主角而遭受的被夸大的痛苦,大大超出了父权制社会中女性正常的牺牲和受苦的程度。那些被过度超出的规范因此失去了其隐形性,失去了它们作为自然而然的常识的状态,被带入开放的议程中。煽情把规范推到其合适性的极限,然后越过它。主流意识形态价值观无法解释和符合弱势者的日常生活体验,煽情表达的就是超越意识形态规范的体验。煽情出版物的流行性是社会中存在的不满情绪的最佳证据。在那些感觉自己无力改变生存处境的人中间,这种不满情绪尤其强烈。浅白不仅指的是文本处理的事物是浅露的,而且其处理方式本身也具有浅露的特征。浅白是对有深度的真理的拒绝,因为归根结底,真理是一种控制性的话语,而浅白并不提供有洞见卓识的解释,而是让它本身悬而未决。

当读者的社会体验与文本的话语结构遭遇时,读者的创造行为便得以产生。《豪门恩怨》是个复杂的文本,众多的观众能够在电视剧与他们的社会关系之间产生共鸣,而各个不同国度和语境中的读者解读的意义差异甚大。它是一个充满裂隙的文本,刺激生产者式的观众写入自己的意义,从中建构自己的文化。菲斯克认为,大众文

---

① 约翰·菲斯克:《理解大众文化》,中央编译出版社,2001 年,第 137 页。

本展现的是浅白的东西,内在的则未被言说、未被书写。它在文本中留下裂隙与空间,使生产者式的读者得以填入他或她的社会体验,从而建立文本与体验间的关联。拒绝文本的深度与细微的差别,等于把生产这些深度与差别的责任交给读者。生产力见诸解读而非书写,肥皂剧迷们对剧情的书写是这种生产力的见证。

  传统美学认为,文本应该是具有高度技巧性的、完整的和自足的客体,值得尊重和保存,大学、博物馆、艺术馆都是保存这类文本的机构,而大众文本是不完整的不充足的,它们不是受赞赏和尊敬的对象。但菲斯克认为,大众文本的意义并非在其自身,而在其意义的流通之中,在互文性之中。比如博物馆里的一条牛仔裤,人们要了解它的意义就必须把它放置在互文关系之中,包括商业促销的方式,使用者的穿着方式,谈论它思考它的方式以及新闻和其他社会评论者赋予它的意义。大众文化的研究即是对意义流通过程的研究,大众文本是过程而非对象。大众文化以互文的方式流通于初级文本比如牛仔裤、麦当娜本人,次级文本如广告、媒体故事和评论,最后是持续存在于日常生活中的第三级文本如对话、谈论肥皂剧、穿牛仔裤的方式、逛橱窗的方式等之间。三级文本自身都是不充分不完整的,大众文本只是意义与快感的互文式流通,是一组正在发生的意义。意义在不同的社会效忠从属关系中流通,发生着变化。具体大众文本显得贫乏,是因为它的短暂性和重复性。大众文化的标志在于其重复与连续,这些特征使得大众文化能够轻易地适应日常生活的轨道。因为不完整,所有大众文本的疆界都是不牢固的,它们彼此流入对方的疆域之中,流入日常生活之中。大众文化只能在互文关系中加以研究,因为它只存在于这种互文式的流通过程。正是充满了裂隙、矛盾与不足这些传统美学认定的失败才使得大众文本能够邀请读者的生产者式的解读,使得大众文本在不同的语境、不同的解读瞬间说出不同的话。大众文本是在封闭与开放,在读者式与生产者式,在被偏好的意义的同质性与解读的异质性之间进行斗争的文本,菲斯克说:"大众文本必须提供大众意义和大众快感。大众意义从文本与日常生活之间的相关性中建构出来,大众快感则来自人们创造意义的生产过程,来自生产这些意义的力量。"①菲斯克对霍尔"接合"理论的解读是,这一概念有两重含义,含义之一是"说",可是我们必须记住,

---

  ① 约翰·菲斯克:《理解大众文化》,中央编译出版社,2001年,第153页。

"说话"必然涉及"反应",是一个双向的过程。因此,益智类节目可以表达(说出)消费主义,因为这些节目带有制作者的声音,可是它们也能以反映消费者利益的方式表达(说出)出对消费主义的反应。这个词的另一个意思是用灵活转动的接点来连接两样东西,就像铰链一样,所以拖车在英国就叫做"铰链式卡车"。这个词的第一个意思把我们的注意力引向文本,注意文本的产生和接受;它的第二个意思则要求我们注意一个文本与其他文化领域的连接方式。这样,当音乐电视与唱片和音乐产业联系起来的时候,它的意义就是商业性的、经济性的;但当它与年轻人联系起来的时候,那些光鲜、快速的消费主义画面就可以表达(说出)抵制或回避的意义。这个词的两重意义是相互渗透的,因为话语不是脱离语境而存在的,而是发生在与其他语境相关的文化领域。霍尔的理论提醒我们,同样的话,如果与不同领域发生联系,就能够表达不同的意义,能为不同的社会利益和文化利益服务。①

  大众文本虽然具有如上的一些特征,但具备这些特征的不一定是大众文化,要成为大众文化,大众的辨识力和创造性非常重要。大众对文化工业的产品加以辨识,选取其中的一部分而淘汰另外一部分,这种辨识力出乎文化工业的意料之外,它取决于文本的特征,也同样取决于大众的社会状况。据哈德森1984年调查,在美国市场上,90%的新产品难以找到足够的买主以使自己存活下去,尽管用尽了种种广告促销活动。在澳大利亚,据辛切尔的调查,所有新产品的失败率是80%,这一数据足以表明了大众的辨识力。大众并非被麻醉的傻瓜。大众的辨识力不同于学院派的高雅文化的审美辨识力,它关注的是文本的功能性,即文本在日常生活中的使用潜力,而非文本的特质。这一过程主要有三个标准,即相关性、符号生产力和消费模式的灵活性。

  首先,大众文化必须关系到大众的日常生活体验。大众文化以资本主义提供的商品为资源,这些资源必定切合大众的日常生活。如果不能与大众的日常生活产生共鸣,不能给生活提供切入点,那么它不可能是大众文化。因为人们的日常生活体验是不断变动的,而且,个人的社会效忠从属关系也是不断变动的,所以,这些切入点必定是多元和短暂的,受到社会而非文本因素的影响。中产阶级的审

---

① 约翰·菲斯克:《电视文化》,商务印书馆,2005年,第395~396页。

美活动注重对象的特质，注重审美活动的非功利性和距离性，这一点与大众文化截然不同。大众文化注重的是日常生活的关联性、切身性和体验性。文本中的相关性标准只是一种潜力，而不是一种特质，它由每一个特殊的解读时刻所决定和激发，与审美活动不同，相关性受到时空的制约。大众的解读不是辨识文本之内的特质，而是旨在辨识文本与日常生活之间的相关的切入点，从而激发文本的潜在的功能和意义。大众文本只是一个契机，一个导火索，一个潜在的文化创造的客体。大众根据自己的处境和认同，从文本中引发出切身的文化意义，这种意义因为大众日常体验和社会效忠从属关系的流变性、多元性、交错性而是多元的、变化的、流动的。"解释的独一无二，历史的独一无二，是为现状的利益服务的：变革的声音只有在社会多样性和权力的不同分配之中才可听到"①。《豪门恩怨》在不同的地区被不同解读，美国人对《花木兰》也有不同的解读，《蜗居》对于不同社会阶层具有不同意义等都是例证。

相关性需要文本与高于文本的读者的社会经验的紧密结合。阅读不仅仅是一种符号的解码行为，而且要借助早已创造的文本。阅读是一种文化实践而非一套技能，它要在已有的文化知识与文本之间建立联系，如解释学所说的，是对象视域与读者视域的融合。构成了文本阅读前见的知识和社会经验根深蒂固，难以改变，这就是东方主义顽固地存在的原因，它构成了阅读任何一个关于东方的文本、任何一则关于东方的信息的前提。文本是语境化的，不同的文化语境决定了文本的不同意义的延伸。大众文化最重要的相关性发生在大众的日常生活的微观层面。如果没有相关性，就不会有阅读的动力，也不会有阅读的快乐。大众文化的多样性来自效忠从属群体的多样性，各个不同层面的人群的不同社会认同、经验、立场，赋予文本不同的意义。支配性的统治秩序需要的是中心化的、秩序化的、统一性的、规训性的单一的意义，如菲斯克指出的："文化越靠近宏观层面，就越类同、越中心化和反动；相反，文化越趋向微观层面，它就越异质和多样化，恰恰是这种多样性使得与适合于支配性意识形态的解读相异甚至背道而驰的解读成为可能。"②

大众文化始终处在运动过程中，其意义在一个文本中永远都不

---

① 约翰·菲斯克：《解读大众文化》，南京大学出版社，2001年，第187页。
② 同上，第205页。

能确定,因为文本只有在社会关系中和互文关系中才能被激活,才有意义。购物广场对于妇女和无业青年来说是决然不同的文本,因为对于每一方来说,其社会关系都不相同。大众文化的意义仅仅存在于它们的传播过程中,而不是存在于其文本中。大众文化是以过程和实践为基础的文化。相关性只能由民众创造,因为只有他们才知道哪些文本可以让他们创造出在日常生活中起作用的意义。相关性也意味着许多大众文化都是短暂的,随着人们的社会环境的改变,产生相关性的文本和趣味也会改变。相关性是文本和社会之间的相互作用。

其次,是大众的生产力。大众文化用资本主义提供的原材料制造文化产品,是在原材料的天然性质与生产者的文化需要之间进行的一场斗争。如果不是把大众文化视为对意象的消费,而是视为一种生产过程,那么研究的重心就从表述移至符号学行为,从文本与叙事结构移至解读实践。传统学院派批评家所注重的是文本趋向某些特定的意义以及执行某些特定的社会功能的能力,是文本限制文化用途的能力,大众文化刚好相反,是从文本创造大众自己的文化。这样,大众文化研究就从人们解读什么转移到他们如何解读,比如女性观众对电视里的男权制符号视而不见,对连续剧的男权式结尾避开不看。电视出现广告时,人们选择走开或关闭电视等,大众阅读往往是对相关因素的一种未被驯化的选择。大众文化的创造力在迷(funs)的表现中非常明显,他们活跃于意义的社会流通过程中,比如肥皂剧迷的闲聊可能成为真实剧本的前文本并改写着剧情的发展,他们的闲聊说明了文本的省略或掩盖了的动机和结果,扩展了解释的空间,提供了另外的洞见,这是一种再诠释、再表现和再创造。原初的文本是一种文化资源,从中可以生产出无数的新文本。"大众辨识力不仅仅是从既存的文化资源的库存中去选取与扬弃的过程。它更是对选择出的意义加以创造性使用的过程,在持续的文化再生产过程中,文本和日常生活被富有意义地连接起来。……大众辨识力所关注的与其说是文本,不如说是文本可以被如何加以使用的方式"①。大众的文本特质并不重要,大众并不推崇文本。戴维·莫利的研究表明,决定电视之使用的是日常生活的文化实践,是人们在日常生活文化中的位置,而非电视决定人们的日常生活。

---

① 约翰·菲斯克:《理解大众文化》,中央编译出版社,2001年,第179页。

再次,大众文本的多元性和快感与其媒介的开放性和灵活性相关。电视、报纸、录像带、电影等之所以是大众的,部分原因在于它们作为媒体,允许人们对它们进行随意地使用,这样它们就无法把意义强加于人,也无法强迫人们按照特定的单一方式把它们纳入日常生活之中。大众的辨识力也表现在选择那传递文本的媒体,以及最适合消费者的社会文化位置与需求的消费模式。大众文化不是社会革命活跃的温床,因为它不是激进文化。大众艺术能在支配性意识形态规范及源自从属者的社会经验的对它的抵制之间发挥作用,大众文化为对立意义的产生及其与支配性意识形态的对立的关联提供手段。电子游戏厅和里面的游戏机是支配性意识形态的承载者,同时它们也向从属者提供了表达他们的抵制的手段。

文化研究反对法兰克福学派的哲学批判而以人种志方法取而代之,比如,在对麦当娜的接受研究中,要发现歌迷从她身上解读的意义,包括听他们交谈,读他们写给歌迷会的信,观察他们在家庭和公共场所的行为等。具体案例说明歌迷创造了意义,接受者并非为文化商品所麻醉。文化研究深受当代符号学和结构主义文本分析方法的影响,包括对文本及其外在表现即能指予以细读,但认为其所指并不在文本自身,而在文本之外的神话、反神话及其文化意识形态中,认为:"文本意义的分配与社会权力的分配相伴而生,意义的符号争夺与社会权力之争相伴而生。每个文本及每种解读都有社会的从而也是政治的向度,这种向度部分存在于文本自身的结构中,部分存在于读者的社会关系及其对文本产生影响的方式中。"[1]文化分析将揭示支配性意识形态被建构进文本和阅读主体中的方式,将文本结构与社会体系联系起来,以探究意义是如何产生的及其在文化进程中所发挥的作用。比如,麦当娜歌迷的意义创造表明,麦当娜的文本提供了挑战父权制的空间,有助于在父权社会重新分配性别权力。

社会控制除了显见的经济政治权力,还表现在一系列的规则、立法、道德、审美等领域。主导意识形态控制着被支配者的思维模式和意义创造,塑造其主体性,甚至深入到日常礼仪行为规范之中。社会权力和符号权力是同一硬币的两面,控制权力的人也控制着意义的生产,对符号权力的抵制也是对宰制意识形态对于主体性建构的抵制。大众文化就是对主体性的祛除,对日常生活及其意义的重新创

---

[1] 约翰·菲斯克:《解读大众文化》,南京大学出版社,2001年,第105页。

造,这种创造是对抗性的、进步的,是激烈的革命性变化的前提。菲斯克指出:"狂欢的本质是它对规范着日常生活的规则的逆转;狂欢的必要性源自被压制者最终对屈服于社会规范的拒绝。所以狂欢的力量是从属者的日常生活中起压制和控制作用力量的对立面。"① 文化研究的政治性表现在发掘日常生活中的抵抗力量,重新塑造社会行动者(agents)。权力的规训深入到大众的日常意识,其力量之强大足以让人把违反这一规则体验为一种犯罪感,相反的是,解放性的大众文化对规则的违反则体验为一种解放感、自由感,这种幻想中的解放性的体验是社会变革的积极力量。

阿尔都塞主义的消极性在于,它将不成比例的权力赋予了支配力量,贬低了抵抗力量的重要性。它解释了人们被意识形态构造的主体性,其结果就是文化的麻醉剂,这是其与法兰克福学派相通的地方。这种文化理论"不能对逃避了控制的矛盾及努力抵制它而非支持它的矛盾作出解释。它假定建构和推行支配性意识形态的文本实践是成功的,不能为其'失败'作出解释"②。对电视受众的人种志研究表明,观众在支配与服从、控制与反抗的关系中创造自己的相关意义。抵抗性权力是一种生产知识的权力,它必须在与承载了不同统治模式的知识与事实的对立中行使自身。历史试图抹去这些对抗性的系谱,将它们构造为事件的分散性及事件之间的差异性的证据。权力是双向的,与其相连的快乐也出现了双重的声音。作为社会成员,他们在参与生产用来统治的知识的权力中找到了快乐,同样,作为该社会中被统治被规训的成员,他们从抵制性权力、从生产关于世界的相对抗的知识中获得了快乐。

大众快感

存在着多种快感,如政治性的、话语式的、心理学意义上的、规训意义上的等等。菲斯克讨论的是大众的快感,它出现在被宰制的大众所形成的社会效忠从属关系中,这种快感是自下而上的,存在于与权力的对抗之处。大众快感只存在于它具体的实践、语境与生产的时刻。大众的快感以两种方式运作:躲避与生产。躲避集中在身体

---

① 约翰·菲斯克:《解读大众文化》,南京大学出版社,2001年,第148页。
② 同上,第187页。

上,身体的意义及快感是一场权力斗争,在这场斗争中,阶级、性别与种族错综复杂地相互交叉。菲斯克认同巴托的快感理论,认为身体是自然的所在,身体的极度兴奋是对意识形态控制的抵抗,是主体性的丧失,是对意义的躲避,它躲避着社会的、道德的、法律的、美学的、规训的力量的控制。身体快感具有政治效果,它的出现令上层觉得恐慌,却使下层人民感到解放。维护大众享受快感的权利,也许不会改变压服着大众的那套体制,但它的确保存了若干生活的领地以及体验的意义,而这些领地与意义,对抗着现存的规范与惩戒。

另一种快感是生产诸种意义时所带来的快感,它们围绕社会认同与社会关系,通过对霸权力量进行符号学意义上的抵抗,创造自己的文化。大众文化生产出的意义既相互关联,又具有功能性。相关性所要求的是,宰制的力量与抵抗这些力量的力量,二者都应被涵盖在这些意义当中,当这些意义被构建成个别被支配者的社会体验时,它们就会被生产出来。功能性指的是,这些意义对了解日常生活是有用的,有助于影响个体在日常生活中内在与外在的行为。生产性、相关性与功能性的结合,其结果就是快感的诞生。大众文化的政治是增强被支配者的权力,使其在创造自己的文化和意义之中获得快感,这对于被支配者的主体性的构造乃至社会政治的变革是最为重要的,菲斯克说:"增强被宰制者的自尊,是战术性甚至战略性抵抗的政治先决条件。"[①]这就是大众文化的政治效果。

逃避式的快感往往集中在身体上,而生产对抗式意义的快感则集中在心灵。统治阶级需要的是一致和秩序,因而对差异产生恐惧并予以控制。正因为大众文化的抵抗性,在历史上,大众文化都招致了道德上的反对和立法层面的控制,被视为具有危险性和破坏性,大众快感被视为粗鲁不雅、无视规矩,被中产阶级描述为不道德的、无秩序的,在经济上是不节约的。当被支配者的身体的快感与无度,如酗酒、做爱、懒散、粗暴等被视为对社会秩序的威胁,当它们超过了拥有社会控制权的人所定下的合理与自然的标准的时候,或者当它们逃避社会规训,并与阶级利益达成联盟,获得某种激进或颠覆的潜能的时候,这种威胁就变得特别可怕。上层社会的酗酒或者性放纵行为,可能只是让资产阶级皱眉头,但不会看成具有社会危险性,更不会遭到压制。过度的快感总是威胁到社会控制,当这些快感属于弱

---

① 约翰·菲斯克:《理解大众文化》,中央编译出版社,2001年,第83页。

者时,这种威胁就变得特别明显,随之而来的压制和规训就是无可避免的了。资产阶级对无产阶级的控制,不仅限于工作场所,而是延伸到休闲活动中。

在游戏和狂欢节中,身体暂时脱离它的社会定义与控制,暂时脱离占据着它的主体的暴政,这种自由瞬间类似巴托的狂喜。摔跤,菲斯克指出,"是对体育运动的戏仿:它夸大体育运动的某些要素,以便能够质疑这些要素本身,以及这些要素通常所承载的价值观念。它复活了冒犯式的大众的快感,而这本是19世纪的中产阶级千辛万苦企图侵吞之并使之显得体面的对象"①。摔跤拒绝公正,没有人被给予"胜负均等的机会",没有公平比赛,其快感并不在于比赛的公平性,而在于犯规动作,这些犯规动作只存在于该动作过度的符号当中。摔跤是对正义的滑稽模仿,恰恰是那些邪恶的、不公正的参与者最终获得了胜利,这是巴赫金所说的"怪诞现实主义",与社会秩序中的理想化的普遍真理形成对比:虽然有官方的意识形态,但大多数处于服从地位的人们的体验却是,不公平与丑恶确确实实繁荣昌盛,而善良正义却被迫妥协让步。以阶级与性别差异为基础的社会权力,其规范被书写渗透到个人日常的身体中,身体无时无刻不被权力规训,医学、监狱、军队和学校都是主导阶级借以控制被统治阶级的工具。摔跤手的丑陋的身体,是阶级语言的一种形式,成为反抗控制的基地。身体在祛除社会控制之后,在获得狂喜之时,文化坍塌为自然,意识形态得以祛除,巴托以色情和性高潮的隐喻来表达这一时刻。如果美已被统治阶级所驾驭,成为一个隐喻,那么,怪诞便在隐喻的意义上,表达着被统治阶级的体验和抵抗。怪诞的身体既是必须压制的,又是不可能压制的,狂欢节是它被许可的喷发时刻。统治阶级不仅控制了工作场所和休闲领域,而且进一步控制被统治阶级的最后的自然性的非意识形态化的存在即身体,而被统治阶级的反抗也以身体为基地,从各个方面抵抗宰制,其中,摔跤这一大众化节目,就极其典型地展示了控制与反抗的交织。

在后现代文化中,视觉文化超越文字,成为颠覆现代理性文化的主体,因为,"图像是不承认理性的,不承认主体性是理解意义的场所,因为产生意义终究是一个主观过程。理性、常识是社会机器侵入并毁灭个人的主要工具,因此后现代主义在不承认理性的同时,也不

---

① 约翰·菲斯克:《理解大众文化》,中央编译出版社,2001年,第105页。

承认社会机器及其力量可以调节我们的生活和理想"①。在鲍德里亚看来,这种对理性的拒绝是终极的政治行为,是后资本主义社会中没有权力的大众所掌握的唯一的抵制性政治行为。因此,后现代主义时尚创造的快乐是表层的、身体上的,是从社会、环境和理性中解放出来的快乐。壮观场面是对视觉快乐的夸张,它夸张了可见之物,放大并凸显了表象,拒绝表现意义或深度。当对象是纯粹的壮观场面时,它只对观众的感官及身体起作用,对主体的建构没有作用。壮观场面摆脱了主体性,它强调了过度渲染的物质性,突出了身体,不是将其作为指代其他事物的符号,而是作为其本身的存在。体育对人体的赞美是政治性的,它把男性的身体美与雄风理念中的社会与政治权力联系起来。体育的慢镜头、回放等加强了对男性身体之美的展示,这种审美的社会政治性在于,它契合了资本主义对劳动的经济基础的肯定,契合了男权社会的政治权力,即男性是政治权力的主导者,审美的认肯即是对男权和资本主义经济体系的认肯。"运动中的男性身体就是男权资本主义霸权的积极代言人,这正好与体育对主流意识形态的体现相配。体育的价值是对所有选手公正平等,尊重失败者,恰当地赞美胜利者,这代表了民主资本主义用来标榜自己的主流意识形态"②。

在这个意义上,摔跤的丑陋的身体是对资本主义意识形态的对抗和反讽,是对主流意识形态的政治化审美的反驳。但这种审丑恰恰是"现实主义的",它就是社会现实的真实投射,现实就是这么丑陋的、膨胀的、不规则的、变形的、怪异的。巴托和巴赫金以及菲斯克对摔跤的丑陋的讨论正是审美与政治权力交汇的一个案例,是文化研究与美学碰撞的地方。也就是说,美学上所肯定的东西恰恰是宰制性意识形态所需要的东西,而丑陋的则是对意识形态的抵抗,是对现实的真实写照,因为受支配者体会到的恰恰就是如摔跤游戏那样的,好人输,坏人赢,不合规则,没有公平正义,没有底线,巧取豪夺,无廉耻,无尊严,在这种丑陋中获得的快感正是社会现实给他们的感觉,因为他们所看到所体验到的社会就是这样的。审丑背后是对主流意识形态所推崇的审美标准、社会准则、一切符合规则等意识形态的反驳和对抗。"如果美一直是用来比喻社会支配者的,那么丑就以比喻

---

① 约翰·菲斯克:《电视文化》,商务印书馆,2005年,第368页。
② 同上,第359页。

的方式表达了受支配者的体验和实质。怪异既是我们必须压制的,也是我们不可能压制的"①。而狂欢的丑陋,按照巴赫金,就是对破坏性的对抗性的大众力量的认肯,审丑赋予了受支配者以力量。文化研究的巨大穿透力在于,它把政治和权力引入一切文化实践之中,在看似普遍性的非功利的自然化的审美活动中,文化研究揭示了背后的权力机制,揭露了康德的似乎是普遍性的审美能力的虚假性。

电子游戏厅的流行在从属者中最为普遍。游戏厅建构的是与其社会从属性对立的行使着控制权的主体。电子游戏的玩家在游戏中反转了社会权力关系,逆转了在资本主义生产活动中的机工/机器关系。游戏中的快乐并不是有助于改变社会,而是改变主体性,尽管很短暂,它保留在从属者之中,使社会控制者感到不安。在游戏中,权力关系被反转,这种逆转强调能指和身体,因为社会控制是通过所指和心智来进行的。快乐因其对能指的强调对所指的否定,成为意识形态抵制的一种方式。游戏者的过度专注从所指对头脑发挥意识形态作用的束缚之下解放出来,并允许能指与身体间发生一种短暂的解放关系。游戏是用身体来玩的,过分的专注会使自我在社会中建构的主体及其社会关系丧失,主体性崩溃并进入了身体之中,此时,身体可以体验到性高潮式的享乐。

大众文化确实给读者带来了快乐,文化笨蛋是无快乐可言的,快乐来自所生产的意义是为读者的利益服务而不是为支配者的利益服务,来自对意义的控制感和对文化进程的积极参与,比如女性在电视中获得的快乐来自对男权的抵抗,主张在男权社会中的女性意义和身份的合法性。肥皂剧让处于受支配地位的妇女看到限制不断被破坏的状况,从而给她们带来了快乐。肥皂剧强调过程而非结果,"相对于男性快乐和回报而言,强调过程而不强调结果,强调快乐的延续与循环而不强调其高潮与终结的做法,是女性主体性的组成部分"②。电视里很多表现女性身体的镜头的前提预设是,它是男性的观看对象以产生偷窥权力和快乐的来源,这是一种主流的快乐,一种反动的快乐,它让观众调整自己以适应主流意识形态的需要,并接受文本所产生的主体地位,以及随之而来的对男权和人类性欲要求的认同,这种快乐来自电影所建立的男权主体及其意识形态。这种镜

---

① 约翰·菲斯克:《电视文化》,商务印书馆,2005年,第360页。
② 同上,第265页。

头对女性观众产生的效果是,它激起了女性观众的男子式的欲望,并为她建立一个男性化的解读立场,让她用男性的眼光来理解自己的身体,从而认同男性意识形态。但是,菲斯克认为,这种观点只能解释电视吸引力的部分原因,它排除了抵制主流意识形态的可能性以及由观众生产意义的可能性,忽视了从这种可能性中获得的快乐。菲斯克认为,快乐有两种,一是认同主流意识形态所带来的快乐,一是对主流意识形态的抵制所获得的快乐。快乐具有破坏性,这就是一直以来资产阶级要控制受支配阶级的娱乐的原因,如霍尔指出的,19世纪统治阶级曾经用法律的、道德的、审美的理由禁止大众集市和节日活动。对电视的攻击也是这样,统治阶级认为电视不道德,它表现婚外情,颂扬暴力和犯罪,危害了法律和秩序,电视形式简陋,迎合了低级趣味,因此会降低观众的识别能力等等,这就从另外一个方面证实,快乐可以是激进的革命的。快乐领域充满的是阶级支配和反抗的斗争。

巴托把快乐分为小乐和极乐。快乐反对意识形态控制,但小乐的反对程度不如极乐。极乐通过把所指抛向远处摆脱了文化和意义的控制,突出了能指,它存在于符号中,存在于读者身体的肉欲之中,它总是带有色情意味,巴托用性高潮比喻之。快乐是去中心的、去意识形态化的、非文化的,快乐产生于对主导意识形态的抵制之中,这是菲斯克最为欣赏的。比如儿童对电视节目的重演,女性观众对肥皂剧人物的认同,比如拉德威发现的浪漫小说的女性读者对男权的抵制,麦当娜歌迷对自身形象的控制等等。她们玩弄表演和现实之间的关系,对节目控制的权力提出质疑,对意义所承载的意识形态和权力予以否定。菲斯克的观点是,快乐的多样性是处于不同社会地位的观众所造成的,而非如精神分析认为的那样是来自人的共性,来自幼儿时期的欲望投射。对那些能够与主流意识形态协调的人来说,其快乐是符合规范的,也是反动的,但也能够被体验为自发的,主体会觉得,他采取了符合主流意识形态需要的社会立场,而且从中得到了真正的快乐。这是一种起着霸权作用的快乐。但对于那些与主流意识形态不完全协调的人来说,快乐必然包括对主流意识形态的回避,至少是一种协商,这就为小群体和亚文化的存在打开了空间,让他们能够在他们自己与他们力图回避的意识形态的关系中找到快乐,这种快乐是革命的,是与霸权抗衡的快乐,它有助于保持社会的多样性和多元化。

文化深深地刻印在社会内部权力有差别的分配上,而对权力关系起到稳固或动摇的作用。人们对意义的理解参与了社会权力的斗争,因此,如霍尔说的,电视作为媒介是文化斗争的领地,是复杂的,充满了矛盾冲突的文化媒介,一方面它为少数人的利益服务,传播少数人的意识形态,另一方面它又为社会的大多数人,处于受支配地位的群体的不妥协的、不同的文化资本服务。观众创造与自己的亚文化地位密切相关的意义并获得快乐,这种快乐超越已经创造的意义和意识形态,这就是菲斯克说的电视的"符号民主"带来的动力。阿尔都塞的所有精力都用在对意识形态实践的阴谋进行揭露上,法兰克福学派也没有考察抵制实践或规避实践,这就是霍尔说的左翼精英主义,它或含蓄或明显地贬低了它在政治上与之结盟的民众。菲斯克将自己的快乐理论定位在从属者一边,认为快乐是革命性的,这是一种快乐的社会主义理论。

两种政治

菲斯克说的大众文化的政治是渐进的意识变革,不是激进的社会革命。剧烈的社会革命是社会发生结构性变动的临界点,这一点的发生有赖于渐进的意识变革。菲斯克说:"我们在探究大众文化的政治时,不能把我们对政治的定义局限于直接的社会行动,因为那只不过是冰山的尖顶,坐落在更为隐形却非常真实的政治化意识之上。在某些历史条件和社会条件下,这种潜藏的意识会冲破表面,显形为政治行动。"[①]菲斯克把社会变革即宏观政治与微观政治分别称为激进模式和大众模式。激进的社会变革模式导致一个社会中权力的重新分配,它通常被描述为革命,发生在历史中比较不平常的危急时刻,而大众变革是一种持续进行的过程,旨在维系或提高体制中大众的自下而上的权力,它缓和了权力激烈的两级对立,使弱势者获取一定的权力,并维持他们的自尊与身份认同。它是进步的,但非激进的。大众文化定位的是微观政治,它形成的是革命意识而非革命行动。

在当代世界,资本主义仍然是主要的生产系统,它将其对社会秩序的控制根植于对生产和资源分配的控制之中。在一般情况下,大

---

① 约翰·菲斯克:《理解大众文化》,中央编译出版社,2001年,第188页。

众文化在休闲和消费领域找到了自己最肥沃的土壤,因为这是权力集团最脆弱的地方,尽管他们试图去控制这一领域。法兰克福学派所钟爱的先锋艺术的对抗性,在菲斯克看来是有限的。历史上很少有例子证明,任何形式的激进艺术能够产生明显的政治或社会效果。激进艺术的政治效力的局限性在于它无法关联到大众的日常生活,所以它不能激发大众,不能成就大众的革命意识。法兰克福学派未能意识到大众面对宰制体制的不妥协性,他们的战术规避与抵制,他们对于差异感的固守,以及他们一再地拒绝主导意识形态强加于他们身上的那种顺从式的主体位置。巴托认为,先锋派仅仅在美学与伦理领域对资产阶级提出了挑战,只能在中产阶级内部的派系之间引发冲突,却永远不会是阶级斗争的一部分,没有对资产阶级经济与政治权力产生影响。而大众文化是围绕着大众与权力集团之间各种形式的对立关系加以组织的,这种对抗总是包含着变成进步力量的潜能,而且实际上它通常就是这种进步力量。菲斯克说,与激进艺术在宏观层面上的政治效果相比,大众艺术在微观政治层面上的进步效果要大得多。没有大众在微观层面的革命意识,社会变革无从发生。"在日常生活中维持抵抗的微观政治,为宏观政治的种子保留了一片肥沃的土壤,没有这片土壤,宏观政治必然无法繁荣昌盛"[①]。

　　大众文化操作在日常生活层面,在微观政治层面它可以充当对宏观层面不断侵蚀的力量,从宰制体制内部削弱它、蚕食它,以便最终在结构层面摧毁它。正是数以千万计的妇女、黑人和同性恋者对于自身的日常生活的不满,对于权力控制的不断的反抗,最终导致了自身地位的变革和赋权的可能。大众文化是战术性的游击队式的偷袭,大众文化的政治最终导致了权力集团的颓势和社会秩序的重建。关于微观政治与宏观政治的关系问题,一种观点认为,符号性的抵制或者发生在想象领域里的内在的抵制是在个人领域而非社会范围内,它在这种体制内是安全的、缓和的,因而是很容易控制的,是社会的安全阀。菲斯克不同意这种观点。这种观点没有考察微观政治与宏观政治的差异和关联,没有给意义与行为、进步与激进、规避策略与冒犯策略、内在的符号抵制与社会政治抵制之间的潜在联系做出解释。社会权力集团的控制无所不在,他们用经济的立法的意识形态的手段从各个方面控制被统治阶级,以维护自己的利益,但被统治

[①] 约翰·菲斯克:《理解大众文化》,中央编译出版社,2001年,第226页。

阶级的反抗也从来没有停止,他们规避和抵制权力,建构了大众文化,没有这些力量,社会的更剧烈的变革就不可能发生。社会的剧烈变革绝非少数活跃的激进人士所主导,没有大众的日常抵制,没有大众文化的支撑,这些激进分子就容易被边缘化,被视为极端分子或煽动家、孤掌难鸣的先锋者,而不可能成为社会革命的领导者。"从属群体中只有极少部分曾组织起来直接从事政治活动,试图影响社会秩序的变革。但这些激进主义分子的活动效果在很大程度上依赖于其他具有同样社会立场的人的内在抵制:没有这些大量的内在抵制,激进主义分子就不能证明他们的主张代表了一种迅速高涨的社会情感,其立场也就很容易被轻视或忽略"①。主导阶级主要在政治和经济领域实行控制,文化领域里的意识形态和意义则是其支撑,而大众除了政治反抗和经济偷袭之外,在文化领域里也创造自己的意义和快感以抵制主导意识形态的控制,正是这些抵抗最终导致了社会变革的可能。被支配者的日常生活的抵抗为其赢得了活动空间,实现了社会权力的转移,推动了社会公平和正义的发展。

我们的意识并非完全由社会关系以及在其中运作的意识形态为我们生产出来,我们可以加以利用以理解我们的社会关系和体验的那些话语资源与文化资源,并未使用单一的语言,它们并非只讲一个故事,或只产生一组受意识形态决定的意义。与其说我们是社会的主体,不如说我们是社会的行动者,如当代后结构主义说的,主体是各种矛盾斗争的场所。宰制性的力量从来都不是大获全胜,被统治的从属状态也从来不是一败涂地。语义的抵制与政治上的抵制相互关联。语义的抵制即是以不同方式进行思考的权力,对社会经验、自我及个人的社会关系作出不同理解的权力。语义的抵制来自这样一个事实,民众利用一个社会的推理资源的方式与支配力量对它的利用方式极为不同,他们交谈,他们思考,他们说笑话,他们始终对他们特殊的从属形态作出他们的理解,他们一直在利用他们的以不同方式抵制性地使用话语的权力。这种语义性的抵制是社会变革的前提,菲斯克为自己辩护:"第一是问如果人们并不以不同方式进行思考,那么社会变革究竟从何而来?如果我们的意识可以如此彻底地被殖民以致我们始终是接受关于我们的经验的他们的意义,我们能从哪里获得进行变革的动力?第二点,我愿意指出政治领域中有组

---

① 约翰·菲斯克:《解读大众文化》,南京大学出版社,2001年,第132页。

织的抵制始终是一小部分激进分子的工作,但从长远看,其有效性却依赖于上千万进行不同思考的人,他们已经对他们的意识的殖民化进行了抵制,他们的内在的语义抵制提供了一种越来越高涨的支持——它防止激进主义者被边缘化为古怪的极端主义者,并将他们变成代言人。"① 内在的或语义性的抵制是社会变革的一种极其重要的先决条件。只有社会中的大多数人都意识到这种体制无法维持下去的时候,社会的激进变革才有可能,而大多数人指的就是大众,大众的日常的压抑性的被剥夺的体验及其反抗才是社会变革的根本动力,否则,少数先行者的激进行为只能沦为孤独者的寂寞和悲哀。

大众的对抗是零散的,有时是沉睡的,但绝不是麻木不仁的。某些抵抗行为可能是主动而具有冒犯性的,有些抵抗行为更倾向于顽固地拒绝宰制性力量,还有一些行为则是回避性的、狂欢节式的。对抗的形式林林总总。但是,由于大众文化的政治更多地表现在具体的阅读情境中,而不是在文本特性中,那么大众文化的政治潜能就具有很大的复杂性和不稳定性。对于这一点,菲斯克是清醒的,他说,谁也无法保证任何一种文化形式或实践的政治,都会在任何一种特定的解读中被动员起来,实际上,任何一种对抗性都可能依旧是一种沉睡的潜能,而且即使被动员起来,同样无法确定其方向到底是进步的还是保守的。② 大众文本比如《豪门恩怨》对身处不同社会情境中的读者,提供了完全矛盾的政治意义,这些解读可能是进步的,也可能是反动的,甚至是二者兼备,如进步的性政治可能与一种反动的阶级政治结盟。问题的症结在于,政治是社会性的,而非文本式的,一个文本要变得具有政治性,只有在该文本进入社会的入口处,其政治化过程才得以发生,这就导致了大众文化的政治效力的复杂性。

那么,文化理论家在微观政治的运作中起到什么样的作用呢?菲斯克指出,文化批评家最富创造性的角色之一,是去推进并鼓励发生在社会文化层面上的意识与行动的各种转化。理论有助于在内在的或幻想式的抵抗中培养出某种社会向度,以便将这些抵抗联结到与他人共享的社会体验上,从而防止它们仅仅成为个人的抵抗;理论还可以把日常生活的特殊性安置于某种思想框架中,而这种框架能够增强大众在政治上的自觉,因此,理论能够推进它们转化为某种更

---

① 约翰·菲斯克:《解读大众文化》,南京大学出版社,2001年,第192页。
② 约翰·菲斯克:《理解大众文化》,中央编译出版社,2001年,第197页。

具集体性的意识,而这种意识反过来又可以被转化成更具集体性的社会实践。① 特别是,当技术促成并鼓励文化的家庭化与私人化时,诸如此类的问题与可能性,对文化理论家来说,就变得更加尖锐了。菲斯克并不是要提出某种政治行动纲领,因为这样的纲领只能在特定的社会历史条件下才能得以发展。菲斯克本人就是一个大众文化迷,他深知大众对于理论说教的怀疑态度。对大众进行的不合适的组织的企图,可能会摧毁激发大众抵抗的那些快感。

电视话语

当代大众文化借助各种媒介得以表现,大众文化表现为媒介文化。电视作为最重要的媒介之一,在菲斯克的大众文化理论中占据重要地位。电视不仅是一种媒介,更是大众生活的一部分,是当代文化的一种表征,研究电视就是研究当代文化的存在样态。如菲斯克说的,电视"就像是理所当然的日常语言,有助于了解人类如何建构周遭世界"②。电视在中介(mediate)真实,了解电视如何传达现实,有助于认识社会的运作。我们可以从许多方面研究电视,菲斯克的电视研究延续文化研究的脉络,即借助媒介霸权理论、符号学和人种志学等方法,以权力和抵抗理论为线索解读电视。菲斯克把电视看成是意义与快乐的承载体和激励体,而文化则是这些意义和快乐在社会中的生成与传播。菲斯克认为:"电视播送了一些充满潜在意义的节目,它力图控制并把这些意义聚焦为比较单一的、为人们所喜爱的意义,起到主流意识形态的作用。"③在资本主义社会,电视首先是资本机构,是主流意识形态生产的地域,但电视的解读并非被动的机械性的接受。菲斯克专门论述电视的著作有三本,即与约翰·哈特利合著的《解读电视》、独著的《电视文化》和《媒介事关重大》,前者以符号学方法解读电视符码,后两本书则是对电视文本的意识形态分析。

在西方学界,人们惯常以文学的方法面对电视,因为西方文化极其推崇文学,但这是一种简单的知识混淆。在中国学界,也有这种倾

---

① 约翰·菲斯克:《理解大众文化》,中央编译出版社,2001年,第203页。
② J.菲斯克和J.哈特利:《解读电视》,台北:远流出版事业股份有限公司,1993年,第8页。
③ 约翰·菲斯克:《电视文化》,商务印书馆,2005年,第6页。

向,人们说"文学艺术",文学在各类艺术之首,其他艺术都因为具有文学性而获得地位,才有资格与文学平等,文学似乎是艺术的领头羊,是解读其他艺术的范本。菲斯克指出,如果我们以文学作品的解读方法对待电视文本的话,注定会失败,而且对电视是不公平的。文学和电视的差异,菲斯克指出:"以文字书写而言,它注重前后一致、因果逻辑、抽象、清晰、人称等要素;相反,电视则是短暂、片段、特定、具体以及戏剧性,且它的意义来自对比、矛盾、符号的并置,与口语及视觉的逻辑。"①电视与文学的差异,一是,文学的历史久远,电视的历史短暂;二是,文学用文字,是人为符号,电视使用更多的是自然符号;三是,文学是单一媒介,诉诸表象,电视是多种符号,诉诸视觉、听觉和想象等;四是,文学是窄播符号,电视是广播符号。前者的理解需要一定的文化教养,而后者则与日常生活经验接近,直接性明显;五是,文学可反复阅读,诉诸思索,电视不可重复(除了录像),线性明显;六是,文学是个体阅读,电视的接受多为家庭环境;七是,电视是现代科技的产物,依赖于科技的发展,而文学从口头到文字,科技的发展依赖较少。但事实是,从事文化研究的学者大多出生于文学研究,人们对文学的解读也具有源远流长的历史,经验和方法极其完备,这就导致人们常常以文学的方法解读电视。电视作为后起的媒介,还没有发展出解读的方法。如何解读这一不同于文学的文本,需要新的视角、新的理论和新的经验。

  电视以文字以外的多种符号呈现自身。符号学指出,意符所代表的意指并非绝对,而是任意的,我们观看、组织、建构意指的方式深受我们文化观物方式的左右,电视对图像式符号的大量使用,极易使我们忽略电视媒介表意作用的任意性质。符号是用于表意的,菲斯克把符号的意义分为三个层次,意义的第一个层次是一种"自足完满"的关系:照片即代表汽车,到了第二个层次,简单的促因性意义提升到文化的层次,符号的意义不再单纯地来自符号本身,而是源自社会使用与评价意符和意指的方式,比如说,汽车经常象征的是富裕、朝气或自由。到了第三个层次,在第二个层次所产生的文化意义范畴,结合凝聚为一个全面性的文化性的领悟、一种现实的世界观。在这个层次上,汽车可以作为工业化、物质至上、无根社会的意象。

  菲斯克受到罗兰·巴托的启发。巴托认为在第二层次的表意过

---

① J.菲斯克和 J.哈特利:《解读电视》,台北:远流出版事业股份有限公司,1993年,第8页。

程中,符号扮演了两个不同的角色即神话制造者(myth-maker)和内含意义的因子(connotative agents),这两个概念有助于理解电视符号传达意义的方式。当符号意义从具象性提升到文化意味时,它进入了第二个层次的表意阶段。个别符号体现了某种文化价值,成为某种文化价值的意符,这种文化意义,即是巴托说的神话。神话的有效性包括两个方面,一是第一层次符号的特定性与其在图像上的准确性,二是第二层次符号与我们文化需要的契合程度,而此契合决定于神话能否正确地与外在真实勾连,并同时将此真实溶入我们的文化价值观之中。神话充满了活力,它不断地改变更新,电视在这个过程中扮演了重要角色。电视时时将神话与事实相对照,使我们意识到现有神话解说事相的能力的不足,因而迫切需要改变。第二层次的符号还有一个功能,即内含性(connotation)。巴托认为,摄影的外延意义,完全透过其影像再现的机械过程产生,而其内含的意义,则是人为介入的结果,诸如镜头的角度、距离、焦点、光影效果等等。内含的意义属于主观而非客观的经验,主要是编码者个人对讯息所表达的情感意见。电视制造内含意义的方法与电影无异,镜头的角度、灯光、背景音乐、切入切出的频率等都是常规的手法,尤其是音乐可以制造某个镜头特定的内含意义。

符号的意义受主观感受的影响。主观感受虽随个人而生,但本质上却不随人而异,因为这些感受是针对符号而发,而符号的意义,只有在文化成员彼此同意的条件下才可能产生。意义是互主体性的,它为文化中所有成员共享,使得成员对符号所代表的意义产生一致的领会。互主体性深受文化的左右,也是文化影响个人的路径之一,而文化的成员属性也由此产生。神话在互主体性中具有组织作用,它们彼此之间也具有联合性和组织性,各种神话组合起来,成为神话集(mythology)即意识形态。文化在面对、解释、组织外在现实时所使用的大原则,就是透过第三层次的表意作用来反映的。

文学上的隐喻,指的是一个词汇(意符)以一种破除老套,非字面意义的方式应用在某个目标物或动作上,转喻指的是将某物的某一属性用来喻指该物全体。电视所表现的隐喻世界,并非在展示真正的世界,而只是真实世界的移位。电视符号同时以隐喻和转喻的方式运作。在第一个层次的表象阶段,符号的图像式或外延性的功能是隐喻性的,即是一种由实体到表象的移位作用。因此,电视镜头里的街道,代表的就是一条街道,可是它往往也具有代表整个都市,或都市性的作用,因为电视里的写实性多来自其外表内容的转喻意象上。到了第二层次的表意阶段,其潜在的内容意义则主要靠隐喻的方式。比如电视对白领阶层工作的过度描写,是暗示他们在我们社会里受尊重的程度。在广告中,隐喻和转喻的使用频率很高。

电视依靠一系列代码编辑,符号分析需要揭示的是,这些不同层次的编码意义如何构成电视节目。电视屏幕的事件都由一定的社会代码加了密,一级代码即"现实":外表、服装、化妆、环境、行为、表情、声音等。二级代码是技术性的,即摄像、照明、音乐、编剧等,这些技术代码规范了叙事、冲突、人物、动作、对白、场景、角色选配等。三级代码是需要分析的文化层,即意识形态,它把前者组织成为连贯的被社会接受的观念,如个人主义、男权制度、种族、阶级、资本主义等观念。这三个层次,从具体到抽象,从物质到观念,是菲斯克对电视分析的基本依据,揭示出电视这种媒介的意识形态本质。

菲斯克详细分析了电视的技术代码如摄影、照明等,指出,编码的常规方式会对我们的同情心,进而对我们的道德判断产生影响,无论是在虚构的电视故事中,还是以客观方式报道现实的新闻和时事节目中,摄影的距离、特写镜头、角度与景深的运用等,都起着这样的作用。其他如照明、剪辑、音乐等,都服务于电视制作方的意识形态编码,比如两场之间的过渡音乐以大调音阶开始,随着画面切换到反面角色,音乐也随之变为小调音阶。在角色选配上,电视上的人物不只是一般的人,而是意识形态编码的人,是意识形态价值的体现。电视人物是否有魅力,与用技术和社会代码对他们进行编码有关,包括摄像、灯光、背景、角色选配等。从社会角度来看,正面主角是代表主流意识形态的中心人物,而反面人物与受害者则是异化的或受支配的亚文化成员,不能完整地代表主流意识形态,甚至是与此相反的意识形态,"正反面人物之间的本质冲突,以及通过这种冲突加以戏剧化的暴力,就象征着社会中的权力关系以及主流意识形态的运行实践"[1]。在美国电影中,白人男性、中产阶级、年富力强是代表主流意识形态的角色。

电视使用视觉这种自然性极强的符号,所谓"眼见为实",这给人们造成的错觉是,电视似乎是对现实的真实反映,它是现实主义的。但菲斯克认为,现实主义并不是忠实地反映了经验主义的现实问题,

---

[1] 约翰·菲斯克:《电视文化》,商务印书馆,2005年,第15页。

不是因为再现了现实,而是它再现了现实中的主流意识形态。这样,它表现的现实之所以令人信服,就是因为它符合常规,符合主流的日常意识。电视反映现实的方式似乎是镜子式的、无中介的,但霍尔指出,这是一个幻像。电视是制造现实,而非反映现实。电视利用一系列技术如特写和中景、表现时间与观看者体验到的时间的吻合、记录正在发生的事,借助正摄、反摄、有目的的剪辑,它给予观众全能的优势的观看地位,缝合了画面,抹掉了剪辑的痕迹,这些策略给人以现实之感。现实主义不只是再造现实,而是使现实具有意义。现实主义的实质是,它再造的现实具有使它易于被理解的形式,其主要策略是:确保各组成元素之间的联系及其相互关系不仅清楚而且合乎逻辑;确保叙事遵循因果关系的基本法则,确保每一组成元素都有助于使其具有意义,任何东西都不是枝节或偶然。

　　电视的现实主义使得其对主流意识形态的切入更为隐蔽,更为自然化,更不能为人所识破。通过这种技巧,现实主义以其形式塑造着主体,询唤着主体,把阅读主体建造为其所需要的形式,即为主流意识形态所需要的主体,这样就维护和合法化了主流意识形态。现实主义把文本看成真实的,而不是看成话语和文化的建构。长期以来,西方19世纪的现实主义被视为革命性的、批判性的,无中介地反映了现实,但是,在意识形态视角的文化研究看来,电视大量运用现实主义的手法,其实是一种欺骗:"现实主义不可避免地是反动的,它最终为我们描绘这个世界时,使用的是把现状自然化的手法。"[①]它使一切显得真实,它使人觉得,意识形态是真实或自然的产物,不是某个特定社会及其文化的产物。现实主义不仅要忠实于物质的可感知的外部世界的细节,而且要忠实于主流意识形态的价值观。"把意识形态建立在现实的基础之上,可以使它显得既无法挑战,又无法改变,所以它是一种反动的政治手法"[②]。那么,接着而来的问题就是,在电视这种媒体兴起之后,在工业化社会之中,电视到底为谁的利益服务,是否有谁的利益被置于不利地位?在破除了电视的现实主义神话之后,电视的意识形态性昭然若揭,利益的争夺就在这个大众媒体之中展开了,而这一点又直接导致对社会既存制度的质疑和变革社会的愿望。

[①] 约翰·菲斯克:《电视文化》,商务印书馆,2005年,第48页。
[②] 同上,第52页。

人们认为电视是对现实的反映,好像是把我们的日常生活搬入电视之中,但是,分析发现,电视里的内容与现实结构相差极大,比如中国的电视剧里极少有占据人口重要部分的农民工的身影,而多的是富豪或小资情调的绚丽生活。那么如何认识这一现象呢?菲斯克认为,电视"并不代表社会的现实,却象征性地反映了表象之下的价值结构和社会关系。因此,电视里高出现率的中产阶级职业,并非对社会事实的扭曲;相反,它是一个正确的象征写照,代表了我们这样一个社会,对于这类职业及其从业人士所持有的高度尊敬"①。也就是说,电视是经过文化中介了的媒介,它只是与现实生活相关,而非直接性的反应,更明确地说,它是文化价值的表征。比如电视里少数族得到比现实里更优越的地位,菲斯克认为,这反映的是自由派将少数族融入社会的意志,这种态度比社会里的事实领先一步。电视讯息代表着社会的基本价值观,在社会变迁的过程中扮演的是积极促进的角色。

在西方,广大观众是由许许多多亚文化群体组成的,他们具有各种各样的社会关系,各种各样的社会文化体验,因而在理解和欣赏节目的时候,就会有各种各样的话语。电视为了自身的目的,要尽量照顾到方方面面,这样就可以使一个节目拥有尽可能多的观众。但是,资产阶级意识形态具有强大的包容力和控制力,能够把激进的话语力量收纳其中,从而消弭其激进性和革命性,其方法之一就是同化。比如,电视在处理人物形象时,把朋克式样的服装同化为时装,于是朋克就被剥夺了其对主流秩序的对抗性。同化是一种强有力的意识形态防御机制。此外,电视新闻中常常出现激进的声音,如工会发言人、环保主义者、和平示威者等等,但是它的量是受到控制的,它在新闻报道中的程度和地位是主流意识形态的代理人所选定的。主流意识形态可以包容激进的话语,但是把它放在话语等级的较低档次上,就是说,"主流意识形态通过给自己注射受控剂量的'病毒'来增强对激进思想的抵御能力"②。这一点,菲斯克吸收的是法兰克福学派的同化论的观点,在法兰克福学派看来,一切大众文化都是为支配阶级的利益服务的。

菲斯克不仅从意识形态角度分析电视符号,更重要的是从观众

---

① J.菲斯克和J.哈特利:《解读电视》,台北:远流出版事业股份有限公司,1993年,第14页。
② 约翰·菲斯克:《电视文化》,商务印书馆,2005年,第56页。

的角度解读电视,他不是把电视作为商品,而是把电视看成意义的潜在载体。菲斯克区分了两个概念:节目和文本。节目是由电视业生产、发行和界定的,文本则是对节目进行解读的产物。节目一旦被解读,就成了文本。当节目与任何一个观众发生互动的时候,就会刺激意义和快乐的发生。因此,由于观众的社会情况的不同,一个节目会产生许多不同的文本,重要的是:"文本是为意义而斗争的体现,而这些斗争则再现了文化商品生产者与消费者之间的利益冲突。"①

解读是电视代码、社会代码和意识形态代码的交汇场所。大众艺术把主流意识形态表现得不可抗拒,使其合法化自然化。在观众的解读中,如果解码与编码采用的意识形态实践相同,观众就会导向主流意识形态的常规立场。但是,意识形态是可抗拒的,如道格拉斯·凯尔纳提出的媒介教育学的目的,就是教育大众警惕和抵制大众文化中的意识形态。那么,电视文本的多元解读为什么能够实现呢?为什么节目的意识形态编码不能完全不失真地传播呢?这就需要引入一个概念,即话语。话语本身是一个宽泛的术语,它的用法随着它的使用场合而变化。最简单的话语是在句子水平上组成的语言,通过扩展,它可以覆盖非文字的语言,这就产生了摄影话语、照明话语等术语。"话语是从社会中发展起来的表达语言或表达系统,其目的是表达或传播关于某个重要主题域的一套连贯的意义。这些意义服务于产生这些话语的社会某一部分人的利益,而且被社会的那个部分从意识形态上自然化为普通常识"②。话语是倡导或反对主流意识形态的社会行为,其背后是权力关系。节目的话语试图控制和限制节目的潜在意义,但对话语进行解读的观众也会抵制这种控制,因为如巴赫金和巴托所指出的,语言本身就是多义性的、多声部的。

对电视文本的谈论是口头文化的一部分,口头文化是社会的一部分,是对社会做出的响应,它反对中央集权和与之共生的意识形态控制,主张文化的多元化。口头文化会把它的积极性带进大众文化的消费过程,而观众在这一过程中就成为意义的生产者。如塔洛克和莫兰所说:"这种不断观看、不断思考的过程很重要,因为它使观看者超越自身,去关注群体反应与群体知识。"③闲聊的意义在于,它不

---

① 约翰·菲斯克:《电视文化》,商务印书馆,2005年,第22页。
② 同上,第23页。
③ 同上,第112页。

但能构建由观看者驱动的意义,还能构建使这一意义得以流行的观众群体。从电视生产的角度看,菲斯克认为,为了让不同的观众喜欢,电视不仅应该激发读者去生产意义与快乐,而且应当为这些意义与快乐提供文本空间,使之表达读者的社会利益。只有当电视能让他们的利益得到表达,读者才能从电视节目中生产意义,获得快乐。

权力机构试图以电视契合主流意识形态的需要,但基于电视文本的特性和观众的多元性,这一点难以实现。首先,电视文本运用一些方法和手段,使得文本向多义性解读敞开,从而能够反对意识形态的封闭性。菲斯克考察了几种文本策略,比如反语指的是表面上指一件事,而实际上却在指另外一件事。作为修辞手段的反语从来就是多义性的,而且总是可以进行明显不当的解读,因为它必须使各种意义相互对立才能产生效果。反语永远也不可能完全受到文本结构的控制,它总是使有些读者脱离语言的空间。其他如暗喻和玩笑等,其话语碰撞产生了意义的爆炸,这种意义的爆炸是文本无法控制的,也永远不可能被迫进入统一体,为阅读主体产生统一的、唯一的立场。这样的矛盾一直处于变动之中,足以使各种亚文化探求其对意义的不同反应。文本策略提供了电视的多元声音,此外,电视文本身处多种文本形成的网络之中,身处文际关系之中。文际性理论认为,任何文本的解读都要与其他文本联系起来看,要有一定的文本知识,才能使它产生影响。文际性存在于文本之间的空间,文本的诸多文际关系增加了它的潜在的多义性。

除了文本修辞和文本网络导致了阅读的多义性之外,电视经济也打开了文本的多元性。资本利益的最大化和市场化要求电视能够受到各种社会群体的广泛喜爱,因此,如果想使文本流行开来,就必须不断努力使文本具有开放性,以适应对它的各种不同的解读。节目的多样性是电视节目制作者故意创造的,他们希望用这种办法把观众分流到不同广告商所需要的市场,但这种分流有可能与人们形成的亚文化群体相吻合。

最后,社会体系是由各不相同、不平等的、相互冲突的群体所组成。电视文本的意义产生于文本与观众相遇的时刻,多元性的观众的解读产生了电视文本的多义性。多义性维护文化差异,产生亚文化群体的意义和快乐。经济的控制未必能够保证文化的控制。文化的控制,在汤林森看来是不大可能的。对节目的消费未必就会接受节目中的意识形态。多元性来自不同社会地位的人们发出的不同声音,而且有助于维系这种多样性及其对单一化社会控制的抵制。电视的多元声音,使得它的文本与观众产生了对话关系。支配阶级总是试图控制文化的分配,电视中的首选意义即霍尔说的偏爱意义服务于支配阶级,而各种对抗性的歧义性的解读则是从属阶级试图回避、反对、抵抗支配阶级的社会控制。观众身处的社会环境影响了其对电视的解读,他们也会利用电视文本的多义性来为自己的文化利益服务,他们创造属于自己的亚文化文本,它是以谈话、书信、闲聊等形式表达出来的。

菲斯克的观点是,电视是一个相对开放的文本,能够从中得出各种各样的意义,这些意义由社会而不是由文本决定。正是由于开放性和多义性,同一个节目才能受到各式各样观众的喜欢。葛兰西对菲斯克影响深刻。霸权理论把社会视为渗透到各个层面的权力斗争的系统,大众文化也是权力斗争的场所,处于不同社会地位的读者,可以在不同程度上对通过文本形式发挥作用的主流意识形态进行抵制、回避或与之协调。霸权获得的任何平衡都是不稳定的,要不断地达到新的平衡,原因是,受到支配的群体对支配都有抵制,对霸权所需要的赞同都有所保留。帕墨、霍布森、莫利的研究表明,与电影不同,电视融合在家庭文化氛围之中,而且,观众很少为电视所支配,而是有很大的控制权,不仅控制着它的意义,还控制着它在他们生活中所起的作用。菲斯克批评法兰克福学派:"他们没有把观众看成是主动的,能利用这种过渡渲染达到他们自己的目的。人民有力量从文化产业提供给他们的产品中创造自己的文化,这种力量大大超出了这个学派的想象。他们同样有力量拒绝文化产业的产品,尽管文化产业没有向他们提供这样的机会。使节目流行的是观众,而不是节目制作者。"[1]电视文本具有多义性,但是解读的多义性并非没有边际,也不是没有结构的。"由于多义性是社会差异和社会多样性在文本方面的对等体,所以它总是受到制约,而且总是有结构的"[2]。社会的差异结构本身限制了解读的边界,因为任何一种解读都是参与到既定的社会权力关系之中。

对于新闻,需要研究的是,它使用一套什么样的常规来控制并限制新闻事件的意义。在新闻的编码过程中,专业人员运用多种策略,

---

[1] 约翰·菲斯克:《电视文化》,商务印书馆,2005年,第133页。
[2] 同上,第25页。

以使新闻契合主流意识形态,比如播音员所说的话有一种"非个人"的权威,造成了一种客观性的框架,"保证"了它的真实性,它就是巴托说的"免名"意识形态行为的一个例证,指的是把一个概念从包含着差异和多种选择结构的语言学系统中抽取出来。免名的东西似乎没有其他意义可供选择,从而获得了自然、普遍或不可挑战的地位,比如在关于劳资纠纷的新闻报道中,工会方面关于纠纷的观点就是指名的,而管理方面的观点则是免名的。画面上,工会发言人被表现为个人,他们的姓名和职位由字幕打出,但管理方的观点则是免名的,没有发言人,只有新闻播音员的"客观"声音在叙述管理方的看法。这样,"对工会声音的指名就等于承认还存在着其他的观点,从而破坏了工会声音的地位;免名的管理方的声音被赋予了真实的地位。……指名的话语把话语放在等级较低的位置,从而使这些话语表现出抵制性或激进的声音。免名的超话语则代表着最终的'事实',在这种情况下,才能断言受支配者话语的片面性"①。如阿兰·斯威伍德说的,电视把阶级冲突说成是不利于国家利益,说到劳资关系,则是以社会共识与社会结构的维持作为前提;这样一来,阶级冲突也就没有被呈现为资本主义阶级结构的常态现象,反倒是被解释成病态了;至于为什么劳动者发动罢工,则诸般原因隐身事后,不为人知。②

  一般认为,新闻的形式是现实主义的,用转喻即用精心选择的人物和事件代替更为复杂全面的现实。但矛盾的是,新闻的客观性常常不是通过写实性的语言,而是通过比喻性的语言来表现的。新闻对比喻的使用司空见惯,几乎成为陈词滥调。陈词滥调是经常重复使用的话语,与主流意识形态关系密切。如后结构主义指出的,所有的语言都是比喻性的。比喻是广泛使用的表达意义的基本工具,比如新闻常常以战争、体育和戏剧形容政治。用战争或体育形容政治就把政治理解为各方之间的冲突,而不是一个为国家利益服务的公共领域。使用戏剧的比喻则添加了舞台的意义,在这个舞台上,有才能的人像明星一样"表演"。再如,时间就是金钱、节省或花费时间、浪费时间等,这种常见的说法契合了资本主义社会中新教徒工作伦理的主流意识形态。

---

  ① 约翰·菲斯克:《电视文化》,商务印书馆,2005 年,第 418~419 页。
  ② 阿兰·斯威伍德:《大众文化的神话》,三联书店,2003 年,第 120 页。

新闻之所以是虚构性的,原因一是基于语言的特性,所有的语言都是比喻性的,新闻的语言与文学语言都是虚构语言。二是新闻因为专业意识形态的策略性编码,契合了主流意识形态。三是在民主国家,决定新闻制作和选择标准的是大型的跨国新闻集团,他们有经济实力去使用卫星电视,权力集团的意识形态因此潜入其中,而专业人员又受制于权力机构。在民主社会,菲斯克提出废除新闻的客观性和真实性诉求,主张新闻不再凌驾于读者,而是接纳读者的主体性,使得新闻是开放的文本和协商性的对象。因为新闻不可能客观、准确、全面,也不应该这样做,这种做法的唯一作用就是增强新闻的权威性,减少人们与之论争、协商的机会。他认为:"在进步的民主国家,新闻应该突出其话语的结构特征,应该指名新闻中的所有声音(不应该仅仅指名居于受支配地位的、破坏性的声音),应该开放其文本,使解读关系更接近于生产者式的。新闻是以高形态反映社会冲突和差异的,所以鼓励读者与之讨论,利用自身的话语资源驱使并激励读者构建他们自己对它所描述的社会体验的理解,并证实他们自己的看法是正确的。"①这么做的根源除了政治上的民主化的考虑,还因为新闻与虚构文本的差异并不是质性的,而是形态上的,两者都是确立社会意义的话语手段,所以读者对待新闻不应该是尊崇的,而是自由的开放的,新闻应该放弃其权威姿态,读者和新闻是协商性的平等的主体。新闻的客观性是伪装了的权威,客观的事实实际上总是支持了某些特定的观点,客观性的不可挑战性阻止了观众的积极参与。大众对待新闻应如女性观众对待肥皂剧那样的创造性的态度,分析者应该祛除新闻话语的神秘性,推翻新闻客观与真实的神话。

《媒介事关重大》这本书考察美国大众文化中的文化意义的激烈争夺是如何协商的,菲斯克以辛普森案、洛杉矶起义、安妮塔·希尔－克拉伦斯·托马斯(Anita Hill-Clarence Thomas)听证会、"家庭价值"论争等近年来美国媒介中的重要事件为例,分析了美国文化中的种族主义、性别问题和阶级斗争。菲斯克的观点是,形象自身无内在意义,"真实"和媒介构造物之间无区别,所有事件都是媒介化的。

事件发生在现实之中,但只有那些能够被媒介化(mediated)的

---

① 约翰·菲斯克:《电视文化》,商务印书馆,2005年,第443页。

才会产生影响。术语"媒介事件(media matters)"①在后现代世界是一个标志,人们不再依赖"真实"事件和其媒体表征之间的稳固的关系或清晰的区别,不能说,"真实的"比表征更重要、更有意义、更具有真理性。媒介事件不仅仅是已经发生的事情的表征,而且它具有自己的真实性(reality),这种真实性把现实集合到其自身之中。媒介事件这一术语接近鲍德里亚的超现实(hyperreality)和拟像(simulacrum),两个都是内爆性(implosive)概念。内爆指的是稳定的结构性世界中的组织性差异的坍塌,超现实内爆了现实和表征的二元概念而进入单一的概念,拟像合并蓝本和摹本、形象和所指(referent)。从鲍德里亚的观点看,克拉伦斯·托马斯—安妮塔·希尔听证会是超现实的:不存在远离电视表征的真实的参议院听证会,人们的行为方式和听证会的行为自身都是电视化了的(televisual)。但是,鲍德里亚的超现实和拟像理论缺乏斗争维度,菲斯克以话语理论补足之。话语是一个多义性的术语,它既指某个一般的理论观点,也指其中某个特别的实践。在理论层面,话语挑战了结构主义的作为抽象系统的语言(language)概念,把它从抽象的结构体系中制造和使用意义的过程再定位在独特的历史的社会的和政治的具体条件之中。话语因此就是语言的社会性使用;语言在历史中包含着宰制、从属和抵抗;语言受制于其使用和使用者的社会具体条件,政治性的负载权力的语言用于延伸或保护其话语共同体的利益。可见,鲍德里亚结合福柯、巴赫金,就是菲斯克。

话语不能从其产品和流通的条件中抽象而出,任何话语的最有意义的关系是其使用的社会条件,而非其一般的意指系统。在这个层面,话语是一种方式,通过这种方式,那些条件在结构它们的社会关系之中获得意义。话语是被结构的,也是结构性的,因为它既为社会条件所决定,也影响到社会条件。比如资本主义话语是资本主义社会自身的产物,但话语形式也塑造了资本主义社会当下和未来的发展。话语操作在具体实践之中,它具有三个维度:"社会经验的话题或领域,意义构造被应用其中;某个社会位置,从此处,某种意义被构造并提升着某些人的利益;通过词语、形象和实践的总体,意义被流通,权力被应用。知晓世界就是伸张权力于其上,社会性地流通某种意义就是伸张权力在某些人身上,这些人使用这种意义以应付他

---

① Matters 在英语中作名词,有"事情""事件"的含义,作动词有"急迫""重要"等含义。

们的日常生活。"①

美国不同于欧洲,其话语流通更复杂,更具有冲突性和对抗性。福柯分析了作为权力技术的话语在单一话语社会中的应用,而当代美国是一个多重话语的社会,话语分析在这里要揭示话语冲突的过程,其中话语去压制、边缘化和个体化他者,以及它们为了获得可信性和社会流通,为了提升和保护各自的社会层里的利益而做出的斗争。多重话语只能发生在不平等的结构之中,其话语之间的关系充满了敌意。福柯也承认话语是不平等的技术,但没有意识到它同时也是一个斗争的领域。菲斯克则认为,因为话语是不平等社会中的具有政治效果的产物,它常常就有转变为斗争的据点的潜力。

经验和构造经验的事件被放置于话语中去获得意义,这一过程不取决于经验自身,而是社会权力给它这一套而非那一套意义。存在着一个非话语性的现实,但我们没有通向它的方法,它自身没有身份和意义:我们只能通过话语通向这一现实,我们所使用的话语决定了我们对现实的感知。虽然话语不产生现实,但它产生了关于现实的意义,一个社会或社会层里会把这种意义应用于日常生活。虽然非话语性的现实不可企及,它仍然是一个必需的概念,因为它提醒我们,任何事件可以被差异性地置于话语之中。事件与其话语建构之间具有连续性,这种连续性产生了话语事件(discourse event)或媒介事件(meida event)。话语不仅表征世界,而是操练在世界之上,话语因此是斗争的领地。占据主流地位的主导性话语服务于主导性的社会群体,它是主导性历史的产物。因为权力和资源的分配是不平等的,话语斗争因此就是社会斗争的一部分,它能够采取多种形式,就如人民的创造性的多种形式那样。

话语既是一个名词也是一个动词,有时它是可见的可听的,存在于文本、演讲或谈话中。但当我们理解我们的日常生活时,话语也沉默地运作在我们的头脑里。虽然话语的应用是私人性的个性化的,但它是社会性的,因此,分享话语的人可能形成社会的和政治的联盟,因为他们在更大的范围之内分享对世界的理解,他们的利益能够在其中得到维护。在社会关系中,话语通过一系列不断的邀请和拒绝运作着,它尝试着吸纳某种社会层里并排除其他层里。话语提供

---

① John Fiske. *Media Matters: Race and Gender in U. S. Politics.* University of Minnesota Press, 1996, p. 3.

了连续的但不平等的干预机会,话语游击队是任何政治或文化战役之中的核心部队。文化是由话语组成的河流,有时水流相对平静,其他时候则是暗流涌动,爆发为狂澜。岩石和海岬能够转换水流为漩涡和对流,能够改变其方向甚至倒转水流。在深层,强有力的水流携带着种族、性别和性向的、阶级和年龄的意义,这些不同比例的混合物如水泡那样冒到水面就表现为话语性的主题如家庭价值、流产、黑人男性气质等话题。媒体在话语的社会流通中具有重要功能,在社会和政治变革中扮演着结构性的角色。

鲍德里亚的超现实理论表达了一个事实,即我们生活在一个充满形象的文化中。任何一个人在一个晚上看到的电视形象都比非工业或前工业文化中的人一生看到的还要多。典型的形象是现实主义的,现实主义形象声称具有现实之中的真理,并且,真理为形象所表征和传播。现实主义既是写实性的也是虚构性的表征,是欧洲现代性自文艺复兴以来的主导性风格。超现实是对现实的后现代感觉,它是我们无法确定地清晰地等级地区分现实和其表征之间的差异,区分表征模式之间的差异的原因。后现代削弱了这种信念,即我们可以无中介地直接地体验现实,也不再相信,这种对现实的直接经验能够作为一个试金石,以之去检测其表征的真理性或准确性,它也拒绝为不同的表征模式所产生的不同真理编排等级体系。后现代的形象的混杂性淹没了任何控制它们的企图,它不再区分表征和现实、事实和虚构,它拒绝在现实中给真理一个位置,因为它无法看到,现实具有给真理安家的地方。一个浸透着形象的文化不同于表征被控制被组织的文化,其差异不仅仅是程度上的,它们是不同的种类,这就是后现代区别于现代的地方。

菲斯克认为,媒介事件是多重性的,包括从起始事件的录像到加利福尼亚法庭和全世界的起居室里的各种观点。媒介事件是超视觉的,除了社会斗争的呈现,它还被传播科技所撒播,嵌入无法预计的不同的社会语境之中。媒介事件把事件本身从其生发的语境中抽离出来,在多重语境中改变其形象和意义。控制性话语试图与高科技结盟,但随着信息科技的发展,控制难以为继。当书本处于手工生产阶段,传播完全可控,当印刷科技出现时,对于文字的控制就不太可能了。高科技是权力者的独有领地,因为高科技需要高额资本。高科技印刷为资本权力所支撑,但在印刷历史的早期,低科技版本就开始挑战它。口头文化是对抗强者的最佳领地,非裔美国人的口头传统言说世界的方式不同于白人文字文化,妇女的流言蜚语常常运作在文字之外。我们今天已经认识到,文字文化铭刻着等级制。文字不仅通过钢笔或文字处理器言说,它也通过教堂、学校和法院等机构去言说。高科技的可视性是体制化的,高科技录像视频充斥于强大的机构中,对伊拉克的战争就是在战争指挥室的录像屏幕上指导的,对太空领域的征服被组织在为职业性团体控制的屏幕上,在医院,医生不再检测病人的物质性身体而是在屏幕上检测其电子身体。科技延伸了领地和斗争的模式,但它并没有纠正权力的不平衡。但在延伸领地的时候,科技也可能提供给弱势者更多的机会。弱势者的策略是机会主义的,任何延伸对于其利益是潜在性地有利的。

话语是媒介化的,其斗争因此就卷入媒介科技之中,但传播和信息科技也产生知识,实施权力。去看同时保持不被看见,把他者置入话语同时保持不被言说,是行使权力的有效策略。争夺意义的斗争必须延伸到看的斗争中去,因为言说、知晓和观看的权力是相互关联的。媒介科技强化了话语权力,不存在无政治性的知识体系。司法机构和安全部门用成千上万的摄像机控制地点和人民,而这些机构本来是被人民雇佣并保护他们的。社会斗争中的科技的使用从未平等地发生过。人民以策略对抗权力,家庭录像机具有灵活性,无线电和电话的自动科技、传真的书写科技、计算机网络、复印机都能够给弱势者提供通向知识系统的渠道,能够用于挑战强者的领域并保护弱者。

等级社会总是试图控制知识的记录和传播。抵抗控制的需要随着社会多元化的加速而激增。我们能够把社会变成富有多元化知识的社会,但只有人民努力产生和流通这些知识,这一梦想才可能实现。科技常常会牵涉其中,如果其潜力被开发,对于知识的控制会减弱。获得知识的斗争常常牵涉到近用(access)科技的斗争。科技会增生(proliferating),但它仍然再生产着旧的等级制,它既没有改变力量的阵容也没有改变资源分配的不平衡。多重化(multiplicity)不会自动产生多元化(diversity)而仅仅是增加轴线,权力沿着这些轴线实施,并延伸到日常生活中的细枝末节。但是,菲斯克指出:"传播和信息科技的多重化延伸了斗争的领域,修改了斗争的形式。没有这些斗争,多重化会很容易地服务于更大的同质化和控制的补偿性

(countervailing)趋势。"①

第二节　大众层理与在地权力

在中国学界,菲斯克作为法兰克福学派大众文化观的对立者而为人所知。在其早期著作《理解大众文化》《电视文化》中,菲斯克提出了"大众层理"这一概念以解释当代资本主义社会的政治斗争主体。在晚期的《权力运作·权力操演》和《媒介事关重大》中,菲斯克提出了多重轴线、拥有者和没有者、帝国权力、在地抵抗、表征、实践等概念以阐释后结构主义社会的斗争策略,发展出完备的后现代大众文化理论。

当代资本主义社会的政治结构

在《权力运作·权力操演》这本著作的开篇,菲斯克讲了一个故事:1989年11月的一个夜晚,美国中部一小城的无家可归者把影碟《虎胆龙威》(Die Hard)②放进收容所的影碟机。监护者坐在烟雾缭绕的休息室的大门旁,从这里,他能够观察这间休息室里的一举一动。电影讲述的是一伙人把跨国公司的高级行政人员劫持到摩天大楼的储藏室,勒索64亿美元。电影叙述孤胆英雄一个接一个地把坏蛋干掉,最后的胜利恢复了法律和秩序。那些无家可归者只是偶尔地瞥向屏幕,但当坏蛋入侵行政人员的派对时,他们突然集中注意力,当公司CEO因拒绝交出计算机的钥匙而被射杀时,无家可归者爆发出高声的欢呼。当镜头对准警车被坏蛋的火箭摧毁之际,无家可归者看到警察的恐惧时再次发出了欢呼。但那些人的愉悦并非完全集中在坏蛋的成功上,他们也欣赏英雄战胜坏蛋。

这部电影及其接受展示了各种权力的冲突,特别是弱势者的抵

---

① John Fiske. *Media Matters*: *Race and Gender in U. S. Politics*. University of Minnesota Press, 1996, p. 240.

② 这是由美国20世纪福克斯影业公司根据1970年代罗德里克·索普的小说《没有什么是永恒的》(*Nothing Lasts Forever*)改编的电影系列。在中国一般译为"虎胆龙威"。

抗。第一,无家可归者每一次都与弱者认同,并从策略性的胜利中获得愉快。相比投资公司在全球的辉煌和资本控制,坏蛋是弱势者,无家可归者从公司财富和权力的毁灭中获得快感。类似地,他们也认同英雄而反对坏蛋,因为英雄孤身一人,只装备了一支手枪,还可依赖的就是他的勇敢和计谋。无家可归者认同弱势者,弱势者并非传统的无能力缺知识的社会底层,可能是攻击权力阶层的反抗者,或者是表现了高超的身体能力和智力的个人主义英雄。第二,无家可归者对秩序和法律的恢复了无兴趣,因为他们知道法律和秩序保护的是权势者的利益,因而与他们是对立的。第三,无家可归者认同孤胆英雄和坏蛋,这是一种男权主义意识形态。即是说,无家可归者在社会经济层面是弱势,但是在性别权力轴线中则是强势。无家可归者缺乏电影中的 CEO 成功的教育背景、公司财富和行政权力,而男权意识形态教育他们应该去获得这些,在求之不得的情况下,他们对 CEO 表现出仇恨,对其死亡表达欢呼。第四,无家可归者唯一表达权力的时刻是对暴力的欢呼和肯定,这是一种话语的或仪式性的暴力,是社会斗争和矛盾冲突的起点。如果任由社会隔阂和矛盾发展,这种话语暴力会演变成为身体暴力。第五,无家可归者都是成年人,但是监护者如同看护犯人那样监视之,这种监控仿佛边沁的全景监狱。监护者是社会权力和秩序的代表,而这种监护的实施有赖于一套知识系统,即无家可归者是无能的、危险的、需要监护的人。这个文本是典型的后现代思维的案例,话语斗争、身份认同、身体权力、性别问题等交织其中。即是说,不是传统的经济和阶级斗争,而文化政治才是后结构主义时代文化研究分析资本主义民主国家社会矛盾的切入点,这也正是菲斯克文化理论的运思所在。

菲斯克认为,无家可归者并非基于个人的无能,如果无家可归者的比例超过了人群中的心理和身体上的残疾者的比例,就说明他们是剥夺性体系的受害者。这个剥夺性体系与政府结盟拒绝承担其责任,以致只有慈善机构才能填补其鸿沟。慈善致力于改善无家可归者当下的问题,虽然这种努力是有价值的,但是,它与产生这种状况的体制是共谋者。资本主义政府最主要的功能是保护市民社会中的机构和个人使之独立于政党政治,另一方面则是保护不受约束的市场经济。在里根主义的保守主义政策里,食物和庇护所不包含在市民权力(civil right)之内,而是属于慈善。因此,按照这种分类,无家可归者的社会关系及其身份就不属于公民(citizens),其权力和福利不在政府的考虑之列。

通过规训其趣味和行为,无家可归者得到了实在的好处:庇护所和食物。但他们中的一些人在获得好处的同时逃避规训,他们在受人尊敬的杂志的掩护下阅读小报和色情读物,在扑克牌游戏的掩护下赌博。这些都是抵抗的时刻,是对强加给他们的中产阶级价值观的拒绝,这种拒绝体现了对社会不平等的认识和被剥夺者伸张他们关于这种不平等的观点的方式。我们不能以本质主义的观点看待斗争过程:色情和暴力不是被剥夺者的特有趣味,毋宁说,在这些人当前的处境中,对"非法"的性和暴力的表征给他们提供了反对社会秩序的恰当的和可能的途径。无家可归者对其读物、扑克牌游戏和看电视的控制是其在庇护所这一据点(station)建构在地(locale)的方式,这一小规模的冲突是更大范围的帝国权力和在地权力之间冲突的一个缩影。弱势者和权力阶层之间的冲突发生在从他们对电影镜头欢呼的微观层面一直到国家文化政策的宏观层面。

尽管在冷战中获胜,20世纪90年代的美国陷入不安之中。当美国被推向单极化世界中的史无前例的领导者位置上时,人们对其领导能力和赋予他们权力的体系失去了信任。各种民意调查显示,人们对华盛顿弥漫着幻灭感。这种幻灭感的表现之一是,政治竞技场广泛存在于政党体制之外:洛杉矶的街道、流产诊所的门口、法院和学校课程等等,这些代替了投票摊成为主要的政治行动据点。与此对照的是,对任何形式的政治行为,无论是投票还是激进主义,都充满着冷漠的态度,这不是因为人们对政治冷淡了,而是表明日常生活中的许多斗争发生在传统政治还没有认识到的领域。

一个结构性社会能够以稳定的种类的固定关系去理解,这种社会包含深层结构,这一结构组织了那些种类并在社会经验的所有领域再生产自身,理解深层结构也就理解了它所生产的社会现实。在这个意义上,20世纪影响深远的三大思想者索绪尔、马克思和弗洛伊德都是结构主义者,他们在深层结构方面提供了语言、资本主义社会和心灵的解释。欧洲和美国的早期资本主义比当代资本主义更适合于定位为结构决定的社会系统,以结构性理论解释它更为合适。在今天,资本主义结构的组织者特别是阶级仍然存在着,但其决定性不再直接,它们的结构性关系也更加具有冲突性和流动性。构造社会意识(social sense)的策略的流动性,与社会差异的轴线的多重性如阶级、性别、种族和年龄构成了晚期资本主义的后结构主义而非结构主义特征。

当代资本主义社会高度复杂精密,不能以某一结构模型去理解,阶级不再占据着理论核心的位置,而是必须与其他的组织社会身份和社会体系的轴线一起发挥作用。虽然阶级已经失去了在传统社会理论中的优势地位,但传统阶级分析要解决的问题并没有消失,经济不平等这一阶级理论的核心变得更为突出,而且是沿着所有社会轴线分布。比如,孩子在美国和世界其他地方都是最贫穷的社会种类,但黑人和拉丁小孩比白人小孩更穷,单亲家庭的小孩比双亲家庭的小孩更穷,黑人和拉丁单亲家庭的小孩比白人单亲家庭的小孩穷。因此,贫穷是按照年龄、种族、性别、阶级和婚姻状况分布的。再比如,那些观看影片《虎胆龙威》的无家可归者是白人男性,种族和性别轴线以特殊的方式配置其经济被剥夺状况。他们成为弱势者的方式是特殊的,对于一般的无家可归者并不典型,因为他们是白人男性,通常是优势种族。导致他们无家可归的缘由不同于其他的性别和种族,但是在经济层面则是类似的。阶级仍然起作用,但相比其是突出的社会轴线的时期,它起作用的方式是不同的,阶级差异常常结合到其他轴线之中。

在当代文化理论中,权力已经代替意识形态成为理解晚期资本主义运作的关键,为什么对于那些在其中如鱼得水的人它运作的如此完美?为什么对其不适应的人似乎又无法做什么事情去改变它?权力通过在特殊条件下围绕着特殊问题的社会利益群体的联合而运作着。这些联合体的流动性可能横切社会范畴或阶级,或与这些范畴相一致,但一种建基于范畴差异的社会理论如意识形态理论就排斥了其流动性。同样的,纯粹的后结构主义或后现代主义理论可能排斥这种流动性之中的斗争。比如,菲斯克发现,一些团体,其特征是其黑人性,但他们的黑人性并没有把他们与所有的黑人连接起来,也没有排斥他们与非黑人结成联盟。大众的联合是临时的、流动的,传统的社会范畴如阶级、性别、种族无法与之完全对应。社会范畴如种族、年龄、性别和阶级仍然起作用,但只是在联合体的形成中起着引导性原则(guiding principles),它们不能决定社会经验的结构。围绕问题和具体语境展开的联盟之间的斗争是后现代政治的主要表现,这种斗争依据的是成员所做的,而非他们所是的而展开。

随着资本主义变得高度复杂,葛兰西看到了流动性发展的迹象,预见其结果是阵地战(wars of position)(不同强度的、多前线的、延长的）将取代游击战（单一前线的，集中在一个决定性的突破口）。霸权理论更适合于后结构状况，它不同于福柯的权力理论，它的斗争是在可识别的社会利益群体之间，而不是反抗与社会群体分离的权力体系。福柯的权力理论忽视了这一事实，即有些利益集团从权力的操作之中获益更多。权力集团这一概念缺乏对等的概念，这就削弱了福柯的理论，导致他缺乏对抵抗的分析。当代资本主义政治中的大多数抵抗更容易为霸权理论所理解，而不是后结构权力观。菲斯克对反抗性力量的寻求，是一个葛兰西化福柯的尝试。

多重轴线与大众层理

后结构主义社会不再能够以单一的社会轴线如阶级来理解，多重轴线（multiaxiality）把任何分类的稳定性转变成为权力的流动性。种族轴线和阶级轴线在各种条件下混合着运作。种族差异是策略性地构造的，部分为经济权力所构造，同样，阶级优先性是色彩化的。种族和阶级不是分别应用的权力轴线，而是，种族权力能够沿着阶级轴线实施，阶级权力能够沿着种族轴线伸张。性别轴线参入之后问题更为复杂，但没有改变相关图景。阶级和种族权力沿着性别轴线实施，如同性别权力与之随行。性别差异在不同的种族和阶级层理中被不同地体验和操作，此外，年龄、宗教等也是权力的轴线，所有社会范畴纵横交错在一起。黑人作为一个群体与白人以种族主义意识形态分割开来，但在黑人群体之内，又有阶级之分，又有性别主义操作其中，底层老年黑人妇女被种族主义、男权主义、阶级控制和年龄歧视所害。一个在洛杉矶南部的年轻的、黑色的、失业的男性必须与主导社会秩序协商他的日常生活，他的社会身份感，他的多重关系。之所以意识形态理论无法解释当代的权力斗争，是因为权力集团的形成是基于特殊的社会经验，而这是被意识形态理论视为无意义的。

多重轴线意味着在特定的社会条件下，权力的布局不能被事先预知。某些社会利益主体沿着轴线形成联盟和身份以推进和维护其利益，为其目的去策划合适的战术和策略，权力就运作其中。菲斯克借用德赛都的术语战略（strategy），指的是权力集团部署策略以提升和保证其利益，而战术（tactics）则是指弱势者保护和提升其利益的操作。沿着社会权力轴线，战略部署其中，战术实践其中，它们是斗争的领地。社会轴线即是社会种类，它们的稳定性为其战略或战术的使用所打破,战略性权力能够为战术性权力所转向。根据情况的急迫,人们组成社会联盟以协商其生活。联盟可能与社会种类(如阶级、年龄、性别等)的边界一致,或者横切它们。社会联盟可能相当稳定并长期存在,或者是流动地形成、分解和再形成。多重轴线意味着社会秩序的形成处在过程之中,而非稳固的绝对的结构。因此,菲斯克指出,我们应放弃社会种类(social category),而以社会层理(social formation)代替之,后者指的是社会联盟构成的过程性,它把种类差异理解成为领地,在这些领地之中,联盟形成了,策略应用其中。

日常生活中的流变的身份和关系是沿着权力的多重轴线形成的。范畴接合(articulations)着,通过这种接合,它们取得意义并被置入实践,并不存在为结构主义所设想的固定性。它们的效果即它们的权力维度,是一个不断流变的过程。在任何一次应用中,这些联盟构成了主体(agency)(战略性的或战术性的,属于权力集团的或人民的),主体能够识别其利益和其即刻的条件之间的关系。比如非裔美国人,无可逃避的是其黑人性(blackness),自上而下的种族主义常常把范畴纳入战略,视所有的非裔美国人为一个范畴,就是因为他们是黑色的。粗鲁的权力常常本质化和运转某个范畴,以便服务其利益。

多重轴线的政治既面临困境也提供了机遇:多重性意味着每一个社会层理的位置在某种程度上与其他社会层理是相交叠的,这样,广泛的政治联盟就可能形成。比如性骚扰,无论是发生在工厂、在街上或家里,对于妇女都是共同的经验,虽然这种经验在不同的种族和阶级位置中会有不同,它能够构成性别共同体,能够便利地在跨种族和跨阶级之间构成联盟。权力集团的宰制性联盟具有漫长的历史,影响深远,其结果是,白人、男性、上等阶级、老年能够容易地接合在一起,他们的利益相关性使得他们相互交织,实际上,他们的多重轴线变成单一轴线了(monoaxiality)。从属性的社会层理比主导性的社会层理数量更多,种类更丰富,他们的历史也更为多元,几乎无法消除他们之间的差异,结果是,从属性的社会层理的联盟比权力集团的联盟更难以形成和维持。菲斯克说,"在后结构主义政治世界中,我们必须发展构造和维持联盟的技术。如果我们没有这么做,单一的超级权力的危险就会变成全国性的,如同帝国主义在全球的现实。"①传统阶级视角在今天的局限,一是阶级并非唯一的社会轴线,社会斗争也沿着其他轴线展开,二是阶级并非固定的结构性的存在,一个在经济上是统治阶级的人,在其他方面可能是被剥夺者,是弱势。

社会轴线的纵横交错导致了文化领域斗争的新形态,具体表现为某一事件的歧义性阐释。比如,在《媒介事关重大》中,菲斯克以接合这一概念谈到安妮塔·希尔的案例被放置在不同的甚至是冲突性的联盟之中所产生的歧义性阐释效应。听证会之所以具有争议性,部分原因是,这些联盟的政治是复杂和冲突性的,依据牵涉其中的社会轴线是如何接合的,它可以获得不同的解释:政党政治围绕着民主党对共和党、进步对保守、左派对右派接合它们;在性别政治中,它显示的是一个孤独的妇人对抗男人;在种族政治,它显示的是白人对付黑人;在民粹主义政治中,它显示的是"我们"对"他们"、普通人对"华盛顿"的模式;在阶级政治中,它显示的则是职业阶层与较低阶层两者之间的斗争。"每一轴线能够与任一或所有其他的轴线相接合或解接合(disarticulated),不同轴线的交叉点就是一个接合之点:它是一个铰链之点,从此个人能够言说和界定自身,界定其盟友和敌人。每一个接合具有每一个权力轴线所负载的意义,比如女性(femininity)可能是所有妇女之中的统一的轴线,但它与种族和阶级的交叉产生的差异可能扰乱了这种统一"②。沿着某些轴线形成的统一和联盟必然压制其中个体性的差异,而且为了联盟的有效性,任何对差异的压制必须被所有人赞同。在任何一个交叉之点形成的社会身份不是本质主义的,而是关系性的(relational),它构成了社会联盟得以进入的那一点。话语和社会联盟的多重性意味着它产生的身份是流变的,因为基于具体问题而策略性地形成的联盟政治是流动的、冲突的和不确定的。

权力集团和人民不是社会种类,而是社会利益集团的策略性的联合,其组织是为了推进其利益。集团(bloc)如葛兰西指出的,是不同元素为了特殊目的的焊接,不能被误解为障碍物(block)或者固定

---

① John Fiske. *Media Matters:Race and Gender in U. S. Politics*. University of Minnesota Press,1996,p. 96.

② 同上,p. 93.

的实体(solid object)。斗争是策略性的,比如,南非的白人统治阶级和白人工人阶级形成联盟以对抗黑人,它表明了运作中的权力集团的多轴线联合的历史特殊性。权力集团和人民之间的斗争是一个过程,从来不是结构性地固着的,它是统治集团的战略和人民大众的战术之间的斗争,它采取的是其变色龙似的适应其即刻环境的策略。统治集团不等同于某个社会阶级,甚至不是人们之中的某个种类,它是一定的社会层理。对权力的部署和操演,这些社会层理有优先权,能够稳步地转换为其经济和政治利益。菲斯克总结说:"在多重轴线领域展开的政治;围绕在可识别的社会利益群体之间的斗争,其中得到常常需要付出作为代价的政治;形成于场合和问题的牵涉到战略和战术的联盟的政治;这些流动性的、相互冲突的、不确定的政治,是晚期资本主义社会中我们必须面对的。"①

菲斯克对多重轴线所产生的大众层理的界定受到拉克劳的影响。在《霸权与社会主义策略》中,拉克劳和墨菲论述了后结构主义世界的社会联盟和斗争,他们指出,和传统马克思主义的政治行动理论相反,来自不同社会—经济阶层的人完全有可能认同同一种政治斗争符号,并成为一个思想一致的联合体,为特定的政治变革而斗争。"有效的"(valid)政治团体并不必然是由来自同一个阶级的人所组成,政治团体也不一定是整体性的、完整的或"自然的":它们不是"自然生成的",而是在话语和表意过程中被生产出来的:"指涉物"是被生产出来的,这意味着政治身份和政治团体是局部地、暂时性地跟某个政治事业结合在一起的。统一体不会是完整的、完全的或永恒的,一旦事业(政治对抗)失败、取得成功或消失,政治团体将立刻消失,因为这种团体身份是围绕着这种对抗、相对于这种对抗、在这种对抗中构建起来的,它们在对抗之外并不具有任何实质性的意义。因此,他们提出,不应该把政治主体和他们名义上的指涉物等同起来,政治身份应当是在与某个政治事件的关系中形成的。②

权力如福柯指出的,是通过一套科技和机制而不是社会阶级来操作,它分散在整个社会层面而不是一个阶级强加给另一个阶级。权力是操作在人民之上的一套系统,它的运作是为了社会秩序的维

---

① John Fiske. *Power Plays, Power Works*. Verso,1993,p. 260.
② Paul Bowman. *Post-Marxism Versus Cultural Studies*. Edinburgh University Press,2007, p. 17.

持并保证其通畅地运转。那些从这个秩序中获利最多的人与这套体制合作以便润滑其运行,这是权力集团的核心策略。人民(the people)则是那些获得最少的,被权力系统规训最多的那些人,他们也应视为一套社会力量而非社会种类。人民由不同的和变化着的社会联合体所组成,其常量是他们的弱势,相对权力集团,他们被剥夺了经济和政治资源。人民没有接近权力系统的便捷的渠道,不能把它转变为其自身的优势。但他们有自己的权力形式,虽然比较弱势,但远非无影响。人民不能以社会范畴如阶级、种族、人种、性别等定义,但它与这些范畴交叉,不能从其中分离。人民这一概念的流动性穿越了社会种类,它也分裂了个体的种类,比如,一个蓝领白人男性与一个黑人男性形成了社会联盟,他与后者共享其技术和从属的工作条件,而在他闲暇的时候,他会与其他白人男性在种族控制中组成联合。第一种联合是与人民的联合,第二种联合则是权力集团的联合。当从属男性以暴力对待妇女的时候,这种权力是帝国化的而非在地化的。从属群体可能沿着其他的社会差异轴线与权力集团结盟,男性从属者在阶级或种族上是被剥夺者,但能够沿着性别轴线伸张帝国权力,从属性的白人可能伸张种族主义权力,因此,"权力集团不是一个社会阶级而是一个策略性的社会集团"①。为了应对晚期资本主义的政治新变,菲斯克提出了拥有者和没有者(the haves and the have-nots)②这一新的分类范畴。对于美国普通大众来说,华盛顿就是拥有者,无论是共和党还是民主党,他们存在于大众的影响之外,脱离于大众的生活。拥有者和没有者这对范畴不同于资产阶级和普罗大众,或者黑人和白人,它不是客观的社会种类,而是流动的社会轴线,只是在其具体使用中形成。在某种社会关系中,一个中产阶级白人妇女可能是拥有者,但在其他情景中,她可能是没有者。洛杉矶的韩国店主可能被本地的非裔美国人和拉丁人视为拥有者,但当把自己比较于白人的时候,他们可能把自己定位为没有者。拥有者这一范畴只在社会下层的使用中才有意义,它是没有者的建构之物,因此也就是策略性的而非客观性的术语。

"拥有者"和"没有者"是基于具体情境中的权力和利益冲突而提出的界定范畴,菲斯克又把从属群体称为"社会利益行为者"

---

① John Fiske. *Power Plays*, *Power Works*. Verso, 1993, p. 28.
② 同上, p. 6。

(socially interested agents)。近年来西方文化理论中的行为者理论（agency）和主体理论（subjectivity）争论不休。主体理论把重点放置在宰制性力量的运作，阿尔都塞的意识形态理论、法兰克福学派的物化理论（commodity）、拉康的精神分析理论是其要者，而行为者理论则把焦点集中在人们如何对付这些力量上。因为宰制和规训的力量是相当同质化的，主体理论倾向于强调特定社会秩序中的所有主体的共同的东西，特别是其意识和无意识。但是，生活于其中的人们的物质条件是非常多样化的，行为者理论倾向于强调多元性。行为者理论和主体理论都认识到，在我们这个复杂社会存在着冲突性的利益群体。主体理论集中在宰制性力量，其极端形式暗示从属群体被剥夺了任何抵抗的能力，而行为者理论则强调，正是从属群体的抵抗使得控制性的实践需要不断运作以获得其宰制性，他们强调，从属群体的不妥协的反抗、颠覆或规避宰制性的权力直至这种权力显得无效。

社会行为者并非自由主体（free agents），因为他们受制于不是他们自己所制造的条件。他们只能凑合着（make do）使用他们所有的，而他们所有的通常是权力集团所提供的。权力集团也在操练其主体性，他们有强大的能力去控制社会资源，其主体性经常是体制化的，常常在诸如教育、法律和媒体等机构中形成。权力集团在社会中处于有利地位，他们控制社会条件和资源以限制人民的主体性。但是，它不能消除后者，限制的界限必须不断地重新划定，因为人民在不断地反对他们。

社会利益具有差异性，差异来自物质和文化资源以及社会权力分配的不平等，因此，差异变成了斗争的据点和缘由。权力集团试图最小化对社会差异的感知，并强调共识，因为减少冲突意味着保证其地位。而人民的利益由对社会差异的认识和产生其中的社会冲突而得到提升，通过伸张某种区别于从上面强加给他们的社会身份而得到保证。人民对于日常生活中的社会不平等和社会差异的感知，是通过不断地把自己比较于那些权力者的更好的生活条件而获得的。被剥夺从来是相对的，不是绝对的。人民的控制日常生活的意愿从来不因为其困难而消失，其主体性产生于控制的欲望和社会限制之间的张力。

菲斯克的大众（the people）不是法兰克福学派的群众（the masses），后者是异化的、单向度的群体聚集，他们的意识是虚假的，对于奴役他们的体制，他们是心甘情愿的。群众是不知不觉受欺骗的、被愚弄的群氓。法兰克福学派的群众概念来自他们的法西斯操纵人民的创伤性记忆，在中国曾经的政治运动中，可以看到这种群众的影子。事实上，群众这一概念在当代政治语境中，指的就是缺乏领导者的乌合之众，是盲动的、无明确方向的，需要某个政治群体引导的群氓。在菲斯克看来，法兰克福学派的群众文化（mass culture）是无法成立的概念，因为它并非大众自己创造的文化，而外部强加的文化又是不可能存在的。一种同质性的、外部生成的文化并不能现成地卖给群众，文化不是那样运作的。

在西方现代社会，存在着不同的社会群体和亚文化，而认为大众是无差异的同质性的，要么是精英的蔑视大众的立场，要么是商业机构的功利性立场。在后者眼里，大众是以人口统计学公式可以计算的人数，是卖给广告公司的商品。菲斯克的观点与此对立，认为大众性意味着"民有"。大众性来自于大众，符合大众的利益，是衡量文化形式、满足顾客需要能力的尺度，因为人民与文化商品制作者的地位不同，他们的利益也与制作者的利益不同，甚至会发生冲突。菲斯克的大众是文化的创造者，是异质性的、具有明确对抗意识的被剥夺者。在大众文化的创造中，文化工业所能做的，是为形形色色的大众层理制造文本库存（repertoire）或文化资源，以便大众在生产自身的文化的过程中，对之加以利用或拒绝。菲斯克与法兰克福学派的分歧在于，他深入到文化接受者的层面，借助学界的实证性研究成果，发现了大众文化在使用中创造的一面，这是法兰克福学派所忽视的。特别值得注意的是，菲斯克本人就是大众文化迷，他在大众文化的欣赏中创造着自己的意义，这是他区别法兰克福学派的精英立场的原因之一。在菲斯克看来，大众并非静态的乌合之众，并非与传统的社会学范畴如阶级、性别、种族、宗教对应，大众无法成为经验研究的对象，它不是以客观实体的形式存在着，大众"是一组变动的效忠从属关系，它们跨越了所有的社会范畴；而形形色色的个人在不同的时间内，可以属于不同的大众层理，并时常在各层理间频繁流动"[①]。被支配群体处于各种各样的社会效忠从属关系（allegiances）中，大众是可感觉到的集体性（felt collectivity），他们横切社会轴线诸如阶级、性别、种族等组成了大众层理。个体的身份和认同极其复杂，依据不

---

① 约翰·菲斯克：《理解大众文化》，中央编译出版社，2001年，第29页。

同的语境,不同的立场,不同的利益,不同的时间地点构造着不同的主体,组织进不同的大众层理。个体在某一消费活动和创造自己的意义的过程中与某些人结盟,但在另外的活动中与另外一些人认同。菲斯克的大众层理这一概念深刻地推动了对于大众复杂性的认识,因为作为实体性的大众是不存在的,存在着的是个体的人,而个体的人在不同的语境性关系中,因为身处的位置的不同,会交错于不同的社会轴线,菲斯克借用了瓜塔利和德鲁兹的游牧主体的概念。在现代社会中,个体在复杂的社会机构之中穿梭往来,并根据当下的需要,重新调整自己的社会效忠从属关系,进入不同的大众层理,而所有这些重组过程都是在种种权力关系的结构中进行的。所有的社会效忠从属关系,都存在着对抗性和差异感,正是种种共享的对抗(shared antagonisms),在即时性的效忠从属关系中认同谁、反对谁,造成了身份的流动性,而流动性乃是复杂社会中的大众的特征。大众层理错综复杂,各种各样,其主体是行动者(agents),而非消极的消费者。他们穿梭往来于各种社会范畴之间,根据临时性语境,可以同时采取显然是相互抵牾的立场。菲斯克说:"这些大众的效忠从属关系是难以表达的,它们既难以概括,也不易于研究,其原因在于,它们由内部产生,并在特定时间、特定语境中,由大众决定。它们乃以语境和时间为基础,而不是'结构性地'产生的:它们是实践的事,而非结构的事。"①因此,在大众文化中,"权力的诸多轴线可以相互支持、抵牾或者彼此平衡。所以,阶级宰制可以与性别统治共存,种族优越感可以与阶级自卑感共存,或者种族臣服可以与性别狂热共存。在相对断裂的领域里,人们在社会层面或话语层面体验和行使权力"②。比如电影《第一滴血》,被蓝领阶层所接受,在种族和阶级政治层面,它可能是进步的,但在性别政治中,它可能就是反动的。大众层理是临时性的、语境性的,因个体在地所面对的问题而组成的联盟,因此,大众文化必须关系到大众切实的社会经验,正因为这种相关性,才能联系自己的状况产生或抵抗或认同的意义,原住民观影所产生的意义与快感只有在白人宰制并在反抗这种宰制的过程之中才能产生,中国电视剧《蜗居》的热播,是因为所反映的问题契合了当下大众的切身体验。菲斯克说,社会层理这一概念应视为"一种由不断

---

① 约翰·菲斯克:《理解大众文化》,中央编译出版社,2001年,第30页。
② 同上,第162页。

变化的、相对短暂的结构形成的组合。这个概念既不统一,也不稳定,它在与支配阶级的辩证关系中被不断重新定义。因而,在文化领域,大众艺术是一种短命的、多样的概念,建立在与主流意识形态行为的多种不断发展的关系之上"①。

在菲斯克的理论中,大众文化是大众自己创造的服务于大众利益的,它是对宰制力量的反抗,不可能是宰制力量的一部分或共谋,但这不意味着宰制性社会群体的成员无法参与大众文化。权力阶层的个体成员在改变其效忠从属关系的时候,与那些社会权力者保持距离的时候,他就参与了大众文化。大众文化的社会效忠从属关系是多轴线的、临时的、语境化的,比如一名商人脱下正式的经商服装,在体育馆的露天看台为他喜爱的当地球队摇旗呐喊时,他就参与了大众文化,他的社会效忠从属关系从经济权力的宰制集团转变为与其他社会大众具有相同趣味的共同体。大众文化的核心是对抗权力,个体可能是权力集团的一分子,但在具体的环境中可能成为权力之轴线的对抗者,因为权力的轴线沿着性别、阶级、种族、年龄、教育分布,这些轴线组成了社会的复杂的权力之网络,个体成员可能是某一轴线的权力者,但处于另外一个权力轴线时,他可能成为边缘者,从霸权的共谋者到霸权的抵抗者的转变取决于他自身境遇的必要条件以及对宰制性的战略能为他提供什么机会这两者的综合考虑。大众文化见诸具体的实践,而非见诸它的文本及其读者,这种实践产生于文本和读者互动的时刻。同一社会范畴如阶级,不能等同于大众,无产阶级与大众是相互重叠的概念,而非同一的概念,在无产阶级之中,又存在着许多不同的大众层理。但无产阶级和女性是大众文化的主体,之所以如此,是因为女性和无产阶级都是被剥夺了权力的从属者,所以很容易把自身与大众文化联系在一起。大众文化所生产的主要是快感和意义,这些快感来自对权力控制的逃避、抵抗和抵制。大众层理是交错性存在的,不同的个体对于大众文化的不同的理解和接受,正是其不同效忠从属关系的体现,比如对于麦当娜现象的不同理解和立场,是基于个体的差异性的年龄、性别、种族、宗教、阶级等状况。

在社会中,权力的分布并不均衡,因此任何一组社会关系都必然涉及权力与抵制,存在着支配与服从。布尔迪厄揭示社会的文化资

---

① 约翰·菲斯克:《电视文化》,商务印书馆,2005年,第447页。

本的分布如它的物质财富的分布一样,是不均衡的,而且也像财富一样,起着鉴别、推动阶级差异并使之自然化的作用。比如对高雅艺术的欣赏是权力阶级才有可能的,因为这种欣赏需要长期的教养和训练,而这需要经济资本,但权力阶级却以不能欣赏高雅艺术指责大众缺乏品位,把标明阶级差异的文化品位建立在具有普遍意义的自然人性的基础之上,这就掩盖了社会阶级的不平等。权力者为了自身的利益,总是要有效地控制文化,其核心战略就是不断贬低电视这类大众文化,说它无益于个人和社会。大众文化的意义不是根据主流价值体系得出的,也不是要人们甘于处在受支配的地位,它们确认的是受支配者的社会体验,而不是他们的受支配地位。发掘大众文化的反抗主流意识形态的能力,揭露大众文化编码中的主流意识形态阴谋是菲斯克文化研究的核心主题,这一主题和视角是由斯图亚特·霍尔开拓的。

表征、事物与实践

英语 representation 具有"表现""表象""描画""代表""陈述""扮演"等含义,近年来汉语学界多译为"表征"。威廉斯在其《关键词》中梳理了这个词在英语的历史演化。Represent 出现在 14 世纪的英文里,意为呈现,使出现(make present),延伸性的用法是象征(symbolize)或代表(stand for),这两种用法有很大的重叠,即(1)呈现在心灵上,(2)代表不在场的事物。第一种意义是文学艺术上的,即一个符号、象征,或一个意象、图像(image)呈现在眼前或心灵上的一种过程。第二种意义则与政治上的民主制相关。[①] 苏利文、哈特利等人合著的《关键概念》对"表征"在当代文化理论中的意义有比较详尽的解释。表征指的是制造符号以表达其意义的过程与产物,是将一种抽象的意识形态概念具体化以形成意义的社会化过程,讲话、书写、印刷、录像、电影、磁带等都是表征的手段。比如你要找有关性的表征,你会发现,其表征通过不同的媒介在不同的话语中被组织化、条理化,它在广告、电影、文学和各种定型的话语中得到表征,牵涉到法律、教育等权威的官方话语。你很快就明白,性并没有什么自然的本质,被表征为性的东西在不同形式与不同时代也各不相同。

---

① 雷蒙德·威廉斯:《关键词:文化与社会的词汇》,北京三联书店,2005 年,第 406~409 页。

表征本身在不断变化,因此表征联系着再表征(re-presentation)。①这就是说,除了以语言表达思想这一基本的意义之外,在当代文化理论中,表征因为牵涉到意识形态和权力问题而具有政治维度的意义。表征的模式在政治过程中具有重要的角色,因为语言的功能之一是构造现实,而非简单反映它。② 表征的实践贯穿着意义的争夺,这种争夺是阶级斗争的表现之一。

延续后结构主义思路,菲斯克强调的是表征中的权力表达,即表征对权力的援助。菲斯克指出,权力文化就是一种表征的文化,权力借助表征得以实施。表征通过三种方式运作,首先,是以最小的现实样品代表整个现实。拉瓦霍(Navajo:美国最大的印第安部落)陶罐表征了拉瓦霍性(Navajoness),同时,这一丑陋的词汇也表征了把殖民者的意义强加给被殖民者这一过程。其次,表征为我们说话,在更大范围的世界中提升我们的利益,把我们的权力伸张到当下之外。马路上的商业广告、政治家在众议院的演讲都是权力扩展行为。再次,表征代表了不在场的"现实"或所指(referent),并表明,这种"现实"是经过选择的。表征生产了现实,通过表征,我们把现实变成了我们的现实(reality-for-us)。我们不能无中介地通向现实,现实也从来不存在于其自身,而常常是为某人的现实(reality-for-someone)。

表征的核心策略是他者化(othering)。他者是表征的产物,即是以话语性和物质性的权力,把表征者的社会秩序强加给他者的世界。萨伊德和法浓说明了欧洲和美国不断地在历史上他者化中东、非洲、亚洲和拉丁美洲,此即是东方主义思维方式。他者化以两种方式运作,其一,强加所谓的"第三"世界以意义,背后的逻辑是,他们是优越的第一世界。其二,把第三世界作为第一世界权力的操演之地。女性学者说,父权制他者化女性,是通过把劣等的意义强加给对方,也通过自然化其为等级制权力的客体。表征他者就是表征我们的权力,表征不仅仅是一个语义学的技巧,而是一个权力的物质性操演。表征是现实的,不是象征性的。表征现实的权力具有现实性,它是一种现实的力量,警察的种族主义观念实践在现实之中。

---

① Tim O'Sullivan, John Hartley et al. *Key Concepts in Communication and Cultural Studies*. Routledge, 1994, p. 265.

② Andrew Edgar, Peter Sedgwick. *Key Concepts in Cultural Theory*. Routledge, 1999, p. 339.

作为表征的一种模式，现实主义是西方文化的独有特征，也是现代资本主义世界的特征，它显得有力是因为它把我们的文化身份安置在外在的现实之中，它把我们所想的我们的所是转换为我们"确实的"我们的所是。为了达到这一点，它必须采取科学认知现实的方式，即把现实作为一个客观的普遍性的东西，其存在和真理独立于文化。现实主义和科学理性主义相互支撑，两者变成了后文艺复兴欧洲认知的主导方式。两者共同的世俗人文主义教导说，通过运用理性去理解、表征和控制现实，人类就能够控制他们的命运。人文主义、科学理性主义、表征主义和资本主义的历史性结合，把欧洲社会推向控制世界的旅程。

菲斯克指出，权力常常借助地图表征自身。我们不能控制我们所不知道的东西，图绘一个地方才能知晓这个地方。一般来说，非帝国社会不制造地图，它们给其成员的旅行指明方向。方向和图绘是有差异的，差异在于某个社会和其物质关系之间的不同的权力/知识关系。地图是强有力的话语，它把科学和表征结合起来发挥赤裸裸的控制功能。电视新闻和海湾战争不断地以地图表征给我们。地图给予我们客观的、全景的(all-seeing)、强有力的关于世界的真理。它们也给美国军队全景的视野，这是伊拉克所缺乏的。在地图里，表征和科学技术融为一体。科学的认知方法和认知意愿产生了建造人造卫星的能力。海湾战争表征给美国人的，是在聪明的科技和盲目的信仰之间的斗争。看和认知不是控制的前提条件，它就是控制的一部分。当欧洲在殖民、开发、开拓世界的时候，同时就在图绘世界。表征世界就是在世界行使权力。欧洲中心论表征在格林威治子午线上。欧洲对世界的表征是欧洲中心论在世界行为的一部分，知和行是一枚硬币的两面。

帝国通过表达和压制运作权力。强权知识不仅到所选择去表征为真实的东西上面伸张其控制，而且压制它要排除的东西。但是，权力的压制很少是彻底的，因此，被压抑的痕迹顽固地保留在表征之中。美国对于中东的表征披着军事的外衣，但他们仁慈的表征无法消除士兵屠杀平民这一事实。表征世界的权力在其中"再表征"(represent)了表征者，因为表征的最后阶段把表征者和被表征之物结合在一起。帝国文化产生了伟大的艺术作品，它如军队那样在话语层面运作。莎士比亚、简·奥斯丁和地图对于英国帝国权力同样重要，如同东印度公司、英国军队和英格兰的教堂。类似的，美国当代殖民世界是通过占领经济和政治领地而非地理疆域,它与以好莱坞和人造卫星为了美国去表征世界的权力相伴。帝国权力常常通过表征文本运作在世界中,而地方化权力更多地通过地方化文本,操作在有意义的事物和实践中。在地化文本(localizing text)限制自身于特殊的社会层理,其功能是辨识这一层理的成员的共同身份,它是一种在地表征(local representation),它致力于控制自己的社会领地,保护自己的疆界,有时候会抵抗外来的力量,但不会去控制其他的社会层理和他们的领地。如果有时候它具有侵略性,它的侵略局限在扩展其边界去容纳它有权去控制的领地。从属社会层理和在地权力/知识之间并无本质的联系,同样,宰制群体和帝国权力/知识之间也无本质联系。从属群体在特定场合反对宰制者的权力的时候,他们可能需要主导者已经掌握的权力科技实施其主体性,而权力集团则通过限制大众接近权力机器去维护自己的利益。

大众知识用于控制在地,控制大众当下的生活,建构其身份和社会关系,其特殊性联系于身体。在此,菲斯克提出了实践和事物两个概念。实践(practice)是身体用不是它自己的资源所做的事情,事物(things)是身体在扩展其对时空的占有时所用的东西,这种使用使得它们具有意义。身体、实践和事物相互关联,通过它自下而上的个性化得以产生,它是构成我们的社会历史和身份的个人元素得以表达的场所。为了控制我们的身份,我们必须从社会秩序中构造方法,保护它对抗帝国权力和知识。

事物运作的方式类似在地文本,仅仅在其地方(locals)之内,它们的操作领域也是有限的,常常就在家庭里。事物不是文本,它们展示(indicate)而非表征,展示依赖于特殊化(particularities)而非表征的共性。有意义的事物在地方流传,它们的意义限于其起源处,并不寻求延伸其意义,也不会侵入其他共同体之中。比如,菲斯克举例,他有一张他的祖父在维多利亚晚期的照片,仍然镶嵌在其最初的胡桃木的铜制的相框里。对于他来说,这照片就是他的事物,悬挂在他的墙壁上,是一个地方化的实践。照片中的祖父的严峻的表情和独特的身份是其希望展示给世界并延续在其家庭历史之中的。悬挂这个照片是一种方式,在此菲斯克在他人建造的,在他之前为许多人居住过的房屋里构造了他的在地:这是一种实践,它给其历史身份构造了一个在场(presence)。假如它被作为古董售卖,悬挂在某个人的墙壁上,它就变成一个维多利亚时代中产阶级个人主义和男性气概的表征,相框就表征了现代机械精细复杂地去再生产和商品化老式手工艺人的劳动的能力。作为一个表征,照片就不会指向他的祖父,而是指向维多利亚时代的中产阶级。从它的发源地移走就否定了其为有意义事物的独特性,把它变成为了其他目的的表征性文本,事物就变成了表征。① 再比如,一个物体从一个文化传送到另一个文化,再定位之后它表征的不是本土性,而是本土和殖民地之间的关系,它还表征着传送它的权力。一个拉瓦霍人陶罐放在白人中产阶级的书架上,就不再是那个曾经所是的陶罐,而是表征着种族关系,其意是白人欣赏为殖民统治所摧毁的好的东西的能力。虽然是拉瓦霍人所制造的,但陶罐被重新构造为一个白人文本。因此,菲斯克指出,由强势文化发起和主导的跨文化传播常常有把弱势文化降级为油画的(canvas)危险,在其上,强者表征其自身和其权力,这一危险随着两个文化之间的权力差异的扩大而增加。指出这一点并非要把文化封闭于自身,而是提醒弱势文化在控制性的传播关系中要发挥作用,它要能够有信心被倾听,要能够表征自身而不能成为被表征的客体。这需要具体问题具体分析,但在文化倾听他者和奇异化他者之间难以划定界限。任何试着去倾听和学习另外一个文化想说的东西的行为都会导向权力关系的平等化,特别是所说的可能不是倾听者希望听到的。文化差异在倾听者的想象中能够产生真正的多元性,但是,它又可能再度铭刻既存的权力关系,并限制和压缩想象。

　　事物是有意义的,但它们的意义与文本不同,因为事物不是表征性的,它不是运作在公共领域之中。有意义的事物是索引式的(indexical)、独特的,就如索引,它们在能指和它们的使用之间形成了物质性的关联。我的祖父的照片构造了他和我之间的物质的连续性,但照片仅仅在特殊的在地之中具有意义。对于我们是有意义的事物是独特的,它们是我们身份维度之中的强有力的文化动力。事物可能来自社会秩序,但当它被构造为我们的有意义的东西时,它就会从社会中抽出,变成个人的,它的一般性就变成独特的了。物体(objects)、文本(texts)和商品(commodities)不同于有意义的事物,因为它们流通在一般的社会秩序之中,而事物存在于有相关意义的系统中。比如,菲斯克举例说,对于一些旅游者,一块石头可能就是一个躺在山脚下的了无生气的、无所指的物体。对于另外一些人,比

---

① John Fiske. *Power Plays*, *Power Works*. Verso,1993,p.148.

如在他们的蜜月中,他们拾起它带回家,石头就转变为他们的事物,夫妇就赋予它以特别的意义和历史,它不会表征但会特别地展示。存储其中的个人的历史越是有意义,事物在其在地之中的重要性就越大。事物是意指文化(a culture of significance)而不是表征文化的一部分。商品和文本也可能被转换和在地化为事物。一个橱窗里的花瓶是一件商品,但作为从某个亲密朋友那里得来的礼物就能变成我们的事物。一件礼物流通的是情感,展示了其给予者;一件商品流通金钱,表征资本主义。两者的差异不在物体之中,而是在其流通和使用的意义系统之中。类似的,一本书、一张画、一支曲子在其公共生活中可能是表征性的文本,但当其被特殊化和包裹进我们的历史和我们的意义,它就变成我们的事物。相反,有意义的事物能够被转变为商品或文本,把它们扔进垃圾桶,它们甚至变成物体。

事物在在地的物质维度运作。在地不仅是身份和意识的据点,也占据着时空。事物在时间中与我们在一起,与我们在空间中一起移动。事物把一个新的公寓或房屋变成我们的,墙上的照片,家庭相册都是有意义之物。被事物表达的身份是被个人历史和个人关系所发展的,它不同于控制性系统所产生的个体化,也不同于资本主义意识形态的竞争性个人主义,比如代代相传的结婚戒指,有人的意义和情感负载其中。虽然戒指是在父权制体系中传递于妇女之间,但它们传递的方式形成了女性主义体系,其规则和价值观颠覆了父系制。

菲斯克认为,所有社会都依赖商品的流通,不仅因为它们是经济基础,而且因为商品在构成社会关系、社会关联和社会身份的过程中是积极的因素。一个物体可能是一件商品、一个礼物或一个传家宝,其差异存在于其流通的体系,每一个体系构建了不同的社会关系。资本主义社会给予商品的经济流通高度的优先性,在生产和消费方面,它产生了阶级关系。商品在生产者和消费者、售卖者和购买者、富人和穷人之间建立了等级差异,但礼物在给予者和接受者之间构造了互惠关系。家庭中代代相传的传家宝的运作方式与礼物在更宽广的社会关联之中的运作方式是类似的,礼物和传家宝都强调关联(relationships)而商品强调社会关系(relations),礼物和传家宝属于阈限(communitas)而商品是结构性的(structural)。因为控制传家宝作为有意义之物流通的规则来自家庭的需要和其水平关联(horizontal relationships),它们适合于构造在地文化,而那些控制商品流通的规则是等级制的关系,因此适合于帝国文化。

事物并非唯一的能够从一般的流通系统中绁绎出来并特殊化为在地的建构者,语言也具有这一特性。在许多家庭,特殊的言说或表达与有意义的事物行使着同样的功能,它们变成了口头的传家宝,就如有意义的事物,表达能够被使用者镶嵌特殊身份和历史,其意义无关于作为社会体系的语言。语言的这种使用具有事物和实践的特性,一个家庭或者社会阶层无论多么贫困,他们能够控制的就是这种实践,这是他们不能被剥夺的社会生活领地。菲斯克说:"实践是人民用体系和资源所做的事情,这些体系和资源的结构性维度,不是人民的而是属于主导秩序的。实践是日常生活的策略,它们是商品被转变成为有意义之物的方式,它们是人民能够从语言系统中产生他们自己的言说的方式。这些特殊的表达逃避了语言的'言说'(speak)其主体的权力(话语为意识形态询唤主体),也是人民有能力为自身而言说和言说自身的时刻。"①比如中国农村父母给小孩取的小名,在后辈记忆中的长辈常用的语句或表达方式,都负载着特殊的文化意义,都是在地性的文化实践。

　　语言并非平等地被使用,某个社会的语言常常镶嵌于社会权力集团的利益之中,因此,语言(langue)是主导社会阶层所殖民的据点。言语(parole)或语言的实践,是对抗宰制性的结构性权力的地方,是语言被特殊化和在地化的场所。口语是言语的在地形式,常常是不符合语法的,常常以不被词典认可的方式使用着,因为语法书和词典是控制性的语言结构,是书面语言的工具。如德赛都说的,宰制文化是经典化的(scriptural),因为经典是权力表征最有效的地方,大众文化是口头的,因为口语是维持和流通从属历史和身份的方式,它参与了不同于文字的认知方式。

　　空间对于事物具有重要意义,拥有空间展示空间表征了阶级差异。缺少空间,无论是在家里家外,其结果都是私人性的缺乏,穷人强烈感受到这一点。甚至在他们的公寓里,租户能够听到其他人的对话和争吵,气味、声音甚至物质能够穿透公寓之间的墙壁和天顶。不能控制一个人的领地是持续的痛苦,因为对个人边界的保护是最基本最必要的控制形式。对私密性的渴望不仅是个人主义意识形态的产物,也是拥挤和被控制的社会中的防御性需要。私密性即是对于社会和物理空间的控制,其中我们能够成为我们自己。没有物

---

① John Fiske. *Power Plays*, *Power Works*. Verso,1993,p. 211.

理空间,社会空间是虚无的,控制日常生活也是无法实现的。19世纪的资本主义和城市化改变了人们的三个密切相关的观念即私密、身份和地点。家庭不仅产生了身份,它也物理性地社会化地定位了身份。人们常常说,当你有了自己的房子,你就有了私密性和决策权。缺少私密性和决策权就是穷人生活的贫乏之处,但当权者没有意识到这一点。对于他们来说,贫困就是经济上的缺乏。在无家可归者的案例中,慈善是为了改善经济状况,但常常剥夺了接受者的私密和决策权。应该说,基本物质的满足并没有消除其他的更为社会化的需要,特别是控制一个人的在地的需要。那种认为穷人只是受了物质上的苦,他们主要关心的是如何满足物质需求以便活下来的观点类似于白人人类学家之于原始文化的观点,这一观点为列维·施斯特劳斯所批评。精神需要同样是基本的,并非得到了物质满足的时候才会考虑精神需要,它不是发达社会和原始社会差异的标志,也并非一个社会中的优势者和被剥夺者的差异的标志。那种非物质生活仅仅对当权者和成功者才重要的观点是帝国主义知识。穷人对于精神生活的需要,对于在地控制的需要,对于地方化意义创造的需要同样是基本的。

　　社会秩序限制和压迫人民,但同时也给他们提供资源以对抗那些限制。被压迫者的日常生活文化能够利用压迫他们的符号,并为自己的目的使用它们。对于多样化和丰富经验的期待的欲望是资本主义的产物,也反过来服务于这种体制,因为多样化,无论是物质还是经验,都必须购买,必须付费。但是产生这种多样化、丰富和密度(density)也是大众创造性的工作,它是人民的权且利用的艺术,他们拥有的一切几乎都是压迫他们的社会体系提供的。大众的创造性生产和控制了身份,这种控制和创造性是在地化的:它没有产生为权力集团的文化所推崇的伟大表征(great representations),它是一种产生了事物的文化(a culture of things),诸如被子、日记或纪念品以及日常生活的实践。这种文化常常不为外人所知,不仅是由于其在地的存在,而且是因为列文(Levine)所说的"神圣的不善表达"(sacred inarticulateness),这一术语说的是人民不愿意把他们的独特文化经验理论化、客观化到话语之中,他们会这样回应:这个很难解释,但如果你是我们中的一员,你就会明白。在地的事物和实践在认知方式上也是独特的。简·雷夫(Jean Lave)的研究表明,甚至数学计算,当被用于在地化的时候,也以不同的方式运作着,比如,妇女在超市比较不同价格和尺寸的罐头的价值时从来不会出错,但当被要求外在于她们的社会环境中抽象地表演同样的计算的时候,她们就不那么精确了。①

帝国权力与在地权力

菲斯克把强大的、自上而下的权力称为帝国权力(imperializing power),弱势的、自下而上的权力称为在地权力(localizing power)。帝国化的权力尽可能地伸展自身于物质现实、人类社会、历史和意识之中,它竭力把其领地延伸到它能够控制的外部空间,特别是人民的俗世的思想和行为。帝国权力系统为权力集团开发得最多,因为他们要获取最多而让出最少。相反的是,从属群体不控制其他的社会层理,不扩展其领域,而是把兴趣集中在加强对其即刻的日常生活条件的控制上,这些条件包括思想、情感、信仰和行为,以及从社会物质条件中获得的社会身份、社会关系。在地权力生产一种为从属群体控制的空间,这一空间具有四个维度:它是内在的(interior),是社会身份、社会关系和社会历史被体验的场所;它是社会政治性的(sociopolitical),存在于某种社会秩序之内;它是物质性的(physical),就在人民居住、玩耍和工作的地方;它是临时性的(temporal),仅仅存在于那些构造它的人息居其中的那一时刻。这一内在的、物质的、临时的政治性空间,菲斯克称为在地(locale)。② 在地无论其规模如何,都关系到内在和外在,关系到意识、实体、时间和地点之间的持续性(continuities)。在地是自下而上的在地权力的产物,它常常对抗着帝国权力。构造在地意味着面对、抵抗或逃避帝国权力,因为帝国权力试图控制其社会成员,它通过给他们提供据点(stations)试图去阻止人民生产他们自己的在地。据点是在地的对立物。据点既是物理性场所,其中社会秩序强加给个体,它也是社会性场所,其中个体建立其社会性的关系系统。无家可归者的庇护所是一个据点,它是物理性场所,社会安置他们,自上而下的规训应用其中。如果他们如帝国知识(imperializing knowledge)所认为的,是慈善的脆弱的客体,需要他者化(othered),那么,他们的安置就是完全成功的。但是,对

---

① John Fiske. *Power Plays*, *Power Works*. Verso,1993,p. 221.
② 同上,p. 12。

于他们中的许多人,情况不是如此,他们对电影中弱势者抵抗权力者的欢呼是他们的在地权力发挥作用的时刻,它把休息厅、电影和他们的意识转变称为在地。在地是从属者反抗宰制集团安置权力(stationing power)的场所,它存在的依据是,"大多数人在大多数时候都不想激进地挑战社会秩序。如果他们想的话,他们也不会把日常能量放置在一个遥远的目标上:对日常生活条件加强控制是更能够实现的目标,也是能量的更有效的应用"①。

菲斯克的名言是:"结构安置,实践在地化(Structure stations, Practice localizes)。"②这里的结构和实践类似语言理论中的语言和言语,一个是权力集团的控制性的单一化的、总体性的体系,另一个是具体的抵抗的、扭转式的、临时性的运作。实践是人民在社会斗争之中投入最多的,因为它是他们的在地权力最有效的地方。在宏观层面,权力集团的利益通过对结构的控制而得到提升,而人民在微观层面对实践加以控制以获得在地。结构在社会层面实施控制,但是无权者总是在具体的运用和操作中以在地化的方式予以反击,以创造属于自己的意义维护自己的利益,包括以他者的语言言说自己的感受和体验。大众文化是社会斗争的领地,其语言是社会结构之物。虽然是社会里的成员都能够获得的资源,但语言从来不是中立的,也不是均衡地分配的,它是斗争的关键场所。语言常常是多重音调的,它具有为不同的音调所讲述的潜力,这就把意义契合于不同社会层理的利益。帝国式语言试图压制多重音调,试图以权力集团的利益建立单一的音调,并以之作为唯一的、中立的、正确的。与之相反,在地权力开发多重音调。比如一个无家可归者在电视新闻中说,我不是精神有问题,我只是你们所说的经济不稳定,他是在开发多重音调把他们关于他的观点转变为他自己的观点。语言的多重音调使得从属群体能够投入语言里的社会斗争。比如《虎胆龙威》里的溅满屏幕上的 CEO 的鲜血对于权力集团来说是危险的恐怖的,但是无家可归者把它转变为胜利的意味,他们的欢呼同时是他们的宣言,是对宰制性话语的拒绝。话语可以负载权力集团的意义,但话语也把权力暴露给挑战。如福柯指出的,话语和权力之间的关系常常是矛盾的:当话语实施权力时也使得权力变得可见。权力的效果很大程度上依赖

---

① John Fiske. *Power Plays*, *Power Works*. Verso, 1993, p. 192.
② 同上,p. 31.

其伪装其操作的能力,可见性是其弱点,从属群体常常利用这一弱点。

自上而下的权力与自下而上的权力并非操作在不同的领域,不是一个属于自然一个属于社会,而是运作在不同的方向,都是致力于控制。帝国式控制的欲望不限于权力阶层,在地控制的欲望也不限于人民。拥有丰富的物质条件意味着权力阶层更容易伸张其帝国控制,但他们也热切地希望控制他们当下的社会条件,他们也确实能够更好地控制它们。人民要进入帝国权力受到很大的限制,虽然他们尽可能地抓住各种机会,他们的控制欲望更多地通过在地权力实现自身。对于权力阶层,帝国控制是其更满意的,也是他们的最大能量所导向的地方。对于人民,在地所发生的一切最为重要,因为在这里,控制的欲望得到满足,别处则受挫。在地是从属社会层理的多样化所产生的,它们能够伸展到水平(horizontal)社区,能够提供阈限(communitas)文化和差异得以形成的方法。这样的文化威胁着帝国控制,因为它们抵抗或规避了其同质化和收编的策略。

电子监视广泛存在于当代社会,据统计,百分之七十的公司用它监视工人,许多情况下,结果是非人性的压力导致了疾病。计算机记录操作员每分钟敲打键盘的能力就是高度精确的权力科技(technology of power)。但是人民总是在发展实践去扩大其控制的领地。这些实践并非总是抵抗性的,有时可能与公司的目标达成共谋。权力存在于实践之中,如果不伸张,它就会枯萎和弱化。人民不仅通过寻找权力机器中的弱点(the weak spots),而且扩展社会领域去维护在地权力的活力,并发展技术去实施它。人民不是生活在一部机器中的被安置的齿轮,他们的身份和社会经验是从外在于规训的历史中发展出来的。大众不必去改变臣服他们的系统,常常是,他们运作在系统内部去扩大其空间,去扩展能够操练的在地。个体存在于权力体系控制之外的行为、思想和愉悦是从属群体必须保持住的基地。大众文化的最重要的功能是保持和扩展其社会身份的这一领地,在此人民能够获得权力集团所达不到的空间。

人民与权力集团的关系是多样化的,日常生活不可能是不断的对抗,把某个人的利益纳入权力集团以获得舒适是必要的,即使是为了矛盾的短暂的缓和,重要的是出入这种关系的控制权在人民手里而非权力集团手里。同一个人在不同的时刻可能采取对抗的、逃避的、容纳的或者任何其他的之于权力集团的关系。人民战争是阵地战,其中失败从来不是最终的,胜利也从来是无法保证的。人民战争需要战术的流动性,不能把自己固定于某个社会范畴,或者一套力量的结合。对于社会问题,不存在乌托邦式的解决方案,但是最终解决的缺乏不应该阻止我们沿着改善之路采取小的步骤。"不可能去设想一种对所有人都完全公平的社会秩序,但是,去构想一个比我们当下的更为公平的社会秩序是非常容易的。我们能够辨识我们需要转移脚步的方向,而不必预见我们的最终目标"①。

任何朝向这一社会秩序的移动有赖于权力集团抑制住其帝国权力并允许从属社会层理拥有更大的在地权力去延伸其控制的领地。如果他们无法做到,赞同之点可能变成冲突之点,和平的可能变成暴力的。暴力滋生于物质上的和社会性的自我控制空间的缺乏。后结构社会中的政治是从一种权力制度(regime of power)转变到另外一种。权力如它应用的据点是多样化的,因此,变化在权力的不同领域以不同的速度,在不同的时间发生着。不像革命性的变化,它没有提供给历史学家关键性的点,从这一点可以说新的代替了旧的。权力的变换极其复杂,冲突、前进和后退混合其中。在一个权力制度中是边缘的或者是被压抑的,可能在继起的权力制度中是更为中心的,或者相反。一种同质化的、中心和边缘之间是完全对抗的强权制度可能为一个更为多样化的所取代,其中,位于中心的力量更为公平地向弱者扩散。无论新的权力制度可能采取何种规划,变化常常牵涉到去中心的过程,这一过程发生在所有领域。解构主义就是把边缘的运动到文本中心,告诉我们文本的关键部分存在于其边缘,边缘意味着未来。权力制度的变迁重新规划了边缘和中心的关系。历史没有提供给我们变化的方向,什么将在边缘被重新发现,什么仍然保留在那里,这是没有确定性的,新的制度形式是什么样的也无法确定。当某个权力制度到达了某一时期的效率的最高点的时候,其权力集团会以更大的紧迫性和绝望,通过中心化其利益回应危机,同时,它对边缘的压制会变得公开化和严酷,这样,边缘的再发现变得更为重要。

权力集团如果能够倾听边缘的声音,他们的想象就能去中心化。他们应认识到,为什么如此多的生活方式能够逃避他们的权力,能够隐藏于他们的监控性的凝视而维持自身,为什么他们要去削弱和限

---

① John Fiske. *Power Plays*, *Power Works*. Verso, 1993, p. 270.

制其他的弱势的权力,甚至在它们没有直接威胁性的时候。单一声音,单一文化主义,真理的单一性都是强权的标志,其效果依赖于排斥和包围(enclose)的能力。当它接纳它曾经所排斥的,当中心化那些边缘的并与它一起进入双向的关系,权力就变得不再贪婪,不再是压制性的。权力必须允许自身从下面监视,允许被其他的知识所认知。倾听边缘世界可能促进我们重新结构边缘和中心的关系,从而把中心的权力推向边缘。在边缘,可能的世界被置入实践,被现实化,即使不被权力系统认知和认可。权力集团可能从这种认知方式中所获甚少,但一般的社会秩序却所获甚多。当不能被倾听的时候,边缘就会变得暴力化。

  分而治理(divide and rule)的原则被帝国权力广泛运用。从属社会层理越是能够被分离,人民就越是能够被个体化入规训、控制性的身体和身份之中,他们就越是能够被更好地控制。监控体系发展了完整的观看能力,但阻挡了帝国权力的倾听能力,当它睁开眼睛的时候却带上了耳塞,被殖民者的、被控制的、被管理者的声音就失落于聋子的耳朵。不让被压迫者知晓权力操作的程序对于权力的运作是至关重要的:权力必须只能被自己的知识所认知。权力集团对它不需要的知识的压制不仅对于生活在这种联盟之中的人有利,这也是权力有效运作的必要条件。广播、工厂、课程设置、街道都是知识的控制和反抗的据点,权力集团在这些对抗中从来不是完全胜利的,因为被压制的知识是如此牢固地根基于人民的物质社会条件和历史经验。菲斯克乐观地指出:如果"没有者"能够抵抗帝国权力,能够在奴隶船这样的控制中获取少量的空间反对它,他们就能够在任何地方这么做。他们已经展示了其绝对的不可战胜性。弱势权力的"弱势"仅仅在其当下与强权的关系中,经过长期的运转,弱势权力将证明比强权更强,他们的力量在于其持久性。①

  福柯虽然说过抵抗是权力的必然产物,但他从来没有理论化或者考察它,只是把抵抗定义为权力必须克服的东西。福柯缺乏抵抗可能采取的多元化方式的论述,他是一个帝国权力理论家,没有发展出与安置(station)对等的概念,没有以在地概念去反对安置。菲斯克批评福柯的在地权力的缺乏,导致了对大众的抵抗和斗争力量的忽视。福柯认为,官方历史的宏大叙事忽视了经验的特殊性,正是这

---

① John Fiske. *Power Plays*, *Power Works*. Verso, 1993, p. 312.

种经验,历史才是被生活过的,而非被叙述的,这种特殊性扰乱了叙述的权力,这一点为黑人的反记忆(counter-memories)所证实。但是,因为福柯缺乏在地权力的概念,他低估了再秩序化(reorder)这些碎片成为一个反历史(counter-history)因而对于当前来说是反知识(counter-knowledge)的力量,其理论的局限在于:"扰乱宏大叙事的中心地位是一个有效的解构主义的运动,但在其本身并不够:它能够剔除当前权力制度的某些确定性,但它对于提升下一个权力制度所做甚少,除非进一步的步骤能够被采纳。"[1]反历史有助于产生反身份(counter-identity),更重要的是,产生一个相反的未来(counter-future)。反历史是在地知识反对帝国知识的一种形式,它通过反知识去产生反现实(counter-reality)。

在当代西方,深入思考抵抗的多样化和创造性并对菲斯克产生影响的理论家是德赛都。德赛都把权力类比于控制时空的占领军,在其领地之内,人民在大多数时候顺从其规则,表示臣服。但是顺服的农民常常有能力变成游击队员,弱者能够而且常常攻击强者,如游击队攻击占领军那样。这种攻击是短暂的、机会主义的,当弱者散布开来如星星之火的时候,这种攻击就会形成燎原之势。军队进攻靠的是战略(strategy),游击队靠的是战术(tactics)。战略性的权力操演在物质性的时空之中,无论这种时空是公司总部、某个大学或者家庭;战术性的偷袭则相反,它利用地点和时间,在宰制性的他者提供的范围内活动,权且利用(make do)不是它自己的东西,把他者的资源转变为己所用。La perruque 是一个法语词,其意是假发、伪装、窜改的身份等,德赛都用这个术语意指战术性的偷袭,弱者利用它对抗工作场所的权力,秘书在上班时间在公司的打字机上写自己的信,学生在学校的计算机上玩游戏而不是写数学作业,工人在上班时间用工具和废金属做点自己的东西。人民的创造性即是权且利用的艺术,就是在他们的地点(place)构造我们的空间(space),那些资源通常是宰制性的他者提供的,因此铭刻着其权力。游击队员是秘密的战斗者,他们的力量是无法被观察到的。假发的功能是隐藏,使之无法被看见无法被认知。在这里,德赛都的斗争隐喻达到其极限,因为至少在现代民主体制内,只有相当少的权力是压制性的,虽然压制的威胁一直存在着。

---

[1] John Fiske. *Power Plays*, *Power Works*. Verso, 1993, p. 289.

菲斯克也吸收了巴赫金的思想。巴赫金把视点集中在人民身体中的被官方压制的活力,而压制产生了迟钝的社会,最终这种社会必然死于自我萎缩。巴赫金认为,生命原则是自然的一部分,它是一种自下而上的力量,它从泥土中产生进入人民的身体。高级社会层理试图远离泥土(the earth),并以社会秩序的名义压制它,其身体因此也就远离自然生命。对大众力量的压制是社会控制自然的方式,其危险在于,控制它可能是扼杀它,而扼杀它则意味着自杀。

福柯不断地提醒我们,规训在现代社会必然是生产性的,但我们感到,福柯对规训力量的反人类性是持批判态度的。德赛都也把人民的而非权力集团的生命定位在接近自然。大众的权且利用的艺术指的是,人民尽可能地把疏离的环境转变为对自己有利的,如动物那样,去适应环境,避免危险,开发环境的有利方面,在他们无法控制的环境中构造在地。但是,这些理论家虽然都担心人民的反规训的生命力量被扼杀,但他们都没有对人民的力量予以分析和理论化,而菲斯克系统地论述了抵抗性的在地权力。菲斯克把抵抗定义为人民去控制其即刻的当下条件的欲望。帝国权力是微观的也是宏观的,是普遍化的独断性的,而抵抗权力是防御性的在地化的,其目标不过是获得一个相对安全的、满意的、愉悦的存在。它采取多样化的形式,因为为了生存去适应的物质的社会的历史的条件是多样化的。它是宽容而非独断的,它允许其他形式的权力存在着,如果它们没有侵犯他们有限的在地的话。这种权力观能够有效地解释无家可归者在看电影《虎胆龙威》时对里面的 CEO 之死的欢呼,而巴赫金和德赛都把这些抵抗行为根植于自然就否定了他们的社会性和系统性,福柯把抵抗解释为权力的前提条件和产物就否定了这些人的能动性,这些人拒绝权力系统中已经产生并从而能够容纳的任何东西。在地权力从来不是独立于帝国权力的,但它也从来不是完全为其包围。伸张在地权力的行动者(agents)确实带来了他们自己的东西,那是权力控制的产物,是通过行动者的社会技能得以运用的。黑人的即兴表演产生于白人权力和黑人在地的交叉点,它不仅是白人压制和社会结构的产物,也是黑人通过迂回的、曲折的、创造性的战术在权力集团之外历史性地获得和保存的。黑人表演的最重要的地方不是其对白人规训的抵抗,而是其在地权力的持续性,权力集团对此无法控制,它是黑人主体性的操练。控制是现代社会的特征,美国就是一个高度被控制被造册(documented)的社会,但美国又是一个极度崇尚自由的社会,这就是一个极大的矛盾,其结果是,控制性的体系被体验为不是压制性的,而是可行的、生产性的。菲斯克说,"如果规训似乎是'自由地'运作其中,它也不能限制自由"①。也就是说,人民的自由体验是最真实的,是社会发展的最高目标。即使规训是不漏痕迹的,表现为似乎是具有生产性的,人民对自由的体验和渴望仍然是不可遏制的。

当代资本主义社会已步入后结构主义阶段,传统的结构性的社会理论无法解释当代的政治斗争。在今天,社会权力沿着多重轴线分布,人民因具体问题和利益而结成联盟并与权力者斗争,后结构主义社会中的身份政治是流动的、策略性的,大众层理构造在地以抵抗帝国权力,并创造了自己的文化意义。斗争无处不在,除了传统的政治经济领域,斗争也展开在伦理、审美、仪式、日常生活实践等领域,菲斯克的文化理论揭示了当代资本主义社会斗争的新形式,为当代大众文化理论提供了新的概念和阐释视域。菲斯克提出这种理论是在 20 世纪 90 年代,近期横扫美国的"占领华尔街"运动和英国的骚乱,似乎印证了菲斯克的理论预言。

帝国知识与大众知识

菲斯克吸收了后结构主义的知识话语理论,但根据美国现实做了新的发展。他认为,除了给世界表征一种独特的知识,话语也表征着以某种方式认知世界的社会关系和权力关系。知识是社会性的而非个人的,这样,认知就卷入社会关系之中。认知资本主义的不同方式是为牵涉其中的那些人的社会身份和社会关系所产生的,相应地,那些身份和关系也为他们的知识的流通所生产。高级管理人员所属的社会层理及其社会关系和身份,是为认肯资本主义是公平的这一观点所构造的。他们认为,资本主义的奖赏是依据才能和能力分配的,同样,资本主义现实也为这种认知方式所生产。知识与权力是一枚硬币的两面,每一方都需要另一方,没有一方,两方都不能存在。两者都是生产、压制和分配的连贯体系,都强加规训性的思考和行为方式,这种规训性的思考和行为产生效率作为补偿。类似地,控制和话语链接在一起:控制之于权力如话语之于知识。控制是权力应用

---

① John Fiske. *Power Plays*, *Power Works*. Verso, 1993, p. 76.

于特定场合的方式。"没有其控制的大量据点,权力就无法把其潜力转换为效果。控制是在地化的,被实施的权力运作其中,就如话语是在地化的,被实施的知识运作其中"①。

控制产生特定的行为方式,它把这些方式表征为符合被控制者的利益,这样,这种表征被他们所接受,它的压制性机制就被掩盖。权力和知识以类似的方式运作:它们产生的良好效果掩盖了其压制,对其良好效果赞同的越多越广泛,其压制就掩藏得越好。控制如话语,既是生产性的也是压制性的,其压制的能力能够有效地把斗争控制在最小限度内,同时它有能力去生产人民所需要的,或者被说服为所需要的。虽然所有的社会层理都从属于同一套规训体制,但他们的地位并不相等,有些社会层理获利更多而失去更少,其他的则失去更多而获利相对较少。比如,大众的阅读就是控制的据点,控制体系提供给无家可归者受人推崇的杂志如《时代》《生活》《新闻周刊》、地方报纸和宗教小册子,小报则不被鼓励,色情读物更被禁止。这一控制据点类同于指导公共图书馆选择影碟的权力体系,它也类同于MTV拒绝播放麦当娜的影碟的体系,这些控制据点是延展性的权力知识的在地应用和现实化。权力知识及其文化趣味和伦理价值被主导的社会层理所生产,它同时压抑了其他知识,而后者被从属者所发掘和伸张。

帝国权力生产知识,它也被帝国主义知识所生产。自然科学是认知自然的方式,其功能是为其所有者的利益去控制和开发自然。启蒙运动的理性主义生产了关于人类及其心理和社会系统的知识,其功能是加强其所有者的控制社会秩序和生活于这个社会之中的人们的心理过程的效率。帝国创造了伟大的艺术作品去生产和控制人类自身的意义,帝国信仰的目标是去改变世界,帝国经济学致力于生产超过人们所需的生活物质。扩张到世界范围的后文艺复兴的欧洲权力不能与生产和再生产其权力的知识相分离。但是,存在着其他的认知自然的可以生活于其中而非控制它的方式,存在着其他的关于人类经验的与理性主义相冲突的知识,也存在着其目的不是去限定人类自身而是创造日常生活意义的文化,后者的功能不是去扩展其宏大视野于世界之上,而是去生产在地化的、社会的、种族的、共同的身份。在地化的认知方式倾向于生产实践性的文化(cultures of

---

① John Fiske. *Power Plays*, *Power Works*. Verso, 1993, p. 17.

practice），这种文化开拓存在于世的方式，它仅仅寻求控制生活的方式而不是去控制人们生活于其中的世界。①

菲斯克指出，宰制性知识（controlling knowledge）致力于规训，它产生"规范"（discipline，英语里"学科""专业"也是这一词汇），它规训、控制、命令其客体，非压制性的控制只能通过这种知识实施在人民之上。能够获知的就能够控制，无法认知的就无法控制，因此权力知识要非法化存在于其掌控之外的东西。科学理性主义是迄今最有效的权力知识，它不断地否定人类经验比如直觉或预兆，把它们贬低为不真实的东西或想象性的幻觉，这样就把现实定义为能够认知能够控制的。权力的策略之一是完美地结构安置（station）直至细节，这样在地能够建立起来的空间就缩到最小值。在其最具压制性的形式中，这一战略的目标是整体化安置并排除在地，最典型的是工厂和军队。在较为狡诈的、不那么压制的形式中，从属者的某些在地被允许存在，甚至被鼓励，但只能在一定的限度内存在，这一限度的设置是从属者不能选择的。好的规训既是大度的也是压制性的，但其生死予夺的本质是不变的，自上而下的权力系统划界、设置目标，操控自下而上的在地。帝国权力把从属群体能够控制的在地最小化。限制在地就是限制权力。身体是在地的核心，个体的身体与社会的身体具有连续性，应用其中的权力延伸到身体政治之中。黑人的身体既是白人警棍的物质性权力的客体，也是白人知识的话语性权力的客体。

帝国权力是单向度的、垂直的。我们生活在一个被监控的社会，监控是社会规训的核心。计算机在今天是控制的精确机器，它们有能力生产精细的关于物质和社会世界的知识。工厂利用计算机对工人的控制类似圆形监狱。边沁的圆形监狱里的犯人相互隔离，但监控者知晓每一个体。建基于从属者的在地之上的水平的知识和关系挑战了自上而下的控制。犯人拥挤在地牢里，学生在一张课桌上学习，工人在一起工作不能如他们是个体化的那样容易被控制住。个体化的控制需要安置，每一个安置点被设计为鼓励所需要的行为，禁止不需要的行为。安置的多样化是表面现象，比如一张课桌、一个电脑终端、某个女服务员的一套表格，可能互不相同，但都是作为操控之点在运作，它们个体化（individuate）那些占据它们的人，这些人依

---

① John Fiske. *Power Plays*, *Power Works*. Verso, 1993, p. 19.

据其效率和对规训服从的程度而被奖赏或惩罚。身体行为被控制、评价和记录得越是完全,控制就越好。造册式知识(documented knowledge)用来评价个体的对抗规则的行为,把个体隔离到等级制之中,这样使得个体的奖惩更为恰当。学校记录、工作记录、驾驶记录、信用卡记录、购物记录、医疗记录、犯罪记录都是造册式知识,其中我们被检测评估并提交给算计考量。如果我们每个人是权力机器的最小和最后的车辆,那么数字则是保证我们与机器协调一致的齿轮。规训的个体不断地被检测,我们的身体、牙齿、汽车每年都要检测,我们还要通过各种各样的考试。菲斯克总结说:"我们通过的考试越多,我们就变得越正常,我们在等级制中就走得越远;考试,如同规训是权力所需要的,是必要的、生产性的和慷慨的,但它们把我们呈送给权力。"①造册式知识可能是仁慈的、非压抑性的,但它是来自自上而下的控制的权力,因此,它就可能以完全不同的方式被运用。

在猫王粉丝看来,猫王的名字(Elvis)是"生命"(lives)的变位词(anagram);对于美国黑人来说,美国的名字(America)是"我是种族(I am Race)"的变位词,这些并非巧合。在大众经验中,有非常多的现象是科学理性主义无法解释的,盖洛普(Gallup Poll)在1991年的调查说明了这一点:十分之一的美国人声称他们与撒旦对话过;四分之一的美国人相信鬼神;十分之一的美国人声称遇到过鬼;四分之一的美国人相信有过神秘经验;六分之一的人声称与死去的人对话过;七分之一的人说自己看到过UFO。② 与撒旦和死人对话,遇到已经死去的猫王、鬼或UFO都是不同的经验,其共同点是被官方知识视为迷信或幻觉,把它们定位为大众知识仅仅是因为它们被从权力集团中排除出去了。

大众知识及其生效模式从来不是纯粹的,而是与官方知识纠缠在一起。超常现象被大众有选择地相信,科学也是这样。当它被策略性地运用以增强大众对他们当下生活条件的控制的时候,科学的认知方法被外置入(excorporation)大众。在被官方控制的大众领地去挑战官方知识的时候,外置能够增强大众知识的力量。但类似的外置策略也被用于大众知识以避开公众领域并主要流通在粉丝之间。官方知识的基本的"专业"(expertise)原则常常被外置入大众知

---

① John Fiske. *Power Plays*, *Power Works*. Verso, 1993, p. 75.
② 同上, p. 196。

识,其途径或者是把在其中言说的人标签为顶极科学家或专家,或者是通过专业知识向大众知识的延伸。因此,顶极粉丝可被称为"猫王专家"。

人民直觉地认为自己生活在蒙蔽之中,如伊丽莎白·博德(Elizabeth Bird)指出的:"对于当权人物的不信任和疏离在小报读者的态度中表现得非常明显。他们中的很多人在讨论政治问题时表现了强烈的信念即政府、媒体、大企业和科学家对美国人民隐瞒了信息。"①对于蒙蔽,人民的态度是既欣赏又不信任,对卷入其中的东西既爱又恨。上层阶级中的被隐瞒行为的揭露在人民中产生了一种既愉悦又欣羡之感,因为被揭露的事实向人民呈现了上层阶级真正所做的,它对立于官方所告知的。小报致力于揭露蒙蔽,无论被卷入蒙蔽的是何种事实,存在于揭露之中的一个不变的社会真理是,隐瞒者都是白人上等阶层男性,被隐瞒的常常是他们与妇女(比如肯尼迪案例)或者非白人世界(如伊朗门)的关系,被隐瞒者则是低阶层的人民。隐瞒和揭露都是权力斗争的方式,菲斯克指出,知道者和无知者的关系常常具有社会的因而是政治的维度,不同的认知方式具有不同的政治的、社会的关系。今天的知识更为专门化、学科化,依据其用途按等级编排,但是知识、表征和权力之间的关联与以前一样强固。在美国这样的更复杂更具有冲突性的社会,最强大的知识露骨地运作着去排除和压制其他的知识,其目的是为了保持权力阶层的排他性的联盟。②

大众对抗权力集团的方式有多种,可以沿着多重轴线协商,其中之一是性别:大众的认知方式常常是"女性化的",占星学和命理学如直觉,常常关系到女性。并不是说,妇女在本质上要比男性更为迷信和直觉,问题是,权力集团和男性组成了联合体。男人比妇女更不愿意承认迷信或直觉在其生活中扮演了重要角色,他们是通过诸如"胆略"(gut-feeling)这样的概念把这种知识男性化,因为男人借助"胆略"把男性自然化。整个19世纪自然科学的发展具有性别的维度,科学生产帝国知识和资本的权力,很自然地就是男性权力。这种权力不仅到达物理世界和公共领域,而且延伸到日常生活的细节。特别是,作为科学,医学和精神病学男性化了传统上是妇女的知识领

---

① See John Fiske. *Power Plays*, *Power Works*. Verso,1993,p. 200.
② John Fiske. *Power Plays*, *Power Works*. Verso,1993,p. 204.

地,男性医生在最女性化的环节代替了女性接生婆的位置,性学专家和精神病学家给他们提供知识以控制女性的身体和情绪,这一领地以前是为女性自己认知的,比如歇斯底里症就是一例。

在人民的生活中,科学理性不是唯一的有效的认知方式。但大众知识并非总是属于从属群体。美国总统里根在离任后出版了一本书,他的妻子南希利用命理学知识保护其不受枪杀和安排日程的事情被披露。甚至男性群体也常常转向迷信的认知方式。在高端经济领域比如娱乐行业,并非如人们所想象的那样符合逻辑。美国商业巨头康内留斯·范德比(Cornelius Vanderbilt,1794—1877)雇人从濒死的金融家那里获得投资建议,时装设计师阿诺德·斯嘉熙(Arnold Scaasi,1931—)咨询命理学家选择其时装发布的日期,很少有商务会议在星期五或 13 号举行,许多高管为其门票和电话号码争夺幸运数字,如避瘟神那样避免不吉利。这一点,在中国这样的社会更是盛行,无论是在高层还是在大众之中。

在菲斯克看来,文化是意义、知识、愉悦和价值的社会性流传和使用的斗争。菲斯克所说的知识是后结构主义意义上的,它区别于普通意义上的能够被认知为真理和那些可以被实证的总体化的、积累的体系,这些真理和体系不同于错误的和未知的东西。它也区别于其他的概念体系如信念(faith),后者具有完全不同的认识论基础。后结构主义认为,知识是选择性的(selective),而非综合性的(comprehensive),它涉及知道者、获知过程和已知的三者之间的权力关系,它服务于产生它的社会层理的物质的和政治的利益。按照福柯,知识生产的不是真理,而是权力,或者说,是被掩饰为真理的权力。在后结构主义看来,真理是社会性地产生的,因此也就是等级化的、多元化的、相互冲突的,而非单一的、客观的、绝对的。菲斯克认为,我们只能够通过话语追踪不同的知识,通过这些话语,知识被置入实践,权力被实施其中,知识和话语相互依赖。知识和话语,在所有的文化系统中,不能局限于口头的和视觉的语言。话语不断地冒犯物质和文化条件的边界,通过其实践的特殊性,话语常常具有物质的维度。雇用一个监视者,放一张桌子在庇护所门外,这就是一个话语性的关于无家可归者的论断,它应用了如下知识:无家可归者是有缺陷的、不负责任的、不成熟的、孩子气的、缺少能力的,因此需要帮助和监视。一方面,话语应用知识,另一方面,话语也通过生产知识去表征世界,以对世界实施权力。在话语之外存在着物质现实,但话语是我们仅有的通向它的方式。现实是话语的产物这种说法有点太过，更为准确的说法是，在任何社会，作为现实来接受的是话语的产品。话语生产了关于现实的知识，它以不断的流通和使用呈现并再呈现给我们。事件确实发生了，物质现实也存在着，但直到被置入话语，我们才能认知它们。事件和事物经常被置于不同的话语之中。置入话语是社会控制现实的一种方法，这是一个协商的过程，它牵涉到现实的特定特征的选取（这就要压制其他特征）、一定的获知和表征方法的选取（这就要压制其他的方法）以及有利于特定社会层理的流通（这就压制了其他层理的利益）。话语关系到冲突，但主导性的社会层理常常压抑或否认这种冲突。话语从来不是中立的或客观的，它常常运作在特定生活条件下，因而是政治性的斗争领域。

　　菲斯克提醒人们注意，科学理性主义并不是认知和表征世界的唯一方式，撇开其垄断性的野心，它必须认识到，其他的知识也存在着，并与它冲突着，因此，其控制的策略之一就是定义其他知识所认知的现实为不真实的，是不值得认知的。但这就留下了一个广大的认识论上的经验性的领地未被殖民。科学视为迷信、巧合或自我幻觉的东西，从其他角度看，就是可得的知识。这些知识可能很脆弱，但确实具有力量和合法性，它们流通在弱势的社会层理之中。人民用不同的方式去认知，部分是为了构建其与权力集团的差异，部分是认识论方面的，即人民所体验的世界超出了科学和抽象理性的解释。大众知识以不同于官方科学知识的方式运作着。"似乎(as if)"指的是大众知识的不同于科学理性知识的确定性，甚至在理性知识看来是非理性，是幻觉，但人民权且相信为真的东西。"似乎"构造的是大众知识的多重音调，它再生产了社会关系，而这些是被官方知识的一种音调压制的。多重音调以两种方式作斗争：猫王在阿拉伯的照片不仅表征了大众对于官方知识的怀疑，不仅怀疑了美国权力集团对于自己在海湾地区的表征，而且它通过"阿拉伯的劳伦斯"，嘲讽了白人在这一地区的殖民。"似乎"的知识通过摧毁官方在真实和非真实之间的界限而存在。粉丝的猫王照片是"真实"的猫王的"真实"的照片：对于粉丝的在地，它是有意义的，它体现了猫王和粉丝之间的关联，体现了对他们（权力者）告诉你的东西的不信任。当猫王的照片真的流下了眼泪，它挑战的不仅是把这件事视为不可能、不真实的科学，也挑战了官方信仰，后者声称如果这件事是可能的，它只能发生在圣人身上。科学声称可以解释任何事情，它假设世界是可解释的，它把不能解释的东西斥为奇异。但奇异是大众知识建构自己的差异的领地,可怕之物是大众知识的一部分,如巴赫金说的怪诞。可怕之物不是优雅的、美丽的或科学的,但它们是流行的。可怕的东西是科学"应该"能够控制的世界,但它却不能控制。超常现象存在于科学所闭锁的知识的领地之外。常规(norms)是规训的齿轮,科学理性主义既产生它又利用它以合法化自身。"大众知识常常应付超常现象,不是因为人民本质上是'迷信的',而是因为迷信和科学、超常现象和常规之间的关系再生产了人民和权力集团之间的关系。人民的超常现象和在地都存在于帝国权力的闭锁空间之外"①。

数学、精神病学和命理学、占星学是典型对立的知识。帝国知识服务于个体化,它排列、规训人民,它决定了人民在规训机器中的位置以及我们如何与他人交往。而命理学知识不是把人民屈服于外在的控制系统,而是给他们提供能够被即刻的生活所应用的知识,它不提供关于世界的解释,而是提供关于世界的特殊经验,它不把人个体化,而是产生个性化的意识,后者建基于在地的基础上而非帝国的安置。在菲斯克理论中,帝国权力、单一文化主义(monoculturalism)和自上而下的共识相互支撑,同样,在地权力、多元文化主义和多重社会赞同之点是联合体。如果社会从属层理能够操演其弱势权力去扩展其社会领地,权力集团能够限制其帝国权力,权力的内在平衡的变化就是相对和平的。为了达到这一点,社会从属层理不仅要控制其身份感和他们根植于其中的历史,还要做到他们的身份和历史能够为他人所理解和尊重。他们必须对他人的想象施加影响,特别是宰制者,这样才能共同发展民族想象力。

身体是权力斗争的据点

在当代身体美学话语中,理性与感性、身体与意识、灵魂与肉体的关系是关注的焦点,而菲斯克的独特之处,是把控制和抵抗引入身体话语之中,这一点既区别于福柯对权力控制身体的强调,不同于布尔迪厄的身体是社会养成的从属性的又具有能动性的看法,也区别

---

① John Fiske. *Power Plays*, *Power Works*. Verso, 1993, p. 188.

于巴赫金把身体自然化从而寻找自然生命力的思路。① 在引入葛兰西的霸权理论之后,在当代文化研究看来,整个社会都是权力控制和抵抗的场所,身体也是社会权力控制和抵抗之所,是各种权力抢占的据点。因为,权力不是以整体化的系统存在着,而是通过特殊技术撒播在整个社会秩序中的应用之点,因此,权力制度的变化必将发生在所有层面,最后必将发生在最微观的层面即身体中。

身体是我们社会经验的核心。我们要知道的是,在日常生活中,在时空移位之时,谁在控制我们的身体,谁塑造了其感性体验,谁控制了它的表演,谁对其穿着影响最深。身体是文化和自然的交汇之点,我们在此协商自然和文化之间的差异。身体理论的核心是控制,因为在自然和文化之间建构差异常常牵涉到控制的斗争。自然的身体常常被视为超出了控制的身体,因为社会要通过身体控制自然。身体也是个体与社会交汇的场所,我们的身体是唯一的独特的存在领地,以此我们区别于社会中的其他成员。因此,身体差异变成了个性的强有力的隐喻:控制身体的差异就是控制我们的个性和身份。控制身体是控制社会关系的第一步。家庭关系是性别和年龄的社会关系转变成为日常生活的实践场所,监视者和工人之间则体现了劳动的社会关系。规训是把人们的意识和行为导向权力的控制,规训应用在特殊的社会组织如家庭、学校、工厂、俱乐部、军队、医院、教堂之中。但是,无论何种机构,规训权力的主要据点是身体。雇主、学校和家庭试图控制他们想控制的人的身体。最僵硬的最细节化的对身体、姿势和行为的控制是军队里的训练营地,类似的身体规训在教育孩子在餐桌上具有合适的姿势和行为时也在起作用。超市禁止员工在收银台前嚼口香糖。"无鞋,无衬衣,无服务"(No Shoes, No Shirt, No Service)这一标语随时都在规训着购物者。学校不仅是学习知识的地方,也是规训的场所,学校产生了福柯说的顺服的身体,学生在特定的场所特定的时间须遵循规范化行为。在学校习得的知识和技能对于工作来说不够,常常需要修正和发展。工作场所需要的是规训的个人,规训使得员工发展和修正其知识和技能以适应特

---

① 福柯早期和后期对身体与权力的看法有所变化,但总体来说,福柯早期强调的是权力对身体的控制性,其对权力的抵抗的论述流于空泛,这正是菲斯克所不满意的。布尔迪厄一方面认为是社会习性构造了身体的从属性,另一方面认为被认知结构了的身体能够创造新的世界。菲斯克也吸收了巴赫金的许多观点,但不赞同巴赫金在自然状态的身体中寻找反抗力量的思路。

殊工作的需要。衣服及其穿着就是规训操演之地，如面试时候的工作服装、姿势、语调、领带、皮带、皮鞋的穿着、发型等。面试者要表明，他们是完全被规训的，是可以控制的。体重超标或者过轻是身体打破控制的标志，必须重新规训。领带与皮带应该是对称的，与身体在水平和垂直轴线上产生美学上的平衡。美学上的对称、形式的重复和平衡表征的是人对自然的控制，因为自然是非对称的，是不断变化和发展的。美学形式表征的是静态的、完整的、可控的。巴赫金把怪诞的身体与美学的身体分别联系于人民和官方。人或雕塑中的美学身体是完美的完整的，达到了发展的最高点，它不需要变化，它也反对变化，这种美是凝固的。怪诞的身体则是非完整的、非固定的，它是世俗的富饶的身体，体现了生长和变化的原则：它的丑陋是逃避了社会控制的美丽。美学是秩序化的，是规训的体系，怪诞则体现了无序的不可控制的威胁。自然在最富饶的时候就是最不可控制的时候。

对抗权力集团的策略是多样化的，依据运作其中的社会领域的不同而不同。在某个社会中可能是威胁权力集团利益的策略在另外的条件下可能转变为对其是有利的。常规（norms）不是对社会现实的客观描述，而是规训性的机制。没有人愿意生活在完全被控制的社会，冲突经常发生在规训实施的控制之点，而不是规训体系本身。帝国权力试图不断地强加其规训，这种要求常常超越了有效限度，它需要规训的个体及其驯服的身体去配合它。贪婪的权力扩展其限度到需要之外，仅仅是因为它能够这么做。没有人是完全驯服的，个体的驯服的感觉可能不符合规训权力的要求。菲斯克认为："规训常常负载着明显的相互冲突的服从和赋权的力量。一个被规训的人把自己的独特的认知或行为方式交付给权力以便参与那种权力，这样在使用它时就变得更为有效，因此就获得了权力所提供的奖赏。"[①] 规训的个体或者驯服的身体对于复杂社会畅通地运转是必需的，因此，能够被最有效地规训的个体中的元素就是权力集团所鼓励所肯定的，相反，那些难以控制的元素就被定义为琐碎的，要予以否定。规训产生同质化，它限制大众主体的多元性。规训的主体是有影响力的、被赋权的，但是他们的影响和权力仅仅伸张在规训所允许的范围之内。规训的个人是一个社会性的据点，在此未被规训的身份的组

---

① John Fiske. *Power Plays*, *Power Works*. Verso, 1993, p. 64.

成元素被排除掉。

在当代,是权力而非意识形态成为文化理论的焦点。菲斯克身体理论的高明之处,是在看似远离意识形态的身体中,发现了压制和抵抗,进而发掘身体愉悦的政治意义,从而赋予大众层理(popular formations)以能动性。在早期的《理解大众文化》《电视文化》中,菲斯克已对身体问题有所论述,在后期的《权力运作·权力操演》和《媒介事关重大》中,菲斯克分析了运动观看、猫王现象、影视暴力等大众文化现象,提出了系统的身体理论。

首先,菲斯克分析了运动观看这一当代大众文化现象中的权力运作。菲斯克指出,人民大众未必会挑战宰制他们的体系,他们常常是在体系之内扩大自己的空间,延伸自己操练的在地。运动奇观是一个案例:它基本不挑战权力的监控,但它能够颠倒其运转的齿轮。足球场是从内部反转的圆形监狱,替代了圆形监狱中的在中心控制数以百计的围绕着围墙的身体和行为,运动场中的数以万计的人监控了中心的少数几个人的行为。现代运动之所以流行,其原因之一是,作为观看,它颠倒了工作世界中的权力知识机制,改变了观察者在权力知识体系中的位置。

在运动观看中,统计学扮演了重要角色。统计学的权力知识具有调节性(tuned),它能够操作完美的机制,其中每一个数字化的齿轮被个体化,以区别于另一个,驱动其机制的规则似乎如牛顿物理学那样具有客观性。统计学以高度的精确性行使着个体化、检测、分类、秩序化等功能,在广度上,其数据范围能够延伸以至于无限,在强度上,它能深入日常生活的细节。比如足球,是在类似方格纸式的球场里的游戏。草皮上的格栅和记分板上的数字钟把这个世界分割为空间性的和临时性的广场,每一场游戏和每一个游戏者被精确地图绘,输入计算机,以便被全面掌握。每一场球赛以统计学严格掌控:球队和战术、游戏和游戏者被摄像机、慢镜头、定格重放和计算机数据库多重控制。掌控这一游戏的细节的计算机打印其数据,出版机构就能够广泛地传播高强度的知识。在知和行之间并无严格的界限,足球游戏在时空之中的物理场地与如何知的统计学是连贯的。统计学包含了球员和球队的知识,球员的年龄、身高体重,他们的表现被统计为带球、过人、拦人,这些数字常常与其他球员相比较,而且被放在更大的数据系统中,如球队的平均数、联队的平均数、一般足球的平均数等等。整个历史上的足球赛都被简化为两位数的统计规则,这些规则不是存在于某个地方,从未为球员、教练和粉丝所经验:它们是控制机制,祛除了即刻表演或游戏的意义,把它重新定位在一个抽象的帝国知识的系统之中,这个系统把足球的神奇经验交付给单一性的控制。

球员的制服也按统计学运作,它把球员镶嵌进物质性的身体之中,这样他就被定位在粉丝和教练的知识里。他背后的数字和名字个体化他的身体,这里,名字行使着个体化(individuate)而非个性化(individualize)的功能。在在地知识中,名字负载个人身份和家庭历史而被个性化,但在帝国知识中,如数据库、护照和工作打卡表中,它们则是个体化的。自下而上的个性化的身份是独特的,是抽象的知识系统无从得知的,它们存在于帝国权力之外。菲斯克认为,粉丝在工作场所是被监控被认知的,但在运动中则变成了控制者,运动粉丝可获得知识以摧毁权力机器,他们清楚地知道运动员和运动,就如他们在工作中是被完全认知的那样。足球场,如颠倒的圆形监狱,控制板和阅读钟给粉丝以信息和知识。电视运动延伸了这种看和知的权力,多个照相机和慢镜头重播加强了知的权力。照相机,类似教练的眼睛,给粉丝提供了"管理"方面的知识。教练和裁判,是工作中的监视者的对等物,也为粉丝所知。重播的镜头不仅给予粉丝与监视器(monitors)同样的知识,也提供了关于监视器本身的知识。在运动场所,运动员、教练和裁判做出决定的过程暴露给粉丝,他们都变成了粉丝的知识客体,而粉丝在工作中的认知意愿是被挫败的。颠倒了的圆形监狱松懈了强加给个体的帝国权力,与其他粉丝一起观看球赛加强了共同体中的水平关系,这个共同体中的身体的表达和经验是高度愉快的,体育观看中的人浪(the wave)就是与其他参与者所组成的共同体的经验表达。运动观看反转了工作时间的权力知识机制。反转并没有挑战体制的常规运作,但它把粉丝再定位于其中,这种再定位给予粉丝一种新的认知方式,一种具体化的、经验性的认知方式,以便他们能够获得一种空间,从其内部产生一种知识的身体,这种身体的意义是独特的,也只有为其自身所知。

延续布尔迪厄的相关论述,菲斯克指出,经济资本和文化资本在差异性的社会中可以物质化和互换。教育机构通过官方的运作,把知识变成职业能力,因此就在经济和文化资本之间形成了相互的转换。通过持续的对每一个身体的每一个行为的排序,教育体制把学生个体化入精确的统计性的等级制中,这一制度合法化了经济和政治的不平等。教育体制中的考试、排序、造册是自上而下的权力技术,如公司资本主义的经济机制那样精确地运转。粉丝都是自学成才者,其知识与被教育和文化机构合法化的文化资本不同,也与占有这些文化资本的阶级权力相对立,因为粉丝知识不是机构化的,不能转变为经济资本,它的经济属于黑市,它在每一方面都投影(shadows)了官方经济,除了其合法性。棒球卡在球迷的影子经济中是一个有趣的商品,它是知识的物质性象征,占有和收集卡片是获得和积累知识的证据;收藏就是粉丝的数据库,是为粉丝所控制的知识而非控制粉丝的知识。通过卡片认知球员是拥有球员的方式,粉丝互相交换卡片,其方式就如球队的东家交换球员。影子经济类似物质经济,较好球员的卡片更有价值,就如同球员本身那样。卡片的交换变成了一种方式,其中粉丝知识的资本能够变成经济资本,这就投射了真实的世界,但与真实的经济不同,因为粉丝贸易的目的是改进收藏和增加文化资本,其目的是提升粉丝在共同体中的地位而不是产生经济效益。从其文化资本中获取金钱的粉丝被视为可疑的,常常被驱逐出粉丝团体。那些从影子经济(shadow economy)中获利的人,如卡片的生产者和商人处在粉丝团体之外,团体看重的是其文化资本。

粉丝知识的权力仅仅在其阈限(communitas)内有效,这种阈限是男性化的,其中,粉丝专家将获得地位,它是为阈限内的成员依据他们的标准产生的。粉丝的专业知识被分享,被用于表达共同的成员身份:阈限的主要特征就是它的流通性。男性粉丝常常用他们的专业知识与官方专家即评论员争论。但许多妇女观看运动赛事的方式非常不同。在其对电视足球赛观看的性别差异的研究中,德肯和布鲁梅特(Duncan、Brummett)发现,许多妇女具有大量的关于足球的知识,但她们不以男性的方式运用这些知识。男人以知道者的赋权的立场把自己嵌入权力知识的系统,但妇女是怀疑性地运用她们的知识,她们愉快地观看的不是运动,而是男子气概:她们嘲笑笨拙,评论自大和愚蠢。男性的身体是嘲笑之源。电视的特写和慢镜头重播美学化了男性身体,使之变成了女性视觉愉悦和权力的客体,对男性身体的嘲笑和色情化反转了性别权力的常规关系。妇女对运动中的男子气概的嘲笑也是对男性粉丝的权力运作方式的嘲笑,这种颠倒的节日式的嘲笑不限于运动观看,而是对付父权制的抵抗策略。①

菲斯克指出,运动观看的愉悦还在于,它常常暴露了官方控制运动和其控制方式的局限。每一个游戏都有这种时刻,它表明规则系统不能解释整个的经验。在运动观看中,把粉丝从规则中释放出来的力量常常被体验为"奇妙"(magic),这是粉丝常用来描述其体验的词语。粉丝的"奇妙"体验超越了规则,对主导的认知方式的颠覆打开了裂隙,在地的、具体化的经验能够嵌入其中。对于粉丝来说,关键的是激情,是那种失去了控制感的高峰体验,它根植于经验中的身体的在场。这种认知方式是一种此地、在场的回声,它不同于抽象的、统计学式的知识。在强烈的经验中,身体感官和热情完全投入到游戏和体育馆的环境中,这种身体与其环境的完全的认同(identification)是非常重要的,它几乎不可能在日常被控制的条件中获得。工厂、家庭和学校的规训从外面控制了我们的身体,它需要我们按照他们的标准而非我们的认同我们自身,"这是一个我们想我们是谁(内在的或我们的个性化(individualized)的身份)和我们知道他们需要我们是谁(外在的或个体化(individuated)的身份)之间的分裂"②。

在菲斯克看来,大众文化对于人民很重要的原因之一,是在身体从外在认同和控制中解放出来的时候,它有能力提供高峰体验,其强度常常被粉丝经验为一种释放感,一种失去控制的感觉。当我们的个体,我们的身体和我们当下的环境被体验为一体的时候,我们就感到了自由。我们之所以感到自由,是因为这个统一体是一个标志,它表明我们已经摆脱他们的控制,自由地移居到我们的在地,虽然可能是临时的,但最终是属于我们的。粉丝常常用疯狂这个隐喻描述这种自由。疯狂,如福柯说的,存在于文明和控制的边界之外。这种高峰体验如此强烈因为它把身份结合于身体:它们是意义(significance)而非意指(signification)。这种意义非常重要,它们常常作为关节点,围绕这些关节点,粉丝的在生活和记忆之中的其他经验被组织起来。在许多国家,政府发展运动,试图把其意义结合于民族主义,构建民族主义情感,以消除权力集团和人民之间的利益差异。差异的消除是为了否定大众的知识,因为民族常常是通过权力

---

① John Fiske. *Power Plays*, *Power Works*. Verso,1993,p. 87.
② 同上,p. 88。

集团也是为了权力集团而构造的,而在运动中,权力集团的利益和人民的利益常常联合在一起。但是,更经常的是,运动的强烈的意义服务于在地而非民族关系和民族身份的构造。家庭成员的关系通过分享经验得到促进,运动提升了父子的亲密感,这是他们的男子主义阻止他们直接表达出来的。运动甚至能够重建破裂的家庭纽带,能够重建过去和现在,回忆其童年时候的时间和地点的成人粉丝常常围绕运动经验组织这些记忆。当下的运动经验似乎不仅仅让他们回忆起遥远的经验,使得他们能够在当下重新经验过去,其中包含着真正的愉悦,重建自己的身份感,而且,它能够在复杂的社会秩序强加给我们的所有的变化之后保持我们自身。运动识别地点(identifies place),给予它一种意义,这种意义只有那些生活于其中的人才能有。运动的经验性知识存储在身体之中并通过身体被认知,它的强度提供了生动的经验,围绕这个经验,粉丝能够组织他们的个人历史。

猫王的身体一直是争议的焦点。在活着或死去的时候,他的身体一直是权力集团和人民层理斗争的领地,是帝国权力和在地权力面对面的据点。他的身体不仅是肌肉和运动,而且是策略性的控制之点,其中权力被应用也被挑战。菲斯克从社会轴线如年龄、性别、种族等方面分析了围绕猫王身体的权力控制和斗争。

1956年,当年轻的艾尔维斯火爆登场的时候,美国公众的注意力立刻集中在他用身体做了什么和如何阻止他这么做上面。他的小名"艾尔维斯(Enlvis the Pelvis 盆骨)"标明了带来麻烦的身体部分。猫王1956年6月5日在米尔顿·伯利的表演(Milton Berle Show)超过了美国成人能够忍受的极限,愤怒无关于那首歌,而是关系到歌手的身体,他的扭动的屁股被视为冒犯性的性禁忌,身体性的放纵被视为道德放纵的标志。

表演当然没有失去控制,因为不仅需要物理的控制去制造如猫王那样的放松的身体运动,而且他的身体和歌曲是通过编舞紧密地结合在一起的。赋予身体/歌曲的规则来自权力集团的控制之外,它构造了一种他们所不知道的秩序。因为不知道这个秩序,权力集团视之为失序,但猫王和粉丝知道他的身体在做什么,以及为什么这么做,这就是问题所在。猫王的身体是一个据点,它逃避社会秩序,生产"大众歇斯底里"(mass hysteria),它是从属社会层理对抗宰制他们的权力的据点。

在一般观众看来,表演者和粉丝的身体是歇斯底里的、不由自主的,而对于猫王,他的身体在他的控制之中,他用身体表达了他的所感。歇斯底里这一词汇是艾尔维斯恐慌症的性别政治的一部分。福柯考证,歇斯底里这一概念产生于19世纪,是把妇女的性欲通过权力话语和医学实践置于父权制控制之下的方式。① 美国1950年代的电视摄像机继续了这种话语控制:摇滚粉丝几乎都是十几岁的女孩。男性表演者和歇斯底里的女性粉丝成为美国成人社会对摇滚乐表征的常规形象。艾尔维斯恐惧症表达了那一时期主要的社会焦虑:未成年人犯罪问题。在公众的想象中,它采取了男性犯罪行为被女性歇斯底里所支持的形式。歇斯底里粉丝的身体失去了控制,猫王放纵的身体放纵了他的粉丝的身体,最终威胁到社会的身体。

但是,菲斯克指出,这些十几岁年轻人的身体并没有失去控制,她们打破了规训体系,她们的歇斯底里不是一种失序的放纵,而是一种自下而上的对抗规则限制的力量。猫王表演的秩序与粉丝的"失序"和谐一致,粉丝的身体和猫王的身体共同参与了狂欢式的逃避,他们的放纵形成了一种社会关系,一个社会层理,其联系是水平的,被从属者所控制,它超越了垂直的规训范围。这样的社会层理不可避免地刺激了权力集团要采取行动。在娱乐界,批评家首先发难,他们说猫王没有才能,既不会唱歌也不会跳舞,只是迎合了短命的流行时尚。另一方面,年轻人搞了个18000人的请愿签名和大型游行示威,给权力集团内部的商业机构施压,要求重播猫王。基于保守派与卫道士的联盟,电视还是严格地控制了猫王的表演。但电视机构NBC考虑自己的利润,拒绝屈服于压力,没有取消他的演出,另一方面考虑公众,要求猫王不允许有颠和磨(bump and grind)等动作。权力集团把社会失序与摇滚乐联系起来,有时法律也参与规训,佛罗里达的一个法官发出了一道禁令,禁止猫王在他的演唱会上出现"冒犯性的旋转(offensive gyrations)"。但是,在舞台上,当猫王抖动他的小指嘲讽秩序,他的粉丝就陷入疯狂。

控制猫王的斗争是权力集团和人民之间的斗争,或者说是各种联盟之间的斗争。这些联盟的形成不是通过有组织的群体或个人,而是通过共同利益的再确认。那些传教士、政客和法官并不相识,他们没有共同的策略,但他们的社会利益是交叠的,他们形成了利益同

---

① 米歇尔·福柯:《性经验史》,佘碧平译,上海世纪出版集团,2002年版,第77～78页。

盟。类似的,整个国家的年轻人没有组织起来,但存在着年轻人的利益,年轻人具有共同的信念、趣味和行为模式。这些联盟超越了个人,而且穿越阶级或社会群体,引发了不同社会层理之间的斗争,比如电视生产商形成了经济同盟以从猫王获利,这就对立于社会道德联盟。权力集团比人民更少混杂性,但它也不是一个完全同质性的层理,它的内部充满了冲突,它的权力是通过以问题为基础(issue-based)而非阶级为基础的联盟而得到伸张。

年轻人的问题不仅是年龄的,也关系到性别。战后的城市化把妇女重新安置在家里,安置到女性(femininity)的位置。郊区房屋空间按照性别差异设置,厨房是母亲的,客厅是父亲的。男人离开家庭进入男性化的有偿劳动领域,而妇女维持家庭生活,男人接受这一点,因为他们有自己的男性化的工作、政治和公共生活领地。女性的劳动场所变成男性休闲之地,差异被规训入和谐之中。重新塑造的女性对于核心家庭的郊区尊崇和规训秩序非常重要,年轻女孩对着猫王尖叫,用身体挑战了对郊区女性的牢固钳制。在摇滚中,粉丝和表演者相互依赖,这一经验挑战了郊区生活的规则,她的身体的激情逃避、挑战了妇女的无权感。成人社会认为应该把女性带回界限之内,视之为歇斯底里就是话语的规训策略,把它定位为一种疾病,并相信能够治愈它。成人社会把自己视为医生而非催生这个病毒的环境。

芭芭拉·艾伦莱希(Barbara Ehrenreich)和同事把妇女粉丝视为那个十年主要的社会变革力量,她们的研究表明,歇斯底里的妇女是妇女运动的先行者。20世纪五六十年代是性别歧视非常严重的时代,"好"女孩被期望区别于"随便(easy)"的女孩,男女接触只限于接吻,其他行为不可接受,"好"女孩不能屈服于她们自己或男孩的身体,她们从来不会"随它而去"而是把身体保留给新婚之夜。可以想象,在性别歧视和压抑的环境下,摇滚提供了女孩一个在地,她们能够摆脱其被规训的身体,伸张愉悦和情感。不是如主流文化所说的,她的身体是男性摇滚表演者性别操弄的据点,而是,她的身体变成了从郊区的性别权力解放出来的自由在地。粉丝把男性歌手变成其欲望的客体,这种活跃的性欲拒绝婚姻:猫王和披头士的吸引力部分在于他们的未婚状态,他们从婚姻限制中摆脱的自由形象。女性粉丝的狂热打破了社会规训,扰乱和弱化了20世纪50年代的性别歧视,这是新的妇女解放运动的主要组成元素,猫王放纵的臀部和其狂喜的粉丝,是霸权控制的真正威胁。

年轻人的身体是其领地的核心,时尚、发型、化妆、手势、姿态是年轻人用来控制他们的即刻的社会条件的东西,这些文化商品为权力集团生产经济效益,为人民生产文化利益。经济上的权力群体常常利用文化上流行的东西,他们很少与权力集团中的卫道士结盟。摇滚是最具争议和矛盾性的文化商品。20 世纪 50 年代的年轻人被摇滚包围着,他们通过性和毒品增强和延伸其身体。性、毒品和摇滚在成人社会导致了深刻的焦虑,"青少年犯罪"这一术语就是这种表征,猫王的臀部嵌入年轻人的身体和心灵,对于未来社会是一个威胁,因此必须坚决反对。猫王的流行与社会变革同步发生,他的身体是被压抑的社会力量体验活跃和乐趣的场所。

除了分析围绕性别和年龄轴线的斗争,菲斯克还追溯了产生这种斗争的社会文化背景。20 世纪 50 年代是美国在第二次世界大战后重塑自我的时期,男性劳动力的重新回归把妇女推回家庭中,不断增长的繁荣把家庭移居到郊区,新的城市风景重构了居住其中的人的社会关系。郊区的家庭设置了一个领地,其中核心家庭在重建自身并规训其成员。联邦居住委员会(Federal Housing Authority)通过划分区域、贷款政策和"保护性的"契约,致力于生产"和谐的、有吸引力的邻里关系",它排除了单身或离婚者、白人工人阶级、老年人或少数族裔,邻里的和谐指的是富裕的白人中产阶级家庭之间的关系。电视变成了支持家庭的力量,广告声明电视要教育小孩,而且要把他们留在家里看电视进而控制他们。电视节目契合日常生活,确保了中产阶级的价值观和生活方式的稳定。可以想象,当"盆骨"失序冲入家庭,父母的愤怒是当然的。愤怒之余是深深的焦虑:在家庭之外究竟发生了什么。家庭中有一个危险性的社会力量即年轻人,这个新的社会范畴具有新的存在方式,他们拥有在学校、工作和家庭控制之外的时间。除了时间,郊区大农场的物质繁荣给年轻人提供了新的空间诸如个人卧室和储藏室。繁荣也把较大些的年轻人置于汽车之中。汽车播放着摇滚乐,不仅是年轻人的在地,也适合社会和性的交往。

1977 年 8 月 16 日,猫王死了。作为一个物质的身体,他躺在刻着他的名字的棺材中,但作为具有争议性的身体,作为知识的身体,他仍然存在于我们中间。今天,他的粉丝与 20 世纪 50 年代不同,他们更年长,虽然包括了所有年龄段的。相比 20 世纪 50 年代的年轻人,他们更少威胁性,更少能见度。围绕猫王身体的斗争仍在继续,只是社会层理变了,斗争本身变了,但仍然是为了控制而斗争。现在的斗争不是因为行为,而是关于他是否死了的争论,以及如果他没有,如何认识他"死亡"之后的生活。这牵涉到在地的大众知识与官方知识之间的斗争,认知其死亡的方式是操演社会差异的据点。

围绕着猫王的身体,所有事实都被质疑,所有信念都被摧毁。真理相互繁殖,充满争议,不存在客观的或确凿的真理,每一个真理都依赖于言说它的人的权力。猫王的死是一个文本,镶嵌于社会斗争之中。阅读这个文本牵涉到生产一种知识的身体,这个身体不是一堆了无生气的事实或数据,而是昭示了一种活跃的认知方式,它常常与其他方式相互竞争。没有转变成为信念(belief)的知识还停留在其疏远和懈怠的状态,还没有渗入生活之中。信念是活跃的、生产性的在地知识,它昭示着某种生活方式。同样,不信是一种策略,通过它,在地得以对抗帝国"真理"。

官方的科学知识合法地流通在权力集团的成员中,它知道猫王死了。许多粉丝以超常的热情相信他没有死。有关猫王身体的解剖报告被科学工具和程序所产生和合法化,这种知识隔离于更为大众化的知识。对于许多粉丝来说,官方的解剖知识不足信,不仅由于其所说的,而且基于其生产和合法化的模式。粉丝的知识来自其经验性的看、听和感受他的方式。大众的认知方式是活跃的、语境性的和信念式的,在认识论上的操作不同于抽象的、理论化的、客观的知识。粉丝认为,猫王最终控制了他的身体和生命而伪造了自杀。猫王为了伪造死亡,必须用他的身体撒谎,或许是最后的一个谎。这个谎言的第一步是卫生间地板上的身体告知的:他没有死。布鲁恩(Brewer)把这个谎言归于猫王的"完全用意念控制其身体的能力",这种能力来自他对东方信仰的兴趣。她说,他经常用身体作为诱骗去愚弄他的随行人员相信他是因药物昏迷。第二个"非真理"是身体躺在精美的匣子里,围绕着它大众知识流传着,一些了解猫王的粉丝和亲戚说,他们看见那具尸体似乎识破了猫王的谎言,这具伪造的尸体不是猫王的:那个鼻子是扁平的,而猫王的是古典式的(classical);发线也不对,像一个假发放在尸体上。

至于匣子里是谁的身体有两个流行的说法,一个说是蜡制的人体模型,另一个说这是长得很像猫王的一个粉丝,他死于癌症。第一个说法为一个事实所支持,即匣子重900磅,它的主体部分镶嵌进冷冻物以保证腊不熔化,这一点也为一些粉丝所证实,他们经过匣子时感到了一股凉气。另一个说法更具生产性,它与更丰富更令人满意的知识/身体相契合。这个知识流通在猫王的模仿文化中,他模仿了自己,因此,猫王的身体进入了多重的身体中,后者为粉丝所控制,以便用他去再现猫王和其他粉丝的关系。这种身体的多重性提供了探索猫王到底是谁这一问题的契机。一种说法是,猫王在最后的音乐会表演的是一个身体的双重影像,他的复制被他的多毛的胸部暴露了,因为真实的猫王的胸部是没有毛的。《国家主考官》(*National Examiner*)杂志以两张照片支持了这个说法,一个是年轻的苗条的、胸部光滑的猫王,另一个是胸部多毛的在最后演出上的猫王。这个知识是可能性而非事实性的,但可能性被事实化了,因为它是洛杉矶警察局的一名高级侦探做出的,不是粉丝的幻想。另一个知识增加了猫王真身的不确定性,即猫王的双胞胎兄弟泽西(Jesse)仍然活着,这给他的身体问题增加了混乱。有两个流行的关于伪造死亡的解释,一个是猫王和随从导演了计划,为的是把他从超级明星的奴役中解放出来,另一个是关于FBI的,是出于保护见证人的目的。这些说法也都以一系列事实做支撑,比如关于猫王的FBI有600页卷宗,其中有1970年猫王被尼克松总统吸收为荣誉毒品执行员以控制毒品在青年中泛滥的相关内容;他乐队中的一个成员是毒品执行局里的人;猫王收到了很多匿名的死亡威胁,有些来自毒品贩子。

  猫王还活着,大众想象出两种不相容的生活。一种是他过着普通的生活,可能在密歇根的卡拉马祖(Kalamazoo),另一种是在南美过着治疗者和传教士的绚烂生活,并有各种记载说,有人看到过并与他打过交道。他在两种生活中的形象都是仁慈的关心别人的人。比这些猫王"实际"活着更重要的知识是,他活在粉丝中。在一次模仿猫王的活动中,三个妇女带了丝绸围巾,她们在模仿者汤姆·格林(Tom Green)表演时递给他,这个行为再生产了猫王,他把每一个围巾戴在脖子上一会儿,擦掉额头上的汗水,然后解下放在妇女的脖子上。这个围巾就是一个有意义的事物,它把猫王的身体(汗水)传递给粉丝。汗水表明猫王的表演是多么投入,这个围巾充满了粉丝和猫王身体接触的经验。汗水是猫王的,这个"真理"类似圣餐酒是基督的血:两个都非科学,但它们在不同的知识秩序中是真理。粉丝知道格林不是猫王,但又相信他是的。表演者和粉丝都清楚,表演不是猫王的化身,而是模仿他使得粉丝进入"似乎(as if)"的世界。

在"真实世界"中，人民经验规训和从属秩序，它是一个为帝国权力控制的"现实"。在地则逃避了秩序，其中人民能够构造水平的社会关系和个性（individualities），其构造沿着不同于自上而下的个体化脉络。他的为被压迫的南美印第安人工作的故事，他的帮助生病、遇到麻烦的白人粉丝的故事并非不真实，它们告知了关于猫王的真理，一个不仅被相信而且体现在社会行为之中的真理。他的粉丝俱乐部投入了大量的精力作慈善事业，他们把关于他的身份和社会关系的知识放置在实践中。通过表演猫王，他们水平地构造了他们自己的社会身份和关系。他们除了是猫王粉丝之外，相互之间所知甚少，在猫王阈限之外几乎从不接触，但在这个阈限内，他们的关系是亲密的愉悦的：他们一起旅行，交谈，唱歌，跳舞。菲斯克指出："在地从实践和事物中构造出来，它们带来一种永恒的意义，它提供给在地文化一种控制时间的方式。在地的知识权力通过事物和实践运作着，帝国知识和权力通过文本和表征运作，身体是它们之间斗争的关键据点。"①身体在在地的愉悦中规避了社会控制。有时，在地似乎是让人民忍受驯服而润滑了机制，这是机制通畅运作所需要的，但是它们把沙子参入其中，它们磨损了齿轮，松懈了契合，打开了裂隙。这样，在地就有潜力变成摩擦，进而扰乱机制。粉丝构造了一个可选择的社会现实，对于他们来说，这里更为真实，而规训的工厂是不真实的。

身体冲突最典型的表现为暴力，媒介和社会现实中的暴力是社会斗争的形式之一，菲斯克对暴力这一文化现象做了个案分析。

暴力通过多种方式运作，男性无家可归者生活中的暴力不同于殴打妻子的暴力，不同于殴打同性恋者的暴力，也不同于纽约街上的种族暴力，或者华盛顿特区里的团伙暴力，所有这些又不同于足球场上的暴力。但是，暴力就是暴力，无论它采取何种形式，暴力牵涉到社会身体在特殊场地里的冲突，它是以身体展示的冲突性的社会关系。无家可归者生活中的暴力一般来说是象征性的，他们选择观看暴力电影，在电影中，他们对暴力镜头投以关注并获得愉悦。在美国，总有人不断地呼吁要取消对暴力的表征，而一些社会层理却在象征性暴力中获得快乐，对暴力的兴趣本身就是一个冲突的据点。

菲斯克指出，电视中流行的暴力直接与资本主义社会相关。英

---

① John Fiske. *Power Plays*, *Power Works*. Verso, 1993, p. 118.

雄体现了主导的社会价值观：从统计学上看，他们大多是白人、男性、无阶级（解码为中产阶级）、盛年、好看。坏蛋和牺牲品倾向于体现一个或者多个社会特征，他们是边缘化的：包括非白人或非美国人，在阶级等级中地位太低或太高、非男性（或者至少不是非常男性化）、太老或太年轻、相貌丑。英雄常常配备一个非白人助手，或者一个妇女，表明社会性地结合的团队在白人男性的控制之下是特别有效力的。象征性暴力是不平等的社会关系的化身，它的结构原则和动力机制是社会的，而不是个人的。暴力形象可用于构造社会身份以及与社会秩序的对抗性关系，似乎他们有了权力去反对制服他们的社会秩序。除了排除他们于社会关系之外，无家可归者也被剥夺了男子气概，因为男子气如身份的其他元素那样是社会地产生的，象征性暴力、赌博、色情等则是他们能够找到的构造其在地的东西。权力集团中的社会层理以规训权力去控制其在地，他们观看《虎胆龙威》的方式很不同，在电影结束之前不会关掉录像机，因为他们的社会利益有赖于法律和秩序的恢复。身份从来不限于意识，它们常常体现和表演在时空之中，意识和社会关系之间具有不可打破的连续性：这是意识事关重大的原因。连续性是双向的：我们的社会关系产生了我们的意识，如同我们的意识产生了我们的社会关系。

当代资本主义不是一个古典的系统，它是性别主义、种族主义、年龄主义（ageist）的系统，它沿着多重轴线散布权力。无家可归者的暴力趣味关系到他们对社会的怨恨。暴力趣味不是存在于攻击性的本能中，研究表明，虽然对暴力的兴趣存在于所有社会阶层之中，但它不成比例地集中在低收入和低水平教育的群体中。如果男性是美国黑人，比例会增加。当从属群体的经济、教育和种族轴线与男性接合，构成了冲突性的关系的时候，暴力的兴趣就会泛滥。常识认为，暴力的吸引力起源于本能，这一观点除了暗示社会的被剥夺者更接近动物性之外，不能解释为什么对暴力形象的兴趣在从属和被压迫的社会层理之中更浓厚。暴力形象的广泛流行，不是因为普遍的攻击性本能，而是因为普遍的从属性条件的存在。澳大利亚年轻人在看美国西部片的时候获得了极大的愉悦，他们愉悦的顶峰在印第安人胜利的时刻，伦敦的工人阶级男性把香港功夫片纳入自己的流行文化之中。因此，"象征性暴力是社会不平等的征兆，它的流行表明，它能够提供给从属群体表征他们自己的斗争的能力和把他们的怨恨与压迫他们的社会秩序的接合(articulation)"①。

《虎胆龙威》中的暴力常常联系到权力。恐怖分子否认任何政治性议程,他们不想颠覆资本主义,他们需要的是被资本主义合法化的权力即金钱的权力,具体说就是在公司储藏室里的 64 亿美元。权力被物质化在中臣公司(Nakatomi)的摩天大楼自身、其收藏的艺术品和古董、它的特制的计算机系统以及公司在全世界投资项目的模型,所有这些都是奇观化的,都在电影里被摧毁。奇观的愉悦来自参与,因为没有共谋性的和参与性的观看者,奇观就无意义。奇观给被剥夺者提供机会去报复性地参与反对那些发展了剥夺他们的体系的人。暴力是权力斗争被表征的方式,因为如果被剥夺者要获得胜利,胜利只能通过仅有的资源被表征,这个仅有的资源是不可剥夺的,这就是他们的身体、他们的忍耐力和他们的智谋。

在父权制体系中,两种形式的权力都结合着男子气概。在影片《虎胆龙威》中,帝国权力展示为大公司会议室里的男性,它被其镜像(mirror image)即有组织的入侵团伙的权力所挑战。那些没有渠道通往帝国权力的男人可能把他们的能量投入在地权力之中,这是他们能够实现的种类。无家可归者把他们的愉悦投向冲突中的男性身体的奇观,支持大多数在地的权力。父权制社会期望男子气概表达在在地层面上是自我完满的和独立的,即能够控制自己和当下的状况。在帝国权力层面,男子气概被期望表现为借助领导权去控制他人和社会关系。当社会给予男人这种意识,然后把他们安置在被剥夺状况中而无法获得男子气概的时候,对暴力的兴趣,无论是现实的还是象征的就泛滥开来了。

消除暴力形象很少能够保护弱势者不被自上而下的权力所侵害,事实上,消除这种形象保护了权力集团不受来自底层的挑战。取消暴力也取消了反对父权秩序的斗争形象,而暴力就起源于这种秩序,这样也就无法保护妇女不受父权制伤害。表征的暴力可能帮助妇女彻底思考现实的暴力问题,它也会提醒男人要注意其他男人的暴力行为。菲斯克援引菲利普·施莱辛格(Philip Schlesinger)和同事对妇女观看暴力电视和录像带的研究,这一研究表明,电视暴力不是娱乐性的,而是教育性的、搅扰性的(disturbing),其重要性不是提

---

① John Fiske. *Power Plays, Power Works*. Verso, 1993, p.128.

供愉悦、逃避或幻想,而是传递性别关系的社会意义。① 压制言论、消弭多元的声音或形象保护的是维持现状者的利益。因此,最好的减少象征性暴力的方法是去改变产生暴力趣味的社会环境,而不是压制形象,因为关键的问题不是形象,而是滋生暴力趣味的社会环境。

菲斯克指出,社会暴力为暴力形象所引起这一观点是个借口,它回避了这一现实,即当权者的权力自身是社会环境的最重要部分,就是这个社会环境滋生了对象征暴力的趣味和现实暴力的发生,而当把暴力问题追溯到历史时,就遮蔽了当下的社会问题。但在否认形象导致了暴力时,不能说形象没有任何功能。暴力形象是社会环境的一部分,在强化性别主义或种族主义时,暴力恶化了不平等,但在其他时候,暴力又推进了平等进程,比如在电视播放《燃烧的床》(*The Burning Bed*)的第二天,妇女保护协会报告,遭到虐待的妻子离开丈夫的数字增长了。数百万美国人看了电影,很可能许多人更为明确地意识到虐待妻子这一社会问题。没有证据表明,电影推动了家庭暴力的增长。谴责电影而不是谴责妇女所受到的虐待,本身就是应受到谴责的权力花招。

象征暴力使得社会冲突公开化,因此被权力集团所禁止,因为其利益是通过压制社会冲突的意识而获得的,但它被从属男性和妇女吸收进其文化之中。无论社会秩序如何剥夺男人,但不能剥夺他们的身体。身体是帝国权力遭遇其局限的地方:身体常常是在地化的(localized)。为了效果,帝国权力必须在所有层面规训人民,而在地权力需要在意识、在关系、在地点、在社会秩序中建立自身。两个方向的权力是不平等的:权力集团的权力入侵比在地权力的抵抗更有效,但在自己的领地,人民的在地权力难以打败,它能够抵抗似乎是势不可挡的东西。

菲斯克以运动、猫王和暴力等文化现象为个案,以这些文化现象中的身体为焦点,分析了其中的权力控制和斗争。很显然,菲斯克是站在权力抵抗的一端,维护弱势者的抵抗空间。那么,这几种斗争形式的差异何在呢?菲斯克认为,猫王粉丝的逃避性的在地是非直接性的威胁,粉丝构造着他们自己的身份和关系,而非挑战自上而下的控制。但是,规避的能量(evasive agency)同样具有生产性,在很多

---

① John Fiske. *Power Plays*, *Power Works*. Verso,1993,pp.132—133.

时候更有吸引力,因为它操演的更为愉快,而无对抗的尖锐性。它没有采取直接的针对规训的行动,不仅是因为它更少威胁,而且是因为它更少可见度。权力层理不知道猫王粉丝在干什么,但他们蔑视这些粉丝,他们的蔑视是矮化对象的策略。规避本身就是一个威胁,规训体制的有效性依赖于其监控的权力,在它发现有不可见的东西存在时,它的权力就弱化了。逃避的权力和抵抗的权力是一体化的,而非相互排斥的。

运动粉丝不必逃避规训体制,他们具有高度的可见性和社会可接受性。运动观看可能颠覆圆形监狱,但它很少挑战监视的权力。实际上,它很容易与权力结盟。运动粉丝能够无碍地吸纳那些参与到权力中的人,因为运动迷的具体知识补偿了监控知识的局限,结果是既没有挑战也没有逃避它。运动迷没有如猫王粉丝构造社区那样发展可选择的观看方式,它也没有生产无家可归者那样的对抗性的理解,它的自下而上的知识构造了大众可知的领地,权力集团也鼓励这种行为,因为它并无威胁,而且能够容易地被商业化。概而言之,"对全景式权力(panoptic power)的颠覆是一个镜像(mirroring),它的运作是补偿(compensate)而非批判(critique)"①。

运动迷的高度可见的在地没有对社会秩序提出挑战,更为不可见的、逃避的猫王粉丝的在地对社会保持着潜在的挑战,而无家可归者,既是高度可见的,也是高度威胁性的,他们的在地被不断地压制。不像猫王粉丝和运动迷,无家可归者是一个不可忽视的表征,表明社会的某个地方出错了,它存在于最富裕的国度里本身就是一个刺眼的社会讽刺。权力集团可能满意于把猫王粉丝标签为糊涂,但无家可归者的存在激起了更严厉的规训措施。如果缺乏场地去集中地施展其权力,压制的措施就是无效的。对付无家可归者的方式之一是建立有效的福利体系,但那需要钱,规训就是花钱的买卖。当权者的经济利益限制了福利的实施,悖论的是,它也限制了规训本身。控制无家可归者流动的不可能性意味着不可能控制他们的内在的社会空间。

从属者与权力集团的关系是多样的。运动粉丝在大多数时候似乎与自上而下的权力是共谋的,而猫王粉丝是逃避的。无家可归者则完全不同,逃避可能在某些无家可归者那里存在,某些人可能装作

---

① John Fiske. *Power Plays*, *Power Works*. Verso,1993,p.121.

同谋以获得庇护所和食物,但一般来说,他们的社会关系是对抗性的。对抗采取多种形式,可能是象征性的,即通过冲突中的身体形象传达对抗性的社会关系,但它也可能是实质性的对抗,暴力是社会对抗的最高形式。如福柯所言,关键的战场是身体,因为它是承担多重轴线的力量的焦点。身体经验产生于权力被暂时逃避的时刻。猫王粉丝的歇斯底里症,无家可归者的欢呼、吹口哨都是愉悦的时刻,愉悦的强度牵涉到控制和释放。

因此,菲斯克总结,在地可分为三种不同类型:无家可归者是抵抗的或对抗式的,猫王粉丝是躲避式的和他择性的(alternative),运动观看是颠倒的圆形监视。[1] 运动自身映射了官方知识,它没有产生新的看世界的方式,虽然它的确重新定位了观看者。运动迷、猫王迷和无家可归者以不同的方式经验资本主义,他们生产了不同的经验世界,这些世界被菲斯克称为"似乎的世界"(worlds of the as if),它们不是独立的,而是对抗性地联系于权力集团所生产和控制的世界。猫王粉丝构造了一个想象的世界,规训体系似乎失去了力量。在无家可归者的世界里,似乎他们有能力去维护自己的利益,而不是权力集团仁慈地在关心他们。但是"似乎"的世界从来不是充足的,人民生活在为物质条件所限的世界中。似乎的世界如果能够在日常生活的当下环境中被具体化或现实化,它才值得去想象,一个纯粹的想象世界是不值得为之努力的,菲斯克说:"一个在地是一个有价值的'似乎'能够被现实化的场所,一个条件性的(conditional)能够变成指示性的(indicative)场所。它是在身份和社会关系之间的被不同地想象的连续性得以操演在社会行为和关系之中的场所。它是通过被给予空间和临时的维度,想象能够被物质化(materialized)进而可以转化为经验的场所。在地是一个概念,它去掉了内在和外在、想象和现实、精神和物质之间的惯常区分。作为一个概念,在地不允许身份和想象分离于它们的身体的在场的表演、行为和关系,以及分离于表演的时间和空间。人民的在地的产品常常操演着反对或者远离社会性的安置,权力集团就是试图以这种安置去定位他们。"[2]比如,婚姻把夫妇安置在父权制社会秩序提供的性别身份和关系之中,但是,在这种安置中,个别夫妇或者个体成员可能产生在地,其中他们形成

---

[1] John Fiske. *Power Plays*, *Power Works*. Verso,1993,p.137.
[2] 同上,p.138。

了不同的身份和婚姻关系。猫王粉丝的"似乎"世界构造了与社会安置相冲突的在地，比如，一些猫王粉丝离开了她们的丈夫，因为她们实际的婚姻关系不允许她们发展在地，这一在地在她们与猫王的"似乎"关系中是能够获得的。"似乎"是一种资源，依靠它在地权力能够改变其即刻的社会环境。

躲避性的和抵抗性的在地与社会秩序建立了批判性关系，但其关系是不同的，差异在于它们表面上具有的威胁程度。20世纪50年代十几岁的猫王粉丝产生的在地以青少年犯罪的形式扰乱了社会秩序，这种扰乱性在他们的身份中是可见的，就表现在他们的发型、衣着、身体姿势上。今天的猫王粉丝的躲避式的在地就更为私人化，他们不需要公开展示他们的身份。作为文化策略，在不可见的时候，躲避操演得更好。模糊的轮廓对帝国权力而言是难以感知的威胁，对在地权力而言则可获得操演和游戏的空间。"在后台"的东西并非因为不可见而不重要，实际上，对于游戏者，它比在公众眼皮底下的表演更重要、更现实、更真确。这种后台文化对于社会是很重要的，在他们的在地中，猫王粉丝发展了可选择的社会价值、身份和行为，这些都是为规训机器所压制的。这种可选择的生活，这种为权力制度所边缘化的社区，是新形式的权力机制成长的种子。

短期看，抵抗性的在地，比如那些无家可归者的，是为了变革给权力阶层施加了直接性的压力。在这种冲突性的关系中，对抗可能达到一个点，最后以暴力维护利益而收场。暴力能够弥漫在所有的在地维度：它操演在其想象的身份中，现实化在其即刻的关系中，昭示在其公开的表达中。对《虎胆龙威》欢呼，侵犯路人的空间，在擅自占据的房屋中与警察作对，无家可归者行使着他们的权力。这些暴力延伸了他们的在地，这就改变了他们的社会关系。当从属群体在在地和结构层面都感到被侵犯，严酷的帝国权力对差异的不宽容就把抵制推向暴力，把多元化推向分裂主义。这时，从属群体感到被过分地排斥，这种"过分"在被剥夺者的感知中而非客观的社会关系中，但它是非常重要的底线，因为一旦越过这条线，躲避的在地就变成分裂主义的暴力。暴力导致了种族隔离和社会分裂，这是社会的悲剧状态。

文化研究的政治性就表现在发掘日常生活中的抵抗力量，重新塑造社会行动者（agents）。权力的规训深入到大众的日常意识，其力量之强大足以让人把违反这一规则体验为一种罪恶感，相反的是，解放性的大众文化对规则的违反则体验为一种解放感、自由感,这种幻想中的解放性的体验是社会变革的积极力量。菲斯克的身体理论的独特性在于,通过分析身体中的权力控制和斗争,把身体所构成的领地视为人民抵抗权力控制的最后据点。菲斯克试图以葛兰西补充福柯,以德塞都补充巴赫金,在后结构主义社会寻找新的政治主体以便推动社会变革,身体就是这一主体的最后根据地。

菲斯克的意义和理论难点

菲斯克对各种权力斗争的分析基于他对当代美国社会文化制度的批判。菲斯克指出,当代美国是世界上最独断的文化(monoglossic),因为这个民族热衷于文化输出而忌于文化输入,结果就是,美国公民被相当程度地剥夺了倾听他者的能力,失去了从他者的观点看世界和自身的机会。文化公共领域里的斗争的关键是民族身份表征的争夺。民族如佩里·安德森说的,是想象的共同体。20世纪晚期以来的历史见证了全球性的民族身份的重新书写和重新伸张。欧洲的统一和欧洲范围内的卫星电视对于很多人来说是逆转了这一进程,似乎是要消除民族国家的边界和差异。在文化领域,人们担心,卫星将使得欧洲充满了美国的商业文化,这就弱化了欧洲身份和欧洲内的民族身份。结果是,欧洲的公开的文化政治运作在大众文化领域,民族身份的危险被视为来自外部的大众文化。值得注意的是,精英文化的跨民族交流很少被视为威胁到民族身份。美国的情况则相反,权力集团不愿意进口文化以"保护"民族身份,他们把权力对付内部的而非外部的威胁上,把力量指向其控制最有效的地方,即公共文化领域,这一领域更多地关系到高雅文化而非低俗文化。文化斗争不像欧洲是在电视屏幕,而是在学校里的人文学科的课程设置、美术馆里的展览政策、国家艺术评奖的标准。在学校课程设置的论战中,少数族的文化被视为"缺少品质"或"不是真正的艺术","在这一公共文化领域,美学话语随时准备加入一种民粹主义的伦理学(populist ethics),后者对其辨识艺术中的下流、渎神、虚妄的能力非常自信:哪些艺术被认为是坏的,对我们有害的,因此,压制它们是为了公众的利益"[①]。公共领域里的"人民"当然是那些其利益

---

① John Fiske. *Power Plays*, *Power Works*. Verso, 1993, p. 173.

与权力阶层一致的人。美学和伦理学在美国社会被应用于同质化"人民"到权力集团之中(这样就否定了任何利益冲突),以及把大多数人的声音从"公共"中排除以压制美国社会的多元化。单一文化主义(monoculturalism)无兴趣吸纳多元文化。权力集团堵塞从属文化进入表征的渠道,把它限制在其在地之中。

美国当代权力集团已经把公共领域转变成为其牢牢控制的领地,这一领地很大程度上是为关于美国的知识,哪些该吸纳进来,哪些该排除出去的标准所厘定。公共文化领域本来应该扩展人民的文化,但其做法极其伪善,远没有切合美国社会的多元化。公共文化目前的这种控制性运作,其结果导致美国在实际上没有公共文化,它排除多元化的文化声音,这严重地钳制了美国民族的想象力。权力集团中的假道学联盟把自己视为公共领域的维护者,相比经济上的联盟,对于人民来说,他们是更为恶劣的敌人。市场从来不是单纯的经济据点,而常常是大众和权力集团斗争的领地。大众的协商性权力(bargaining power)不限于金钱的流通,还包括文化的流通。相比受到限制的公共文化领域,商业文化对多元文化声音更为开放。当权力集团在各个战线扩张单一文化主义的时候,商业文化领域在制造诸如《与狼共舞》和《男孩们的好莱坞》这样的电影,重写白人与印第安人的关系,重新审视边缘文化的价值。相对于美国的多元化,商业文化中的声音、观点和话题仍然是狭窄的,但是,它对其他声音的排除至少具有可接受的经济方面的缘由。

作为文化研究在后结构主义阶段的代表人物,菲斯克既保持了文化研究的政治介入性品格,又吸收了法国后结构主义思想,但更根本的是,菲斯克是从美国本土现实提出问题和生产理论。菲斯克不赞同在美国人文社会科学界占据主流地位的自由多元主义理论。传统上,自由多元主义把社会差异定位在整体和谐之中,这种和谐依靠在自由市场经济环境下形成的被视为自然的调节者(natural regulators)的社会文化等价物的一系列检测和平衡来提供保证。美国社会理论的特征之一,就是这种多元主义被组织为一种共识。美国学者在20世纪60～70年代致力于在多元的社会中寻求共识,他们转向文化人类学家如维克多·特纳(Victor Turner),把美国视为一个巨大的部落,把国家媒体和国家运动会视为社区共建的仪式。20世纪60～70年代的种族和性别平等的明显进步也给予这种共识理论一定程度的可信性。自由多元主义主张美国社会差异的合理性,看不到其中的矛盾和冲突,或者把这种矛盾和冲突视为社会多元化的表征,从而合理化了其差异,这就失去了知识分子应有的对公平正义和社会变革的诉求。20世纪80年代的里根主义使这种理论难以为继。里根主义扩大了贫富、白人和其他种族、男女之间的鸿沟,使得美国是建立在一个共识的基础之上的社会的信念不再可能,因为它暴露了不同利益的冲突。如果要达成共识,就需要在社会和意识之中压制这种冲突。因此,美国的文化理论家转向欧洲寻求理论支持。但是,菲斯克指出,美国独特的历史和政治结构难以契合欧洲理论,比如以弗洛伊德理论解释美国的女性主义就行不通。美国黑人家庭不同于欧洲白人家庭,历史和社会种族主义祛除了黑人男性的权力,剥夺了其男性气概,并把他从家庭分离,这就需要黑人妇女承担繁重的不同于白人妇女的家庭角色,因此,俄狄浦斯情结在具有不同的性别代际关系的美国黑人家庭失去了解释力。同样,拉康的无意识类似语言被结构的假设即语言是单一的(monoglossic)、是宰制再生产的据点的理论在美国也失去了解释效力。美国黑人具有强大的口头语言,这是反抗宰制性的白人语言维持种族差异的据点。美国黑人操持双语,没有理由认为社会宰制性的语言是结构了他们的无意识的那种语言,因此,为冲突性的语言所运作的意识不能为单一的语言理论所解释。

　　菲斯克也批评了马克思主义,因为马克思主义把从属群体同质化,把社会斗争化约为阶级斗争,忽视了斗争的多样性,这使得它不适合解释美国现状。菲斯克认为,旅行来的欧洲理论中,葛兰西最为契合美国社会,其霸权理论虽然仍以阶级为核心,但葛兰西在地域层面反思了这一理论模式,并以农村和城市的差别发展了这一理论,即工业化的意大利北方伸张其霸权到农业的南方,这一伸张不仅沿着阶级这一轴线,而且是在城市和农村、农民和工人阶级、侍从主义者(clientism)和现代主义者、封建主义的和工业化的社会结构之间的复杂冲突。霸权理论仍然把经济差异置于核心位置,但也容纳其他的轴线,最重要的是,葛兰西的抵抗和赞同是社会历史性的,霸权必须依据其活动的不同社会条件采取不同的形式。统治集团必须赢得从属群体的赞同,但是,从属群体的物质和政治状况不断地提醒其与权力集团的不平等,因此,赞同是脆弱的不牢靠的,它常常充满了斗争,需要不断地赢得和再赢得。赞同要能够在多重的社会层理之间,在多样的问题上获得,因此作为文化理论,它比同质化的共识概念更能够解释社会的多元性。在霸权理论看来,双方都不会放弃斗争,为了获得赞同,双方都得放弃某些东西,每一方都试图尽可能地提升其利益,尽可能地少出让自己的所得。霸权理论考虑社会和历史的差异,解释了冲突的多元性,这在种族繁多、矛盾复杂、冲突的多样性超越阶级之上的后结构主义的美国,显然具有更大的解释力。

另外一种旅行到美国的欧洲理论致力于分析人民的多元化的能动性而非统治集团的同质化,这种理论常常强调实践多于结构,能动性多于主体性,言语多于语言,身体多于意识。我们注意到,福柯把权力从阶级剥离,发展了权力、话语和规训理论,强调多元性和差异,巴赫金推崇自下而上的粗俗的生命力和趣味。福柯、巴赫金加上德赛都和布尔迪厄打开了大众的创造性,强调人民是社会秩序的创造者,强调身体是文化斗争的据点。这四个理论家加上葛兰西,提供了从属群体提升其利益反对权力集团的斗争的理论。菲斯克认为,这些理论很好地解释了晚期资本主义社会的多元化、流动性和冲突。在当代美国,多元化产生于斗争,而非共识。美国社会将由一个共识型社会转向由不同的赞同之点组织成的社会,其中,社会差异得到尊重,权力差异被缩小。赞同之点通过协商并通过在地化而获得,其中,不同社会群体的利益和身份相互冲突。这一社会秩序将不会很稳定,赞同之点的获得是一个斗争的过程,因为赞同在一个点获得,冲突就会在另一点升起。只有在权力集团能够容忍、尊重甚至鼓励社会差异的时候,赞同才能够获得。菲斯克说:"一个基于赞同的社会不同于基于共识的社会:它是更为流动性的,赞同之点不是固定的,而是随着历史力量的变化而变化的。类似的,赞同的协商不会在固定的社会范畴之间进行,如阶级、性别或种族,而更为经常的是在围绕着问题所形成的社会利益同盟者之间进行。"①新的社会秩序将产生新的权力制度,变化将对所有人带来问题和焦虑,但不是均衡的。人民将学会调整以适应他人的需要,权力集团将会发现变革是件麻烦事,他们会失去更多,因为赢得赞同意味着他们必须让出地盘。在这个社会里,所有群体要发展想象力以便于通过他者的眼睛看视自身。权力制度的改变关系到从边缘到中心的运动,旧的制度中边缘的权力形式在新的制度中会变成核心,反之亦然。在多元流动的社会中,边缘文化和社会层理可能流向中心,但我们无法预知具

---

① John Fiske. *Power Plays*, *Power Works*. Verso, 1993, p. 45.

体情形。无家可归者作为大众层理,不会掌握权力,但无家可归者的批判性的想象力可能在新的权力制度中变得更为中心。同样,猫王粉丝不会变成强大的社会层理,但连接他们的共同的价值观在新权力王国中会占据重要地位。

对外开放以来,中国纳入全球经济体系,一个新的文化幽灵即大众文化随着市场经济的发展,借助现代传播媒介,迅猛成为人们日常生活的一部分,如何认识评价这种现象则是中国人文学者三十年来的热门话题,其思想资源多为对此持批判态度的法兰克福学派,这一方面与人文知识分子固有的精英立场相关,也与法兰克福学派本身的马克思主义倾向相关,更为重要的是,在西方现代思想中,法兰克福学派是特殊时期中国学界可得的仅有的大众文化思想资源。但在文化研究登陆中国后,人们发现,伯明翰学派对大众文化持有相反立场,特别是菲斯克的拥抱大众文化的观点让中国学界顿感眩晕,不知所措,一时间争议纷纭,贬褒有之。菲斯克现象最重要的问题,一是,中西学界激烈批评其缺乏结构的观点是否切中肯綮?二是,大众文化是否有积极的政治性?如何理解大众文化的政治性?三是,即便在认肯菲斯克的观点具有一定合理性的同时,其论证是否理由充分?

菲斯克致力于后结构主义文化政治的分析,以便理解当代资本主义的社会斗争,其思想来源主要是三个:福柯的身体权力理论以及结构主义马克思主义的意识形态、意识和阶级理论;葛兰西的权力集团和人民群众之间的斗争理论;巴赫金的人民的生命力和权力集团的压迫理论。菲斯克的文化理论是晚期资本主义独特历史的产物,是知识分子切入现实的智识成果,特别关系到当代美国社会的后结构主义政治状况,其核心主旨是,通过对大众文化的解读,发掘大众文化的生产力和抵抗性,意图寻找后结构主义社会中的解放性力量。在伯明翰学派早期,威廉斯还没有权力斗争的概念,还没有意识到文化是斗争的领地,这一点为汤普逊所批评。在葛兰西之后,英国文化研究把大众文化领域视为权力斗争的场所,霍尔的三种解码模式首次提出大众解读的多义性,莫利、霍布森、洪宜安等人的接受研究证实了积极受众的存在。在后现代主义影响下,菲斯克不再关注控制性的权力和意识形态,祛除了霍尔的偏爱意义和莫利的偏爱阅读的概念,把积极受众推到极端,大力发掘和肯定受众的动力(agency),推崇消费愉悦,这在西方学界招致了诸多批评。在中国,因相悖于影响深远的对大众文化持批判态度的法兰克福学派,菲斯克的对立姿态在学界引起了诸多争议。

麦克盖根对菲斯克有过系统的批评,他把菲斯克的理论姿态视为文化民粹主义。所谓文化民粹主义,"是由一些通俗文化专业学人所作的知识分子式的界定,认为普通百姓的符号式经验与活动比大写的'文化'更富有政治内含,更费思量"①。而民粹主义情感,"它有一种支持'人民'和他们的斗争的意义"②。"文化民粹主义视普通百姓为积极的快乐追求者,并信任他们的判断的合理性"③。麦克盖根认为,文化研究者偏爱受众阐释,但没有充分领会和理解文化消费的历史和经济状况,没有把问题置于权力的物质关系的背景之中,这种民粹主义倾向使得文化研究在政治上毫无作为,反而沦为其所批评的占统治地位的剥削和压迫的权力结构的同谋,他说:"我认为,文化研究从文化的政治经济学中脱离,迄为该研究领域之最自残的特征之一。核心问题在一种经济还原主义的恐怖中被实际设为前提。结果,媒介机构的经济问题和消费者文化的主要经济动力很少去调查,简单地用括号括去了,因而严重削弱了文化研究的解释与(效果上的)批判能力。"④霸权理论导致了不加批判的民粹主义,这是英国文化研究批判能力的衰退。麦克盖根说,"用政治术语来说而且说得好听一点,它是'消费者权威'的自由主义观点的一种不加批判的回音;说得苛刻一点,它与占优势的'自由市场经济'意识形态一唱一和"⑤。对通俗文化不恰当的赞誉是看不到权力关系,看不到主流与从属之间的辩证性。麦克盖根申辩说,他理解与重视日常的意义的愿望,但是,若仅止于此,则这种愿望对形成普通人的间接经验的物质生活环境和权力关系的解释是不充分的。他绝不是在提倡一种经济性的还原主义文化分析,然而,对经济决定因素的抛弃削弱了文化分析的批判力量。英国文化研究试图调和阿尔都塞和葛兰西,但回归葛兰西却加剧了文化消费的观点,这种观点忽略流行文化生产的社会、政治及经济框架,高估了个人从流行文化制造他自己的意义时所享受的自由度。

---

① 吉姆·麦克盖根:《文化民粹主义》,南京大学出版社,2001年,第4页。
② 同上,第14页。
③ 同上,第42页。
④ 同上,第45页。
⑤ 约翰·斯道雷:《文化理论与通俗文化导论》,南京大学出版社,2001年,第298页。

戈尔丁和默多克认为,文化研究关注的主要是意义的构造,即意义是如何通过特殊的表达形式而得以产生的,它是如何通过日常生活实践得以协商和解构的,这产生了两个研究的领域,首先是关注文化文本的分析。不同于输送模式(transportation models)把媒介形式诸如恐怖片、肥皂剧或纪录片视为传播给消费者信息的工具,文化研究把它们视为以特殊方式召唤意义的机制。这种对意义的关系维度的重视导致了文化研究的第二个特点,即是观众解释媒介产品并嵌入其世界观和生活方式之中。这种人类学的研究欢呼消费的创造性,把观众视为积极的主体,不断地斗争着去理解他们的处境,而非宰制性生产系统的被动客体。但是,这就与保守主义的庆祝无限制的消费选择达成共谋。① 默多克指出,新保守主义把市场视为基本的自由领地,把在不同商品中的选择视为个体的核心权力,这种观念把观众置换为公民,遮蔽了一系列其他的权力如信息、观点和解释以便能够理解他们的处境和干预以改变之。②

　　戴维·莫利批评菲斯克,一味追求阅听人愉悦、爽(pleasure),轻易地就落入了文化的相对立场,而诚如柯兰所说,这个立场很快就会被民粹的新自由言词吸纳,不再关注文化价值的有无。在我们一头栽入阅听人的愉悦、爽当中,我们就身陷险境,持续地为好莱坞支配全球电视市场而背书,而不消说,这样的结果当然是与文化研究者的媒介关怀背道而驰。菲斯克张扬亚文化和文化消费的权力,这样的论断"很轻易就会被消费者主权这种多元主义的保守意识形态所整编"③。莫利引述德赛都的理论说,弱者能够拥有的仅只是战术,权势人物却能够掌握战略。观众所能够拥有的权力是重新诠释文本之能耐,但中央化的媒介机构却具备了话语权力,得以建构观众进行二手诠释的文本,这两种权力几无相当之处;若是认为两者能够相提并论,简直就是愚笨至极。卡瑞基(K. Carragee)指出,这些接受研究,不适当地认为,阅听人活动重于生产过程,而其实是生产过程结构化了媒介内容,以及该内容的文本质性,它没有将媒介阅听人放置在其

---

① Peter Golding and Graham Murdock. "Culture, Communications and Political Economy", in James Curran. *Mass Media and Society*. Arnold, 1991, p.71.

② Graham Murdock. "Cultural Studies at the Crossroads", *Australian Journal of Communication*. 1989, 16, pp.37-49.

③ 戴维·莫利:《电视、观众与文化研究》,台北:远流出版事业股份有限公司,1995年,第48页。

应有的语境中,忽略了影响媒介文本的组织及经济因素,使得这些文本变成自主的表意体系,脱离了它们的组织惯例与程序的起源。由于根源于现象学及符号互动论,许多这种类型的研究没有掌握制度性力量的重要性,但究其实,正是这些制度性力量型塑了主体性、诠释性社群与价值观。① 菲斯克的观点是大众文化提供了生产意义过程中的愉悦,这种观点反对了支持单一文化论(monocultures)的等级制,但西蒙·杜伦认为,这种理论的问题,是理论家在告诉大众他们的愉悦是如何运作的,这是依赖于理论阐述而非大众实际上的所说所想。比如,麦当娜在其后期工作中,基于资本的需要即投资以获得利润,维持着文化工业的运转,她的冒犯、越轨就变得温和多了。文化民粹主义对麦当娜的肯定就这样契合了新右派对市场力量的推崇。②

史派克·科林(Sparks Colin)说,在资本主义生产模式大肆控制的今天还强调受众的主动性,无异于阿Q式的自慰,他说,中南美洲的原住民,以其抗拒之力,成功地转化了天主教帝国加诸其上的宗教信仰,固然是历史事实,但这些印第安人仍然逃不出灭族屠杀以及被残暴剥削的命运。这样的抵抗,岂非讽刺!如果说左派人士反对的是商品化,那么受众本身也变成了商品的时候,所谓受众的主动,又有什么意义呢?③ 莫雷斯基(T. Modleski)批评菲斯克说,法兰克福学派的问题出在其批判者外在于他们所检视的文化太远,今天的批判者则走向反面,沉浸于大众文化之中,与他们的研究对象缺乏距离。"结果一来,他们或许就在不经意间,一手为大众文化写下满纸的谦语,一手却又紧抱大众文化的意识形态"④。埃文斯(Evans)批评菲斯克,人民(the people)得到了力量或优势地位,可能是一种学院中人的幻觉,实际的情况可能是,身为学院中人,我们陷于一厢情愿,我们把想要抗拒现行意识形态体系的想法,化作浪漫之情,甚至造成了乌托邦的幻觉,认定我们所研究的人们,足以体现我们的愿望。⑤

莫利指出,文本当然没有任何直接的决定性,然而,我们倒也不

---

① 戴维·莫利:《电视、观众与文化研究》,台北:远流出版事业股份有限公司,1995年,第64~65页。
② Simon During, *The Cultural Studies Reader*, Routledge, 1999, p. 15.
③ 阿兰·斯威伍德:《大众文化的神话》,三联书店,2003年,译者导论第6页。
④ 戴维·莫利:《电视、观众与文化研究》,台北:远流出版事业股份有限公司,1995年,第61页。
⑤ 同上,第56页。

应该就此天真地预设文本具有完全的开放性,不能以为文本有如默多克说的,是一个具有想象意义的购物中心,阅听人自由自在地穿梭其间,任意挑选符合他需要的东西。① 康乃尔(Connell Ian)说,菲斯克认为受支配的人可以从文本中发现乐趣,固然尚可同意,但这不表示这些人想要抵抗文本所散发的人生百态及价值观,实情更可能其反。他举英国销量最大的小报为例说,这些成千上万的读者,每天接触各式明星的生活,沾惹他们的珠光宝气,仰慕他们的闲情逸致,并不会觉得这些特权不该存在,反倒他们想的是为什么享受这些特权的是他们,而不是我们。他们并不想铲除社会不平等的根源,而只是想自己也占便宜。② 丹·拉佛认为,菲斯克忽视了消费的被动性。他说,我们能够选择不去看电视节目或不去看一部电影,但是我们不能选择我们在电视上或电影院想看什么。③ 说到底,媒介文本是资本结构所提供的,消费者只能在这一结构中运作,这本身就具有限制性。

对于文本和读者两极,当代文化理论家强调两者之一,要么是说文本强加或传播了意义,要么是说读者的权力创造了意义,但实际上,意义产生于文本-读者的关系之中。杰佛·里维斯认为,德赛都和菲斯克一极的问题在于,"它把权力视为无意识的操作;文本和文本的内容,包括激进的内容,很大程度上与自由和文化的构成不相干"④。但是,实际上,菲斯克常常要分析文本内容本身,比如他对女性杂志《冲浪》(*Surfie*)和麦当娜音乐电视文本的分析。杰佛指出,菲斯克从来没有逃脱他的结构主义方法论和视角,他常常陷入结构主义-后结构主义、现代主义-后现代主义关联之中,其中,意义不确定地漂浮在文本和受众之间。⑤

道格拉斯·凯尔纳认为,不能把观众浪漫化,说所有观众产生他们自己的意义,否认媒介文化可能具有强大的操纵性效果。以菲斯克在《权力运作·权力操演》中引用的例子来说,无家可归者对社会权威的抵抗,在他们观看电影《虎胆龙威》的时候,很明显是强化了残

---

① 戴维·莫利:《电视、观众与文化研究》,台北:远流出版事业股份有限公司,1995年,第56页。
② 阿兰·斯威伍德:《大众文化的神话》,三联书店,2003年,译者导论5~6页。
③ Dan Laughey. *Key Themes in Media Theory*, Open University Press, 2007.
④ Jeff Lewis. *Cultural Studies: The Basics*. Sage, 2002, p. 276.
⑤ 同上,p. 278。

酷的男性化行为,鼓励了以肉体暴力去解决社会问题的倾向。萨特、法浓和马尔库塞都说过,暴力在针对压迫性的力量的时候可能是解放性的,但在针对反对压迫的大众力量的时候,暴力就是反动的。抵抗和愉悦本身不能视为进步的元素,必须区分在既定的经验中,抵抗到底是反动的还是解放性的。这就必须分析既存的宰制和从属的体系,语境化媒介文化的产物,看它们如何联系到实际的社会关系,如何结合着宰制性的和抵抗性的话语的。这样,阶级、性别、种族等轴线的分析都是必要的。某些文本可能抵抗了资本主义的宰制,但它们可能助长了性别或种族的控制。民粹主义的文本和观众愉悦走到极端就会失去批判性的视角,导向虚饰观众经验。这种研究也会盲视于特定类型的媒介文化的操纵性和保守性,这就助长了文化工业的利益和控制它们的宰制性的社会力量。①

尼克·斯蒂文森(Nick Stevenson)指出菲斯克的理论存在五大缺陷,(1)对于结构了符号形式的接受的体制(institutions)没有给予充分的注意。(2)他的观点排除了意识形态理论的可能性。(3)他的大众出版的观点排除了对于实际内容的任何具体的调查。(4)对于公共领域的碎片化(fragmentation)的政治重要性,他缺乏批判性的概念。(5)他不断地以自己对大众文化的阅读代替受众的阅读。②在第一个方面,菲斯克没有意识到,晚期资本主义的商业体制,被调节为以某些特定受众的消费欲望为目标。第二方面,某些语言符号强化了物质的宰制性关系,菲斯克对此没有关注。尼克援引布尔迪厄的观点,认为文化是阶级统治的一种工具,资产阶级教育体制通过生产主导性的审美标准,再生产了资产阶级统治。第三方面,万·迪克(Van Dijk)的研究表明,白人报刊忽视那些对于少数族是极为重要的问题,如住房、工作、医疗等,而是将他们的问题表征为社会问题,如暴乱、犯罪和移民等,通过这种方式,报刊就有助于维持白人的统治。

西方学界对菲斯克的批评,大多认为菲斯克忽视了媒介文本和受众接受所处的政治经济结构的限制性,夸大了文本的开放性和阅读的能动性。西方学界对菲斯克的批评,似乎文不对题。首先,学术

---

① Douglas Kellner. "Overcoming the Divide:Cultural Studies and Political Economy", in Marjorie Ferguson & Peter Golding. *Cultural Studies in Question*. Sage,1997,p.116.

② Tim O'Sullivan,Yvonne Jewkes. *The Media Studies Reader*. Arnold,1997,p.240.

研究有焦点,有所为有所不为,菲斯克并非忽视社会的宏观结构,而是没有着眼于社会的宏观结构,他的研究对象是大众文化本身。其次,最重要的,是大众文化是否有政治性?是否有积极的政治性?这种积极的政治性是否有社会意义?西方学界显然没有直面菲斯克提出的问题本身。大众文化是各种意义争夺的领地,统治者和被统治者都以有利于自己的方式阐释大众文化。来自葛兰西的霸权理论给社会变革带来希望,而不是如法兰克福学派所说的那样把希望寄托在精英文化领域。菲斯克辩护大众文化的积极性时说:"在这里抵制这个词用的是其字面意义,并不包含试图颠覆社会体系的比较明显的政治性,甚至革命性的意义。它指的是拒绝接受主流意识形态所规定的社会身份以及随之而来的社会控制。拒绝接受意识形态及其意义与控制,并不是对主流社会体系进行挑战,但它确实抵制了合并趋势,并保持、强化了作为直接社会挑战前提的社会差异感。大众快乐与社会控制是对立的,这意味着大众快乐总是包含着抵制或颠覆的潜力:虽然这种破坏性或抵制性行为是符号上的、文化上的行为而不是社会、军事行为,但这并没有使这种行为失去效力。社会政治体系最终依靠的是文化体系,也就是说,人们从社会关系中得出的意义和他们追求的快乐最终对社会稳定与否起着决定作用。意义与快乐拥有一种广义的、分散的社会效力,尽管这种效力并不是直接的,表现也不那么明显。"①

也许同是出身于伯明翰学派,约翰·斯道雷对菲斯克情有独钟。斯道雷认为,"区分文化工业的力量与文化工业的影响力是很重要的。这两者经常被夸大,但它们两者并非必然相同。政治经济方法的问题在于它常常认为这两者是相同的"。斯道雷提出疑问,华纳兄弟公司的所有产品都是资本主义意识形态的体现者吗?那些购买唱片的人花钱看其表演,难道真想购买资本主义的意识形态吗?受到资本主义跨国公司的欺骗吗?"这种方法的问题是它未能完全承认资本主义是在交换价值的基础上生产商品的,而人们是在使用价值的基础上消费资本主义商品的。有两种经济并行存在:使用经济和交换经济——我们不可能通过只研究一种经济而理解另一种经济"。而且,"某些资本与整个资本主义之间的紧张关系也使形势更为复杂化。除非加以特别的限制、审查制度等,一般阶级利益通常在追求剩

---

① 约翰·菲斯克:《电视文化》,商务印书馆,2005年,第348页。

余价值的过程中与某些资本的利益相比居于第二位"。如拉沃尔说的：如果剩余价值可以从那些挑战或甚至推翻主流意识形态的文化商品的生产中提取出来，那么其他所有与之相等的东西都会引起某些资本的兴趣，从而投资生产这种商品。除非整个阶级加以限制，否则个别资本家为了追求剩余价值，会采取违背整个资本主义利益的文化生产形式。这样，斯道雷认为，为了探索这种可能性，就必须要研究消费而不是生产了。① 斯道雷的意见是走向一种生产与消费的辩证法，全面的研究是要考虑到生产与消费。不能在生产中瓦解消费来理解它，也不能脱离消费来理解生产。具体说来，如果在研究通俗文化时，我们的兴趣是可供消费的全部产品，那么生产是我们的主要关注点，而如果我们是要揭示某一具体作品与实践所带来的特殊快乐，那么我们的关注点是消费。因此，麦克盖根认为唯一令人信服的通俗文化的研究方法是政治经济学方法就是偏颇的，新葛兰西派的霸权理论要求在生产过程和消费活动之间保持一种辩证法，霍尔建议在人类的能动作用即积极的体验和社会与经济结构问题即再生产之间保持某种平衡。事实上，消费在使用过程中生产了可能的意义，这些意义不能只从作品或者生产过程中分析出来。斯道雷说："我们必须把自己——包括所有人，不只是先锋派知识分子——视为文化的积极参与者：选择，抛弃，生产含义，赋予价值，反抗，是的，还有遭受欺骗与操纵。……我们必须要做的是理解尽管快乐是政治的，但快乐与政治经常可以不同。"②在使用中生产意义，意味着要分析文化生产、分配和消费的细节。只有在使用过程中生产，快乐、意识形态抵抗、反抗、意义等才可能得到理解，而控制、利润、意图、成本、生产方式等只是背景。换言之，文化研究应该走向法兰克福学派与英国文化研究的融合，走向莱斯特学派与伯明翰学派的融合，走向生产与消费的辩证法。

相比西方学界对菲斯克的深入批评，中国学界的研究相对薄弱，大多数文章只是平面性的介绍，但这种介绍本身就具有重要的学术意义，对此前在中国流行的法兰克福学派的悲观大众文化论是一个反驳和反思，对中国学界重新审视中国的大众文化提供了新的思考视点。中国学界批评文化研究致力于小政治、身份政治和微观政治，

---

① 约翰·斯道雷：《文化理论与通俗文化导论》，南京大学出版社，2001年，第319～320页。
② 同上，第323页。

这是对西方文化研究思潮的政治文化语境缺乏同情性理解所致。在西方民主社会，宏观政治斗争不需要了，因为西方不需要反专制反极权等解放大多数人的斗争，民主制度保障了阶级斗争的合法性和可行性，其他层面的比如日常生活中的性别、宗教、年龄等差异和权力分配产生的矛盾则是学术需要关注的。日常生活领域的解放并非要采取社会革命的酷烈形式，现代女权主义运动、黑人民权运动、少数族权力运动、同性恋者权力运动都是采取文化斗争的方式进行的，而对于日常生活中的权力和支配的自觉意识则是这种斗争的第一步。文化研究者的贡献，就是把日常生活之中的权力分配的不平等呈现出来，为人们提供一种差异感，从而为改变社会的不平等做准备，菲斯克就是这种有机知识分子。菲斯克认为，大众文化中的大众革命意识是现实的革命实践的前提和准备，没有这种意识，现实的推翻现存的社会制度的革命活动是不可能发生的，因为革命意识并非一撮而就，并非天生无着落，而是有赖日常生活中的积累。正因为大众文化是革命的，霸权才是不稳定的。宰制性意识形态需要一再地赢得霸权，反复地伸张自己的价值观，因为抵制无所不在、无时不在。霸权的不稳定从反面证实了大众文化的政治性，如福柯说的，权力总是运行于抵制之上，没有自上而下的权力，就没有自下而上的抵抗，反之亦然。压制与抵抗存在于社会的各个领域，大众文化也不例外。菲斯克认为，大众文化不仅保留了社会差异，也保留了这些差异的对抗性，因此，在合适的社会条件下，它能赋予大众以力量，使他们有能力去行动，特别是在微观政治层面。大众通过这种行动扩展他们的社会文化空间，以他们自己的喜好，来影响权力的再分配。

有中国论者批评菲斯克放弃了"严肃的社会学分析"，这种批评是错位的。菲斯克重点是阐释接受者的意识，而非社会结构的政治经济学分析。政治经济学分析不同于也不能代替文化研究的符号学分析，这个问题就是文化马克思主义与传播研究的政治经济学视角的分野，也是当代马克思主义区别于传统马克思主义的地方。菲斯克、吉登斯、布尔迪厄等人当然不会如学界指责的那样，是无视结构，不谈结构，回避结构，他们深知资本主义结构的实体性存在。但是面对结构，菲斯克看到和强调的是，人们首先必须有能动的改变的意识，如果缺乏这种意识，结构的变革是无希望的。菲斯克在寻找改变社会的力量，这种力量不是霸权阶级，因为权力阶级只能是保守性的，他们要维持现状，这种力量只能来自对抗性的阶级，是一种自下而上的力量。社会的控制和反抗无所不在,抵抗的力量提供了社会变革的希望。中西学界批评菲斯克缺乏结构观点,我认为这是站在结构主义社会学立场导致的思维局限,其错误,一是阶级轴线不足以解释当代复杂的大众层理,特别是美国这样的多元文化社会。二是民主社会已有机制去反对政治经济控制,而文化控制的复杂性需要关注。三是结构的颠覆是宏观的,它建基于微观政治的大众实践,而大众文化正是大众构筑的文化资源,是反抗宰制性意识形态进而推动社会变革的根据地。

当代大众文化的研究实现了从宏大叙事到个别命题、从文本到阅读、从意识形态霸权到从属者的日常生活实践的转移,即是菲斯克概括的从结构到实践的运动,从结构人类学到文化民族志的转移,也就是从阿尔都塞、列维·施特劳斯、法兰克福学派到霍尔、巴托、德赛都、巴赫金和艾科的转移,从着眼于权力的一方转向去权的一方。着眼于前者的结果是一种悲观主义,是对霸权强大的无奈,对大众麻木的哀叹,而转到后者则是积极的乐观主义,对权力被侵蚀的希望和最终被摧毁的信念。社会的控制和反抗将在各个领域展开,甚至在日常生活、审美、仪式和伦理规范中,也展开在大众文化中。菲斯克的关注焦点是大众文化的接受和阅读,而非产生和构造了大众文化的社会结构本身。对于菲斯克,真正的问题是,大众的差异性阅读是否是一种潜在的政治力量?如果回答是肯定的,菲斯克的观点就值得重视,那种所谓的民粹主义的指责就没有道理。菲斯克系统地提出了大众文化的抵抗性,肯定了大众文化的政治性,他对大众文化中的革命意识的发掘和保守是极其可贵的,他在后结构主义时代,在资本控制似乎无所不在的时代,保留了一块无法控制的飞地,一块自由抵抗的根据地,否则,控制严密的社会就像奥威尔的《1984》所描绘的,人们对权力控制的反抗无从发生,不可能发生,但这与历史事实不符,抹杀了社会革命的主体性,消弭了社会前进的动力,对大众的消极态度实际上是与权力控制结盟。

结构的改变是社会制度的更替,如资本主义代替封建主义、社会主义代替资本主义。后结构主义的权力制度的变革关系到中心和去中心,或边缘和中心关系的重新规划。基于传统马克思主义的社会分层之上的斗争模式已经不适合解释现代民主社会。菲斯克指出,如果我们的社会秩序正在走向基于多元化的社会群体的组织之上,再中心化将会使得那些利益群体的相互关系走向对抗而非赞同。因此,未来我们应该发明宽容和多重的权力制度(multiple regime of power),否则会出现骚乱。新的社会权力制度的核心是,强权的同质化的系统和弱权的更为多元化的系统之间的斗争。强弱之间的互变,从中心到边缘的相互对流将是其特征。这种模式不是革命的,不是一种政治经济体系代替另一个,而是权力关系的重新分配(reconfiguration)。① 没有证据表明,民主资本主义易于发生革命,但有大量的证据表明,权力制度的变革不可避免。权力的重新分配不会把资本主义从全球的统治地位驱逐,但会推动社会的民主化。变革一定会发生,问题只是以和平或血腥的方式。

  总结菲斯克的理论,一是他发展福柯权力理论的地方是,提出了人民的在地抵抗。二是前期提出了一系列概念,发掘大众文化的积极的政治潜力;后期的一系列概念,则是保有人民的不受帝国权力控制的飞地。三是发展了传统的阶级范畴,提出了大众层理这一重要概念,把性别、种族、宗教、年龄等轴线纳入其中,斗争主体得以多重化。但根本上,菲斯克的思想是一以贯之的,这就是政治平等、文化多元、尊重差异、反抗压制、伸张正义,这是文化研究的根本所指。菲斯克体现了当代有机知识分子的优良品格,即分析社会现实,展望社会未来,支持弱势群体,反抗社会不公,对人民和大众表达热爱,对宰制者和权力保持警惕和批判。针对中西学界对菲斯克的批评,前文对菲斯克理论的穿透力和合理性做了辩护。这只是问题的一方面,另一方面,在我看来,菲斯克乐观的大众文化理论也存在诸多疑问:

  首先,菲斯克的斗争理论最适合西方社会,大众层理概念是西方社会的产物,是当代资本主义社会步入后结构主义的特征。在民主社会,大众因为兴趣、利益、立场可以合法地联合成为团体,而在极权社会,统治集团控制了社会的所有方面,并不存在民主的结社、集会、民间组织等,大众无法形成他所说的层理,而是如一盘散沙,是原子式的个体,大众的意识和斗争也呈现出不同的形态,需要不同的理论阐释。其次,菲斯克对大众文化的控制性和消极面只字不提,闭口不谈游戏的负面效应即沉迷其中对青少年身心的影响,而这一方面是法兰克福学派的着力之点。此前的霍尔和莫利等人的霸权、偏爱阅读等概念就是意指文本中的宰制性意义和阅读的有限开放性,菲斯克抛弃了这一点,阅读就变成无限自由的了。英国学者丹尼斯·沃

---

① John Fiske. *Power Plays*, *Power Works*. Verso,1993,p. 52.

德金的话也许对菲斯克有所助益:"受众的接受程度被意识形态领域、统治与隶属的关系以及霸权约束。人类动力从来不能被低估,但是它被不对称的权力关系压制,在这种框架内,结构性决定通常似乎压倒了其他实践。"[1]最重要的是,在我看来,大众文化中的那些被菲斯克称为反抗的创造意义的行为,并非革命意识。比如,菲斯克举例说,在社会工作中,机器操作者的技术越成熟,他为机器所生产的利润就越大,但在电子游戏中,情形刚好相反。许多游戏者骄傲地宣称,他花了多少时间完成一局,有些人则明显地满足于他们只花了不到一个美金就赢得了整整一个晚上的娱乐。菲斯克接着评论说:"他们知道他们正在击败体制,他们作为游击队员的技术正赢得了反抗所有者之战略的小小胜利。"[2]菲斯克所津津乐道的大众的抵抗行为比如商场的形象消费、购买者的退货、秘书小姐只试不买、租房者对房屋的改造、购买商品时的顺手牵羊、用办公室的复印机复印自己的备忘录等等,这些是否就是大众文化的创造性,是否就是革命意识的萌芽,是存在疑问的。因为消费者都是经济人,遵循功利原则,他的行为或许只是在交易中占便宜而已,或者是偷窃而不得惩的心理满足,并非抵抗资本主义体制的革命意识。青少年在游戏中获得的自由、自信、成功并非对社会体验的反转或对社会统治关系的颠倒,很多时候不过是他们被社会、家庭、学校规训压抑之后的逆反心理,并非政治意识的颠覆。

菲斯克说的大众文化中的对抗者,在真正的革命到来时的社会质变的关节点,是否真的会去推翻权力的墙壁,是值得怀疑的,因为革命活动不同于日常生活中的理性计算,它要抱有社会理想的信念和真实的付出。革命意识以群体意识为前提,是对自身所处的阶级、性别、族群等的统一性意识,而且,革命意识必须具有明确的斗争策略和政治目标。这两点是菲斯克的游击战主体所没有的。个体的反抗意识无处不在,但距离真正的革命意识还有一段距离。只有对自己以及与自己类似的群体所处的经济政治地位有了明确的统一性的意识之后,在具体的策略和政治目标明确之后,真正的革命方能实现。菲斯克没有注意到,大众文化的追捧者大多是年轻人,而年轻人的反抗在我看来更多的是青春期的躁动,基于年龄、代沟,对社会规

---

[1] 丹尼斯·沃德金:《文化马克思主义在战后英国》,人民出版社,2008年,第230页。
[2] 约翰·菲斯克:《理解大众文化》,中央编译出版社,2001年,第165页。

则和既存价值观的规避,而非理性的有目标的反抗。比如年轻人的蛊惑行为、改装汽车等,不过就是时尚,只是一种非理性的盲目盲从的行为,他对反抗对象并没有明确的意识,如果说这是反对资本主义的商品化,很可能只是知识分子一厢情愿的解读。迪克·郝布迪格对青年亚文化的研究表明,貌似极具抵抗性的文化活动最后都走向被收编。如果真是抵抗的话,只能说,这是朦胧的、无意识的、青春期的反叛心理,这些人一旦掌握了权力和物质,可能就会变成现存制度的维护者。如果高估这种所谓的反抗,就无法解释中国传统体制的超稳定性,无法解释中国当代的犬儒主义。近观中国近代历史,历次革命中,最积极的是知识分子和在校学生,但整体说来,知识分子对大众文化是持批判态度的,这就说明,那些大众文化的参与者未必就是革命的急先锋。他们缺乏总体意识,在社会变革之际可能只是乌合之众,走向多数人的暴政,法国社会学家勒庞的研究说明了这一点。在我看来,菲斯克很多时候夸张了大众的抵抗意识,大众只是选择自己喜爱的节目,按照自己的理解去解释节目,这距离抵抗主宰意义创造新的意义相距很远。很多时候,消费性大众文化不过是提供了娱乐,大众借此放松身心,并没有意识到其中的政治意识和抵抗机制。

　　社会中的权力和控制无处不在,无时不在,任何人都处于一种权力关系中,有人类以来,这种权力关系就存在着,而对这种权力的意识和抵抗也一直存在着。菲斯克列举的日常生活中的权力控制与抵抗创造并非当代大众文化中的特有现象,而是存在于所有文化中,如巴赫金说的中世纪的狂欢文化,霍尔说的 18 世纪、19 世纪的大众文化等等。那么,为什么当代的大众文化的这种抵抗意识就是革命性的呢?它区别其他时期的日常生活实践中的文化抵抗的地方何在呢?对此,菲斯克没有考察。而且,既然这种抵抗意识一直都是存在的,那么,列举这些例子就没有多少意义。这种意识和行为不足以撼动整个资本主义社会结构,只能给从属者些许安慰,是否反而支撑强固了现有的社会秩序呢?

　　此外,菲斯克竭力论述的是大众文化的反抗性,但是,一个社会要实现变革,权力控制的弱化是重要的一方面,当然这超出了菲斯克的论题,但是辩证地看,正是权力控制的强大,以及权力意识形态对被统治阶级的灌输的成功,才导致了革命的延缓和被统治者的服从。菲斯克孜孜以求的是从属阶级的抵抗,应该说,这种抵抗无处不在,无时不在,但为什么革命只在某些社会某些时刻发生呢？不考察霸权的控制力的变化,是难以说明这一问题的。菲斯克在一切大众文化活动中寻找对抗意识形态的可能方式,追寻进步性的主体。但是在对抗之后,在祛除意识形态之后,如何自由地生活他还没有考虑。或许,在后现代之后,在意识形态理论之后,所谓本真的自由,在菲斯克看来根本就是一个假命题。

第五章 比较视域中的文化研究

第一节 文化研究与政治经济学

文化研究对抗政治经济学

在传播学兴起之初,经验方法和批判方法双峰对峙,后来,同属于批判阵营的法兰克福学派和伯明翰学派相互驳难,而今天,同是英国当代批判学派的传播政治经济学和文化研究又在演绎着既对立又融合的学术奇观。在当代英国,伯明翰学派的文化研究和拉夫堡学派的传播政治经济学既区别于美国的经验主义研究,也区别于法兰克福学派的哲学批判,但前者强调文化的相对独立性,而传播政治经济学则强调媒介机构的物质基础和经济决定作用。在体制—生产—产品—接受的整个流程中,政治经济学重点研究前两者,文化研究强调的是后面两部分的独立性。文化研究反对政治经济学者的由上而下的意识形态概念,认为后者将文化边缘化为只是其他力量的效果。文化研究主张由下而上的意义接受和协商,这样可以赋予主体和亚文化群体以力量,使他们可以介入表意系统和政治斗争,从而改变社会。默多克总结说,传播政治经济学与文化研究采取的都是广义的新马克思主义视角,都关系到权力的构造和操练,都与自由多元主义传统保持距离,其差异是,从业人员来自不同的学术知识领域,前者是经济学、政治科学和社会学,文化研究则主要是文学和历史研究。这些差异导致的结果是,两个群体走向传播的方法不同、兴趣不同、所指不同,虽然都有强烈的跨学科愿望。① 文化研究深刻地影响了传播学研究,对传播政治经济学做出了根本性的质疑,而作为大学人文学科的一支,传播政治经济学也以自己的历史谱系和理论主张与文化研究展开对话。

在其早期,文化研究侧重媒体、教育及其他与英国工人阶级相关联的文化产业的研究,文化主义阶段的代表人物都遭遇过政治经济学。理查德·霍加特曾说明战后政治经济的变化如何影响了工人阶级文化的传统场所,分析消费资本主义如何摧毁了本真的工人阶级情感与态度。汤普森在探讨工人为争取生存与解放而斗争的过程中生成传统、信念、思想以及自己的体制时分析过政治经济学。基于对经济主义的警惕,汤普森整个地拒绝了基础和上层建筑模式,而是把经济和文化视为邻近的领域,它们相互辩证地影响着。威廉斯在《文化是普通的》一文中说,我在那个边疆乡村长大,看到的每一样东西都让我产生这样的印象:文化是整体的生活方式,艺术是社会有机体的一部分,而经济变化清楚而剧烈地影响着社会的有机体。但威廉斯反对马克思主义的把文化实践还原为基础。虽然基础是决定性的,但它将影响整体的生活方式,并且文化实践必定与这种生活方式相关,而不是与基础相关。② 在《漫长的革命》中,威廉斯说,为教育和传播系统的发展所激发的文化领域里的漫长革命,与经济领域里的工业革命和政治领域里的民主革命,是现代社会变革的三大趋势,它们相互影响,这就必须研究文化、政治和经济领域的复杂关系,而无须承认它们之中任何一个的特权。威廉斯区分了社会的四个相关系统:决定(政治)、维持(经济)、教育和学习、生殖和养育,他的模式与马克思主义相反,拒绝把确定性归于任何一个系统,它们只在分析上是可分离的。但在后来的著作中,威廉斯对于经济决定作用和文化生产之间的关系持矛盾态度。

英国文化研究缘起于跨学科研究,反对把文化抽离其社会政治语境的文化自治论,坚持文化必须在其产生和消费的社会关系和系统中考察,文化分析因此就必须联系于社会、政治和经济的研究,比如霍尔把媒介生产过程视为一个从生产到消费的圆圈,考察媒介机

---

① Peter Golding and Graham Murdock. "Culture, Communications and Political Economy", in James Curran & Michael Gurevitch. *Mass Media and Society*. Arnold, 1991, p. 71.

② 丹尼斯·德沃金:《文化马克思主义在战后英国》,人民出版社,2008年,第126页。

构如何生产意义、意义如何流通、观众如何使用或解码文本以产生意义。随后理查兹·约翰逊提出与霍尔类似的文化研究模式,建构生产、文本和接受的圆圈,类似马克思的资本循环。这些模式为文化研究提供了研究的方法,但在近期,随着后现代主义与文化研究的耦合,文化研究中的政治经济学维度似乎消失了,而是强调观众抵抗和消费愉悦。西方许多学者对文化研究的这一趋势发表了看法,并表示出不同程度的担忧。道格拉斯·凯尔纳认为,文化研究中强调大众文化的在地的愉悦、消费和混杂身份的构造的文化民粹主义复制了后现代理论的从化约主义和宏大叙事的转向。凯尔纳认为,政治经济学和文化研究的对立是人为的产物,根植于武断的学术劳动分工。在1980年代早期,文化主义学派集中分析和批评文化产品,使用的方法来自人文学科。传播研究的方法更多的是应用经验性的研究,研究主题包括媒介的政治经济分析、观众接受和媒介效果的经验研究,或是媒介机构在政治、经济或日常生活中的影响分析。这两种学术方法的冲突导致媒介传播领域的分裂,这种二分法再生产了学术劳动的分工,这一趋势开始于20世纪早期,自第二次世界大战以来被强化,它延续了资本主义社会专门化和区分化的(differentiation)症候。大学也追随这种被某些理论家视为现代性本身的动力的专门化趋势。但这种趋势应为跨学科的方法所取代,批判性的文化研究应该克服学科的边界,应该联合政治经济学、社会理论以及文化批评等方法,批评宰制回应社会变迁。① 在《批评理论与文化研究:未能达成的结合》这篇文章中,凯尔纳指出,政治经济学阐明了资本主义社会是依据一种占统治地位的生产方式组织的,这种生产方式依据商品化和资本积累的逻辑来结构各种机构和实践,因而其文化生产是利润导向和市场导向的。生产力(比如媒介技术和创意实践)是根据占统治地位的生产关系加以使用的,这种生产关系在决定何种文化产品会得到生产以及它们如何被消费方面是决定性的。政治经济学还让我们关注这样一个事实:文化是在统治和支配的关系中得以产生的,并因此而再生产或者抵制现存的权力结构,这样的一个视角还为文化研究提供了一个规范性的标准,依凭这个标准,批评家可以抨击文化文本中那些再生产了等级化阶级、性别、种

---

① Douglas Kellner. "Overcoming the Divide:Cultural Studies and Political Economy",in Marjorie Ferguson and Peter Golding. *Cultural Studies in Question*. Sage Publications,1997,pp. 102—103.

族的模式,积极地强化抵制和颠覆现存统治秩序的方面,描述对于统治秩序的抵抗和斗争的形式。① 凯尔纳说,忽视政治经济学减损了文化研究的学术力度,因为,媒介文本的构造及观众的接受深深地影响于生产和分配系统。文化的生产和分配发生在特别的经济系统中,这一系统由政府、经济、社会机构和实践所结构在文化和组织如媒介之中,文本分析因此通过考虑生产和政治经济学而得以丰富。文化研究的文本分析来自文学批评传统。之所以对政治经济学产生敌意,凯尔纳指出,是因为某些版本的政治经济学的化约主义和经济主义。② 化约主义把大众媒介视为资产阶级意识形态的传播体系,这种立场在两次大战之间和 20 世纪 50 年代早期很流行。为了反对这种化约主义的局限,当代马克思主义文化社会学家强调文化领域的相对自治和特殊性,霍尔对马克思主义的新读给文化研究的思维取向奠定了基调。

霍尔主张理论的开放性,反对教条化的封闭的立场,在其多主题的历史漫长的研究历程中,马克思主义占据着一个核心的位置。霍尔也认为经济决定论对于马克思主义的文化社会学很重要,但在他对当代大众媒介的研究中,这种观点没有多少明显的影响,它只停留在理论的层面,他曾说:"所有权和控制的结构……对于解释意识形态范围构造的方式是一个必需的出发点,它给予了表征的整个机器以基础性的方向,并阻止了新型的归类(grouping)、新的社会目的和新形式的控制进入文化的生产。"③ 但更主要的是,霍尔主张一种开放的、反化约主义(reductionist)的构架,一种可选择的马克思主义立场,即"无保证的马克思主义"。霍尔认为,我们需要面对当代的具体情景,检查其新颖的现象,查看其决定性因素及其客观条件,他关注的是历史的特殊性、偶然性、文化的构造性功能和新的多元的社会秩序。霍尔声称一直在与马克思主义对话,但从来不是古典的教条的马克思主义,马克思主义需要发展新的概念和解释以应对新的历史现实。霍尔认为,葛兰西和阿尔都塞在马克思恩格斯和列宁之后贡

---

① 陶东风主编:《文化研究精粹读本》,中国人民大学出版社,2006 年,第 149 页。
② Douglas Kellner. "Overcoming the Divide: Cultural Studies and Political Economy", in Marjorie Ferguson and Peter Golding. *Cultural Studies in Question*. Sage Publications, 1997, p. 109.
③ Stuart Hall. "Media Power and Class Power", in James Curran(ed). *Bending Reality: the State of the Media*. Pluto Press, 1986, pp. 6—14.

献卓著,发展了马克思主义的超级结构理论,以及基础和上层建筑的关系理论。葛兰西说,媒介是意识形态霸权构造的领域,阿尔都塞说媒介是意识形态国家机器,这两种观点都对伯明翰学派有重大影响,伯明翰学派的媒介文化研究的关注点就限定在媒介的政治领域,强调文化和意识形态是相对自治的,具有自己特殊的动力和独特的效果,声称"在广义的马克思主义框架内发展文化和意识形态形式的理论,不必求助于经济主义或唯心主义"①。

霍尔曾说,现代大众媒介与我们现在所理解的垄断资本主义的每一方面都相关,媒介穿透了现代劳动和生产过程的中心。但他又说,媒介的扩张和发展应让位于媒介作为意识形态国家机器的绝对注意。默多克和戈尔丁则相反,认为大众媒介作为意识形态机器,只有当它们系统地联系于它们作为资本主义经济体系中的大规模的商业企业这一位置才能被充分地理解。② 在他们看来,伯明翰学派的问题在于,媒介的不断增长的经济方面的相互渗透,以及这一趋势之于控制的结构和所导致的后果都被忽视了。默多克指出,大众媒体作为文化工业不是简单地制造商品,而是制造关于世界的意义,这就需要说明传播过程的两个部分,即物质的和话语的,经济的和文化的,不能把一者落入另一者之中。文化研究的传统重点关注的是意义的构造,即意义是如何产生的,是如何通过特殊的表达形式,如何通过日常生活实践协商和解构的。但它很少关注另一半,即作为工业的媒介的物质的经济的部分是如何影响到意义的生产过程的。③ 为了完整地理解意识形态如何在传播系统中运作的,就需要解释媒介生产中的或者提升、或者阻止了其多元化的动力机制。我们需要考察经济动力塑造文化领地的方式,这就需要一个批判性的传播政治经济学,但文化研究对此一直拒绝。

政治经济学涵盖了经济和政治以及它们的相互关系。在资本主义社会,生产依据主导性的生产关系而调动,它决定了何种文化产品

---

① Peter Golding and Graham Murdock. "Ideology and the Mass Media: the Question of Determination", in Michele Barrett, (edt). *Ideology and Cultural Production*. Croom Helm, 1979, p. 202.
② 同上,p. 204。
③ Graham Murdock. "Cultural Studies: Missing Links", *Critical Studies in Media Communication*, 1989, 6:4, pp. 436-440.

被生产,它们被如何消费。即是说,文化生产由市场逻辑所决定,但民主制要求国家有某种文化规则,要保证更大范围的广播节目的多元化,要禁止那些被视为有害的现象诸如香烟广告和色情影像等。这样,市场要求和国家干预之间总是存在某种紧张关系,政治和经济本身就处于矛盾冲突之中,文化则在这一平台上运作,而政治经济学要求把文化联系于其政治经济语境,把文本意指在生产和交换领域。凯尔纳指出,把文本嵌入它们产生和分配的文化系统有助于解释文本的特征和效果,这一点是纯粹的文本分析常常会错过或低估的。生产系统常常决定了何种产品会生产,存在着什么样的结构性的限制,什么能说什么不能说,什么能够展示或不能展示,以及文本可能生产什么样的观众期待和使用。[1] 如法兰克福学派指出的,媒介文化源自生产的工业组织,其中,产品是依据文化工业的模式和代码生产的,而后者又是依据生产的工业模式来组织的。这样,操作何种代码,它们如何镶嵌于人工制品就是生产系统行使的功能。在媒介文化的商业系统中,生产是依据精确定位的风格以及它们自己的代码和生产模式而组织的。电影、电视、流行音乐都是高度地在商业系统中代码化的。而在这种代码化模式化的编排中,又传达或支持着某种价值观。这样,凯尔纳指出,既然媒介文化的形式是为精确定位的规则和管理所结构的,文化生产的研究就有助于解释代码的运用,有助于说明决定了政治的意识形态话语的影响的范围和限制,能够有助于阐明在特殊时刻何种话语是主导性的。比如,如果不分析新闻和信息的生产和政治经济学,就不能真正地讨论特殊事件比如海湾战争中的媒体的角色。如果不分析他们的市场策略,他们对音乐录像的科技的使用、广告、公关和形象管理就不可能穿透杰克逊和麦当娜的成功。[2] 如马克斯韦尔说的:"权力关系决定经济安排与结果,与此同时,经济力量限定政治思想与行为。"[3]

凯尔纳主张,非教条的政治经济学要把自己开放于意义的文本生产、观众的使用和愉悦以及表征的政治问题。接合是具体分析经济和文化结合的概念。霍尔定义的接合是:两个不同的元素,在一定

---

[1] Douglas Kellner. "Overcoming the Divide: Cultural Studies and Political Economy", in Marjorie Ferguson and Peter Golding. *Cultural Studies in Question*. Sage Publications, 1997, p. 105.

[2] 同上,p. 107.

[3] 托比·米勒主编:《文化研究指南》,南京大学出版社,2009年,第98页。

的条件下，能够组成一个整体的连接的形式。这种连接不是在所有时候都是必然的、决定性的、绝对的、本质的。霍尔用这个概念去解释一定的意识形态元素结合进某个现象如撒切尔主义，但它也能够用于解释不同的社会层面诸如政治经济文化结合起来产生文化产品，以及观众如何结合意识形态或文化意义以便理解他们的世界。因为观众自身就是他们所生存其中的媒介系统的产物，即是说，观众依据他们关于何种文本是主导的，是最为流行的经验，去获得偏爱、期待和习得解释文本的方法。他们通过性别经验，学习阅读肥皂剧和情景喜剧的惯例，这样的经验创造了期待，加强了符码的偏爱阅读，限定了观众的反应。知道何种生产系统产生了何种观众和解码的方式有助于接受研究获得观众如何在一定的系统中与文本相互影响的洞见。

观众自身在某种程度上就是生产系统所建构的，因此理解了一个文化中的媒介生产系统就提供了洞悉观众期待的可能。凯尔纳指出，阶级近些年在观众接受研究中作为结构了观众解码和文化文本的使用中的地位常常被低估了。忽视了政治经济学导致了忽视阶级，因为阶级分析是政治经济学的主要产品。[1] 阶级仍旧是当代资本主义社会中的结构性因素，某个控制了表征方法的阶级将决定何种阶级的形象流通在主流文化中。不同观众会不同地使用和解释媒介文化中的表征，这就需要接受研究考虑阶级维度，它是消费中的关键性的变量。但夸大阶级的构造力量也有危险，不能忽视其他的变量，这些变量构造了人们的身份，帮助决定他们如何使用和接受媒介文本。菲斯克在哈特利之后，列举了七个主体位置（subjectivity positions），即自我、性别、年龄、家庭、阶级、民族和种族，所有这些因素，相互作用塑造了观众接受和文本使用，必须在研究文化接受的时候计入考虑。

一些政治经济学分析把文本的意义和效果化约为意识形态功能，认为媒介文化仅仅反映了精英统治者的意识形态。媒介文化当然支持了资本主义价值观，但在葛兰西之后，英国文化研究把大众文化领域视为一个激烈斗争的场所，不同种族、阶级、性别和社会群体在其中相互争夺，这不仅仅是个控制的领域。为了完整地理解媒介

---

[1] Douglas Kellner. "Overcoming the Divide:Cultural Studies and Political Economy", in Marjorie Ferguson and Peter Golding. *Cultural Studies in Question*. Sage Publications,1997, p. 114.

文化的本质和影响,需要发展多维度的分析方法。事实上,英国文化研究在也是倡导多视角的研究方法,诸如威廉斯、汤谱森和霍尔对于马克思主义的发展,伯明翰学派后期对符号学、解构主义、精神分析的引进,莫利在观众研究中超越巴金和霍尔的单一的阶级视角,引进了性别、年龄、种族等轴线的分析,菲斯克提出了多重轴线、大众层理等概念。比如,凯尔纳在《媒介文化》中对麦当娜、杰克逊等一系列明星的研究,就是运用多视角分析其市场运作和文化产品的生产,这种分析的目的,是致力于发展一种批判性的媒介教育学(a critical media pedagogy),即教育观众揭穿媒介文本中的意识形态蔽障,抵抗媒介操纵,增长自由和个性意识,从而帮助人们获得文化控制权,为可选择的文化和政治变迁而斗争。

文化研究与传播政治经济学的一次遭遇

文化研究基于西方马克思主义的文化独立的传统,对苏联化的马克思主义保持警惕,从威廉斯和汤谱森开始就推崇文化的独立性,到霍尔发展出理论化的"不做保证的马克思主义",到莫利和菲斯克对观众的研究,似乎文化的生产部分被弃之一边了。而与伯明翰学派过从甚密的默多克、戈尔丁以及尼古拉斯等人发展的传播政治经济学一直与文化研究似乎泾渭分明,思路迥异,美国传播学界的重要刊物《大众传播的批判性研究》(Critical Studies in Mass Communication,以下文章均出自这一期杂志)1995年第1期组织专辑推出系列文章让文化研究和传播政治经济学正面交锋,彼此亮剑,深化这一问题。

主题文章由尼古拉斯·加拉汗撰写。[①] 尼古拉斯指出,文化研究挑战了传统人文学科的精英主义和文化沙文主义,批评它忽视了镶嵌于文本和其解释之间的社会权力关系,以及经验主义、实证主义社会学忽视了一般意义上的定性研究和特殊意义上的文化和动力机制。这种挑战的成功部分归于在理论上文化研究与后现代的结合,

---

[①] 这篇文章有两个版本,有细微差异,一是发表在学术期刊《大众传播的批判性研究》中的论文,一是收录在《文化研究的问题》中的论文。文章的题目也不同,期刊文章的题目是"政治经济学与文化研究:结合或分离?"收录在《文化研究中的问题》的题目则是"政治经济学和文化研究的实践"。陶东风主编的《文化研究精粹读本》翻译的是发表在期刊上的论文。此处参考了三个版本。

以及把文化结合于政治实践的努力。文化研究试图理解，社会结构的决定因素和社会权力的影响力通过符号性体系得以表征。但是，当前的文化研究难以有效地分析符号表征系统中的当代发展趋势，以及文化权力中的相关变迁，更难以在政治上参与社会。为了继续下去并实现其初始目标，文化研究现在需要重建其与政治经济的桥梁，而这种桥梁文化研究在奔向后现代主义的愉悦和差异之时被抛弃了。没有这种和解，文化研究将不能理解文化生产模式的当代变迁。这些变迁包括三个相关的过程："全球范围里的文化生产和交换的重建，部分地关系到信息和传播领域里的新科技的生产方式的激进发展；文化生产关系的重建，牵涉到知识分子、符号表征专家的社会和经济地位的重新安置；政治和文化权力关系的重建，涉及国家和公民的潜在权力以及角色的重新定位。"①尼古拉斯说，文化研究与政治经济学的对抗基于深深的误解，文化研究只有在与政治经济学的桥梁重建之后，其成功才有可能。之所以说重建，是因为文化研究本身就是从一系列有关政治经济学的假设中产生的。尼古拉斯指出，文化研究所处的语境是工业资本主义和商业化的文化生产、分配以及消费体系所构造的阶级结构。文化研究肯定工人阶级文化，以此对抗统治阶级的道德系统，它本身就具有一种动员的意识形态，是为改变资本主义社会关系，为提升工人阶级文化身份提供的智识支援。从亚当·斯密到马克思再到韦伯的经典社会学都认为，社会资源的分配不是自然的，而是政治斗争的结果。人们在这种斗争中所采取的立场通常与他们在生产方式中的经济收入或利益相关。因此，阶级不是一个抽象的分析性范畴，它是生产关系和政治行动之间经由意识形态而相联系的模式，基础和上层建筑之间的这种联系是物质利益。那么，阶级模式在文化研究中有效吗？如果回答是肯定的，那么就必须牵涉到政治经济学。

他指出，当前的统治方式及其伴随的文化实践是建立在资本主义生产方式的基础之上，但文化研究拒绝以它思考问题，结果就变成："是文化消费而不是文化生产，是休闲的文化实践而不是工作的文化实践，成为压倒一切的焦点。"他说，在发达资本主义国家近十年内的主要政治和意识形态领域里的斗争，无论好坏，都是紧紧围绕着

---

① Nicholas Garnham. "Political Economy and the Practice of Cultural Studies", in Marjorie Ferguson and Peter Golding. *Cultural Studies in Question*. Sage Publications,1997,pp. 56—57.

经济问题的，诸如税收、福利、就业和失业。即使不希望成为经济主义，难道从事文化研究的人真的能够否认这些事实吗？难道他们能够否认，众多所谓的身份政治及与其相联系的生活方式的文化政治是根源于劳动市场的重建吗？这些重建包括：白人男性体力劳动者的减少、女性劳动力的增加、把黑人纳入工资劳动力行列的努力的失败以及服务行业就业的增长等。

通过把注意力集中在消费和接受，文化研究夸大了消费和日常生活中的自由。但是，"难道任何一个生产了一个文本或者一个符号形式的人能够相信，解释完全是任意性的或者愉悦不能够用于操作性的目的？如果解释的过程是绝对任意的，那么我们就不得不在交流活动中完全放弃意向性的概念。如果真是如此，人类早就把这一活动抛弃了。"即是说，文化生产中的意向性必须得到关注。他说，为了追求经济的或政治的目的，一个特定的社会群体会决定传播哪种意义、不传播哪种意义，应该讲述什么样的故事，应该把哪种论点放置在显著的地位，以及什么样的文化资源是可以得到的、被哪些人得到。对这些问题的分析，对于理解文化中的权力关系，这些权力关系与更大范围的统治结构的关系是至关重要的。他反问，在当代文化研究中，对文化生产者的审视在哪里？对他们进行活动的组织地点及他们行使权力的实践的审视又在哪里？

政治经济学把阶级即获取生产资料和分配剩余价值的结构看作统治结构的最主要形式，而文化研究则把性别、种族以及其他的社会轴线看作与阶级所决定的结构无关的另外的统治结构。即是说，文化研究在拒绝政治经济学的同时，也拒绝了阶级作为分析的重要模式，但是在文化研究所主张的社会轴线如性别、种族等，是否也与政治经济学无关呢？回答是否定的。以种族为例，尼古拉斯指出，难以否认，现代的种族统治形式是建立在经济统治的基础上，如北美奴隶贸易、中西欧的劳动力输入以及全球的殖民主义都证实了这种看法，因为，"如果认为黑人是美丽的，但对经济发展过程、不平等的贸易条款、劳动力的全球分工以及劳动力市场中的壁垒和边缘化无所作为，那么就几乎不可能在宰制中获得任何有意义的进步"。他引用阿伯克龙比(Abercrombie)等人的主张，认为正是经济关系的顽固的强制力，而不是意识形态霸权，解释了资本主义统治结构的相对稳定性。对种族、性别等文化研究最推崇的社会轴线的分析表明，经济这个文化研究所逃避的社会层面是揭开当代不平等权力的根源，结论就是：

"如果没有对构成了那些斗争的文化实践的政治经济基础和语境的分析，就不能理解围绕着性别、种族所进行斗争的缘由、形式和利害关系。"因为资本主义生产方式构成了人们生活的必需的存在条件，这些条件构成了文化实践发生其中的平台，它们限定了文化实践的日程表。比如，如果不理解劳动力的移民潮，就不可能理解发生在其中的多元文化主义和流散文化；不研究参与制造了观众和肥皂剧的广播机构，就不可能理解作为愉悦本身的肥皂剧；不了解制造了这些文化实践的生产和销售过程，就不可能研究广告和购物，更不消说它的解放潜能了。当前，任何对文化及其政治潜能的研究，都不能忽视全球文化市场及其技术和资本流动。

随后，劳伦斯·格罗斯博格对尼古拉斯提出了反驳，他说，自1970年代中期以来，每隔几年，总有某个英国政治经济学家站出来攻击文化研究，虽然内容并无多大变化，总是两个方面的批评：一是因为文化研究忽视了文化生产的机制，它欢呼大众文化，放弃了任何抵抗的角色；二是因为文化研究忽视了经济，它就不能理解当代世界中的权力、宰制和压迫的真正结构。格罗斯博格反驳说，文化研究没有拒绝政治经济学本身，讨论资本主义一直是其核心工作，毋宁说，它反对的是某些政治经济学家操练政治经济学的方式。格罗斯博格说，也许文化研究真的过多地关注了消费，但在这种论调的背后是把消费或休息视为相比生产是不重要的甚至是琐碎的倾向。这种观点可能是试图恢复到一种简单的控制模式，其中人们被视为消极地被操纵的文化傻瓜。对于文化研究被指责为非批判的文化民粹主义，失于考察宰制性的文化实践等，格罗斯博格都做了反驳，他指出，在尼古拉斯看来，资本是以一种机械的方式从头到尾决定着，这样，政治经济学就无法思考矛盾（contradiction），无法思考为什么事物会变化。尼古拉斯的立场没有回答许多重要的问题，比如宰制、赞同等是如何完成的，为什么它们会成功。当然了，经济实践和关系决定了商品的分配（虽然不是完全地），但它们决定了哪一种意义会流传，哪一种没有吗？这其中的接合是极其复杂难以描述的。一定的机构和个人可能试图控制人们如何解释文本，并不意味着这样的意图实际上决定了人们的所为所思。

格罗斯博格说，文化研究相信文化的重要性，强调复杂性和冲突，而政治经济学很少关注复杂性和冲突，对于马克思主义立场，这是很奇怪的。文化研究确实对抗了资本主义，但这并非意味着它会把政治经济学作为文化解释的模式,相反,大量证据表明其创始者如霍加特和威廉斯有意地不以纯粹的经济术语解释文化。后来的文化研究对种族、帝国主义和性别权力关系的研究中,都没有把这些问题视为更深层的经济或阶级关系的附属物。种族和性别结合于经济这一事实并没有说明围绕着种族和性别而发生的反对宰制性结构的斗争。文化研究认为,利益自身是文化地产生的,卷入政治斗争中的部分东西是特殊群体结合于特殊利益的结果。不存在源始性的真实的利益,直接地无疑问地为经济立场所限定。格罗斯博格强调,文化研究不是拒绝政治经济学,它只是拒绝某种版本的政治经济学。这种版本的特征不仅在于逻辑的一致性(化约主义和反映主义),而且在于它把经济还原为资本主义制造业的技术和体制性的语境,把市场还原为商品和交易的据点。"文化研究既不想要和解,也不需要离婚,因为文化研究与政治经济学从未结合过。我们想要的是共存"①。

詹姆斯·凯瑞也对尼古拉斯提出了反驳。针对尼古拉斯说的,在过去的十年主要的政治意识形态斗争是围绕着经济问题,以及身份政治、文化政治等都是联系于劳动力市场的重建的说法,凯瑞说,文化研究者既会否认失业等在狭义上是经济问题,也会否认身份政治能够化约为工作机会。他认为,如果要理解我目前所居住的地方,就要处理诸如移民、人口、自然资源、流产、犯罪、城市改造以及许多其他未提及的问题,这些既非狭义上的经济也非狭义上的身份问题,核心问题应该是公共领域(the public sphere)。凯瑞说:"民主复兴不是开始于思想,如知识分子设想的,或者是伟大的政治领导人控制了局势。民主起源于普通民众的谈话,公民的开始质疑他们的经验和政治家和知识分子告诉他们的东西之间的不一致。最需要的东西是,公民投入他们的环境中,把他们的愤怒建设性地消失在政治工作之中。"②文化研究的实际目标不同于政治经济学,是在媒介之外更新民主的对话,在大学开始这种更新,并延伸到一个更为广阔的市民话语之中。

---

① Lawrence Grossberg. "Cultural Studies vs. Political Economy: Is Anybody Else Bored with Debate?".

② James W. Carey. "Abolishing the Old Spirit World".

随后，默多克站在传播政治经济学的立场提出了自己的看法。①默多克指出，对于当代文化的批判性分析来说，强调批判的政治经济学是出发点无疑是正确的，它是文化行动发生其上的动力和结构性的条件。但是，如果公司权力和资本主义动力被认为是塑造那些条件的核心力量，是那些条件生产和协商了公共文化的（public culture）意义系统，那么，为什么文化研究的实践者在他们自己的分析中没有遵循这种逻辑呢？默多克说，部分原因来自学术体制的劳动分工。但对某些人来说，这种分裂居然不是问题，如菲斯克说的，每一个领域需要它自己的方法和理论框架，而且每一个以另一个的视角都不能得到充分的分析。接受这种学术的隔离就背离了文化研究的初衷，它原是要摒弃学科和领域之间的分裂，要工作在夹缝之中以便完整地分析文化的。文化理论家建构了身份和生活风格中的多元差异，而构造了这些差异的经济和政治动力则落入视野之外。如伊格尔顿说的，你可以谈论文化差异，但不必谈经济剥削。

默多克说，批判的政治经济学坚持，为了理解当代文化的动力，首先必须理解公共领域里的意义生产的方式，比如出版、广播、电影、教育等，这些急剧地融入和从属于资本主义的事业、私人财产、商品化、现金关系的结构和逻辑，这就需要去说明，在结构性的层面，资本主义动力创造特别的场域的方式，这些场域为了某些行动，鼓励一定的意义制造的形式，压制其他的形式。就如威廉斯的说法，它们施加压力，设置范围（set limits），它们促进某些方面又限制某些东西。但要说特殊的生产或消费行为、创造和解释，能够从经济动力中直接推导出来，这种说法是不对的。这么做就忽视了这一事实，即虽然场域（arenas）限制了行为的选择，它们并没有命令（dictate）它们，仍然存在着多重选择的可能。要理解为什么在某些时刻会有某种选择，我们需要对特定场所意义生产和采纳的方式进行详细的社会学研究，这样，"批判的政治经济学对于能胜任的文化生产的社会学而言是一个必要的先锋；它不是后者的替代品"②。

政治经济学和经济学的差异在于，前者坚持考察商品世界和好的生活之间的关系。对于许多近期的文化研究者来说，这个关系是没有疑问的，商品是好的生活的通行证，消费是构造和展示身份的领

---

① Graham Murdock. "Across the Great Divide: Cultural Analysis and the Condition of Democracy".
② 同上。

地,这是一个自由的、灵活的、选择的王国,它反对工作的日常规定和统治。但是那些弱者,那些残疾人,那些被剥夺的人怎么办呢?如凯斯·特斯特(Keith Tester)愤怒地指出的,今天关于商店有趣的不是什么东西在里面,而是谁睡在了它们的门边。作为对于消费研究的道德虚假性的攻击,这句话一语中的,但许多东西需要进一步分析。默多克认为,从批判的政治经济学的视角看,商店有趣的是东西是从哪里来的,它们产生于什么样的条件下,谁能够购买它们,购买者的选择自由和流浪者、乞丐和拾荒者被否定的选择之间的纽带是什么,这些都是重要的问题。政治经济学的"政治性"不仅仅是它的兴趣是经济动力和公共政策之间的相互关系,而且,它关心的是公民权问题,即权利和义务的建构问题,这些权利和义务构成了一个政治共同体的完全和有效的身份。但公民权问题在文化研究中被边缘化了,后者关注的是文化消费。

最后,尼古拉斯对格罗斯博格和凯瑞做了回应。① 格罗斯博格认为,阶级是文化上构造的身份,这种看法既对也不对,文化构造不是纯粹地起源于话语,必定是部分地来自实际的物质差异的结合。经济和阶级在种族和性别的权力结构中继续扮演着重要的解释性角色,这是文化研究和许多身份政治需要认识到的。如格罗斯博格那样认为的,生态、环境或本土居民不是关键性的政治经济问题,这似乎是故意的盲视。理论差异的核心仍然是决定论问题,政治经济学不会要么是话语主义的要么是功能主义的(functionalist),如格罗斯博格说。生产的模式确实是底线(bottom line),因为它设定了个体和社会生存、生产的条件。简单说来,如果在经济和政治之间没有某种必然的一致,任何政治的或社会学的解释似乎就不可能,政治就变成了纯粹的唯意志论的赌博了。关于凯瑞的观点,尼古拉斯的回答是,失业和身份政治等问题及其解决很大程度上依赖于政治经济基础。而且,凯瑞提出的其他问题诸如移民、人口、自然资源、犯罪、堕胎、城市改造等,要说这些主要不是政治经济学问题而是文化问题,是难以自圆其说的。

尼古拉斯说,他们之间在政治观点上也有差异。从人类的谈话说到民主的发生,这听起来很不错,但这些谈话的内容是什么?尼古拉斯认为,这些谈话在很大程度上是关于政治经济问题。而且,凯瑞

---

① Nicholas Garnham. Reply to Grossberg and Carey.

把普通人放置在一边,把知识分子和政治家放置在另一边,这种区分站不住脚,政治上也是危险的。我们所看到和经验到的不足以处理我们的日常生活,我们实际上不断地依靠专家,他们也是普通人。从威廉斯的观点看,要是没有谈论核心的政治经济问题,"普通生活的质量"如何提高和保持?个体的福利如何促进?文化研究者可能期望,种族和性别对于英国的选举政治更为重要,但这些问题相比税收和就业就显得意义苍白了。

从双方的交锋看,似乎仍然是各持己见,难以说服对方,但文化研究和传播政治经济学各自的立场和观点基本呈现出来了。事实上,传播政治经济学在其发展历程中,已经按照一般学科原则,以一系列概念范畴建立了独特的解释视域,其对文化研究的批评,也早已开始。

传播政治经济学的理论主张

传播政治经济学把经济学方法和理论应用于作为工业生产的媒介的研究,考察当代资本主义媒介所有权和经济控制对于媒介信息的生产和分配的影响。传播政治经济学伴随传播学起源于北美。受到古典政治经济学、马克思主义、西方马克思主义的批判研究以及美国传播行政研究和加拿大技术批判思想的影响,传播政治经济学在北美形成了自己的谱系、研究主题和思维取向,其代表人物是达拉斯·斯麦兹(Dallas W. Smythe)和赫尔伯特·席勒(Herbert Schiller)。传播政治经济学坚持人文学科的批判性,吸收传统政治经济学方法聚焦于当代资本主义经济对文化控制的影响,介入现实的政治变革实践,这一点区别于北美传播研究的行政学派。在英国,传播政治经济学的代表人物是尼古拉斯·加拉汗(Nicholas Garnham)、葛瑞汉·默多克(Graham Murdock)和彼得·戈尔丁(Peter Golding)等人,他们与以斯图亚特·霍尔为代表的伯明翰学派既有密切的关联,又在许多观点和方法上相互对立,形成了所谓的拉夫堡学派(Loughborough School)。英国的传播政治经济学认为,对媒介的经济基础之于媒介信息和媒介产品的意义的限定作用的忽视是伯明翰学派的文化研究的缺限,传播政治经济学研究跨国公司和国家权力对媒介政策和信息控制的影响,其目标是促使制定规章制度和政策的政府部门关注公众利益,力主建立新的国际经济和传播秩序。

政治经济学的研究对象,按照莫斯可的说法,是"各种社会关系,特别是权力关系,正是它们共同构建了资源的生产、分配与消费"①。在媒介研究中,"政治经济学"这个术语经常涉及一些宏观问题,如媒介所有权与控制、连锁董事(interlocking directorships)以及将媒介工业与其他媒介、其他工业、政治经济和社会精英联合在一起的其他因素。它一般研究媒介兼并(consolidation)、多样化(diversification)、商业化(commercialization)、国际化(internationalization)的过程,追溯受众和广告利润驱动原理及其对媒介行为和媒介内容的影响。② 莫斯可认为政治经济学具有三个本质特征,首先,它强调对社会改革和历史变革的研究。其次,政治经济学对研究社会整体或构成经济、政治、社会和文化领域的社会关系的整体性感兴趣。再次,它致力于研究道德哲学,对社会道德价值标准和道德原则感兴趣。戈尔丁和默多克在描述批判的政治经济学的特征时,在此基础上增加了第四个特征,即它关注资本主义企业与国家干预之间的平衡问题。莫斯可把政治经济学用于传播研究,提出了三个入门概念:商品化(commodification):将商品和服务的使用价值转化为商品的市场交换价值的过程;空间化(spatialization):打破社会生活中的时空限制的过程;结构化(structuration):将能动力量(agency)、社会过程和实践等观念整合为对结构的分析。奥利弗指出,政治经济学对传播作出的最大贡献是对媒介制度及其背景的分析,莫斯可的几个概念涉及媒介活动的整个范围,并且有可能以一种整体论的模式来解释从生产到接收的完整循环过程。它提供了一个基础,在此基础上可以描绘戈尔丁和默多克所指出的对文化的批判政治经济学非常重要的四个历史过程:媒介的增长、公司实力范围的扩张、商品化以及国家和政府干预角色的转换。它们中的任意一个都适合用商品化、空间化和结构化这三个概念来分析。③ 在当代,传播政治经济学较为关注媒介经济结构而非意识形态内容,麦奎尔在总结传播政治经济学的方法时说:"它坚持意识形态依赖于经济基础,并把研究的注意力转向对所有制结构的经验分析以及媒介市场

---

① 文森特·莫斯可:《传播政治经济学》,华夏出版社,2000年,第25页。
② 奥利弗·博伊德-巴雷特、克里斯·钮博尔德编:《媒介研究的进路》,新华出版社,2004年,第227页。
③ 同上,第228页。

力量运行的方式。从这一点看,媒介机构更应被视为经济体系的一部分,尽管它与政治体系的关系密切。"① 虽然政治经济学家常常探讨的题材侧重经济学、商业、劳工及产业结构,但是他们的基本观念里总有一个政治视野,即经济学遭遇伦理问题,如公正、平等、权力、资源分配及社会福利等,他们认为,经济力量排除了那些缺乏经济实力或资源的声音。

当代西方学界对经典马克思主义的批评,主要是经济决定论和意识形态自主性的简化论,认为大众媒介是统治阶级进行统治的意识形态工具,或者通过直接的所有权,或者通过统治阶级控制的政府来控制媒介。在加拉汗看来,这种观点忽视了文化生产和再生产的特殊效果,忽视了处于实际的、具体的历史时刻的经济、意识形态和政治层面多样关系的特殊性。② 而大众传播政治经济学的视角,"试图将注意力从将大众媒介看作是意识形态国家机器上转移,将大众媒介首先看作是通过商品生产和交换直接创造剩余价值或通过广告在其他商品生产部门创造剩余价值的经济体"③。他认为,政治经济学的视角就是建立在经济因素是最终的决定力量的基础上。实际上,垄断资本主义社会中大众媒介的主要特征就是通过经济进行政治、意识形态控制。基础/上层建筑模式是有效的,但垄断资本主义的发展已经将上层建筑工业化,因此,在继续研究经济因素及其在文化领域中特殊的表达之前,要考察生产的物质条件与意识形态之间的关系。

默多克和戈尔丁在《文化、传播和政治经济学》《处在十字路口的文化研究》《意识形态和大众媒体:决定论问题》《资本主义、传播和阶级关联》等文章中系统地阐述了拉夫堡学派的传播政治经济学观点。下面撷取其中主要部分,呈现当代英国的传播政治经济学的基本观点,看拉夫堡学派与伯明翰学派的异同。

当前,人们普遍承认大众传播系统是文化工业的一部分,这些组织既同于又异于其他的工业,一方面,它们与其他领域的生产具有相同的特征,都是普通的工业结构的一部分;另一方面,它们生产的产

---

① 张国良主编:《20世纪传播学经典文本》,复旦大学出版社,2003年,第452页。
② 奥利弗·博伊德－巴雷特、克里斯·钮博尔德编:《媒介研究的进路》,新华出版社,2004年,第265页。
③ 同上,第268~269页。

品如报纸、广告、电视节目、电影等在构造人们理解世界的形象和话语方面具有重要作用。学界出现的两种取向,要么是聚焦于媒介意义的建构和消费,如约翰·菲斯克,要么重点在媒介工业的经济组织如科林·斯巴克斯(Colin Sparks)、加拉汗等人。批判的传播政治经济学的特征是,它"集中于大众传播的符号的和经济维度的相互关系。它要呈现的是,筹措资金和组织文化产品的不同方式如何影响大众领域里的话语和表征的范围,以及观众可通达它们的渠道"[①]。在默多克看来,伯明翰学派的文化研究的缺陷是,它没有分析文化工业的运作方式,没有说明它们是如何像工业那样运作的,它们的经济组织如何影响了产品和意义的流通,它也没有考察人们的消费选择的方式是如何为他们在更大范围内的经济结构中的位置所结构的,而探寻这些动力机制则是批判的传播政治经济学的任务。默多克和戈尔丁指出,批判理论是唯物主义的,它的焦点是人们与其物质环境之间的相互作用、物质资源拥有的不平等以及这种不平等对符号性环境的影响,批判的政治经济学不同于主流经济学的地方在四个方面:"一是它是整体性的,二是它是历史主义的,三是它关心的是资本主义企业和公众干预的平衡问题。最后,也是最为重要的是,它超越了效率的技术性问题,而是致力于更为基本的道德问题诸如正义、公平和公共福利。"[②]自由主义政治经济学瞩目于市场交换,把竞争性的消费选择看作个体的使用和满足,在过去的二十年里,这种观点获得了政府的信任,亚当·斯密(Adam Smith)的自由竞争的看不见的手左右着市场的观点被广泛接纳,西方民主国家的政府把公共服务私有化,通过扩大市场机制的规模和范围以增加消费选择。自由主义政治经济学把经济看作自治的领域,批判的政治经济学则关心经济组织和政治的、社会的和文化生活的相互关系。对于文化工业的研究,它关注的是经济对公众的文化表达的范围的影响,以及文化对于不同社会群体的可得性。主流经济学家关注资本主义社会中的独立自主的个人,而批判的政治经济学家的研究从社会关系和权力的作用开始,考察社会关系的各个层面上的结构的不对称是如何形塑了意义的生成和获取的,揭示微观语境是如何被它所遭遇的经济原

[①] Peter Golding and Graham Murdock. "Culture, Communications and Political Economy", in James Curran. *Mass Media and Society*. Arnold, 1991, p. 71.

[②] 同上, pp. 72—73。

动力和更为宽泛的结构所形塑的,关注传播行为是如何为物质的和符号的资源不平等的分布所结构的。

在默多克和戈尔丁看来,沿着这条线索展开的研究意味着避免工具主义和结构主义。工具主义集中在资本家使用其经济权力结合商业市场体系的方式,以保证公共信息的流通能够与他们的利益相一致,这些资本家把私有化的媒介视为阶级控制的工具。政府和商业精英确实具有优先的通向新闻媒介的渠道,大的广告商会有选择地支持一些报纸和电视节目,他们能够决定其报纸和广播的编辑底线和文化立场。但是,业主、广告商和重要的政治人物不能总是像他们所期望的那么做,他们操作在结构之内,这既提供了机会也设置了限制,分析这些局限的本质和来源就是批判的政治经济学的任务。结构主义把结构视为坚固的不可动摇的建筑物,而批判的传播政治经济学把它们视为活跃的形式,是通过实际行为被不断地再生产和改变的,分析意义通过具体的生产者和消费者的行为被制造和再制造的方式也就是传播政治经济学的重要任务,其目标如吉登斯说的,是要解释行为是如何为结构所构造的,这就需要以更为灵活的方式考虑经济决定。马克思说决定是在"最后时刻"(last instance),它暗示每一样东西能够被直接地联系于经济力量。默多克和戈尔丁则赞同霍尔,把决定视为操作在最初时刻(first instance),即是说,经济动力在定义一般环境的关键特征时是核心角色,但它不能完全解释发生在那些环境中的行为的本质。

今天,媒介生产已经急剧地为大公司所霸占,为其利益和策略所塑造。随着近些年的私有化浪潮以及公共资金资助的文化机构的活力的衰退,这一趋势更加明显。大公司以两种方式控制了文化景观,首先,文化生产的比例直接地为主要的联合大企业所控制,这些文化生产部门包括报纸、杂志、电视、电影、音乐和主题公园等。其次,那些没有直接卷入作为生产者的文化工业的公司,通过它们作为广告商和赞助人的角色,控制了文化行为的方向。同时,公司的扩张加强了第三个过程,即文化生活的商业化。商业化的传播公司一直在从事着商品的生产,最初,它们的行为局限于生产能够被直接消费的符号性商品,诸如小说、报纸或剧院的表演。后来,随着家用电器的兴起,需要消费者购买合适的硬件作为获取文化商品的渠道,这就加大了已经存在着的收入分配的不平等,使得传播行为更加依赖于付费能力,比如,家庭收入越高,就越是有可能拥有硬件诸如电话、计算机、录像机等,这就给予传播选择以更大的可能。

商业化传播行为的主要的体制性平衡者是以税收提供资金的机构,最重要的是公共广播机构,典型的是英国的BBC。但BBC在当今商业化背景下面临巨大的压力。默多克对此进行了分析。BBC以不用插播电视广告远离商业化,它把所有的电视节目平等地提供给每个人,只要用户交纳了基本的执照费,如BBC的首任主席瑞斯爵士说的,公共广播应该为每个人以同样的费用同样地分享,而不应该有第一和第三阶级之分。但这一理想在过去十年随着公司为了资金筹措而扩展商业行为,包括为了特殊群体的需要开设付费频道而慢慢消逝了,同时,公司也承担着新闻和时事领域里的政治压力,它独立于政府的脆弱性常常招到一系列挑战,比如公众常常攻击新闻的所谓的"客观"。

公共话语和表征领地的这种狭窄化趋势是更为广大的历史过程的一部分,这一历史过程即是,资本主义社会的政府在传播行为管理中扮演着越来越重要的角色。从一开始,政治经济学特别关注公共干预的合适范围,因此不可避免地卷入各种政策的评价。古典政治经济学和其今天的追随者认为公共干预应该最小化,市场力量给予了操作以更大的自由,而批判的政治经济学则指出了市场体系的扭曲和不平等,认为这些缺陷能够为公共干预所校正。在政治经济学内部,关于公共和私人企业的平衡问题的争论从未停止过。亚当·斯密以伦理学教授结束其职业生涯,他肯定市场的高效,也赞许其道德优越,因为它给消费者在竞争性的商品之间以选择自由,只有那些能够满足人们消费需求的商品才能生存。同时,他看到公共福利不是个体选择的简单的总和,私人企业不能提供社会所需要的所有东西,文化领域具有独特性,因此,斯密呼吁各种公共干预以增加公众的知识水平,提供人们所需要的娱乐。默多克提出的批判的政治经济学沿着这条线思考问题,即联系公民权利思考理想社会的构成。

现代传播媒介不仅嵌入资本主义经济体系,而且对于公民权的发展具有重要意义。在一般意义上,公民权是"关于使得人们能够在所有层面上变成完全的社会成员的条件"[①]。默多克指出,在理想的环境下,传播体系应该以两种方式对此做出贡献。首先,它们应该给

---

① Peter Golding and Graham Murdock. "Culture, Communications and Political Economy", in James Curran. *Mass Media and Society*. Arnold,1991,p.76.

人们提供渠道以获得信息、建议和分析,让他们知道自己的权力并追求它们。其次,它们应该提供最大范围的关于政治选择的信息、解释和论争,使他们能够提出异议,进行合适的选择,哈贝马斯的公共领域这一概念就是关注这个问题。因此,传播政治经济学需要关注三个领域。首先是文化产品的生产,文化生产对于文化消费具有一定的限制。其次是考察文本的政治经济学,以阐明媒介产品中的表征与生产和消费方式的关系。最后是分析文化消费的政治经济学,分析物质和文化不平等的关系,这是政治经济学最显著的特征。①

传播政治经济学的焦点问题是考察控制文化生产和分配的一系列力量如何限制或解放了公共领域,这直接关系到两个主要问题:一是这些机构的所有权模式以及这个模式的结果;二是政府规范和传播机构的关系的本质。大公司生产的数量上不断增长的文化产品一直是民主理论家关注的问题,他们看到了一个基本的冲突即公共媒体应该操作在公共领域,但现实是,媒体为私人所有。他们担心业主会把他们的财产权用于限制信息的流通,20世纪末大公司的崛起增加了这种担心。确实,美国和英国的大公司在用它们的报纸支持它们喜欢的政治立场而诋毁不喜欢的人。除了直接操纵其公司,大媒介企业也以其权力去获得垄断,它们通过高昂的宣传、给广告商打折扣、搜罗媒介从业人员等方式,用巨大的财力把新的竞争者赶出市场。而且,随着全球的政府都在拥抱私有化和"自由"市场经济,这些大公司的地理扩张和策略性的联盟急剧地发展着,它们渗透到以前封闭的市场,扩大其行动的范围,前苏联地区以及中国市场的开放就是典型案例。历史上,构造商业和公共事业之间的平衡以保障文化多元化是政府的主要任务之一,这一过程主要采取两种形式:首先,商业企业被公共利益所规范,以保障文化生产的多元化,包括那些在纯粹市场条件下无法生存的文化,比如英国商业电视公司被要求制作少数人的节目,即使这是没有利润的;其次,多元化的节目制作为不同形式的公共资金补贴所支持。但过去的二十年里,这一体系被私有化政策所改变,比如主要的公共文化企业如法国的 TF1 电视网络被卖给私人投资者,私人利益就威胁到公共文化。

伯明翰学派的文化研究致力于分析媒介文本的结构,考察它们

---

① Peter Golding and Graham Murdock. "Culture, Communications and Political Economy", in James Curran. *Mass Media and Society*. Arnold, 1991, p. 77.

在维持宰制体系中的角色。伯明翰学派不认为大众媒体透明地扮演着宰制性的意识形态角色,而是认为传播媒介中充满着相互斗争的话语,它们提供了不同的观点,这些观点相互争夺以获得可见性和合法性。对于一种文本,伯明翰学派考察的是其特定形式的话语,它们是否完全以官方话语组织,是否给反对话语提供了空间,其话语处理方式是否表明了某种等级制,吁求观众偏爱一种观点甚于其他,或者是否以一种更为公平的方式或非决定的方式处理话语以便给观众留下选择。如果说伯明翰学派的文化研究的兴趣在于特殊媒介文本中话语机制的运作,默多克的批判的政治经济学关心的则是解释生产的经济动力是如何结构了公共话语,如何提升一定的文化形式甚于其他。这种方法首先是,追踪文化生产的资金筹措和组织与公共话语和表征领域的关系;其次,媒介文本的话语开放性的程度是不同的,与最近的文化研究中的观众研究不同,批判的政治经济学把人们反应的变量联系于他们在经济体系中的位置。默多克对以菲斯克为代表的文化研究的观点提出了批评。与法兰克福学派相反,菲斯克欢呼文化消费,认肯消费者的主权,认为意义解释的多元性是消费者的自由。菲斯克的观点相异于庸俗的经济决定论,后者认为文化消费不过是经济决定的产物,是被动的行为。但默多克认为,消费者主权(consumer sovereignty)不可能是绝对的,没有人能够不受限制地通达整个的文化产品。政治经济学的任务,就是检查限制这种自由的障碍。这种障碍有两种,即物质的和文化的。首先,获取传播商品和设备需要一定的购买能力。调查表明,花费在文化服务上的钱在急剧地增加。比如在英国,1953年,此项花费是一个家庭开销的9.5%,1986年比例涨到12.7%,到1993年则是19.6%。在1971年到1997年间,所有家庭开销增长了91%,但花费在娱乐和其他活动上的则增加了110%。消费模式的变化折射了所有人群的生活方式在逐步地变化,但这些变化在不同人群中的表现是不一样的。1997年,在英国,最穷的10%的人每周花费5.5磅在家庭服务上,而10%的最富的人的花费是穷人的三倍。最富的人群中,休闲服务花费占其消费的15%,而在最穷的人群中,这个比例是5%,他们花费在食物和酒水上的钱也比富人少很多。传播及信息商品和服务性的花费急剧地倾斜于更富的人群。① 随着传播服务的科技化,比如家用计算机的出现,这种倾向更加明显,而且鸿沟越来越大,其原因是信息和传播产品本身需要定期更新,收入低的人群就处于不利地位。比如计算机需要打印机、扫描仪、路由器以及其他软件,一般在4年内要更换基本的机器。也就是说,与文化研究相比,传播政治经济学关注的是,最基本的物质经济条件对文化产品的可得性的限制。与伯明翰学派关注意义的终端接受不同,在传播政治经济学看来,无论在接受的时候多么自由和多元化,最初的物质结构对文化产品的种类、目的、结构、意向都是有所限制的,这本身就限制了接受和解释的方向。

除了物质的制约之于文化消费,批判的政治经济学也关注社会性能力之于相关的文化资源的获取。对于观众的消费行为,默多克认为,最重要的是三点:时间、空间、解释和调动媒介机器的文化能力。时间,特别是休闲时间,是高度不平等地分布的资源。在家庭里,时间是按照性别分布的。妇女的劳动是"影子工作(shadow work)"(看不见,但实际存在),比如购物、清洁、烹饪和生儿育女。英国一项官方研究表明,1995年春天,平均每个有工作的妇女每天花费2小时38分钟在家务劳动上,而男人则是51分钟。妇女通过电话或亲自见面与朋友和家人保持联系,这也花费了很多时间。性别差异影响到媒介文化消费:1998年的英国国家统计局调查显示,男人花费2小时4分钟在媒介文化消费上,而妇女则是1小时49分钟。文化消费也关系到空间占有。看电视的经验依赖于是否是在自己的房间里、起居室里、厨房里或是在其他家庭空间里,或是在公共场所而不同。

文化研究的主题之一是考察社会位置(social locations)是如何提供了维持差异性解释和表达的文化产品和符号性资源的渠道的,但批判的政治经济学要进一步探索意义体系与产生它们的社会位置的关系,以及这些位置是如何反过来为政治经济变迁所改变的。在城市再发展的面目下,邻里之间的微观文化(micro-cultures)发生了哪些变化?去工业化、从制造业到服务业的转变所改变了的职业文化以及批判性的文化是如何为劳工运动所产生的?本地和全球之间

---

① Peter Golding and Graham Murdock. "Culture, Communications and Political Economy", in James Curran. *Mass Media and Society*. Arnold, 1991, p. 86.

的文化关系是如何为劳工的移民和流散大潮所重塑的？这些问题只有把传播政治经济学联系于政治经济学和文化社会学才能得到解决。① 人们在很大程度上依赖文化工业提供的形象、符号和语汇去解释他们的社会环境并做出反应，这就需要在理论上充分理解这些工业，因此传播的分析就占据着文化研究的核心位置。在默多克看来，批判的政治经济学提供了获得这种分析的方法。新保守主义把市场看作多元化的生产和消费选择的最好保证，而批判的政治经济学指出了财富和收入分配的不平等，呼吁积极的公众干预以保证多元化和公共渠道的存在。一般说来，文化研究学者在某种程度上都亲和于批判的政治经济学，但没有把这种学术引入他们自己的分析之中，比如霍尔批评了政治经济学缺乏意义斗争的概念，其分析失之于粗糙和化约主义，在默多克看来，这种批评没有抓住传播政治经济学的核心。

当代大众传播社会学应仔细关注大众媒介生产中的经济组织和动力所导致的结果。在这么说的时候，默多克和戈尔丁强调，他们并非主张经济力量是塑造文化生产的唯一因素，也非假定，市场力量和决定，与媒介的意识形态产品的本质是牢固的一致关系。传播政治经济学不否定政府和政治领域里的控制的重要性，不否定主导性的文化符码和传统的惰性，也不否定生产人员和专业意识形态和实践的相对自治性。他们赞同霍尔的观点，即经济决定对于充分的研究来说是必要的，但非充分条件。这里的关键问题是"必要的"（necessary），在他们看来，任何对于大众媒介作为意识形态机构的操作的分析如果失于考察经济因素就一定是偏颇的。②

在资本主义国家，媒介大企业的控制力在扩张和加速，但讽刺的是，经济决定这一理论问题反而被移置。在文化多元论那里，经济和文化的联系被消解了，这种观点认为，在当代资本主义，基于权力来源的可选择性和分散性，生产手段的占有对于文化控制来说不太重要了。在大众媒介的案例中，这种观点认为，生产人员的相对自治导

---

① Peter Golding and Graham Murdock. "Culture, Communications and Political Economy", in James Curran. *Mass Media and Society*. Arnold, 1991, p. 90.

② Peter Golding and Graham Murdock. "Ideology and the Mass Media: the Question of Determination, in Michele Barrett, edt. *Ideology and Cultural Production*. Croom Helm, 1979, pp. 198—199.

致了媒介产品的意识形态的多元化,外在的对于产品的控制被认为主要来自国家。在学术领域,移置采取的形式是集中于大众媒体和国家机构的关系,两个领域都被视为独立的权力集团,都分离于经济结构。因此,相关的问题就是大众媒体的政治和文化角色能够被充分地考察而不需要指向支撑它们的经济结构和动力。另外,丹尼尔·贝尔的观点影响很大,贝尔认为现代资本主义的政治经济和文化领域构成了区分性的领地,它们互相独立,为不同的甚至是对立的原则所主导。

对化约主义的拒绝是必要的,但这种态度又忽视了经济层面的意识形态分析,结果就是奇怪的悖论:一方面马克思主义强调经济决定,因为这是马克思主义区别于其他立场的地方,同时,伯明翰学派的文化研究又失于考察这些决定因素在实践中是如何运作的,这一事实弱化了他们分析的力量。传播政治经济学承认媒介首先是意识形态领域,因为大众媒体的产品是资本主义及其产生的权力和财富的结构性不平等的形象、解释和合法化的主要来源,但是,"大众媒体首先和最重要的是工业和商业组织,它们生产和传播了晚期资本主义经济秩序中的商品。因此,我们认为,意识形态生产不能分离于或者被充分地理解,如果不能抓住媒介生产的一般经济动力及其伸张的决定"①。这些经济动力在不同的媒介部分,操作在不同的层面,具有不同程度的强度。在最一般的层面,经济资源的分布在决定可得媒介的范围时扮演着决定性的角色,比如,英国之所以缺乏发行量大的激进的日报,归因于价格高昂的市场准入和广告收入的分布不均。媒介体系在许多第三世界国家和其人口的社会需求之间缺乏契合,归因于主要的跨国企业的历史的和经济的控制。在单个的媒介组织内部,经济决定在生产资源的分配,比如吸引观众的资本投入,以及运动节目和教育广播,或者外国的新闻和犯罪新闻等各个部分的份额配置中扮演重要角色。这些不同的决定层面,影响着生产状况,这是一个具体的需要经验性调查的工作,这也是当前的媒介社会学要做的。②

媒介社会学要解释剧烈的分配不平等是如何呈现为自然的和不

---

① Peter Golding and Graham Murdock. "Ideology and the Mass Media: the Question of Determination", in Michele Barrett, edt. *Ideology and Cultural Production*. Croom Helm, 1979, p. 210.

② 同上, p. 211.

可避免的,应介入社会分层和合法性问题,因为大多数人获得的关于社会结构的信息都来自大众媒体,而这种信息流集中在少数人手中,这就要研究大众传播和阶级分层的关系。马克思曾经说,思想生产和分配权集中在资本家手中,结果就是,他们的观点获得了公共性并控制了从属阶级的思维。意识形态的控制在维持阶级不平等的过程中扮演着重要角色。但默多克和戈尔丁并非主张经济决定论,他们认为马克思的这种观点导致了一系列问题,诸如传播企业主和资本主义阶级的关系问题,传播工业中的所有权和控制之间的问题,控制性意识形态转换为文化商品的过程问题,从属群体的成员接受的动力问题。① 他们更倾向雷蒙德·威廉斯的解释,认为马克思不是在狭窄的意义而是宽泛的意义上看,经济是"设置限制,施加压力和隔离选择"(setting limits, exerting pressures and closing off options)。马克思强调,资本主义这个动力体系仍然在发展过程之中,因此,分析需要具体和特殊化,仅仅勾勒资本主义的一般特征是不够的,必须展示它们是如何发展和变化以应对具体的历史情景。"除非物质生产在其特殊历史形式中被理解,就不可能抓住对应它的知识生产的特征"②。

苏联马克思主义在革命后构造了粗糙的基础/上层建筑的决定论模式,文化形式或多或少地被化约为经济和阶级关系的简单反映。为了反对这种观点,西方马克思主义倾向于远离经济基础的任何分析,强调文化形式的复杂性和相对自治,坚持文化批判的重要性,这就抛弃了马克思主义社会学的显著特征和解释力量。比如,阿多诺把文化工业的经济动力作为文化控制过程的根基,但这只是马克思主义分析的出发点,默多克和戈尔丁认为,需要进一步研究的是,通过细节性的描述,呈现经济关系如何结构了文化企业家的整个策略和那些制造了文化产品的人如作家、记者、演员和音乐家等的具体行为,见出这个再生产的过程是如何运作的。但是,在被安排到保罗·拉扎斯菲尔德(Paul Lazarsfeld)的广播研究项目,要求去调查美国音乐工业的结构的时候,阿多诺却拒绝去做经验性的工作,他认为这些工作是多余的。阿多诺认为,既然工业的基本结构再生产于它所

---

① Graham Murdock and Peter Golding. "Capitalism, Communication and Class Relations", in James Curran, edt. *Mass Communication and Society*. Sage Publications, INC. 1977, p. 15.

② 同上,p. 17。

生产的文化商品中，它们就能够从这些形式的批判性分析中充分地推断出来而不需要进行独立的研究。但这样一来，美国的文化工业实际上是如何运作的就不得而知了。霍尔的思路也是如此，他说，比起它的资金回扣，广告再生产社会权力关系和意识形态结构的角色更为重要。但默多克和戈尔丁认为，如果没有分析它所发生于其中的经济语境以及这个语境施加的压力和限制，这一意识形态再生产的过程就不可能完整地得到理解。资源问题和利益得失在结构电视生产及其产品的过程中扮演着重要的角色，经济不是仅有的因素，但它不能被忽视。马克思主义的显著特色是，它集中于经济和知识生产的复杂关系、基础和上层建筑的关系，这种关系一旦被贬值了，马克思主义的理论生命力就消失了。默多克和戈尔丁强调，他们并非主张不加掩饰的经济决定论，经济不是媒介行为的唯一的决定因素，但通过集中于经济基础，他们认为，对物质资源和它们的变化着的分配的控制是操作在文化生产中的最有力的层面。虽然这种控制不常常是直接性的，媒介组织的经济状况也不常常对其产品具有直接的影响。①

  第二次世界大战以来，传媒工业的大趋势是走向集中和垄断。在马克思主义看来，财产拥有、经济控制和阶级权力是结合在一起的。20世纪资本主义的新发展对马克思的观点多有挑战，最重要的集中在所有权和控制的关系上。1932年，两个美国人阿道夫·波利（Adolf Berle）和加丁纳·米林斯（Gardiner Means）合写了一本书《现代公司和私人财产》，他们认为，现代公司的控制正在分离于所有权，因为大公司逐渐地向外部寻找资金资源，其结果是，股东形式的拥有权变得分散了，这样，创立者和他的家庭占据了主要份额的传统公司结构就被另外一种结构所代替，其中，份额分配给较小的持有者，他们中没有人能够有效地控制资源的分配。而且，最初成立公司的家庭逐渐从传统的企业和行政角色退出，大公司的操作转移到新的职业经理人精英阶层手里，他们具有专业化的知识和技能以管理日益复杂的现代商业企业。这样，行政手段的掌控取代了生产方式的所有权而控制当代大公司了。默多克和戈尔丁不同意这种观点，他们认为，实际上，在很多多媒体（multi-media）联合大企业，公司创

---

① Graham Murdock and Peter Golding. "Capitalism, Communication and Class Relations", in James Curran, edt. *Mass Communication and Society*. Sage Publications, INC. 1977, p. 20.

建家庭及其后代掌握着控制性的股份，很多时候他们仍然占据着关键性的行政和管理职位，这就使得他们能够控制公司的一般分配政策，也具有一定程度的对日常运作的控制。他们的结论仍然倾向马克思，即控制没有分离于所有权。那些拥有生产方式的人仍然控制着主要的生产和分配过程，结论就是："控制着主要的资源分配的过程仍然在很大程度上决定于所有权，而且，那些财富群体以可辨识的利益共同体继续构成了资本家阶级。"[①]这证明马克思在《德意志意识形态》中的观点仍然有效。市场会排除那些缺乏经济力量或资源的声音。这个排除的过程不可能是偶然的，相反，经济成本系统运作的潜在逻辑是加强了那些已经在主流的大众媒介市场占据了位置的人的地位，排除了那些缺乏准入所需要的资本基础的群体。这样，存活下来的声音就是那些最少批判主导性的财富和权力分配的人。相反，那些可能挑战这些安排的人不可能广泛地传播他们的对抗性的声音，因为他们不能有效地调动传播资源给大众。因此，唱反调的观点就不能在主流商业媒介中获得根据地。基于最大化观众和收入的压力，毫不奇怪，商业媒体的趋势是避免非大众化的和有倾向性的观点，而是去吸收那些最大众化的，具有最大范围合法化的价值观和假设。这样，基于高涨的成本压力，所有媒介都试图最大化它们的观众，不能以各种方式最大化观众的媒体就只能衰落甚至消失了。相比那些服务于购买力强大的群体的报纸，服务于广大工人阶级读者的报纸必须取得高得多的销售额才能生存。比如，基于观众和成本的限制，新闻中的世界要显示为碎片化的和无变化的，其中，异议和对抗要显得是短命的、不重要的或非理性的。新闻变成了缓和剂和安慰剂，是非骚扰性的和非威胁性的，致力于共识的维持和社会秩序的处理。总之，生产的决定性的语境是市场。为了寻求最大化这一市场，产品必须着力于最大范围的合法性的核心价值观，同时反对异议的声音。这样，流行、公式化、非干扰性的（undisturbing）、可同化的（assimilable）虚构的题材就是商业规则和美学诀窍了。[②] 也就是说，保守性的、维持现状的、满足宰制性的价值观的东西就因为市场法则而得以维持和生存，而边缘的、异议的、对抗性的、变革性的观点

---

① Graham Murdock and Peter Golding. "Capitalism, Communication and Class Relations", in James Curran, edt. *Mass Communication and Society*. Sage Publications, INC. 1977, pp. 32—33.

② 同上，pp. 39—40。

和行为则被压制。市场的经济规则导致了文化产品的保守性,导致了变革的举步维艰,这是默多克和戈尔丁从经济学角度得出的文化产品的价值和意义的局限,他们的研究证明了马克思的说法,即谁拥有媒体,谁就能够控制文化的生产,而谁能够控制文化的生产,就能够晋身主导性资产阶级,其利益便受到了媒体再现的服务。因此,如果把重点放置在媒体与真实再现之间的关系上,就忽略了决定它们存在的结构。在理解知识生产之前,必须先了解物质生产的过程,在了解文化基础之前,要先理解经济基础。经济并不是唯一发生作用的因素,但同样的,它也不能被忽略,这是传播政治经济学的基本结论。

马克思断言,经济决定是在最终的时刻,默多克认为,这就暗示在经济过程和文化形式之间存在着直接的、未经中介的联系,可以借助霍尔和威廉斯的思路修正这种化约主义。霍尔说,经济决定是第一(first)而非最终时刻,这就把注意导向经济动力在结构文化领域的运作中的角色。经济建立组织过程和社会性语境,话语在其中被转换为媒介产品,消费实践在其中发生。这就需要我们把经济动力和文化形式的决定不是看作固定的一对一的关系,而是看作一个过程,经济基础只是设定范围,施展压力,并鼓励和偏爱一定的选择。[①]默多克所做的就是沿着这一思路,考察媒介工业的经济组织和动力机制如何结构了话语的斗争,这一过程是通过提升特定的文化形式,边缘化其他的文化形式而实现的。

走向文化政策研究

按照生产的一般程序,从生产到文本到观众,传播政治经济学注意的是生产到文本的环节。资本主义公司的生存和发展依赖于其获得利润的能力,资本家作为拥有者的位置使这一阶级成为主导性的经济阶级,他们控制着物质产品和符号体系的生产和分配,这就限定了文本的模式、内容、意指等,从而对文本产生了重要影响,进而影响到观众接受。在文化研究看来,历史中的"社会"远远超过了"经济"力量,文化研究注意的是从文本到观众的环节,文本的多义性,观众

[①] Graham Murdock. "Cultural Studies: Missing Links". *Critical Studies in Media Communication*, 1989, 6:4, pp. 436—440.

解读的多元化、对抗性是其阐释重点。其实,霍尔说的文本的偏爱意义,就是大企业的所有者和生产者嵌入其中的。但是,某个文化企业的活动从生产到产品到接受是一个整体的互动的过程,批判性的研究应该关注这一整体。文化研究与政治经济学学派的分野在于,在政治经济学看来,意识形态是对真实的错误表征,是掩盖了政治斗争,而在文化研究看来,意识形态恰恰是进行抗争的领域。透纳认为,文化研究试图分离文化层面和经济层面,是有一定道理的。在进行日常生活研究时,可以拒绝对经济力量的分析,即使这种分析对文化和意识形态的运作提出了充分的解释。① 约翰·斯道雷也不赞同传播政治经济学的思路,他认为:"批判政治经济学的文化分析思想涉及的似乎不过是评述如何接触和利用文化作品与实践。实际上它们根本就没有倡导考虑这些作品与实践可能想要表达或在使用(消费)中要表达的意义。……观众的商讨在经济力量的游戏中只是不真实的、虚幻的行为。"②

政治经济学和文化研究,一种方法与经济结构有关,一种方法与意义结构有关,两者的论证似乎各有道理,学界有人提出,"理想的方式是,将这两种方法结合起来或许可以在一种原则性的接近文化民主的符号之下,弥合事实与阐释之间、社会科学与人文科学之间的分割"③。约翰·哈浦(John Harp)提出了社区(community)这一概念以弥合文化研究和政治经济学的分野,因为社区是在地斗争和变迁的据点。哈浦论证说,社区一方面是资本主义个体生存的地方,是个体经验的起源处,也是整个社会结构、政治经济状况的展开和协调本地历史的地方。如果我们要追寻个体在其日常环境中的行为,本地的历史尤其重要。通过考察社区如何协调来自外部的变迁,社区的个案研究和其历史发展能够呈现广阔领域里的社会变迁的不均衡模式。"作为一个小型社会,社区能够说明一般的社会过程通过本地特殊的条件是如何构造和协调的;研究资本的运作规则和人们对社区和经济安全的要求之间的冲突能够说明人们通过他们的日常行为,

---

① 格雷·透纳:《英国文化研究导论》,台北:亚太图书出版社,1998年,第230页。
② 约翰·斯道雷:《文化理论与通俗文化导论》,南京大学出版社,2001年,第315~316页。
③ 托比·米勒主编:《文化研究指南》,南京大学出版社,2009年,第2页。

是如何构造、再生产和转变文化现象的"①。

近些年,文化研究与传播政治经济学在走向融合。在后现代主义和后福特主义影响下,文化研究逐渐关注文化生产的机构周围的政治经济条件,文化生产的过程与机制得到重视,文化政策研究被提出来。文化政策致力于机构分析,因为机构是建立主导性论述的最有力的场域,也是决定文化生产的政治与经济力量。文化政策关系到文化的规范和管理,特别是关系到那些生产和管理文化产品的内容和形式的机构的运转,比如英国的艺术委员会、美国的联邦传播委员会,以及博物馆、政府教育、艺术、文化、媒体、高等教育机构、剧院管理、电视组织机构、广告代理部门等。克里斯·帕克说:"文化政策不仅仅是一个管理的技术问题,而且是整体性的符号意义的生产和流通体系中的文化价值和社会权力的设置问题。"②长期以来,文化研究致力于批判性的思考,还没有人参与政府或商业机构的实际工作。许多文化研究者认为,参与实践性的政策在某种程度上是不纯粹的,是知识分子批判性的退步。而文化政策的研究,是试图弥合文化与经济、批判与参与的裂隙而提出的文化研究的新方向。

目前,对文化政策问题思考得最多的当推托尼·本内特。本内特指出,文化研究这一术语统合了相当分散的理论和政治立场,其共同的目标是,从其与权力的错综复杂的关系检测文化实践。在理论和实践上,文化研究要获得令人满意的之于文化和权力的介入,本内特提出四个必要的设想,第一,要把政策考虑纳入文化的定义之中,视之为一个特别的管理(government)领域。第二,在这个整体性的场域,需要从管理的特殊的对象、目标和技术方面区分文化的不同领地。第三,要辨识如此定义的文化的不同领地的政治关联,发展合适的介入其中的方法。第四,要发展智识性的工作,这种工作在其实质和风格方面要能够影响和服务于相关文化领地的代理人的行为。③

本内特认为,文化研究关注文本和读者的关系,使得文本能够服务于读者所投入其中的政治上的变革实践。这样的批判性的政治常

---

① John Harp. "Political Economy and Cultural Studies: Exploring Points of Convergence". *Canadian Review of Sociology and Anthropology*, 1991, 28, 2, pp. 206—224.

② Chris Barker. *The Sage Dictionary of Cultural Studies*. Sage Publications, 2004, p. 40.

③ Tony Bennett. "Put Policy into Cultural Studies", in Lawrence Grossberg, Cary Nelson, Paula A. Treichler. *Cultural Studies*. Routledge, 1992, p. 23.

常为主体图绘一个方向,绘制一个日程。阿尔都塞的马克思主义在意识形态的错误认识和科学知识之间展开平衡,文学文本被视为有助于主体从意识形态转向科学。文化研究中的葛兰西传统生产主体以对抗不同形式的权力,而且通过政治的接合,组织这些主体成为一种集体性的政治力量以对抗权力集团。这些不同的政治都把文化视为意指实践(signify practices)。前者是通过读者和文本的关系,后者则是通过在不同形式的压迫和对抗这些压迫的斗争之间构筑话语的链条。但是,这两个方面都没有充分注意到规范着文化的不同领域的体制性环境(institutional conditions),这就忽视了这些环境突出特殊类型的政治问题和关系的方式。在发展合适的政治介入的形式的过程中,这些特殊性本来应该纳入考虑。本内特说:"体制性的,更宽泛地说,政策和管理性的条件和过程应该被视为对于文化的不同形式和领地是结构性的(constitutive)。"① 即是说,阿尔都塞和葛兰西的影响是,文化研究把政治放置在意义和文本层面,这就忽视了文化的体制性的管理性的层面,这是关系到政治和经济的层面,是关系到权力和资源分配和斗争的层面,这就需要重新考察文化研究中的"文化"含义了。

文化研究的传统,在本内特看来,从威廉斯定义文化开始,就忽视了体制性的制度性的层面,而就是这个制度性的环境规范着文化话语,特别是威廉斯在其《关键词》的撰写中是这样。比如在写文化词条时,本内特指出,他只是在语义上梳理,并意指到相关的概念如美学、艺术、文明、科学等词汇,但是忽视了18世纪晚期和19世纪文化这一概念的重要方面,即社会管理的新领域的出现,文化是作为管理的"客体"和"工具"(object and instrument)。客体或对象(target)指的是从属阶级的道德、行为和生活方式,工具则是文化在狭窄意义上,是艺术家和知识分子的活动,这些活动提供了文化领域的管理方面的干预和规范。在启蒙运动之后,知识分子和艺术家的活动被视为可以利用的工具,以改变和提高一般大众的心智和行为。对于早期现代社会生活的不断增强的管理方面的研究,则是福柯和其他人以监控(police)概念意指的。所谓监控,按照福柯的意见,指的是永久性的不断地生产新的东西,以便促进公民的生活和国家的力量,文

---

① Tony Bennett. "Put Policy into Cultural Studies", in Lawrence Grossberg, Cary Nelson, Paula A. Treichler. *Cultural Studies*. Routledge, 1992, p. 25.

化就是监控的一部分。在德拉姆（Delamare）看来，剧院、文学和娱乐关系到公共健康和安全。文化概念关系到社会的构成和发展，在这种视域下的文化，其内容是，(1)构造为文化的对象的管理（conduct）的特殊类型的性质和形式；(2)管理的这些性质和形式的维持和转换中的技术（techniques）；(3)这些技术集合为特殊的政府规划；(4)这些规划刻写为特殊的文化科技（cultural technologies）的操作性程序。① 在本内特看来，文化是组织和塑造了社会生活和人类行为的文化科技的一部分，而文化科技则是生产了特殊的权力/知识的体制性结构的一部分，因此，文化就不仅是表征和意识的问题，而是体制性的实践、管理程序和空间安排。因此，社会管理过程本身对于行为模式、道德能力和社会运动就是自我反思性的结构化行为。在这种意义上理解的文化就是治理（governmentality），因为，在本内特看来，文化和权力最典型地塑造了现代社会。在福柯看来，"治理"这一概念具有多方面的意义，指的是由制度、程序、分析、反思以及使得这种特殊而复杂的权力形式得以实施的计算和手段组成的总体，这种权力的目标是整个国民人口，其主要知识形式是政治经济学，其根本的技术工具是安全机器（apparatuses of security）。在西方，治理的权力形式一方面导致了一系列治理机器的形成，一方面则导致了一整套知识的发展。治理是一个过程，通过它中世纪的司法国家在15世纪、16世纪变成了行政国家。② 本内特把文化研究联系于政府管理和权力规划，文化研究就能够生产一种知识，这种知识能够有助于这种规划的发展，而不是去谋划其主体。在他看来，这就意味着对于特殊的文化群体需要仔细的和焦点性的工作。对于特殊的文化机构，在操作性的程序和政策日程上，需要知识分子具有更为策略性的干预。这就意味着在某些时候，需要艰苦的统计性的工作以便把某些问题公开化，在政治争论的层面表面化，或者使之影响政策制定程序，以便加快行政规划的发展。③

在麦克盖根看来，文化政策的观点强调政策（policy）与政治

---

① Tony Bennett. "Put Policy into Cultural Studies", in Lawrence Grossberg, Cary Nelson, Paula A. Treichler. *Cultural Studies*. Routledge, 1992, p. 27.

② Chris Barker. *The Sage Dictionary of Cultural Studies*. Sage Publications, 2004, p. 40.

③ Tony Bennett. "Put Policy into Cultural Studies", in Lawrence Grossberg, Cary Nelson, Paula A. Treichler. *Cultural Studies*. Routledge, 1992, p. 32.

(politics)——作为对立的话语、意识形态和利益之间的一种斗争领域的政治——的关系,而不是把政策局限于更为技术性的领域。麦克盖根说,文化政策提出了关于规范(regulation)和控制(control)的问题,但它的意义不能局限在一套表面看来非政治的仅仅被政府官员所执行和管制的实践运作中。① 但问题是,本内特没有讨论在文化政策研究中如何在"有用的"知识和"批评的"知识之间保持一种适当的平衡,奥里根担忧,这就有可能导致文化政策研究与行政和官僚权力的联盟,这就局限了它的批判能力。为此,奥里根提出了一系列文化政策研究的不同的具有冲突性的目标即国家:效率、公平、优秀等;改良主义者的目标:包括在行政知识内部的工作,但以引起变化为目标;对抗目标:包括批评和反对,有一般的对抗,也有对特定政策的对抗;诊断目标:其中,政策作为描述性的计划,作为话语的政治出现。②

这就是说,文化政策研究跟一般的行政管理研究、政府管理研究难有区别。此前的媒介研究中的美国学派的管理研究(administrative research)与法兰克福学派的批判研究早就演绎了当代的文化研究与本内特的文化政策研究的差异,超越了批判性的研究,文化政策研究是否走向管理研究?文化政策涉及交往、公共领域、权力、政策、公共文化、政治经济学等相关领地,思想资源是福柯和哈贝马斯以及威廉斯的共同文化概念,其意图是通过公共讨论,构造文化共同体,这一文化共同体联系经济发展和个体自由,但这种思想过于理想化。在具体的研究中,如何平衡文化研究的批判性和行政研究的具体性、操作性和功利性,这是文化政策研究需要思考的问题。

---

① 陶东风主编:《文化研究精粹读本》,中国人民大学出版社,2006年,第184页。
② 同上,第194页。

第二节　文化控制与文化抵抗

文化研究两大学派的异同

在当代媒介和文化研究的学术思潮中，法兰克福学派和伯明翰学派都是影响卓著的理论流派，它们继承马克思主义思想传统，批判当代资本主义社会，都反对经济决定论和普遍主义，主张重新思考经济基础和上层建筑的关系，延续西方马克思主义传统，分析资产阶级意识形态对于工人阶级的渗透，推崇文化的独立性，对当代中西学界具有深远的影响。这两个学派相互关联、吸收彼此，但它们在文化观念、研究方法、关注重点等一系列问题上相互对立、思路迥异，因此，把两个学派比较对照，有助于深化当代文化研究思想资源的理解。美国当代文化批评家道格拉斯·凯尔纳曾著文比较两个学派的异同并提出两个流派结合的主张，在进一步论述之前，先看凯尔纳的思路是为必要。

凯尔纳认为，法兰克福学派对于分析文化与社会的当代形式非常有用，因为它关注当代资本主义社会中技术、文化工业以及经济状况之间的互动。由于当今时代在很大程度上是由新的媒体和计算机技术塑造的，我们需要一种把技术、文化与日常生活结合起来的视角。从历史的角度看，英国的文化研究模式出现在"后福特主义"的鼎盛时期，此时的文化形式已经变得更加多样、复杂和冲突。虽然霍尔在他的叙述中常常不提及法兰克福学派，但是伯明翰学派所做的某些工作，在其社会理论以及进行文化研究的方法方面，同时也在其政治视角与政治策略方面，仍然继承了法兰克福学派的某些经典立场。凯尔纳归纳了两个学派的相同之点：(1)与法兰克福学派一样，英国的文化研究也注意到工人阶级被收编以及工人阶级革命意识的衰落，并研究了马克思主义革命规划的这种悲剧结局的缘由。类似于法兰克福学派，英国文化研究得出的结论是：大众文化在把工人阶级整合到现存的资本主义社会过程中发挥了重要的作用，一种新的消费文化和媒介文化正在塑造新的资本主义霸权模式。(2)这两个传统都关注文化和意识形态的互动，并把意识形态批评看作批判性的文化研究的核心，它们把文化看作意识形态与霸权再生产的模式，在其中，文化形式有助于塑造引诱个体适应资本主义社会状况的那种思想方式与行为方式。它们同时也都把文化看作抵抗资本主义社会的一种形式，而且无论是早期的英国文化研究的先驱，还是法兰克福学派的理论家，都把高雅文化看作抵制资本主义现代性的力量。后来英国文化研究强调媒介文化中以及观众在阐释和运用媒介产品时的抵抗因素，而法兰克福学派则倾向于（除了少数例外）把大众文化看作意识形态统治的同质的、强有力的形式，这一差异把两个传统严格地区分开来了。他指出，从一开始，英国文化研究在本质上就是高度政治化的，并集中关注批判性的亚文化中的抵抗潜力，首先是强调工人阶级文化在抵抗资本主义统治的霸权形式中的潜力，然后是强调青年亚文化的这种潜力，认为青年文化提供了潜在的对抗形式与社会变迁形式。（3）与法兰克福学派一样，英国的文化研究坚持认为文化必须在社会关系和社会系统之内加以研究，文化是通过这种关系和系统得以生产和消费的，对于文化的研究必须紧密地联系于社会、政治、经济的研究。①

对于两个学派的差异，凯尔纳指出，与法兰克福学派不同的是，英国文化研究并没有充分地参与现代主义和先锋派的美学运动，基本是把自己的关注点局限在媒介文化和"流行文化"的产品上，而法兰克福学派则通过各种方式参与现代主义和先锋派的艺术，这种关注比英国文化研究更具有生产性。凯尔纳认为，英国文化研究对大众文化的偏爱牺牲了对于所有文化形式的可能洞见，并复制了文化领域的二元划分。②

凯尔纳认为，在当代新的资本主义环境下，法兰克福学派理论传统和英国文化研究具有高度的理论价值，这是因为，当今的资本体系与法兰克福学派和英国文化研究所描述的较早时期的生产模式和社会组织之间具有强烈的连续性。当代文化已经比以前任何时候都更加商业化和商品化，因此法兰克福学派关于商品化的研究视角在理解当代情境方面仍有基本的重要性。资本的霸权仍然是社会组织的支配力量，甚至比以前更甚。同样，阶级差别在扩大，媒介文化依然

---

① 陶东风主编：《文化研究精粹读本》，中国人民大学出版社，2006年，第137～139页。
② 同上，第138页。

是高度意识形态化的,并合法化着现存的阶级、种族以及性别的不平等。这样,对于当代文化和社会的这些方面而言,较早的批判视角依然是重要的。凯尔纳一再表明,技术资本主义的新的全球聚合,是建立在生产新的文化形式、社会和日常生活的那种资本和技术的配置基础上的,法兰克福学派为分析这个聚合提供了资源,原因是其文化工业模式集中关注的是资本、技术、文化和日常生活的结合,这种结合建构了当前的社会文化环境。法兰克福学派强调技术和意识形态的结合,进而在理论上阐述了全球资本主义语境中的当代社会和文化,从而补充了英国的文化研究。但是,凯尔纳指出,法兰克福学派在高雅文化和低俗文化之间的二元划分是成问题的,它应该被一个更加完整的模式所取代,这个模式把文化当作一种光谱,并把相似的批判方法应用于所有的文化产品——从歌剧到大众音乐、从现代主义文学到肥皂剧,特别是,法兰克福学派单一的大众文化理论模式,把批判的、颠覆性的和解放的功能限于某些享有特权的高雅文化产品,这是有问题的。英国文化研究反对高雅低俗的文化区分,并严肃地思考媒介文化的产品而克服了法兰克福学派这方面的缺点。同样,其积极观众的观念也克服了法兰克福学派的消极观众论的局限,但应该指出的是,本雅明同样认真地思考了媒介文化,看到了它的解放潜力,提出了一种积极观众的可能性。①

霍尔由于庸俗马克思主义陷入了经济还原论而批评这种范式,但是,凯尔纳认为,进行政治经济学的研究而不陷入还原论,同时也使用某种类型的文化和经济的相互作用模式,是完全可能的。特别是法兰克福模式已经提出了霍尔常常加以捍卫的文化的相对自主性,并不包含经济还原论或决定论。② 他指出,今天的文化研究应该退回到早期的英国文化研究模式,并质疑当下对于政治经济学、阶级和意识形态的拒绝,质疑文化研究中的后现代转向。他说,偏离法兰克福学派的问题意识,已经损害了当代英国和北美的文化研究,而回归批判的社会理论和政治经济学则是走向复活的文化研究的必要步骤。这个规划要求一种新的文化研究,这种文化研究将把法兰克福学派所发展的政治经济学和英国文化研究所发展的对于媒介文化的颠覆功能、亚文化、积极读者的强调结合起来。凯尔纳提出,文化研

---

① 陶东风主编:《文化研究精粹读本》,中国人民大学出版社,2006年,第147页。
② 同上,第141页。

究应该发展出一种多角度的研究方法,重点研究三个方面的问题:(1)文化的生产与政治经济;(2)文本的分析与对于文化产品的分析;(3)对于观众接受以及媒介文化产品的使用情况的研究。①

文化研究与当代中国文化研究

在中国纳入全球资本市场,大众文化迅速崛起的新时期,法兰克福学派因其马克思主义取向和对大众文化的批判深刻地影响了中国学界。随后,中国文艺理论因其固守传统的本质主义理论模式,忽视了当代文学活动和大众文化的发展,英国文化研究似乎成为恢复文学之于生活的敏感性、保守文学理论的政治性的思想支撑而为学界所推崇,但许多学者注意到,英国文化研究与法兰克福学派在诸多观点和研究立场上存在差异。本书的前文多处涉及伯明翰学派对法兰克福学派的批评和两个学派的比较,为了深化这一问题,本章再谈一些看法。

作为社会主义文化政治的理论,法兰克福学派和伯明翰学派致力于推翻现存的资本主义制度,寻求革命的主体力量,其对文化的看法根植于这种政治目的,但同是对资本主义的批判,致力于人的解放,两个学派对革命动力的寻求则是相反的。法兰克福学派寄希望于精英文化,试图以外在的文化输入工人阶级,而文化研究把斗争主体放在从属阶级本身。菲斯克多次批评法兰克福学派,说文化必须是自己生产的,不是外在强加的。文化主义阶段对马克思主义的理解,是强调人的经验和能动的创造性,强调是普通人创造了历史和自己的生活方式。文化主义对工人阶级及其文化的推崇,与三位学者霍加特、威廉斯、汤普森的个人经历和文化观念相关,他们都出身于工人阶级家庭,反对文化和文明传统的精英取向,推崇普通人的生活和文化价值,这一点与法兰克福学派区别开来。由于不相信大众文化的革命性,对文化工业极度失望,法兰克福学派把革命的希望寄托于精英文化和理论批判本身,结果是,批判性的精英知识分子被赋予了革命者的角色和使命,而英国文化马克思主义发掘被支配阶级的革命动力。新左派从战后的英国状况,重新定义社会斗争,寻找在资本主义民主和社会主义政治之间的契合点,在这个计划中,文化处于

---

① 陶东风主编:《文化研究精粹读本》,中国人民大学出版社,2006年,第153~154页。

重要地位,是政治斗争的场所。

　　文化研究最初的起源,如威廉斯反复说明的,是工人阶级的成人教育传统,文化研究的早期开创者及其主要文本,都与成人教育相关。文化研究起源于左翼知识分子的社会主义的革命实践,他们致力于改善等级制度极其严密的英国社会的政治状况。而法兰克福学派的诸位学者出身于富裕的犹太家庭,都是精英知识分子,对纳粹利用宣传机器对大众的控制和大众的一体化反应有着切身的体会,他们以哲学家的思辨理解社会总体,而英国新左派知识分子大多是历史学家和文学批评家,他们普遍倾向英国特有的反理论和经验主义方法。法兰克福学派把大众视为一体化的,而英国文化研究则强调个体的能动性。文化主义反对马克思主义的经济决定论,认为社会过程是经济、政治、文化复杂决定的结果,其中没有任何一个决定因素居于首要地位。威廉斯重新诠释马克思的决定论,提出决定意味着设定界限和施加压力。用阿哈麦德的话说,决定的作用不是"人前掘井",而是要"指出个体做出选择,进行生活,创造历史的环境"。在莫斯可看来,采用泛化决定或多重决定的视角可以避免将孤立的行为当成是完全独立的事物,同时还能强调行为的相对独立性和相互作用力。① 整体上看,阿尔都塞学派和法兰克福学派的精英知识分子强调社会结构的控制性,而菲斯克强调符号抵抗,巴托、德赛都、艾科等主张人民的自由创造。他们的理解各执马克思主义的一端。马克思在《路易·波拿巴的雾月十八》中曾经说:人们创造他们自己的历史,但是他们没有创造如他们所愿的历史;他们没有在他们自己选择的环境中创造历史,而是在直接被发现、被给予和从过去遗传下来的环境中创造历史。后来者要么强调人类动力,如文化主义和后现代的文化研究,要么强调社会结构的控制性,如法兰克福学派和结构主义。

　　法兰克福学派基于德国法西斯的伤痛经验,对一切文化控制抱持警惕之心。德国法西斯利用现代国家统治技术宣传意识形态,把大众塑造为其需要的主体,对大众进行彻底的控制和洗脑,一体化的被控制的主体就这样构造出来了,这本身就是特殊历史时期的特殊现象。希特勒是靠民主制登上政治舞台的,第二次世界大战后,德国并没有否定民主制,而是不断完善民主制,在民主开放的秩序和文化

---

① 文森特·莫斯可:《传播政治经济学》,华夏出版社,2000年,第5页。

氛围中，通过全民参与性的反思乃至立法禁止法西斯活动，对法西斯的深刻反思和批判深入民族文化心理之中，这本身就说明，意识形态的控制并非如法兰克福学派所认为的那样牢固。法西斯的意识形态控制以国家机器以及群体性的同一化行为为支撑，暴力和恐惧是其手段，个体是极其脆弱甚至是不存在的，这种可怕的现代极权主义对大众的控制给法兰克福学派的学者们造成了巨大的心理创伤，但大众文化的消费，无论是对麦当娜的欣赏，还是商场购物、海滩冲浪、玩电子游戏都是个体性的行为，是个体的理性的功利计算，更无国家机器的胁迫和恐惧性的不自由。阿多诺以大众文化的消费比拟法西斯的意识形态宣传是不恰当的。法兰克福学派认为大众是大众文化的受害者，精英文化推动着社会革命，这就把社会革命的主体放在精英知识分子本身，把自己视为大众的代言人和领导者，这就重复了传统知识分子的职业弊端，藐视为之代言、试图拯救之的大众。

法兰克福学派认为意识形态化的文本构造着主体，主体认同大众文本的意识形态，这种观点类似银幕学派，英国文化研究反对这种说法，霍尔提出三种解码方式，表明主体并非认同大众文本的意识形态。菲斯克提出七种主体，认为主体是多重社会轴线的产物，不能为单一的大众文本所构造和控制。莫利认为主体是多重话语斗争的领地，主体并非被动的文本所构造之物，社会主体大于文本主体。概而言之，法兰克福学派的理论预设是：(1)大众文化作为文化工业的产品，是一体化的、无深度的、平面化的，它缺乏美学价值，是权力意识形态的共谋。(2)大众是被动的、无创造性的、同质性的乌合之众，他们无疑义地认同大众文化的意识形态霸权。(3)对权力意识形态的抵抗只能是精英文化。(4)自然本能是抵抗社会压迫的最终依据。伯明翰学派在每一方面都对此进行了反驳。(1)菲斯克的大众文本理论反驳了大众文化无审美价值的观点。(2)霍尔的编码解码理论提出了大众阅读的创造性，菲斯克的大众层理这一概念反驳了大众被动论，莫利的交互话语概念解释了大众所处文化语境的复杂性及其解读的多义性。(3)大众文化在文化经济阶段流通的是受众创造的文化意义，大众文化是政治斗争的领域，是无法控制的飞地，是社会革命的思想前提。(4)在地经验、身体、情感结构、交互话语是主体抵抗的根据地。

法兰克福学派和英国文化研究的差异，最显著地表现在对精英文化和大众文化的不同态度上，而这又关系到其学术方法和价值立场。在其学术的早期,霍加特研究过诗人奥登,并出版了两本著作。威廉斯在《文化与社会》中分析精英文化文本,霍尔也曾打算做精英文学的博士论文。文化研究在后来主要研究大众文化和日常生活实践,发掘大众文化中的抵抗性,赋予工人阶级主体性和能动性就成为其研究的主旨。法兰克福学派则否定大众文化的政治性,推崇精英文本的革命性和批判性,为此,他们对现代派文艺予以深度开掘,从哲学的角度肯定精英文化的政治性。在法兰克福学派看来,在消费者被文化工业产品提供的安慰所欺骗的世界里,艺术的形象特征揭露了主客体的异化。真正的艺术使得看似理性社会的非理性浮出水面。通过对社会不真实的谴责,艺术同时指出了通向一种完全不同的现实的可能性。阿多诺认为艺术对社会的批判关系本身是由社会所决定的,是源于工业社会给人带来的整体性压抑,艺术在此扮演的角色是,通过批判和否定,唤醒大众的反抗意识,因为"艺术是关于自身时代最先进的意识"[①]即是审美现代性反抗世俗现代性。在阿多诺看来,现代主义艺术就是否定的艺术,是黑暗的艺术,它是对黑暗现实的隐喻,它对现实的否定而拯救了异化的大众。而文化工业的产品无视社会矛盾和人的异化,让大众沉迷于五光十色的影像之中,与市场结盟,与宰制性意识形态共谋,泯灭了大众的革命意识。本雅明与阿多诺和霍克海默的观点稍有不同。在《机械复制时代的艺术》一文中,本雅明突出了意义和消费问题。消费和意义不再是被动的沉思,而是变成了主动的政治斗争的场所。他认为,机械复制开启了从氛围文化向民主文化发展的进程,在民主文化中,意义不再被看作是独一无二的,而是可以质疑的,可以使用和调动的。阿多诺将意义定位在生产方式中,本雅明则认为意义是在消费的时候产生的。在阿多诺之后,出现的是对娱乐经济学以及商业音乐制作的意识形态影响的分析。而在本雅明之后,出现了各种亚文化理论和对在消费活动中体现出其自身意义的各种斗争的论述。

在伯明翰当代文化研究中心成立之后,对大众文化和日常生活实践的研究成为伯明翰学派的主题,大众文化而非精英文化成为抵抗资本主义霸权的机制,而法兰克福学派则把大众文化视为霸权和意识形态控制的领地。莫利说,所有近期的大众媒介研究都是反对法兰克福学派而来的,法兰克福学派的问题是:"隐含在这个认定背

[①] Theodor W. Adorno. *Aesthetic Theory*. Routledge & Kegan Paul, 1984, p. 49.

后的假设,也就是媒介的'皮下注射'模式,它认为媒介的力量,足以将具有压制性的意识形态,直接注射到大众的意识之中。"① 这个学派的悲观论调认为,在媒介影响力和大众之间,太过直接而未受中介,所有的中间性社会结构已全部崩溃,受众束手无策。美国学派认为这是社会学上的无知。媒介是有些社会效果,但这些效果有待检视。而且,这些效果既非无所不能,也不是简单地运作,更不是直截了当可以解释的。有此认知之后,作为对法兰克福学派偏好于质化、哲学式的分析方法的反驳,美国的众多研究人员另辟蹊径,顺着量化而实证的方法论之路,以经验性手法研究收音机听众,建构了"大众说服的社会学"。莫利总结说:"第二次世界大战以后,美国的大众传播研究者,从三方面批判悲观的大众社会理论:否认非正式的传播在现代社会中,只扮演一个微小的角色;否认阅听人仅只是整个社会所有原子化个人集合起来的一群乌合的大众;否认内容直接等同于效果的可能性。"② 对于大众文化,各个不同学派从不同角度看到其中的不同层面,如斯道雷说的,"阿诺德和利维斯主义担心通俗文化代表着一种对文化和社会权威的威胁,而法兰克福学派则认为通俗文化实际上所产生的影响与此恰恰相反:它是为维护社会权威服务的。阿诺德和利维斯主义看到了'无政府状态',而法兰克福学派所看到的则仅仅是'顺从一致'(conformity)"③。大众文化的重要性在于,它提供了某种类似乌托邦的幻象。麦克盖根认为,乌托邦的最重要的意义是对抗性,它通过对照理想化的未来去衡量主流环境并由此批评之。乌托邦的精髓是渴望,对一种不一样的更好的存在方式的渴望,是一种历史性变化的,在头脑中从未一成不变地确定的渴望。乌托邦的渴望并不限于知识分子的狂热幻想。理查德·戴尔发现它体现在商业娱乐形式之中,与普通人的愿望相共鸣。在消费文化中,理查德列举了五种乌托邦感觉(utopian sensibility):富足、活力、紧张、透明和团结。每一种都是针对现状而构造的:匮乏、疲惫、沉闷、操纵与分离。这样,模拟通俗娱乐的乌托邦感觉是对生活在不尽人意的环境中的想象上的补偿。④ 这就是通俗文化如此重要的原因,

---

① 戴维·莫利:《电视、观众与文化研究》,台北:远流出版事业股份有限公司,1995年,第76页。
② 同上,第78页。
③ 约翰·斯道雷:《文化理论与通俗文化导论》,南京大学出版社,2001年,第144页。
④ 吉姆·麦克盖根:《文化民粹主义》,南京大学出版社,2001年,第281页。

文化研究学派的这一发现与法兰克福学派殊途同归。

值得注意的是，法兰克福学派推崇现代主义文艺，文化研究肯定大众文化的政治性，它们都对传统现实主义文艺持否定态度。传统马克思主义推崇现实主义文艺，后来在苏联和中国演化出革命现实主义和革命浪漫主义相结合的文艺方法。在马克思和恩格斯所处的时代，西方批判现实主义文艺获得了文艺领域里的主导性地位，其对资本主义的批判和其理性的乐观主义与马克思和恩格斯的政治理想非常契合，马克思和恩格斯为此提出了文艺批评的历史性和审美性的结合以及典型环境、典型人物等命题，讨论了作家世界观和文艺创作的矛盾等问题，列宁对托尔斯泰和俄国革命民主主义文艺传统的肯定，毛泽东对鲁迅的评论和《在延安文艺座谈会上的讲话》的思想，都延续和发展了马克思主义的现实主义方法。法兰克福学派推崇现代派的先锋文艺，反对传统马克思主义的现实主义文艺方法，这在早期西方马克思主义理论家卢卡奇和布莱希特等人之间还发生过争论。菲斯克从意识形态的角度分析了现实主义方法的欺骗性。与此类似，阿多诺也批判了现实主义与现代性文艺的背离。阿多诺延续了马克思主义的批判精神，把批判性赋予现代艺术，认为现代艺术是对整个社会的总体性批判。在他看来，现实主义文艺不能承担这样的重任，因为它只是被动地反映了现实，而没有揭示社会的黑暗，没有表现人的异化。现实主义文艺背后的乐观的理性主义和无产阶级解放的宏大叙事，不能表现现代社会的人性分裂和社会苦难。

法兰克福学派推崇现代艺术对现代社会的否定，认为现代艺术具有革命的功能，其对现代艺术的革命性的研究，是建立在对马克思主义哲学的新读和对现代哲学的批判的基础上，其文艺研究是哲学批判的一部分。1930年代，阿多诺和美国传播学者保罗·拉扎斯菲尔德（Paul Lazarsfeld）由洛克菲勒基金会资助，在普林斯顿大学合作研究广播，但基于观念和方法的分歧，他们的合作无法进行下去，拉扎斯菲尔德在给阿多诺161页的备忘录中批评他"忽视证据和系统的经验主义研究"①。法兰克福学派基于对法西斯极权主义的宣传对大众掌控的恐惧性记忆，以美国大众文化的生产和接受比拟大众宣传，但他们没有看到两者之间存在的差异。极权主义的政治宣传以乌托邦的憧憬迷惑大众，大众的接受并无自由可言。大众在政

---

① 托比·米勒编：《文化研究指南》，南京大学出版社，2009年，第156页。

治运动中，如勒庞说的，是群体性的乌合之众，缺乏个体性的理性思考。伯明翰学派从文学批评方法切入大众文本，个体性的经验是这种方法区别于哲学批判之处，后来文化研究引入人种志学的经验调查方法，则根本性地颠覆了此前关于大众文化的基本观点。

基于对经济还原论的拒绝，文化研究避开媒介文化的政治经济学维度，而法兰克福学派则从工业的角度定位大众文化，把大众文化联系于资本主义经济的生产和利润，这一点为当代传播政治经济学所继承。默多克和戈尔丁高度肯定法兰克福学派的研究，特别提到阿多诺对音乐产业的研究，认为阿多诺把文化生产过程根植于文化产业的经济动力学，这是马克思主义理论分析的必要起点。但他们也坚持认为这只是一个起点，因为强调文化工业这一资本主义经济的基础必然导致宰制性的意识形态的文化形式是远远不够的。① 研究大众传播的整个过程，涉及三个方面即节目的生产、节目本身和受众。法兰克福学派的大众媒介研究的关注点是资本主义工业生产及其对文化产品的影响，忽视了受众的维度。因为对受众的接受缺乏经验性的调查，法兰克福学派认为媒介产品具有直接的效果。后来的媒介研究以经验性的研究推翻了直接效果的理论，问题从媒介对人做了什么，转移到人拿媒介来做什么。使用与满足理论认为，媒介根本没有什么自主而足能说服人，或有什么奇特的反社会力量，媒介的角色其实相当有限，媒介满足了许多需要，强化了先前的立场，是文化民主化的催生者。在文化主义阶段，霍加特和威廉斯以个人经验的自传式描述，对工人阶级文化予以感同身受的体认，在价值观上认同发自大众本身的文化。此后，霍尔提出了三种解码模式的假设，莫利、威利斯、麦克罗比以人种志的调查方法，发展出系统的受众接受理论，如莫利走访家庭，威利斯长达数年与一群中学生生活工作在一起，而菲斯克本身就是大众文化迷，其文化理论既出自个人体验，也吸收其他受众研究的成果。与此相反，法兰克福学派是从对文本的分析推论出读者接受的被动性，推论出霸权意识形态的存在。而莫利的研究发现，电视的使用状况不能从文本分析中推论出来，甚至对于电视接受来说，文本的意识形态是最不重要的。

正是对大众本身的关注和研究，英国文化研究在多方面发展和

---

① Graham Murdock and Peter Golding. "Capitalism, Communication and Class Relations", in James Curran, edt. *Mass Communication and Society*. Sage Publications, INC. 1977, p. 18.

挑战了经典马克思主义。英国文化马克思主义不满意马克思的阶级本质主义。霍尔的接合理论是对阶级本质主义的否定,认为阶级并非某个固定的意识形态主体,不同阶级可以具有不同的意识形态,从属阶级也可能认同统治阶级。莫利的研究证实了阶级立场与意识形态并非完全契合。阿尔都塞的多元决定论提出多种因素的决定性,挑战了经典马克思主义的经济决定论。英国文化研究根据当代资本主义的社会状况,在传统的马克思主义之后,提出了社会权力轴线的多重身份,莫利把年龄、性别、种族纳入其受众研究,菲斯克在阶级之后提出大众层理概念,以说明资本主义走向后结构主义时代的社会权力分层状况。正是在对大众文化的具体的研究中,伯明翰学派发现了亚文化的存在,提出了系统的亚文化理论,而在视大众文化是一体的,大众是同质性的无差别的法兰克福学派的文化理论中,大众的分层和分类还没有成为一个问题。

　　法兰克福学派所认肯的激进的先锋艺术,激烈对抗着资本主义体系,但这种艺术因为其陌生化,因为其审美距离而隔绝于大众,它不是大众的艺术,缺乏与大众的日常生活的切合点,结果就是,激进的先锋艺术因为无法获得大众的共鸣而被边缘化,甚至是怪异的落寞的激进主义。历史表明,缺乏大众的支撑,精英知识分子不可能获得革命的成功,所谓秀才造反十年不成,因为推翻现存的社会制度,必须在最大数量的人意识到无法忍受、必须改变的时候才是可能的,激进的社会革命必须建立在渐进的社会意识的变革之上,而大众文化造就了这种社会意识,它是大众在自己的生活经验中与统治阶级的生活比较而形成的差异意识,它起源于意识形态所告知的美好生活图景与大众切身体验之间的差异。正是因为大众文化具有如此的政治潜能,毛泽东才重视大众文化,并要求精英知识分子走向大众,走与工农兵相结合的道路。

　　事实上,精英艺术与大众艺术的区别本身就是模糊的,许多后来被经典化的艺术品在最初的时候就是大众艺术,如中国明清四大小说、莎士比亚和巴尔扎克的作品等,只是后来的学术化、学科化、博物馆化才使之经典化而与大众产生距离,其中精英知识分子的批评起了重要作用,他们一再在这些文艺作品中寻找微言大义,寻找所谓的普遍性的艺术价值审美标准,从而赋予其经典地位。精英文化与大众文化在政治上的功能是复杂的,菲斯克也意识到这一点,并非大众文化必定就是进步的,因为社会权力的轴线是多重分布的,大众文本在反抗帝国主义意识形态的时候，可能拥护性别主义。大众文化是否具有进步的政治潜力，关系到诸多因素，其文本本身和接受语境都可能造成语义的改变。精英文化也具有革命的潜力，如中国现代文学史上的现实主义文学，法国启蒙运动时期的文艺作品都推动了社会革命意识的发展，但精英艺术的艺术风格却限制了其传播，特别是现代西方的先锋派艺术，因为与大众生活和审美欣赏的距离而难以为大众接受，这就限制其政治潜能的释放。

法兰克福学派重点是分析文本的意识形态性，揭示当代大众文化产品与资本主义制度的共谋关系，菲斯克认为，这种对权力控制一方面的分析，常常会使我们悲观，陷入对权力控制的无能为力的境地，事实上从另外一个角度巩固了现存的社会制度，而接受研究则赋予我们谴责和推翻现存制度的理论和信心，因为就在大众的接受和解读中，蕴藏着极大的改变社会制度的希望，大众的革命潜力就保持在大众文化之中。约翰·斯道雷不赞同阿多诺对流行音乐的分析，他指出，阿多诺的文章写在1941年，此后西方的流行音乐发生了很大变化，后来的发展表明，流行音乐并非他所认为的那样铁板一块，比如伪个性真的能解释1956年的摇滚乐的出现、1962年甲壳虫乐队的走红以及1965年反文化音乐的喧嚣吗？这种观点能够解释1976年朋克摇滚，20世纪70年代后期的反种族主义摇滚，1986年吸服迷幻药演出，80年代独立制作的流行音乐和90年代的锐舞（rave）音乐吗？流行音乐也并非阿多诺说的那样其消费是被动的，斯道雷援引资料说，全部发行的唱片中大约只有10%能够赚到钱，另外大约10%的唱片能够收回成本，这意味着80%的唱片实际上是赔钱的，至少60%的单曲在发行后就从来没有人再演奏过。因此，强大的文化工业并不能轻易地操纵其消费者，消费者比阿多诺说的要主动得多。[①]

在中国，大众文化随着现代工业和电子媒介的发展，与中国的现代化和市场化一起，推动着中国大众的现代观念的转型，其所具有的革命性意义在于，就在大众的看似愉悦的文化接受中，来自现代的观念诸如享受、当下、身体愉悦、新潮、生命体验、个体情感等一系列价值观审美观生命观进入了大众之中。大众文化推动了中国数量最大的、最广泛的人群的现代文化的转型，这是中国有史以来的最大的文

[①] 约翰·斯道雷：《文化理论与通俗文化导论》，南京大学出版社，2001年，第154页。

化全球化过程,其中既有文化工业的控制性,也有对文化控制的抵抗,正是因为如此,才有权力机构对大众文化在一定程度上的开放,又控制在一定的限度内。大众文化颠覆了中国当代的僵化虚假的威权意识形态化的价值观,重新审视了崇高和人性观念,王朔的文学、张艺谋和周星驰的电影对此功不可没。在这个意义上,大众文化在中国当代是革命性的而非激进的,它在大众的狂热接受中悄悄地改变着文化观念,推动着现代文化观念在中国的传播和中国社会的开放。

各种接受研究表明,大众文化的解读具有极大的差异性,各个地方的人民并没有接受其中的霸权意识形态,而是根据自己的理解输入意义。一种文本旅行到另一种文化,其阅读必然扭曲变形之,当代的哲学解释学和后现代的延异理论也说明了这一点,在这个意义上,如汤林森说的,帝国主义的文化控制是难以实现的,比如麦当劳快餐,在中国的流行是人们基于其便捷、卫生和独立的用餐方式,而非接受其中的美国意识形态。法兰克福学派指出了大众文化的宰制性的一面(菲斯克也承认这一点),以及大众消费中的消极方面,正是基于此,在资本主义以及极权主义国家,大众文化是被容忍甚至是被鼓励的。大众文化在不同国度的不同时期具有不同的意义,革命性和消极性是矛盾地并存着的。比如在 20 世纪 80 年代,中国的大众文化就是革命的,港台流行音乐和西方牛仔裤破除了此前"文革"时期意识形态的非人性,而在当今消费主义盛行的时候,大众文化的革命性正在消弭,但仍然存在反抗因素,因此权力机关极力控制大众文化,湖南卫视的超女节目被一再限制最终停办就是一例。在网络开放的时代,微博的风行推动着中国的反腐进而在整个社会层面反思政治制度的局限提高人民的政治意识,网络就是菲斯克说的大众的在地,是一个维护大众利益、抵抗霸权控制的领地。

在中国,对电视的批评往往取之文学批评的方法和术语,对大众文化的否定取之传统的审美主义标准,特别是康德的审美超越性,阿多诺对大众文化的批评就是以精英文学的标准,即是否有超越性,是否有自律性为标准的,中国学界对大众文化的批评也延续了这一思路。菲斯克为大众文化正名,从文本的特征本身反驳了这种精英文本观念,大众文本具有自己的特点和审美标准,不能把其他的标准强加给大众文本。这样做的消极后果是无法看到大众文化的积极方面。要真正对大众文化作出批评,必须对大众文化首先有感同身受,而不是站在外围以一种不相干的标准作道德评判。这就要从大众文本本身的特征寻找新的标准，而不是以苹果的标准去要求梨。中国大众文化批评的症结在于，它把大众文化视为高雅文化的敌人，批评家自恃为大众的代言人，但实际上他们鄙视大众，他们推崇审美的超越和超历史主义的艺术标准，他们没有意识到，这种标准是历史斗争的产物，是特权阶级的表现，从来就不存在标准的审美趣味，趣味是社会斗争的领地。权力阶级的控制表现在各个领地，大众文化和审美领域一直都是权力控制的所在，因为趣味本身就是对某种价值和意义的肯定，权力阶级要以低俗的无价值的无道德的诋毁大众文化，进而控制大众生产自己的文化和价值。中国学界对大众文化的研究，很少有人如菲斯克那样，本身对大众文化是认同的，而是站在大众文化之外，从外部对大众文化做审美的或道德的批评，这种批评因为缺乏对大众文化本身的体验和感受而往往是隔靴搔痒，难以切中大众文化的利弊。对于中国的媒介文化研究来说，要吸收法兰克福学派和英国文化研究的思想资源，一方面要考察工业控制性，比如各个电视台的选秀节目，要看文化公司和电视台如何融资，如何获利，这种获利的需求是如何控制了电视选秀的程序和最终的结果，公司的意图是如何最终影响到电视文本的风格、选唱的歌曲和观众对选秀的接受，也要研究电视文本本身的特点，它与同类的中西大众文化的异同，与此前中国大众文化的异同，其政治意义表现何在等，更要研究大众文化的接受，诸如李宇春这种特殊的审美文化现象表征了当代中国审美文化的转型具有什么样的特点，为什么大众欣赏李宇春这种形象，欣赏和不欣赏李宇春的人的社会人种学的特征，这些特征表征了当代中国的审美文化现象在各个不同阶层不同年龄不同教育状况不同收入的人群中具有什么样的特点，造成这种现象的社会结构方面的缘由何在等。结合中国具体的政治文化语境，考察大众文化从社会结构到生产到文本到接受的流程，得出中国大众文化研究的具体结论，应该是中国学界大众文化研究的必由之路。

结语：主体的解放如何可能

在伯明翰学派的学术脉络中，对受众的研究开始于霍尔的《编码/解码》，此后霍布森、洪宜安、莫利、菲斯克等人的研究开发出受众的积极的政治能量，受众研究才蔚为大观，文化研究的政治性，其为政治变革寻找积极主体的意图才得以实现，这种研究也扭转了此前对待大众文化的精英立场的悲观论调。从理论上说，菲斯克的研究是把受众的主体性推向极端而影响在莫利之上。菲斯克接续霍尔的研究，把受众研究发展为大众文化理论体系，而不是如莫利那样只是在电视接受的具体实证中推演和发展了霍尔的理论假设。菲斯克的大众文化理论具有系统的范畴和理论构造，主题涉及影视、新闻、运动、旅游等，其提出的大众文本、大众层理、大众辨识力、宏观政治与微观政治、帝国权力与在地权力、事物、实践等概念极大地推进了这一领域的研究，使得伯明翰学派的受众研究具有广泛的影响。

对于媒介研究，霍尔的最大贡献是把美国的大众传播研究的经验主义模式转换到意识形态分析，把政治性切入媒介过程。霍尔的核心观点，一是电视话语的编码具有偏爱意义，编码者的意识形态、权力意志渗透其中，也就是说，构筑文本的主体就在文本之中，并非文本之外无一物。二是解码者的文化语境如阶级、意识形态、利益诉求、目的、意志等，都制约着解码。三是编码和解码的错位导致意义的扭曲和变形，而语言符号是权力的表征，因此编码和解码就是意识形态争夺和政治斗争的领域。所有的历史都是宰制和对抗的历史，用毛泽东的话说，都是阶级斗争的历史。今天，社会斗争的轴线更为复杂，如菲斯克说的，阶级、性别、性向、年龄、宗教等都是斗争的轴线，大众沿着这些轴线结盟以与权力对抗。在一个社会中，当矛盾到达激烈的时刻而社会变革并未发生，那么就是文化的特质导致了社会变革的迟缓。这种或缓慢或激进的社会变革推动了社会的发展，而大众正是积极的社会变革主体。权力的控制深入到除了政治经济之外的一切道德的、审美的、法律的乃至日常行为之中,每一方面的独立都让宰制者惶惶不安,而大众的抵抗就表现在政治经济乃至日常生活实践的方方面面。如果不承认大众的革命性,就无法解释历史的发展变革,无法解释人类在不断走向自由这一事实。霍尔告诉人们,政治变革的前提是意识变革,而意识变革就存在于日常生活之中,存在于收看电视这种室内的日常实践之中。大众并非麻痹的乌合之众,并非需要领导的群众,大众有着自己的判断,这种判断来自大众对自身存在的体验,对意识形态说教与自身日常体验的差异的认识,对自己与当权者的生活差异的体认。对于研究者来说,具体说明一个文化中的变革的动力极其重要,即是在矛盾性的权力结构中,追寻大众的对抗意识和能量的形成和塑造。

解释总是语言性的,解释者的视域是历史性的,而文本的存在本身也是历史的流传物,历史流变性的主客体的融合当然就是差异性、延异性的。霍尔借用了巴赫金的语言学理论,把这种差异中的政治斗争揭示出来。巴赫金认为,语言并非只是社会共同体交流的工具,它并非在各个阶层中平等地分配,对于同一个事件,权力者和人民的解释各有差异,这就是语言中的阶级斗争。而巴托的内含外延概念则比解释学更进一步揭示了解释为何是具有差异性的。巴赫金和巴托的接合,语言的差异性和政治性得以突出,霍尔的解码的政治性就有据可循了。此外,葛兰西的文化霸权概念对于霍尔的编码解码理论尤其重要。在文化主义阶段,威廉斯、霍加特、汤普森等人诉诸个人的社会性体验,即威廉斯说的情感结构,但在阿尔都塞引入英国之后,人们发现,即使是日常的个人体验也都是意识形态化的,意识形态如空气,包围着人们窒息着人们,解放因此看不到希望。此时,葛兰西拯救了伯明翰学派,大众文化再也不是法兰克福学派说的控制性的领地,而是文化斗争的领地,是霸权伸张和从属文化抵抗的矛盾场所。从历史上看,大众在不断地创造着不同于宰制性文化的在地文化,在传统社会是民间文化,在现代社会则是菲斯克说的大众文化,在后现代则是各种亚文化。这些文化构造着差异和对抗,最终推动了社会历史的变革。

在霍尔的三种解码模式中,最为人注意的是对抗性解读,但霍尔并没有说明这种推动社会变革的对抗性解读根基于何处。问题是,如果真的如阿尔都塞所说的,意识形态和控制无所不在,那么人类解放的希望何在？如果我们只能以一种意识形态对抗和代替此前的意识形态，这就重新堕入意识形态的牢笼，人类仍就身在束缚之中。从历史上看，人民的抵抗无所不在，这种抵抗推动了历史进步，如何说明这种抵抗，这种抵抗的根基何在？回答这个问题关系到如何对待西方主体性理论，更关系到进步主体的构造。

意识形态为经济基础（马克思主义）、为无意识（弗洛伊德）、为无意识化的语言（拉康）、为被权力渗透的话语（福柯）所构造，到阿尔都塞，意识形态无所不在，主体消亡了，现代的主体变成后现代的无主体，或者是决定性的、中心化的主体被非决定性的、非中心化的主体所替代。社会对立面分裂为宰制者和抵抗者两条线，在当代西方，法兰克福学派、阿尔都塞、精神分析理论、所有线性的传播理论等把视野放在霸权一边，而巴托、巴赫金、葛兰西、德赛都则把视野放置在抵抗的一边，文化研究继承了后者。前者并非主观地与权力合谋，而是因为他们把研究的视野投射到宰制性权力，故而产生悲观看法，而后者具体研究人民的从属性的在地，大众的创造性得以显现。就如半瓶水，悲观者看到的是上半部分，乐观者看到的是下半部分。辩证地看，应该结合具体语境在权力的扩张和抵抗的具体情势中看斗争的彼此消长。

解释学并非主张解释的无限性：文本的框架制约了解释的开放性。无论如何解释，哈姆雷特不可能是贾宝玉。在这个意义上，阿尔都塞的结构主义是有效的，从客体来说，先在文本的询唤对主体构造产生了影响，因为这个文本暗含了权力者的意志，这就是霍尔说的偏爱意义或偏爱阅读。从主体方面来看，解码者身处各种话语之中，处于莫利说的交互话语之中，这些话语构造着主体，影响着解读。这么说来，作为客体的文本询唤着主体，渗透着意识形态的社会话语塑造着主体，那么，协商性的或对抗性的解读根基于何处呢？也就是说，在后现代的被决定的主体中如何找到积极的受众呢？如何在阿尔都塞的密不透风的意识形态宰制中找到突破的缝隙呢？莫利的交互话语空间（interdiscursive space）这一概念提供了抵制意识形态的可能，莫利认为，这是一个各种话语相遇、相协商、相互斗争的空间，主导性的意识形态一旦进入这个空间，就只能作为一种话语与其他各种话语相协商、相竞争。这样，其他的意识形态或其他看问题的视点就可能校正宰制性的意识形态，协商性的、对抗性的解码就可能发生。多重话语是对抗单一的控制性话语的有效方法，这是巴赫金提供给文化研究的政治性的一个理论据点。但这样的主体仍未解放，因为主体可能找到对抗性或协商性的据点，即另外一种话语，但这可能只是另外一个意识形态，主体仍处于奴役之中。

霍尔认为，存在着两种对抗意识形态的方法，一是借助某种理论视点。理论是洞察事物的有效方法，比如，在中国当代，"没有本事就赚不了大钱，本领＝高收入"就是一个典型的意识形态，它把挣钱多少结合于个人品质。如何破除和揭露这种意识形态神话呢？政治经济学理论可以提供帮助。经济学知识告诉我们，中国工人的平均工资是世界工人平均工资的八分之一，是日本工人平均工资的二十四分之一，是美国工人平均工资的二十分之一，是德国工人平均工资的三十分之一。为什么中国工人如此低价呢？因为中国工人没有工会去维护其利益，没有工会组织工人与资本家作斗争，中国工人没有罢工和游行示威的权利，所以资本家敢于血腥压榨工人。第二种方法是大多数批评家采用的，即从另一个意识形态视角看事物，即是莫利说的，借助某种对抗性的或协商性的话语祛除霸权话语的宰制。

在我看来，除了理论和意识形态（任何理论都具有意识形态性）之外，社会经验也是反对意识形态控制的据点，如威廉斯说的情感结构和菲斯克说的在地文化。情感结构是描述一定时期人们生活的真实状态的概念，对于理解中国当代的新写实小说具有启发意义，比如，以池莉、方方、刘震云、余华等人为代表的新写实小说呈现了原生态的人民大众的生活，对抗了官方的意识形态化的人民幸福生活的话语和革命现实主义的宏大叙事。不管意识形态如何鼓吹人民如何当家做主，生活如何幸福，新写实小说的叙述本身就是一个否定的姿态，这就是真实的生活，只有艰辛和无奈。这种生活建立在个体的生存体验之上，作为一种叙述风格则汇集为整个市民群体或普通大众的生活样态。

莫利把电视的收看置于家庭之中并非是文化研究政治性的消弭，因为家庭乃一小世界，它并非政治意识形态的避风港，并非免除了外在的政治渗透，它通向外在的大世界，宏观世界的政治就实践在家庭之中，但家庭也是人民的真切的生活之地，是抵抗着各种意识形态侵袭的所在。身体当然是在地控制的重要部分，但在地的建构超越了身体，它是个体的经验、情感、认识等悬置了意识形态的构造物，各种意识形态交错于日常生活场景，但也遭遇人民生命意志的抵抗，这种生命存在包含和超越了肉体生命、无意识的生命活动，是抵抗性解码从而是从属文化创造的根据地。阿尔都塞说,意识形态将具体的个人询唤为具体的主体,这里的主体只是菲斯克说的个体(individuation)而非个性(individuality),前者是规训的意识形态的载体,后者则是在地的抵抗性的主体(agent)。因为没有考察被支配者的主体性,阿尔都塞没有意识到这两者的区别。个体主体的生命存在提升到一个时代一个群体则是情感结构,它建立在共同的社会生活体验之上。在地的抵抗来自个体的生存体验,这种体验不是无意识本能,不是巴托的祛除了意识形态的身体,而是个体的真切的生存体验,这种体验广泛地存在于大众的生活之中,它是大众对抗意识形态的据点。

如莫利所说,话语总是处于交互的多重合唱之中,复调性的话语能够对抗宰制性话语的控制。比如宋明理学说饿死事小,失节事大,但在人民之中也有民以食为天、人命关天等对抗性话语。但这到底是另外一种意识形态还是出于人民生命的体验?如何区分思想和意识形态?哪些体验来自在地?以生命体验对抗意识形态,就是文化主义和结构主义的矛盾,是威廉斯和阿尔都塞的矛盾。在情感和信仰都可能被塑造的时候,我们很难区分意识形态性的话语和真切的生命体验。但即便在情感和信仰被塑造的年代,在人民的各种情感之中,也有真切进步的情感存在着,这种体验如胡塞尔说的,是祛除了意识形态的本质直观,它是我们走向自由和社会进步的最后根据地。在文明进程上,自由是一个过程,我们只能在经验反思、理论直觉和意识形态批判之中通向自由之路。

参考书目

英文参考书目:

1. David Morley. *Everyday TV: Nationwide* (with Charlotte Brunsdon, BFI, 1978).
2. David Morley. *The Nationwide Audience* (BFI, 1980).
3. David Morley. *Family Television* (Comedia, 1986).
4. David Morley. *Television, Audiences and Cultural Studies* (Routledge, 1992).
5. David Morley. *Spaces of Identity* (with Kevin Robins, Routledge, 1996).
6. David Morley. *Stuart Hall: Critical Dialogues in Cultural Studies* (co-edited with Kuan Hsing Chen, Routledge, 1996).
7. David Morley. *Home Territories: Media, Mobility and Identity* (Routledge, 2001).
8. David Morley. *Media and Cultural Theory* (edited with James Curran, Routledge, 2005).
9. David Morley. *Media, Modernity and Technology* (Routledge, 2006).
10. John Fiske. *Media Matters: Race and Gender in U.S. Politics* (University of Minnesota Press, 1994).
11. John Fiske. *Power Plays, Power Works* (Verso, 1993).
12. Stuart Hall. "Culture, the Media and the Ideological Effect", in James Curran, Michael Gurevitch, Janet Woollacott. *Mass Communication and Society* (Sage Publications, 1977).

13. Stuart Hall. "Ideology and Communication Theory", in Brenda Dervin, Lawrence Grossberg, Barhara J. O'Keefe, and Ellen Wartella. *Rethinking Communication* (Sage Publications, 1989).

14. Stuart Hall. "Television as a Medium and Its Relation to Culture". *Stencilled Occasional Paper*. Birmingham:CCCS ,1975.

15. Stuart Hall. "The Limitations of Broadcasting", *The Listener*. 1972,16 March.

16. Stuart Hall. "Media Power: The Double Bind". *Journal of Communication*,24,no,4,1974.

17. Stuart Hall. "Deviance, Politics, and the Media", in Paul Rock and Mary Mcintosh. *Deviance and Social Control* (Tavistock Publications Limited 1974).

18. Stuart Hall. "The Culture Gap", *Marxism Today*. 18 January 1984.

19. Stuart Hall. "A World at One With Itself". *New Society*, 18 June 1970.

20. Stuart Hall. "The Whites of Their Eyes:Racist Ideologies and the Media", in George Bridges and Rosalind Brunt. *Silver Linings: Some Strategies for the Eighties*. Lawrence and Wishart,1981.

21. Stuart Hall. "The Narrative Construction of Reality, An Interview", *Southern Review*, Volume 17 Number 1, March 1984.

22. Raymond Williams. *The Long Revolution* (Chatto & Windus, 1961).

23. Raymond Williams. *Communication* (Benguin Books, Harmondsworth,1962).

24. Raymond Williams. *Politics and Letters, Interviews With New Left Review* (Verso,1981).

25. Raymond Williams. *The Sociology of Culture* (The University of Chicago Press,1995).

26. Raymond Williams. *Culture*(University of Chicago Press, 1995).

27. Raymond Williams. *Culture and Materialism : Selected*

Essays (Verso, 2005).

28. Robert E. Babe. *Cultural Studies and Political Economy* (Rowman & Littlefield Publishers, Inc. 2009).

29. Jostein Gripsrud. *Understanding Media Culture* (Arnold, 2002).

30. John Higgins (Ed.). *The Raymond Williams Reader* (Blackwell Publishers Ltd. 2001).

31. John Eldridge & Lizzie Eldridge. *Williams R, Make Connections* (Routledge, 1994).

32. John Higgins. *Raymond Williams: Literature, Marxism and Cultural Materialism* (Routledge, 1999).

33. Paul Jones. *Raymond Williams's Sociology of Culture: A Critical Reconstruction* (Palgrave Macmillan, 2004).

34. Alan O'Conner (ed.). *Raymond Williams on Television: Selected Writings* (Routledge, 1989).

35. Marjorie Ferguson and Peter Golding. *Cultural Studies in Question* (Sage Publications, 1997).

36. Michele Barrett, edt. *Ideology and Cultural Production* (Croom Helm, 1979).

37. Antony Easthope. *British Post-Structuralism* (Routledge, 1988).

38. Graham Murdock. "Cultural Studies: Missing Links". *Critical Studies in Media Communication*, 1989, 6:4.

39. Lawrence Grossberg. "Cultural Studies vs. Political Economy: Is Anybody Else Bored with Debate?" *Critical Studies in Media Communication*, 1989, 6:4.

40. James W. Carey. "Abolishing the Old Spirit World". *Critical Studies in Media Communication*, 1989, 6:4.

41. Graham Murdock. "Across the Great Divide: Cultural Analysis and the Condition of Democracy". *Critical Studies in Media Communication*, 1989, 6:4.

42. Graham Murdock. "Cultural Studies at the Crossroads". *Australian Journal of Communication*, 1989, 16, pp. 37—49.

43. James Curran, edt. *Mass Communication and Society*

(Sage Publications, INC. 1977).

44. John Harp. "Political Economy and Cultural Studies: Exploring Points of Convergence". *Canadian Review of Sociology and Anthropology*, 1991, 28, 2.

45. Chris Barker. *The Sage Dictionary of Cultural Studies* (Sage Publications, 2004).

46. Theodor W. Adorno. *Aesthetic Theory* (Routledge & Kegan Paul, 1984).

47. Theodor W. Adorno. *The Culture Industry: Selected Essays on Mass Culture*, ed. J. M. Bernstein (Routledge 1985).

48. A. C. H. Smith, Elizabeth Immirzi and Trevor Blackwell. *Paper Voices: The Popular Press and Social Change* 1935—1965 (Chatto & Windus, 1975).

49. David M. Barlow. *Reading Media Theory* (Pearson Longman 2009).

50. Paul Marris and Sue Thornham. *Media Studies: A Reader* (Edinburgh University Press, 1996).

51. Meenakshi Gigi Durham and Douglas M. Kellner. *Media and Cultural Studies: Keyworks* (Blackwell Publishers, 2001).

52. Simon During. *The Cultural Studies Reader* (Routledge, 1993).

53. Michael Ryan. *Cultural Studies* (Blackwell Publishing, 2008).

54. Tim O'Sullivan, John Hartley, Danny Saunders, Martin Montgomery and John Fiske. *Key Concepts in Communication and Cultural Studies* (Routledge, 1994).

55. Helen Davis. *Understanding Stuart Hall* (Sage Publications, 2004).

56. James Curran, Michael Gurevitch, Janet Woollacott. *Mass Communication and Society* (Sage Publications, 1977).

57. Michael Gurevitch, Tony Bennett. "James Curran and Janet Woollacott". *Culture, Society and The Media* (Methuen, 1982).

58. Umberto Eco. *The Role of The Reader* (Hutchinson, 1981).

59. Stuart Hall, Dorothy Hobson, Andrew Lowe and Paul Willis. *Culture, Media, Language*(Routledge,1992).

60. Jon Cruz and Justin Lewis (ed). *Viewing, Reading, listening: Audiences and Cultural Reception* (Westview Press, Inc. 1994).

61. Chris Rojek. *Stuart Hall*(Polity Press 2003).

62. Dennis Dworkin. *Cultural Marxism in Postwar Britain* (Duke University Press,1997).

63. Richard E. Lee. *Life and Times of Cultural Studies*(Duke University Press,2003).

64. Paul Bowman. *Post-Marxism Versus Cultural Studies: Theory, Politics and Intervention* (Edinburgh University Press, 2007).

65. Lawrence Grossberg, Cary Nelson, Paula A. Treichler. *Cultural Studies*(Routledge,1992).

66. Lawrence Grossberg. *Bringing it All Back Home*(Duke University Press 1997).

67. John Storey. *Cultural Studies and the Study of Popular Culture: Theories and Methods* (Edinburgh University Press and University of Georgia Press ,1996).

68. Edward Arnold. *What is Cultural Studies: A Reader* (Routledge,1996).

69. Roger Chartier. *Cultural History*(Polity Press 1988).

70. James Clifford and George E. Marcus, (ed). *Writing Culture: The Poetics and Politics of Ethnography*(University of California Press 1986).

71. Fred Inglis. *Popular Culture and Political Power* (St. Martin's Press,1989).

72. Chris Jenks. *Culture: Critical Concepts in Sociology* (Routledge,2003).

73. Arthur Marwick. *Culture in Britain Since*, 1945 (Basil Blackwell,1991).

74. S. Mills. *Discourse*(Routledge,1997).

75. Jonathan Rose. *The Intellectual Life of the British*

Working Classes(Yale University Press 2001).

76. Mike Wayne. *Marxism and Media Studies*(Pluto Press, 2003).

中文参考书目:

1. 约翰·菲斯克:《理解大众文化》,中央编译出版社,2001年。
2. 约翰·菲斯克:《解读大众文化》,南京大学出版社,2001年。
3. 约翰·菲斯克:《电视文化》,商务印书馆,2005年。
4. 约翰·菲斯克:《解读电视》(与约翰·哈特利合著),台北:远流出版事业股份有限公司,1993年。
5. 雷蒙德·威廉斯:《现代主义的政治:反对新国教派》,商务印书馆,2002年。
6. 雷蒙德·威廉斯:《文化与社会》,北京大学出版社,1991年。
7. 雷蒙德·威廉斯:《马克思主义与文学》,河南大学出版社,2008年。
8. 雷蒙·威廉斯:《关键词:文化与社会的词汇》,北京三联书店,2005年。
9. 雷蒙·威廉斯:《电视:科技与文化形式》,台北:远流出版事业股份有限公司,1994年。
10. 奥利弗·博伊德-巴雷特、克里斯·钮博尔德编:《媒介研究的进路》,新华出版社,2004年。
11. 张国良主编:《20世纪传播学经典文本》,复旦大学出版社,2003年。
12. 格雷·透纳著:《英国文化研究导论》,台北:亚太图书出版社,1998年。
13. 戴维·莫利:《电视、观众与文化研究》,台北:远流出版事业股份有限公司,1995年。
14. 吉姆·麦克盖根:《文化民粹主义》,南京大学出版社,2001年。
15. 马克思·霍克海默、西奥多·阿道尔诺:《启蒙辩证法》,上海人民出版社,2002年。
16. 陶东风主编:《文化研究精粹读本》,中国人民大学出版社,2006年。

17. 丹尼斯·沃德金:《文化马克思主义在战后英国》,人民出版社,2008年。

18. 文森特·莫斯可:《传播政治经济学》,华夏出版社,2000年。

19. 斯图亚特·霍尔编:《表征——文化表象与意指实践》,商务印书馆,2003年。

20. 李永健:《传播研究方法》,浙江大学出版社,2009年。

21. 约翰·塔洛克:《电视受众研究——文化理论与方法》,商务印书馆,2004年。

22. 约翰·斯道雷:《文化理论与通俗文化导论》,南京大学出版社,2001年。

23. 托比·米勒编:《文化研究指南》,南京大学出版社,2009年。

24. 约翰·哈特利:《文化研究简史》,金城出版社,2008年。

后 记

  本书为教育部人文社会科学研究项目（09XJC751004）和四川外国语大学科研项目的最终成果。2010 年 1 月至 2011 年 1 月，我受国家留学基金委资助赴英国留学。在英国期间，我到谢菲尔德大学、约克大学、牛津大学、纽卡斯尔大学、诺桑比亚大学、大英图书馆等地收集文化研究的相关资料，访问了教授文化研究的相关学者，回国后撰写了这部书稿，前期成果曾以论文形式发表在《学习与探索》《江海学刊》《甘肃社会科学》《南京社会科学》《文艺理论与批评》《现代传播》《上海大学学报》以及学术辑刊《文化研究》《华中学术》《马克思主义美学研究》等刊物上，人大复印资料转载了多篇。河南大学出版社社长张云鹏教授和国外文化理论研究丛书主编上海社会科学院马驰研究员一直对我的学术工作给予厚爱，河南大学出版社张珊女士做了细致的编辑工作，在此一并表示感谢！

章　辉
2015 年 12 月于三峡大学南苑专家楼